CYBERSPACE ODYSSEE

JOS DE MUL

Cyberspace Odyssee

Derde druk

KLEMENT

http://www.eur.nl/fw/hyper/odyssee.html
demul@fwb.eur.nl

Tweede druk 2003
Derde druk 2004

Omslagontwerp: Rob Lucas
Omslagillustratie: Eric Wenger, *Hyperspace jump*

ISBN 90 77070 12 5

Voor Joep, Joris en Elize

INHOUD

ANALOOG VOORWOORD

Dit boek is uit een fascinatie geboren. Het is de neerslag van een bijna tien jaar durende ontdekkingstocht door cyberspace. Het begin van mijn odyssee viel ongeveer samen met de doorbraak van het World Wide Web en Virtual Reality in het begin van de jaren negentig. De grafische browsers die ten behoeve van het World Wide Web werden ontwikkeld transformeerden het eendimensionale, tekstgeoriënteerde Internet tot een tweedimensionaal multimedium, en Virtual Reality beloofde de gebruiker door het venster van het computerscherm een driedimensionale virtuele wereld binnen te leiden. Cyberspace werd van een sciencefictionfantasie tot een dagelijkse realiteit voor vele miljoenen gebruikers. Met velen van hen had ik de ervaring getuige te zijn van de geboorte van iets, waarvan de reikwijdte nog volstrekt niet is te overzien, maar waarvan de onweerstaanbare suggestie uitging dat het onze wereld en onszelf ingrijpend zou gaan veranderen. Tijdschriften als *bOING bOING*, *Mondo 2000* en *Wired* vormden een enthousiaste spreekbuis voor de vaak euforische verwachtingen die daarmee waren verbonden.

Inmiddels zijn we tien jaar verder en moeten we constateren dat de ontwikkeling van de 'reëel existerende' cyberspace in een aantal opzichten heel anders is verlopen dan velen in de beginjaren hoopten. De idealistische, enigszins naïeve geest van de tegencultuur uit de jaren zestig die in de beginjaren door cyberspace waaide, heeft het in de jaren negentig grotendeels moeten afleggen tegen de hyperkapitalistische ideologie van Silicon Valley. Cyberspace werd in korte tijd overstelpt met reclame en de virtuele ruimte kwam steeds meer onder controle te staan van multinationale ondernemingen. De nog steeds talrijke tegenkrachten – van hackers en antiglobalistische activisten tot en met cyberterroristen – en de instorting van de dotcom-economie aan het eind van de jaren negentig, die het tempo van de commercialisering tijdelijk heeft afgezwakt, kunnen daar weinig aan afdoen. Wat deze gebeurtenissen duidelijk hebben gemaakt, is dat cyberspace geen 'autonome vrijstaat' is aan gene zijde van onze alledaagse wereld, maar een ruimte die daarmee nauw vervlochten is. Niet alleen blijken wij bij onze 'emigratie naar cyberspace' veel van onze *off line* eigenschappen, organisatiestructuren en vooroordelen mee te nemen naar het virtuele domein, maar omgekeerd is cyberspace met behulp van chips in industriële machines, vervoermiddelen, huishoudelijke apparaten, audio- en videoapparatuur, mobiele telefoons, pinpasjes, bewakingscamera's, speelgoed, wapens, en implantaten als pacemakers en volledig elektronische oren een grootschalige kolonisatie van onze alledaagse wereld en ons lichaam begonnen.

Hoewel de odyssee door cyberspace in de afgelopen tien jaar een andere route heeft gevolgd dan aanvankelijk door de reizigers werd verwacht – dat is het noodlot van iedere odyssee –, is de impact ervan voor onze wereld en onszelf er niet minder groot door geworden. Eerder integendeel. De wederzijdse doordringing van cyberspace en ons alledaagse leven maakt dat we ons niet simpelweg aan cyberspace kunnen onttrekken door te weigeren 'door het beeldscherm te stappen' of de stekker uit het stopcontact te trekken. Ook wie met of zonder opzet *off line* blijft (en tot die laatste categorie behoort nog steeds een groot deel van de wereldbevolking), zal in toenemende mate met cyberspace te maken krijgen. Dat onze toekomst een *cyberfuture* zal zijn, lijkt mij onvermijdelijk. Hoe die toekomst er uit zal zien ligt echter allerminst vast, maar zal – op zijn minst gedeeltelijk – worden bepaald door de keuzes die wij vandaag en morgen maken. Om de speelruimte die ons is gegeven, zo goed mogelijk te benutten, is het wel noodzakelijk dat we proberen te begrijpen wat cyberspace met onze wereld en met onszelf doet. Met dit boek wil ik daaraan een bijdrage leveren.

De odyssee die aan het schrijven is vooraf gegaan, is geen eenzaam avontuur geweest. Een groot aantal personen heeft mij daarbij vergezeld en geholpen. Ik denk daarbij in de eerste plaats aan de collega's en promovendi met wie ik de afgelopen jaren heb mogen samenwerken in het kader van het onderzoekscentrum *Filosofie van de informatie- en communicatietechnologie* (FICT) aan de Faculteit der Wijsbegeerte van de Erasmus Universiteit Rotterdam. Door hun inzet, die mede mogelijk werd gemaakt door de financiële ondersteuning van de universiteit en NWO en door de onderzoeksopdrachten van diverse ministeries, heeft FICT zich in de afgelopen jaren kunnen ontwikkelen tot een inspirerend ideeënlaboratorium. Daarnaast heb ik veel waardevolle inzichten mogen putten uit het werk van Nederlandse collega's als Hans Achterhuis, Viktor Bekkers, Maarten Coolen, Paul en Valerie Frissen en Arre Zuurmond.

De odyssee door cyberspace heeft me de afgelopen jaren ook in contact gebracht met veel buitenlandse collega's. Aan de hoofdstukken uit dit boek liggen lezingen en artikelen ten grondslag die voor het merendeel ook of oorspronkelijk in het Engels zijn gepresenteerd. Bij de bewerking daarvan heb ik dankbaar gebruik mogen maken van het commentaar van, onder anderen, Daniel Andler (Parijs), Hubert Dreyfus (Berkeley), Aless Erjavec (Ljubljana), Luciano Floridi (Oxford), Yun Dong Hee (Seoul), Karl Leidlmayr (Innsbruck), Brian Loader (Middlesbrough), Catherine Maurey (Parijs), Ewa Rewers (Poznan), Dierk Spreen (Berlijn) en Hiroshi Yoshioka (Tokyo).

Belangrijke gidsen op de zwerftochten door cyberspace zijn ook mijn zoons Joep en Joris en mijn dochter Elize geweest. Ik denk niet alleen met veel genoegen terug aan onze gezamenlijke exploraties van de virtuele werelden van *Myst*, *SimCity* en *AlphaWorld*, maar ik heb ook veel geleerd van de onbevangenheid en het gemak waarmee zij zich als *screenagers* daarin bewegen. Vaak hadden ze hun weg door de digitale doolhoven al gevonden, terwijl ik, een typisch product van de boekcultuur, nog met mijn neus in de handleiding zat. Zij hebben me geïnspireerd dit boek vergezeld te laten gaan van een website, die niet alleen toegang geeft tot de elektronische teksten die in dit boek worden genoemd (en worden aangegeven door een tussen haakjes geplaatst sterrretje), maar die ook veel van de besproken software en, speciaal voor de vermoeid of depressief geworden lezer, wat theorievijandige computerspelletjes bevat: http://www.eur.nl/fw/hyper/odyssee.html.

Mijn whizzkid broer Sjaak was zo vriendelijk in een oogwenk de Analoog-digitaalgenerator te programmeren, die de lezer in staat stelt het digitale nawoord in dit boek en alle toekomstige digitale literatuur te lezen. (*) Jeroen Timmermans bedank ik voor zijn assistentie bij het drukklaar maken van de tekst. Edo Klement geldt een speciaal woord van dank, niet alleen voor de deskundige en bevlogen zorg waarmee hij de totstandkoming van dit boek heeft begeleid, maar bovenal voor zijn onwankelbare vertrouwen dat dit boek ooit zijn Ithaca zou bereiken.

Hoe fascinerend de omzwervingen door cyberspace ook waren, de virtuele verlokkingen wogen nooit op tegen de vreugde van het weerzien met Gerry, die als Penelope het uiteindelijke doel is van al mijn omzwervingen.

Molenhoek, juli 2002

Er is nog een andere wereld te ontdekken – en meer dan één! Inschepen, gij filosofen.

Friedrich Nietzsche

WELKOM IN CYBERSPACE
Alweer een mogelijke inleiding tot de geschiedenis der mensheid

Dit zijn mijn principes. Als die je niet bevallen, dan
heb ik nog wel een paar andere.

Groucho Marx

1 Filosofische reflecties van mijn screensaver

In de tijd dat computerbeeldschermen nog het gevaar liepen 'in te branden' wanneer eenzelfde afbeelding te lang achtereen op het scherm werd geprojecteerd, werd de screensaver uitgevonden. Oorspronkelijk was de screensaver een klein computerprogramma dat het beeldscherm uitschakelde wanneer de computer gedurende enige tijd niet werd gebruikt. Wanneer opnieuw een toets van het toetsenbord van de computer werd aangeraakt, zette het programma het beeldscherm weer aan. De screensaver kreeg al snel ook een ornamentele functie toebedeeld. Er werden screensavers ontwikkeld die in plaats van het scherm uit te schakelen, voortdurend veranderende beelden op het scherm projecteerden, wat de kans op inbranden eveneens sterk verkleinde. Aanvankelijk waren het meestal eenvoudige geometrische patronen, maar in het tijdvak van de multimediacomputer zijn het vaak complete kunstwerkjes geworden. Al naar gelang de persoonlijke voorkeur kan men de computer omtoveren in een aquarium met tropische vissen, compleet met onderwatergeluiden, Donald Duck het beeldscherm laten volkladden, of zich met behulp van een *ArtSaver* op momenten van non-productiviteit laten inspireren door het werk van hedendaagse kunstenaars. De screensaver heeft daarnaast ook een commerciële functie gekregen: veel bedrijven en organisaties stellen van hun logo's voorziene screensavers ter beschikking aan hun (potentiële) klanten. De screensaver is een mooi voorbeeld van iets dat zich weet te handhaven nadat het zijn oorspronkelijke functie heeft verloren. Hoewel de huidige computerschermen niet langer het gevaar lopen in te branden, blijkt de screensaver met succes heel andere functies te kunnen vervullen dan die waarvoor hij oorspronkelijk werd ontworpen.

De screensaver die ik al een aantal jaren gebruik, oefent, ondanks – of misschien wel dankzij – zijn eenvoud, een sterke aantrekkingskracht op mij uit. Na enkele minuten van inactiviteit verandert hij het beeldscherm in een sterrenhemel, waarbij de illusie wordt gewekt dat ik mij met grote snelheid door het heelal beweeg.[1] De effectiviteit van deze optische illusie is verbluffend. Het beeldscherm toont in feite niets anders dan een aantal witte, licht trillende en geleidelijk groter wordende stippen tegen een zwarte achtergrond. Deze stippen bewegen zich, nadat ze op het scherm zijn verschenen, met toenemende snelheid van een denkbeeldig middelpunt af naar de rand van het scherm en verdwijnen daar buiten het kader. Zelfs wanneer ik probeer mij te concentreren op deze bewegingen in het platte vlak, is het bijna onmogelijk me te onttrekken aan de driedimensionale illusie. Wat mij echter vooral fascineert aan deze screensaver, is zijn overdrachtelijke betekenis. De denkbeeldige reis door de kosmische ruimte die zich op mijn beeldscherm afspeelt, is een metafoor voor de reis door *cyberspace*, de virtuele wereld die door het wereldwijde netwerk van computers wordt ontsloten.

In dit boek zal ik proberen de vraag te beantwoorden wat cyberspace is, en zal ik aan de hand van uiteenlopende verschijningsvormen van cyberspace onderzoeken hoe cyberspace (ons beeld van) onze wereld en onszelf verandert. De aanleiding daarvoor is de steeds grotere rol die deze nieuwe ruimte in ons leven speelt. Cyberspace is niet alleen – en voor de mens wellicht zelfs niet in de eerste plaats – een nieuwe ervaringsdimensie aan gene zijde van de geografische ruimte en de historische tijd waarin het menselijke leven zich afspeelt, maar een dimensie die ook allerlei hybride verbindingen aangaat met vrijwel alle aspecten van onze alledaagse leefwereld. Dat wil zeggen dat niet alleen een deel van het menselijk handelen zich naar virtuele omgevingen verplaatst, maar dat tegelijkertijd onze alledaagse leefwereld in toenemende mate vervlochten raakt met virtuele ruimte en virtuele tijd. De 'emigratie naar cyberspace' gaat met andere woorden gepaard met een (vaak onopvallende) 'kolonisatie van het alledaagse leven door cyberspace'. Wie zijn boodschappen bij de supermarkt afrekent met behulp van een pinpasje, verricht niet alleen een handeling in het filiaal van de grootgrutter, maar handelt eveneens in de postgeografische ruimte van cyberspace. En wie op de radio de zangeres Erykah Badu een (met behulp van digitaal 'knip- en plakwerk' geconstrueerd) duet met de in 1981 overleden Bob Marley hoort zingen, bevindt zich niet alleen in

---

1   De screensaver maakt deel uit van het Windows 95/98/XP besturingssysteem. Op het Internet zijn vele tientallen variaties van deze populaire screensaver te vinden, waarvan de meer complexe realistische afbeeldingen van het bestaande heelal laten zien. (*)

de historische tijd, maar ondergaat tevens een posthistorische sensatie. We hebben in deze voorbeelden te doen met ruimte en tijd met een toegevoegde waarde, *augmented space and time* (vgl. Manovich 2002).

Vanwege de nieuwheid en vooral ook de vreemdheid van cyberspace is het geen eenvoudige opgave deze postgeografische ruimte en posthistorische tijd te begrijpen. Om die reden wordt in beschouwingen over cyberspace vaak de toevlucht wordt genomen tot metaforen. Metaforen stellen ons in staat onbekende dingen te begrijpen door ze te vergelijken met meer vertrouwde verschijnselen.[2] Zo wordt gesproken over elektronische *snelwegen*, digitale *steden* en virtuele *winkels*. Metaforen berusten op een zekere analogie tussen de dingen die in de metafoor worden samengebracht. Wanneer we, bijvoorbeeld, spreken van een elektronische snelweg, dan vergelijken we de computer met een auto, de kabels en telefoonlijnen met het netwerk van wegen en de informatie met de personen en goederen die via dit netwerk worden vervoerd.[3]

Hoewel metaforen onontbeerlijke hulpmiddelen zijn bij onze pogingen het onbekende te ontsluiten en te begrijpen, kunnen ze ons ook gemakkelijk op een dwaalspoor brengen. Doordat ze het onbekende vergelijken met dat wat ons reeds bekend is, verhullen ze vaak juist datgene wat het vreemde van het bekende verschijnsel onderscheidt. De metafoor van de elektronische snelweg is daarvan een goed voorbeeld. Hoewel de analogie tussen een netwerk van snelwegen en een computernetwerk helpt de transportfunctie van de laatstgenoemde te begrijpen, verhult de metafoor van de elektronische snelweg tegelijkertijd het postgeografische en posthistorische karakter van het Internetverkeer. Anders dan bij een wegennetwerk is de afstand tussen twee punten in het netwerk nauwelijks van invloed op de tijd die het kost de afstand tussen deze punten te overbruggen: het raadple-

---

2 Deze cognitieve functie van metaforen heeft de afgelopen decennia in zowel de continentale als de Angelsaksische filosofie en de linguïstiek veel aandacht gekregen (zie bijvoorbeeld Ricoeur 1975; Lakoff en Johnson 1980; De Mul 1995, 34-68).
3 De genoemde metaforen zijn voorbeelden van wat Lakoff en Johnson *structuurmetaforen* noemen. Ze dragen een samenhangend geheel van concepten en richtlijnen voor het handelen van het ene op het andere domein over. De metaforen van de snelweg, de stad en de winkel zijn echter tegelijkertijd te beschouwen als een bijzondere categorie van *oriëntatiemetaforen*. Ze schrijven een geografisch-ruimtelijke dimensie toe aan cyberspace en helpen ons in deze abstracte, virtuele ervaringsruimte te oriënteren. Zie in dit verband ook Kants *Was heisst: sich im Denken orientieren* (Kant 1968b; vgl. De Mul 1993). Het zijn bovendien *ontologische metaforen* die een specifieke substantialiteit aan de virtuele wereld toeschrijven. Zie voor een uitvoeriger analyse van de metafoor van de 'electronic superhighway' Tom Rohrers *Conceptual Blending on the Information Highway: How Metaphorical Inferences Work* (Rohrer 1997).

gen van een computer in de Verenigde Staten neemt voor de gebruiker niet merkbaar meer tijd in beslag dan van een computer in Nederland.

Omdat de metafoor van de elektronische snelweg dit fundamentele verschil tussen de geografische en de virtuele wereld verhult, ontneemt hij ons de mogelijkheid een adequaat begrip te vormen van de sociale, politieke, economische, religieuze, culturele en antropologische implicaties van de emigratie naar en de kolonisatie door cyberspace.

Ook de metaforische vergelijking van het reizen door de kosmos en door cyberspace die door mijn screensaver wordt belichaamd, lijkt op het eerste gezicht voorbij te gaan aan de verschillen tussen de geografische en de virtuele wereld. Bij nadere beschouwing blijkt echter dat de ruimtevaartmetafoor een adequater beeld van cyberspace biedt dan de metafoor van de elektronische snelweg. Zowel bij de exploratie van de kosmische ruimte als van cyberspace worden we geconfronteerd met een wereld die fundamenteel andere ruimtelijke en tijdelijke kenmerken bezit dan onze alledaagse leefwereld. In het laatste hoofdstuk zal blijken dat het in de geometrie, fysica en kosmologie gehanteerde begrip *hyperspace* het mogelijk maakt te verhelderen wat cyberspace onderscheidt van andere, ons reeds bekende ruimten en ons bovendien behulpzaam kan zijn ons in deze nieuwe ervaringsruimte te oriënteren. Omgekeerd zal duidelijk worden dat het aldus verworven begrip van cyberspace een nieuw licht werpt op de ons vertrouwde alledaagse ruimte.

Om dit inzicht te bereiken zullen we 'door het beeldscherm' moeten stappen en een reis ondernemen door de wereld van cyberspace. Deze exploratie is er op gericht te onderzoeken hoe deze cyberspace onze samenleving, onze cultuur en in laatste instantie ons lichaam en onze geest doordringt en transformeert. Deze 'cyberspace odyssee' zal ons niet alleen door de ruimte voeren, maar onvermijdelijk ook door de tijd. De exploratie van cyberspace vormt namelijk het voorlopige sluitstuk van een odyssee door ruimte en tijd die miljoenen jaren geleden is begonnen met het ontstaan van de eerste homoïden. Om tot een adequaat begrip van cyberspace te komen, zullen we ook een reis door de tijd moeten maken. Laat ons om te beginnen eens een relatief kleine tijdsprong maken.

2 Odysseus in cyberspace

Spreek, Zangster! van den held, in krijg en list volleerd,
Die, toen hij Trojes wal tot puin had omgekeerd,
Moest zwerven; die op zee rampzalig heeft geleden,
Een aantal volkren zag en onbekende zeden,
Wanneer hij voor zich zelv' en 't leger redding zocht;

Maar, hoe trouwhartig ook, geen benden helpen mogt.
Die woest en onbedacht zich zelve in 't onheil bragten,
En 't rundervee der Zon ten gruwbren maaltijd slagten, –
Der Zon, wier gramschap haar geen' dag van keeren gaf.
Spreek, Zangster! van hunn' togt, hun lijden en hun straf.

Bovenstaande regels vormen de aanhef van Homerus' *Odyssee*, hier geciteerd naar de vertaling van Jan van 's Gravenweert uit het begin van de negentiende eeuw (Gravenweert. 1823-24). Dit uit meer dan tienduizend verzen bestaande heldendicht is een van de oudste verhalen uit de Griekse en Europese literatuurgeschiedenis. Er wordt al zo'n vijfentwintig eeuwen strijd gevoerd om de vraag of Homerus, die – als hij werkelijk heeft bestaan, ook daarover wordt gestreden – in de achtste eeuw v.C. moet hebben geleefd, het verhaal over de zwerftochten en thuiskomst van Odysseus wel zelf op schrift heeft gesteld. De oudste bekende tekst dateert uit de zesde eeuw v.C., toen de *Odyssee* tezamen met de *Illias* – in opdracht van Pisistratus, de eerste tiran van Athcne, en zijn kunstminnende zoon Hipparchus – op schrift werden gesteld ten behoeve van de Panathenaeën, de feesten die jaarlijks ter ere van beschermgodin Pallas Athene werden gehouden. Maar zelfs indien Homerus heeft bestaan en de *Odyssee* heeft opgeschreven, ligt de oorsprong van het verhaal waarschijnlijk toch nog een aantal eeuwen eerder. De cadans van de hexameters, de voortdurende herhaling van formuleringen, stereotiepe scènes en soms zelfs hele verzen, een aantal opvallende inconsistenies en de merkwaardige vermenging van Ionische en andere lokale Griekse dialecten verraden dat de *Odyssee* afkomstig is uit een orale traditie (Parry en Parry 1971). De gezangen werden door rapsoden, rondtrekkende zangers, van generatie op generatie mondeling doorgegeven, waarbij de vaste formuleringen en herhalingen hielpen het verhaal te onthouden. Bij hun uitvoeringen konden de rapsoden putten uit een groot aantal bouwstenen die afhankelijk van de reactie van het publiek konden worden gecombineerd tot een passende uitvoering. Het op schrift stellen van de homerische gezangen is een vroeg voorbeeld van wat tegenwoordig wel remediatie wordt genoemd (Bolter en Grusin 1999). Door deze remediatie werd de *Odyssee* behouden, maar veranderde zij ook wezenlijk van karakter.

Daarmee is niet gezegd dat de *Odyssee* daar als kunstwerk onder heeft geleden. Meer dan vijfentwintig eeuwen later spreken de avonturen van Odysseus ons nog steeds aan. Niet alleen bevat het verhaal over de tien jaar durende poging van Odysseus na de slag om Troje terug te keren naar zijn geliefde Penelope die thuis, op het eiland Ithaca, op hem wacht, spannende avonturen in vreemde oorden vol betoverende nimfen, monsters en goden, maar de personages en gebeurtenissen kunnen ons, ondanks de grote tijdsafstand, ook nog steeds diep ontroeren. En wat ons niet minder aanspreekt in de *Odyssee* is dat Odysseus als geen andere personage uit de wereldliteratuur het noodlot van een persoon verbeeldt, die steeds opnieuw voorbij zijn horizon wordt gedreven. Als het aan Odysseus had gelegen, dan was hij niet ten strijde getrokken tegen Troje. Dat hij dankzij zijn listigheid kon uitgroeien tot de grote held van de strijd om Troje, kwam doordat een eerdere list om onder zijn 'dienstplicht' uit te komen – door krankzinnigheid voor te wenden – faalde. En nadat de strijd om Troje was beslecht, wilde hij niets anders dan zo snel mogelijk weer naar Ithaca en zijn geliefde Penelope terugkeren, maar ook dat was hem niet vergund. De door de zeegod Poseidon aangewakkerde winden bliezen hem telkens opnieuw in andere richtingen, naar steeds weer nieuwe en ongevraagde kwellingen en genietingen.

Misschien spreekt de *Odyssee* ons nog steeds zo aan, omdat het lot van Odysseus lijkt te staan voor dat van de gehele mensheid. Vanaf het moment, zo'n tien tot vijf miljoen jaar geleden, dat de eerste mensachtigen in Afrika ontstonden, heeft de geschiedenis van de mens in het teken gestaan van een voortdurende expansie. In de loop van zijn evolutie heeft de mens zich over de gehele aardoppevlakte verspreid en in de vorige eeuw is met de eerste bemande ruimtevluchten een aanvang gemaakt met de exploratie van de kosmische ruimte. Sinds de zeventiende eeuw ontsluiten de microscoop en de telescoop ruimten die zich ver onder en boven de grens van de menselijke waarneming bevinden. In de kunst en de religie verlegt de menselijke expansie zich bovendien naar virtuele ruimten. En waar zijn verbeelding tekort schoot, heeft de mens van oudsher – zoals ook Odysseus in het land der Lotofagen – middelen gezocht die de geest op kunstmatige wijze verruimen. Ook met de ontwikkeling van de taal en het schrift heeft de mens zijn geestelijke mobiliteit verruimd. Met de taal werd tevens de virtuele ruimte van de geschiedenis ontsloten die maakt dat we ons nu nog kunnen herkennen in personages als Odysseus, die enkele duizenden jaren geleden door onze voorouders zijn bedacht, en kunnen dromen van toekomstige reizen. Of deze rusteloze odyssee door ruimte en tijd nu voortkomt uit de grenzeloze nieuwsgierigheid van de mens of uit diens principiële thuisloosheid, zij lijkt onlosmakelijk verbonden met het lot van de mensheid. De mens is misschien wel voor alles een *Homo mobilis*, een wezen dat zich met een steeds grotere snelheid door steeds meer ruimtelijke dimensies beweegt in de hoop een thuis te vinden.

Gezien het archetypische karakter van Odysseus is het niet verwonderlijk dat het verhaal van zijn zwerftochten gedurende de gehele geschiedenis van de westerse cultuur schrijvers en wetenschappers als voorbeeld of symbool heeft gediend. In die traditie staan schrijvers als Virgilius, die de Romeinen met de *Aeneis* hun pendant van de *Odyssee* schonk, en James Joyce, wiens *Ulysses* de grenzen van het moderne bewustzijn verkende, maar ook de Europese ruimtesonde *Ulysses*, die in 1990 door de spaceshuttle *Discovery* werd gelanceerd en via het zwaartekrachtveld van de planeet Jupiter naar de poolgebieden van de zon werd geslingerd. De naam van die ruimtesonde lijkt niet alleen naar Homerus' *Odyssee* te verwijzen, maar ook een ironische knipoog te bevatten naar Stanley Kubricks sciencefictionfilm *2001: A Space Odyssey* (1968), die handelt over een dramatisch verlopende ruimtereis naar Jupiter in het ruimteschip *Discovery*.

Kubricks *2001: A Space Odyssey* is meer dan een spannende film over de verkenning van de kosmische ruimte. De film is, zoals het programmaboekje bij de video-uitgave van de film het puntig samenvat, 'an epic tale of man's ascent, from ape to space traveller and beyond' (Kubrick 1997). Kubricks kosmische versie van de *Odyssee* vat niet alleen op magistrale wijze de menselijke odyssee door de ruimte samen, maar handelt tegelijkertijd over de menselijke odyssee door de tijd. De film vangt aan met de menswording van de aapmens en eindigt met de overgang van de mens naar een posthumane levensvorm.

Opvallend is dat beide transformaties in het teken staan van de techniek. De eerste scènes van de film tonen ons hoe de aapmens door het gebruik van werktuigen zijn territorium verruimt en zijn heerschappij op aarde vestigt, terwijl in het laatste deel van de film een ruimteschip de kosmonauten voorbij de grenzen van het waarneembare heelal en uiteindelijk ook voorbij de grenzen van de menselijke levensvorm voert. De techniek, zo suggereert Kubricks film, markeert dus zowel het begin- als het eindpunt van de even heroïsche als tragische odyssee van de mens door de ruimte. De techniek is een *ontologische machine* die de menselijke wereld en de mens zelf meesleurt in een voortdurende transformatie.

Wat *2001: A Space Odyssey* tot een voor de vraagstelling van dit boek zo fascinerende film maakt, is dat in deze film uiteindelijk niet de ruimtevaarttechnologie, maar de computer de uiteindelijke transformatie van de mens in een andere levensvorm bewerkstelligt. Het is de computer die de mens *cyberspace* binnenvoert en hem uiteindelijk zichzelf doet overstijgen. In dit boek zullen we Odysseus volgen op deze voolopig laatste reis.

3 Een odyssee door ruimte en tijd

Alvorens met Odysseus de stap door het beeldscherm te wagen, is het verstandig om wat conceptuele proviand in te slaan. Ik wil een moment stilstaan bij de begrippen 'ruimte' en 'tijd', die in het voorafgaande al herhaaldelijk zijn gevallen en die ik in het vervolg ook nog herhaaldelijk, en in nogal uiteenlopende contexten, zal gebruiken. Het zijn begrippen die we in het alledaagse leven regelmatig en zonder veel problemen gebruiken, maar wanneer we proberen uit te leggen wat ze precies betekenen, dan staan we al snel met de mond vol tanden. Filosofen en natuurwetenschappers breken zich al eeuwenlang het hoofd over de vele raadsels die de door ons ervaren tijd en ruimte oproepen, maar tot veel overeenstemming heeft dat tot op heden niet geleid. Zelfs met betrekking tot de meest elementaire kenmerken staan de opvattingen vaak diametraal tegenover elkaar. Dit is niet de plaats om zelfs maar een overzicht te geven van alle vraagstukken die met de tijd en de ruimte verbonden zijn. Ik beperk me hier tot een beknopte conceptuele analyse en een korte historische schets van de beide begrippen, waarbij ik zal uiteenzetten in welke betekenis ik ze in het vervolg van dit boek voornamelijk zal gebruiken.

In het alledaagse taalgebruik verwijst het begrip 'ruimte' in veel gevallen naar een lege plaats tussen dingen, bijvoorbeeld wanneer we in de stad ruimte zoeken om onze auto te parkeren, of geen ruimte meer hebben in onze boekenkast. In de gegeven voorbeelden gaat het om een lege plek in de geografische ruimte. Vaak passen we het begrip ook toe op andere domeinen, bijvoorbeeld wanneer we zeggen dat er met betrekking tot een loonconflict veel of weinig ruimte is om te onderhandelen. In dit geval gebruiken we het woord in relatie met het menselijk handelen en duidt het op een verzameling mogelijkheden om een bepaald doel te realiseren. Soms gebruiken we het begrip zelfs – overdrachtelijk – om tijd aan te duiden, bijvoorbeeld wanneer we ruimte zoeken in onze agenda voor een afspraak. Omgekeerd wordt de tijd overigens ook gebruikt om aan afstand te refereren, bijvoorbeeld wanneer ik op weg naar mijn werk nog een uur verwijderd ben van Rotterdam. We zullen zo dadelijk zien dat in de moderne, twintigste-eeuwse fysica tijd en ruimte ook theoretisch nauw met elkaar verstrengeld zijn geraakt.

De zojuist besproken alledaagse betekenis van het begrip 'ruimte' kent een lange geschiedenis (Torretti 1998). De etymologie van het woord ruimte in Romaanse talen (espace, spazio, espacio) en in het Engels (space) voert terug naar het Latijnse *spatium*, dat duidde op een afstand of interval tussen dingen. Vanaf de late Middeleeuwen heeft het begrip echter in de natuurfilosofie en de natuurwetenschappen een meer abstracte betekenis gekregen, die in de moderne tijd – als gevolg van de mechanisering van het wereldbeeld – gaandeweg ook is doorgedrongen in het alledaagse taalgebruik. Dit theoretische begrip van ruimte staat voor de grenzeloze uitgebreidheid die alle dingen die bestaan omvat. Zo definieert de zestiende-eeuwse filosoof Bruno de ruimte als 'een driedimensionale natuurlijke kwantiteit, die de uitgestrektheid van lichamen als inhoud heeft en die van nature voorafgaat aan alle lichamen en ook zonder die lichamen blijft bestaan' (Bruno 1879, 1.8).

Deze natuurfilosofische opvatting van ruimte heeft via het werk van de natuurkundige en wiskundige Newton een vaste plaats gekregen in de moderne natuurwetenschap. Wat Newtons opvatting van die van Bruno onderscheidt is dat hij, onder invloed van Descartes, de ruimte geometrisch opvat, dat wil zeggen als iets dat door middel van een driedimensionaal coördinatenstelsel exact kan worden gedefinieerd. Newton kende de ruimte absoluutheid toe; lichamen bevinden of bewegen zich niet alleen ten opzichte van elkaar, maar ook ten opzichte van de ruimte, die ook zonder die lichamen zou bestaan. In de natuurwetenschappen en filosofie na Newton heeft er weinig overeenstemming bestaan met betrekking tot de vraag naar de ontologische status van de ruimte. Wat *is* ruimte eigenlijk? Veel volgelingen van Newton vatten de absolute ruimte op als iets dat een objectieve realiteit heeft. De ruimte wordt dan opgevat als 'een ding', in de taal van de toenmalige metafysica: als een *substantie*. Leibniz, en de traditie die zich op dit punt bij hem aansloot, vat 'ruimte' daarentegen op als een relationeel begrip dat uitsluitend op abstracte wijze de onderlinge relatie van de dingen aanduidt. Wanneer we alle eigenschappen van dingen wegdenken behalve hun situatie en afstand ten opzichte van elkaar, dan definiëren we daarmee volgens Leibniz de plaats van ieder van die dingen. Ruimte is niets anders dan de totaliteit van deze onderlinge relaties. Zonder dingen bestaat er geen ruimte (Leibniz 1956, § 47).

Kant gaat nog een belangrijke stap verder dan Leibniz in het de-substantiveren van de ruimte door de ruimte op te vatten als iets dat in het geheel niet tot de orde van de dingen behoort, maar als een vorm van de menselijke zintuiglijkheid: 'Ruimte is niet iets objectief en reëels, noch een substantie, noch een attribuut, noch een relatie; maar een subjectief en ideaal schema dat volgens een vaste wet voortkomt uit de natuur van het menselijk kenvermogen en dat ertoe dient om externe gewaarwordingen te rangschikken' (Kant 1981b, § 15D). Wat Leibniz nog ziet als een verhouding tussen dingen, wordt door Kant begrepen als een a priori (dat wil zeggen: uit de geest voortkomende) vorm waarin wij de dingen vatten. Metaforisch zou men deze vormen kunnen vergelijken met een gekleurde bril. Voor wie een rode bril opheeft, ziet alles er meer of minder rood uit. Wie veroordeeld is de wereld waar te nemen met de zintuiglijkheid van de mens, ziet alles ruimtelijk. Deze ruimtelijkheid is evenwel geen subjectieve inbeelding, maar de wijze waarop reële dingen aan ons verschijnen.

Bij Heidegger vinden we een echo van deze opvatting, wanneer hij stelt dat de ruimte door het menselijke *Dasein* (er-zijn) in zijn 'zorgende omgang' met de dingen wordt ontsloten. In het gebruik van allerhande tuigen,[4] die onderling naar elkaar verwijzen, worden ruimten *ontdekt*, zoals de geografische ruimte, en *gesticht*, zoals de ruimte van het recht (Heidegger 1979, 101-

---

4   Heidegger gebruikt het woord 'tuig' in een brede betekenis. Het gaat om alle dingen die de mens dienen tot allerlei doelen, zoals een werktuig als een hamer of een pan, een vaartuig of rijtuig, of een schrijftuig als de computer waarachter ik nu zit.

13). Het *Dasein* 'verruimtelijkt' dingen en handelingen: het brengt ze bijeen en situeert ze ten opzichte van elkaar, waardoor het naast nabijheid ook afstand ontdekt en sticht. Anders dan Kant ziet Heidegger de ruimte echter niet als een (louter) subjectieve vorm: het ontdekken van ruimte is slechts mogelijk in de ontmoeting tussen het *Dasein* en de reële dingen. De ruimte is subjectief noch objectief, maar wordt ontsloten door ons 'in-de-wereld-zijn'.

In de komende hoofdstukken, waarin cyberspace in uiteenlopende contexten (computerspelletjes, hypermedia, informatiewetenschappen, virtual reality, en brein-computerinterfaces) zal worden bestudeerd, zullen we de verschillende opvattingen van ruimte opnieuw tegenkomen. Vanuit mijn antropologische perspectief zal ik vooral de nadruk leggen op de rol die de mens en zijn technische en culturele artefacten spelen in de ontdekking en stichting van ruimten. De schepen waarmee de mens de zeeën bevaart, ontsluiten de geografische ruimte, zoals de ruimtevaart en de astronomie de kosmische ruimte en de elektronenmicroscoop de subatomaire ruimte ontsluiten. In het maatschappelijk handelen wordt sociale ruimte ontsloten en in magische handelingen en rituelen een sacrale ruimte. Eenmaal ontsloten sturen deze ruimten op hun beurt ook het handelen binnen de ontdekte of gestichte ruimte. Wanneer er bijvoorbeeld na de ontdekking van een handelsroute zeekaarten worden gemaakt en pleisterplaatsen gesticht, ontstaan er specifieke 'ruimte-tijd corridors' (zie Peters 1997). Ruimten scheppen, zoals in het eerdere voorbeeld van de onderhandelingsruimte, een repertoire van mogelijke handelingen en daarmee van mogelijke interacties met de wereld. Dat geldt ook voor cyberspace. De hard- en software van de computer ontsluiten een virtuele handelingsruimte voorbij en doorheen de alledaagse leefwereld.

Dat laatste is het geval omdat ongelijksoortige ruimten op allerlei manieren met elkaar interfereren. Heterogene ruimten kunnen op velerlei manieren met elkaar verstrengeld geraken, ze gaan allerlei hybride verbindingen aan en kunnen elkaar versterken, verdringen of vernietigen. Een dominante ruimte kan in andere ruimten binnendringen en deze van binnenuit herstructureren volgens de eigen coördinaten. Dat laat zich aan de *Odyssee* illustreren. De door de orale traditie gestichte narratieve ruimte waarin Odysseus' omzwervingen plaatsvinden, staat niet los van de geografische ruimte waarin Griekenland is gesitueerd. De *Odyssee* brengt vrij nauwkeurig de toenmalige geografische wereld van de Grieken in beeld. De voortdurende aanwezigheid van de goden verbond de narratieve ruimte tevens met de religieuze ruimte, de beschrijvingen van de zeden en gewoonten van uitheemse volken ontsluiten de ruimte van het sociale handelen, de liefde tussen Odysseus en Penelope verbeeldde de affectieve dimensie van het handelen. Vanwege de verwevenheid van deze ruimten functioneerde de *Odyssee* voor de Grieken als een orale encyclopedie.

Odysseus' reis nam tien jaar in beslag, de odyssee waarover dit boek handelt, beslaat een periode van miljoenen jaren. In het voorafgaande merkten we al op dat ruimten er niet simpelweg zijn, maar door het menselijk handelen worden ontsloten; ze groeien en krimpen, verdwijnen soms ook weer of worden onder invloed van andere ruimten getransformeerd. Ruimten hebben altijd een temporele dimensie, zij spelen zich af in de *tijd*. In tegenstelling tot de ruimte, die in de meeste gevallen als iets statisch wordt opgevat, heeft het begrip 'tijd' in het alledaagse taalgebruik een dynamische connotatie. Tijd hangt samen met verandering, beweging, processen, ontwikkelingen en gebeurtenissen. Volgens een veelgebruikte – ruimtelijke – metafoor is de tijd als een stroom die aan ons en de dingen voorbijtrekt. Staande in die stroom ervaren we onophoudelijk korte nu-momenten die vanuit de toekomst op ons toekomen, door ons in het heden worden ervaren en vrijwel onmiddellijk achter ons in het verleden verdwijnen. Anders dan de drie dimensies van de ruimte hebben verleden, heden en toekomst een verschillend realiteitsgehalte. Enkel het heden heeft realiteit. Terwijl het elders in de ruimte zijn de realiteit van een ding niet vermindert, lijkt het verleden er niet meer te zijn, en de toekomst nog niet te zijn.

Wanneer we naar de geschiedenis van het tijdsbegrip kijken, dan laten zich globaal twee opvattingen onderscheiden met betrekking tot de 'richting' van de tijd: een cyclische en een lineaire opvatting. De cyclische opvatting, die niet kan worden losgezien van het ritme van dag en nacht en de kringloop van de maan en de seizoenen, is waarschijnlijk het oudste. We treffen haar, zowel met betrekking tot de kosmos als het menselijk leven, onder andere aan in het voorchristelijke Griekse denken en in hindoeïstische en boeddhistische culturen, maar een echo ervan treffen we ook nog aan in hedendaagse natuurwetenschappelijke bespiegelingen over de mogelijkheid dat het heelal periodiek uitdijt en inkrimpt.

Wanneer samenlevingen complexer worden en zich sneller gaan ontwikkelen, waardoor veranderingen binnen een generatie zichtbaar worden, wordt deze cyclische opvatting gaandeweg gecomplementeerd en deels vervangen door het besef van een onomkeerbare historische tijd. Ook religies als het christendom en de islam hebben een cruciale rol gespeeld bij de ontwikkeling van het lineaire tijdsbegrip. In deze religieuze visies heeft de tijd een begin, waarin de wereld door een almachtige god wordt geschapen, en een einde, waarin de gelovigen eeuwig heil wacht en de ongelovigen de hel. Onder invloed van de secularisering heeft het religieus-lineaire tijdsbegrip in de westerse wereld steeds meer ruimte moeten afstaan aan het historisch-lineaire tijdsbegrip, hoewel we het in een onttoverde vorm nog wel aantreffen, bijvoorbeeld in politieke of technologische heilsverwachtingen (zie De Mul 1994a).

Net als in het geval van het begrip van de ruimte is het moderne tijdsbegrip ook sterk beïnvloed door de ontwikkeling van de natuurwetenschappen
in de zestiende en zeventiende eeuw. Ook hier heeft Newton een moeilijk te
overschatten rol gespeeld. In zijn fysica heeft de hierboven besproken absolute ruimte een pendant in de absolute tijd. Dit is de tijd, waarbinnen het universum bestaat en fysische, biologische en historische gebeurtenissen kunnen
plaatsvinden, maar die zelf onafhankelijk is van deze dingen en gebeurtenissen en die ook zonder hen zou bestaan. Deze tijd is een lineair, ééndimensio-
naal continuüm, dat, anders dan in de christelijke opvatting, aanvang noch
einde kent. Net als in de discussies over de ruimte staat tegenover de opvatting van de absolute ruimte een relationele opvatting van tijd, volgens welke
tijd niets anders is dan de veranderingen die zich in het fysische universum
afspelen. De vraag of de tijd een begin heeft, is volgens deze opvatting geen
andere dan de vraag of er ooit een eerste gebeurtenis – bijvoorbeeld een Big
Bang – in het universum heeft plaatsvonden.
    Sinds Hermann Minkowski's klassieke interpretatie van Einsteins spe-
ciale relativiteitstheorie worden tijd en ruimte in de fysica niet langer als
afzonderlijk entiteiten beschouwd, maar wordt er gesproken van een *ruimte-tijd*, waarin de tijd als een vierde dimensie wordt opgevat naast de drie
ruimtelijke dimensies. Dit ruimte-tijd continuum kan worden afgebeeld
op een coördinatiestelsel met vier assen. Hoewel tijd en ruimte ook volgens
deze opvatting onderscheiden eigenschappen blijven bezitten, hebben ze
wel invloed op elkaar. Dat blijkt bijvoorbeeld bij tijdsmeting: het tijds-
interval dat een klok aangeeft, is afhankelijk van de plaats en de snelheid
waarmee de klok zich verplaatst ('t Hooft 1992, 29v.). Bestaat hierover tegenwoordig onder fysici vrijwel unanimiteit, over de vraag of de notie van
ruimte-tijd nu voor de absolute of voor de relationele opvatting van de tijd
pleit, blijven de meningen sterk verdeeld.
    De voor- en tegenstanders in die discussie zijn het er wel over eens dat
tijd een *objectieve* eigenschap is. Door andere filosofen en fysici wordt dat nu
juist betwijfeld. Dat wij gebeurtenissen waarnemen in termen van verleden, heden en toekomst is volgens hen afhankelijk van het feit of ze eerder,
gelijktijdig of later dan het *bewustzijn* van deze gebeurtenissen plaatsvinden.
Zonder bewustzijn zou er in het geheel geen sprake zijn van een verleden,
heden en toekomst. De notie van een ruimte-tijd continuum wordt wel ter
ondersteuning van deze visie aangevoerd. In deze vierdimensionale (hyper)-
ruimte hebben alle gebeurtenissen die volgens de menselijke ervaring in het
verleden hebben plaatsgevonden, nu plaatsvinden en zullen plaatsvinden,
een gelijkwaardige plaats.
    Tot degenen die de opvatting onderschrijven dat tijd een *subjectieve* ei-
genschap is, behoort Kant. Dat hoeft gezien zijn eerder genoemde opvatting van ruimte niet te verwonderen. Ook met betrekking tot de tijd ver-

dedigt hij de opvatting dat dit in het geheel geen objectieve eigenschap is van het universum, maar een a priori vorm van de menselijke zintuiglijkheid. Terwijl onze uiterlijke zintuigen de gewaarwordingen ruimtelijk structureren, verlenen onze innerlijke zintuigen de gewaarwordingen een temporele samenhang.

Ook bij Heidegger is de tijd geen buiten de dingen en de mens staande eigenschap. Maar het is evenmin, zoals bij Kant, een louter subjectieve vorm die op de dingen wordt gedrukt. Het *Dasein* is niet alleen verruimtelijkend, maar ook vertijdelijkend in de zin dat het al handelend de drie extasen van de tijd ontsluit. De toekomst betekent in deze zin het vooruitlopen, het anticiperen van het *Dasein* op zijn mogelijkheden (en voor de sterfelijke mens betekent dat ook anticipatie op de uiterste mogelijkheid, die van de eigen dood). Het verleden is geen nu-moment dat voorbij is, maar een voorbij dat er nog steeds is, als datgene wat het *Dasein* heeft gemaakt tot wat het is (en wat het persoonlijke leven ver te buiten gaat). Het heden, tenslotte, is het tegenwoordig stellen (*gegen-wärtigen*) van de dingen in hun ruimtelijke en temporele samenhang.

In de volgende hoofdstukken zullen we herhaaldelijk stuiten op de verschillende opvattingen van de tijd die ik zojuist besproken heb. Vanuit mijn antropologische perspectief zal ik ook met betrekking tot de tijd de nadruk leggen op de menselijke ervaring van de tijd en op de ontwikkeling daarvan onder invloed van het menselijke handelen en de daaruit voortvloeiende technologische en culturele artefacten. De odyssee door tijd en ruimte die ik in dit boek zal bestuderen betreft dus primair de geschiedenis van de menselijke exploratie van de ruimte. Voortdurend vooruitlopend op zijn toekomstige mogelijkheden en steeds gedragen door de in het verleden gerealiseerde mogelijkheden, heeft de mens in de loop van zijn evolutie en cultuurgeschiedenis een veelheid aan ongelijksoortige ruimten ontdekt en gesticht, die tezamen zijn wereld vormen. Aangezien deze ruimten op velerlei wijzen met elkaar interfereren, kan gesteld worden dat de mens zich reeds in het leven van alledag bevindt in een meerdimensionale ruimte, dat wil zeggen in *hyperspace*. Tegen die achtergrond zal ik in dit boek de menselijke odyssee door cyberspace situeren, analyseren en interpreteren.

4 Virtuele rondleiding

In de eerste paragraaf van de inleiding merkte ik op dat cyberspace doordringt in vrijwel alle aspecten van onze alledaagse leefwereld. Cyberspace is een dominante ruimte die alle andere ruimten van onze cultuur doordringt en begonnen is deze van binnenuit te transformeren. Wanneer we de fundamentele impact van de odyssee door cyberspace willen doorgronden, dan kunnen we ons derhalve niet beperken tot de bestudering van een enkel maatschappelijk domein of handelingsdimensie. We kunnen cyberspace vergelijken met een caleidoscoop die met iedere beweging de ruimtelijke samenhang van de gehele culturele ruimte verandert. Cyberspace herstructureert niet alleen de handelingsruimte die verbonden is met de politiek, de religie of de wetenschap, maar situeert deze ruimtelijke domeinen ook telkens anders ten opzichte van elkaar. Teneinde die samenhang zichtbaar te maken zullen in de vijftien hoofdstukken van dit boek nogal wat ongelijksoortige verschijningsvormen van cyberspace de revue passeren.

Vanzelfsprekend was het bij het schrijven van dit boek onvermijdelijk een bepaalde selectie te maken. Enkele aspecten zullen in het hiernavolgende nadrukkelijk op de voorgrond treden. In de eerste plaats zal ik in dit boek ruime aandacht besteden aan de rol die de *kunst* speelt in de exploratie van cyberspace. In mijn boek *Het romantische verlangen in (post)moderne kunst en filosofie* ben ik uitvoerig ingegaan op de rol die de moderne kunst heeft gespeeld bij de ontwikkeling van de moderne ruimte en tijd. Zo heeft de ontwikkeling van het centraal perspectief in de schilderkunst ertoe bijgedragen dat het menselijke subject, dat eerst opging in de wereldruimte, tegenover de wereld is komen te staan. In dat proces werd niet alleen de landschappelijke ruimte ontsloten, maar werd het subject ook tot het centrum van ruimtelijke ervaring getransformeerd. Een ander voorbeeld dat in het genoemde boek werd besproken, is de ontwikkeling van de sonatavorm in de muziek, en de rol die deze speelde in het ontstaan van het moderne historische besef. De teleologische structuur van de expositie, de doorwerking en de reprise van de sonatevorm gaf iedere noot een specifieke plaats en functie in de tijd ten opzichte van een tonaal centrum, en schiep tegelijkertijd voor het luisterende subject een specifieke plaats en uitgestrektheid in de tijd. De roman speelde op zijn beurt een vergelijkbare rol in de constitutie van de narratieve dimensie van het menselijke leven en de menselijke geschiedenis (De Mul 1995, resp. 69v. en 107v.). Dat ik ook in dit boek herhaaldelijk over de artistieke verbeelding en kunst zal spreken, hangt samen met het feit dat de twintigste-eeuwse kunsten een cruciale rol hebben gespeeld in de ontsluiting van cyberspace en naar verwachting ook in de toekomst nog zullen spelen in de verdere vormgeving en domesticatie van deze ruimte (vgl. De Mul 2002a).

In de tweede plaats zal ook de *technologie* een belangrijke rol spelen in dit boek. Ik zal daarbij het begrip technologie in een brede betekenis hanteren. In die betekenis duidt het begrip niet alleen op het geheel van technische artefacten (zoals de ploeg, de telescoop, de drukpers, de stoommachine en de computer), maar ook op de kennis en de vaardigheden die voor de vervaardiging en het gebruik ervan nodig zijn. Zoals in het voorafgaande reeds duidelijk is geworden hebben technologieën altijd een grote rol gespeeld in het ontsluiten van objectieve en subjectieve ruimten. Dat geldt niet alleen voor de kunsten, die vanaf de allereerste grotschilderingen tot de meest recente hypermediale installaties altijd afhankelijk zijn geweest van technische hulpmiddelen en vaardigheden, maar in feite voor alle aspecten van het menselijk beheer en verkeer. Zoals we verderop in het boek zullen zien, geldt dat zelfs voor een vergeestelijkte activiteit als het filosoferen, die eerst mogelijk is geworden dankzij de uitvinding van het schrift. Sinds de industriële revolutie is de technologie een integraal bestanddeel geworden van het alledaagse leven. In de odyssee door cyberspace is de computer het belangrijkste instrument. Om die reden zal ik in dit boek uitvoerig stilstaan bij deze 'universele machine'.

In de derde plaats zal in dit boek de *politiek* een belangrijke rol spelen. Ik begrijp politiek hierbij niet alleen in de moderne betekenis van het openbare beleid door de overheid en allerhande bestuursinstanties of als een aanduiding van de strijd om macht (hoewel die aspecten ook aan de orde zullen komen), maar vooral in de klassieke betekenis van het streven naar een goede samenleving. Met betrekking tot de informatietechnologie is de vraag welke speelruimte deze ons biedt voor de inrichting van onze samenleving en – vooral ook – wat wij binnen deze speelruimte met de informatietechnologie willen aanvangen. Mijn aandeel daarbij zal niet bestaan in het beantwoorden van praktische vragen die de informatietechnologie oproept, bijvoorbeeld met betrekking tot de bescherming van onze privacy in cyberspace (zie daarvoor bijvoorbeeld: Van der Ploeg en De Mul 2001). Alvorens deze – belangwekkende – praktische vragen te kunnen beantwoorden, moeten we eerst een beter inzicht verkrijgen in hoe cyberspace met ons denken en handelen interfereert.

Wanneer ik in dit boek kunst, technologie en politiek op de voorgrond plaats, dan gebeurt dat dus primair vanuit een *ontologisch*, c.q. *antropologisch* perspectief. De drie fundamentele vragen waarop dit boek een antwoord zoekt zijn: Wat *is* cyberspace? Op welke wijze raakt deze ruimte ons *begrip* van de wereld en van onszelf? In hoeverre zal de odysseee door cyberspace onze wereld en onszelf ook *daadwerkelijk* veranderen?

Dit boek bestaat uit vijf delen van ieder drie samenhangende hoofdstukken. In deel I – DE SNELWEG NAAR DE TOEKOMST – worden tegen de achtergrond van de toekomstprofetieën van de Italiaanse futuristen uit het begin van de twintigste eeuw de brede maatschappelijke en culturele contouren geschetst van de in de tweede helft van deze eeuw begonnen 'emigratie naar cyberspace'. In hoofdstuk 1, *De draadloze verbeelding*, zet ik uiteen hoe Marinetti's enthousiaste verwelkoming van de technologische cultuur in de loop van de twintigste eeuw gemeengoed is geworden in onze samenleving en dat de door hem voorspelde mens met verwisselbare delen en een parallel bewustzijn in cyberspace realiteit lijkt te worden. Aan de hand van Hegel, Benjamin en Baudrillard onderneem ik in dit hoofdstuk tevens een eerste poging de odyssee door cyberspace cultuurhistorisch te situeren.

In hoofdstuk 2, *Politieke technologie*, zal ik betogen dat cyberspace niet alleen een ruimte is aan gene zijde van de alledaagse leefwereld, maar tevens een ruimte die de leefwereld op uiteenlopende manieren herstructureert. Waar in de industriële revolutie alles draaide om de productie en beheer van energie, daar komen in de informatieleving alle maatschappelijke activiteiten in het teken te staan van de productie en het beheer van informatie. Dat wordt geillustreerd aan de hand van de de invloed van cyberspace op de maatschappelijke organisatie en het politieke handelen. In hoofdstuk 3, *Big Brother is niet meer*, beargumenteer ik dat dit geen aanleiding vormt voor al te veel optimisme, maar dat het evenmin tot politieke doemscenario's hoeft te leiden. Aanknopend bij Foucaults relationele opvatting van macht zal ik argumenteren dat cyberspace niet alleen de handelingsruimte van de bestuurders van de samenleving verruimt, maar ook die van de bestuurden.

Bij de bespreking van bovenstaande thema's passeeren ook een aantal methodologische vragen de revue. In hoeverre kunnen we toekomstige ontwikkelingen voorspellen? Wat is onze speelruimte bij de ontwikkeling van de informatiesamenleving? Waarom zijn metaforen als die van de 'elektronische snelweg' en de 'digitale Big Brother' misleidend?

In deel II – DE VERBEELDING VAN CYBERSPACE – richt ik de aandacht op de verkenning van cyberspace in de analoge en de digitale kunsten. In hoofdstuk 4, *Van odyssee tot cyberpunk*, wordt aan de hand van de – in de traditionele boekvorm geschreven – sciencefictionromans van William Gibson ingaan op de specifieke plaats die het cyberpunkgenre inneeemt in de geschiedenis van de literaire verovering van de ruimte, zoals die heeft plaatsgevonden in de traditie van de fantastische literatuur vanaf Homerus' *Odyssee*. Na de verovering van de geografische en de psychische ruimte is de hedendaagse sciencefiction begonnen aan de exploratie van de cyberruimte. Omgekeerd, zo zal in dit hoofdstuk worden betoogd, is cyberspace in de gestalte van hypermedia begonnen met de verovering van de literaire ruimte. In hoofdstuk 5, *Sillywood of de miskraam van de interactieve cinema*, wordt de kolonisatie van de cultuur door cyberspace meer in detail bestudeerd aan de hand van de remediatie van de avant-gardefilm in het interactieve computerspel. Daarbij zal worden gewezen op het met het gebruik van metaforen verbonden 'horseless carriage syndrome', de neiging nieuwe media vanuit de oude te begrijpen. In het deel II afsluitende hoofdstuk 6, *De digitalisering van de cultuur*, onderneem ik een poging de onderscheiden kenmerken van de digitale cultuur op een meer abstract niveau in kaart te brengen. Nadat ik aan de hand van de door kantiaanse traditie beïnvloedde school van McLuhan de rol die media spelen in de menselijke ervaring heb besproken, ga ik achtereenvolgens in op de wijze waarop multimedialiteit, interactiviteit en virtualiteit onze cultuur en onze culturele ervaring herstructureren. In dit hoofdstuk komen ook de implicaties van deze transformatie voor de cultuurwetenschappen aan de orde.

In deel III – MOGELIJKE WERELDEN – ga ik nader in op de transformatie van de wereld onder invloed van de informationele wetenschappen en technieken. In hoofdstuk 7, *De informatisering van het wereldbeeld*, sta ik stil bij het begrip 'informatie' en bij de rol die dit begrip is gaan spelen in de wetenschappen. In een vergelijking met de mechanisering van het wereldbeeld die zich vanaf de zestiende eeuw onder invloed van de exacte natuurwetenschappen in de moderne cultuur heeft voltrokken, ga ik nader in op de door de informatisering gestimuleerde en ontwikkelde modale wetenschappen. Waar de moderne natuurwetenschappen gericht waren op de vraag hoe de werkelijkheid is, zijn de modale wetenschappen veel meer geïnteresseerd in de vraag hoe de wereld zou kunnen zijn. Deze *mogelijkheidsdimensie* blijkt een van de twee fundamentele ontologische kenmerken van de virtuele realiteit van cyberspace te zijn.

Het tweede fundamentele kenmerk van cyberspace, de dimensie van de *effectieve schijn*, wordt uiteengezet in hoofdstuk 8, *De wereld in het tijdperk van zijn digitale reproduceerbaarheid*. Aanknopend bij de beschouwingen over de kunst in deel II wordt aan de hand van het voorbeeld van de transformatie van de fotografie onder invloed van de computer getoond op welke wijze dit ons beeld van de realiteit op fundamentele wijze verandert. Anders dan door ontologische nostalgie gedreven denkers als Baudrillard zal ik betogen dat dit niet zozeer leidt tot een werkelijkheidsverlies, als wel tot een ander type realiteit.

In hoofdstuk 9, *Digitaal Dasein*, ga ik nader in op deze transformatie van de zijnservaring aan de hand van een bespreking van virtual reality–technologieën vanuit het perspectief van Heideggers analyse van het menselijk *Dasein*. In dit hoofdstuk interpreteer ik de mogelijkheidsdimensie en de effectieve schijn van cyberspace als een radicale projectie van twee fundamentele kenmerken van de menselijke existentie op de dingen in de buitenwereld. De analyse onderstreept de rol die de menselijke verbeelding speelt in het proces van virtualisering van de werkelijkheid.

De menselijke dimensie staat centraal in deel IV: HOMO ZAPPENS. Waar in deel III de ontologische implicaties van de odyssee door cyberspace met betrekking tot de wereld centraal stonden, richt de aandacht zich in deel IV op de impact van deze odyssee voor de menselijke identiteit. Hoofdstuk 10, *Under construction*, handelt over de radicalisering van de in de menselijke levensvorm gelegen mogelijkheidsdimensie onder invloed van de hypermedia. Ook hier zien we een remediatie aan het werk. Waar de narratieve identiteitstheorie van Ricoeur de nadruk legt op de constituerende rol die verhalen spelen in de constructie van de menselijke identiteit, daar wordt deze rol in de huidige cultuur in belangrijke mate overgenomen door de hypermedia, waarbij de 'personal homepage' als paradigmatisch voorbeeld wordt geanalyseerd. Onder invloed van het nieuwe medium van identiteitsconstructie lijkt de voor de postmoderne cultuur kenmerkende decentrering van de menselijke identiteit zich verder te radicaliseren.

In hoofdstuk 11, *Virtuele antropologie*, wordt dit idee verder uitgewerkt in een interpretatie van telepresentie-technologieën vanuit het perspectief van Plessners notie van excentrische positionaliteit. Betoogd wordt dat telepresentie- en virtual reality-technologieën een nieuw stadium van decentrering ontsluiten. De poly-excentrische positionaliteit die daarvan het gevolg is betekent niet zozeer, zoals in de lijn van Plato en Descartes wel wordt beweerd, een bevrijding van de geest uit 'de gevangenis van het lichaam', maar juist een verdubbeling van de lichamelijkheid en daarmee van de principiële thuisloosheid van de mens. De gesaeculariseerde religieuze beloften die met de ontwikkeling van cyberspace zijn verbonden en die de mens beloven de voorheen goddelijke attributen van alomtegenwoordigheid, alwetendheid en almacht te schenken, zijn om die reden gedoemd voor altijd religieuze illusies te blijven. De virtuele dimensie van cyberspace neemt onze eindigheid niet weg, maar verhevigt veeleer ons bewustzijn daarvan.

De religieuze verwachtingen die vaak met de technologie zijn verbonden, worden in hoofdstuk 12, *Virtueel polytheïsme*, nader onderzocht. Geargumenteerd wordt dat de uit de principiële eindigheid voortvloeiende heilsverwachtingen van de moderne, gesaeculariseerde mens in toenemende mate in de technologie worden geprojecteerd. Maar ook deze religieuze verwachtingen blijven in de odyssee door cyberspace niet hetzelfde. Beargumenteerd wordt dat de overgang van de schriftcultuur naar de hypermediale cultuur de met de boekcultuur verbonden lineair-monotheïstische heilsverwachtingen ondergraaft en de weg vrijmaakt voor een digitale remediatie van het met de orale cultuur verbonden polytheïsme.

In deel v – DE STERRENPOORT – staat de vraag centraal of Odysseus in zijn odyssee door cyberspace ooit zijn Ithaca zal bereiken. Ter voorbereiding van het antwoord ga ik in hoofdstuk 13, *Van Homo erectus tot Homo zappens*, nader in op de in de voorafgaande paragrafen kort aangestipte cultuurhistorische en evolutionaire dimensie van de odyssee door cyberspace. Duidelijk wordt dat de mens in de loop van de evolutie onder invloed van de techniek een aantal fundamentele biologische en cognitieve transformaties heeft ondergaan en dat het naïef zou zijn te menen dat we met de huidige *Homo sapiens* het eindstadium van de menselijke evolutie zouden hebben bereikt.

Wat onze huidige situatie onderscheidt van de voorafgaande geschiedenis is dat de modale wetenschappen ons als eerste soort in staat lijken te stellen onze eigen evolutionaire opvolgers te scheppen. Hoofdstuk 14, *Trans-humanisme*, is gewijd aan het al dan niet geïntendeerde technologische programma dat gericht op de creatie van transhumane levensvormen. Genetische manipulatie, brein-computerinterfaces en onderzoek naar kunstmatige intelligentie en kunstmatig leven lijken uit te lopen op een nieuwe evolutionaire transformatie van de mens.

In hoofdstuk 15, *A Cyberspace Odyssey*, breng ik met behulp van Kubricks eerder genoemde film *2001: A Space Odyssey* en met het wiskundige concept hyperspace een aantal argumentatielijnen die in de voorafgaande hoofdstukken zijn ontwikkeld samen. De vraag waarop het laatste deel van dit boek uitloopt is of we actief onze transformatie tot posthumane levensvorm moeten nastreven of dat we ons in het volle besef van alle technologische mogelijkheden juist moeten richten op een verzoening met onze ruimtelijke en temporele eindigheid. Misschien is het verstandig nog eenmaal te luisteren naar Odysseus. Zeven jaar van zijn tien jaar durende reis bracht hij door op het eiland van de nimf Kalypso. Kalypso wordt verliefd op Odysseus en om hem aan zich te binden biedt zij hem aan hem onsterfelijk te maken. Odysseus verlangt echter te zeer naar Penelope en zijn vaderland om haar verzoek te kunnen accepteren. Op het eerste gezicht lijkt dat een merkwaardige beslissing. Maar wat de wijze Odysseus beseft is dat juist in de menselijke sterfelijkheid het verlangen is gelegen dat ons niet alleen het grootste verdriet bereidt, maar ook het zeldzame geluk waarvan de goden slechts kunnen dromen.

DEEL 1

De snelweg naar de toekomst

Wir fahr'n fahr'n fahr'n auf der Autobahn.
Kraftwerk

I DE DRAADLOZE VERBEELDING
Futuristische bespiegelingen over een digitale Renaissance

We moeten het glas van het beeldscherm breken en
de machine binnengaan.

Ivan Sutherland

De beste manier om de toekomst te voorspellen is
haar uit te vinden.

Alan Kaye

Tien jaar geleden bezocht ik in Venetië in Palazzo Grassi *Futurismo & Futurismi*, een grote overzichtstentoonstelling van het Italiaanse futurisme. Onder de tentoongestelde werken bevond zich ook *De stad verrijst* van Umberto Boccioni (*). Dit grote, uit 1911 daterende schilderij geldt als een van de hoogtepunten van de futuristische beweging. Het schilderij toont een in felle kleuren geschilderde wervelwind die de stad en zijn bewoners meevoert in de maalstroom van de geschiedenis. Het schilderij brengt op onovertroffen wijze het dynamische toekomstbeeld van de futuristen tot uitdrukking. Het futurisme wordt vaak beschouwd als de eerste avant-gardebeweging in de moderne kunst. Wanneer we de stormachtige maatschappelijke en culturele ontwikkelingen die zich in de twintigste eeuw hebben voltrokken in ogenschouw nemen, dan kunnen we niet anders concluderen dan dat het futurisme als geen andere avant-gardebeweging de toekomst heeft voorvoeld en vormgegeven.

1 The medium is the message

De futuristische beweging was een van de eerste succesvolle *media events* in de twintigste eeuw. De geboorte van het futurisme valt samen met de publicatie van Tomasso Filippo Marinetti's *Futuristisch manifest* op de voorpagina van *Le Figaro* van 20 februari 1909 (*). Op dat moment was er nog geen enkel futuristisch kunstwerk vervaardigd en bestond er ook nog geen beweging met die naam. Al lang voor McLuhan besefte Marinetti dat 'the medium is the message' en dat dankzij de massamedia nieuws tot *realiteit* wordt gemaakt. Door de publicatie van het manifest werd de beweging in het leven geroepen en meldden zich tientallen schilders, filmers, literatoren, modeontwerpers, architecten etc. die zich door het manifest voelden aangesproken bij Marinetti aan.

Niet alleen de wijze waarop het futurisme in het leven werd geroepen liep vooruit op de huidige mediacultuur, maar ook het moderne leven dat de futuristen propagandeerden wees op veel punten vooruit naar de alledaagse realiteit van de huidige informatiesamenleving. De futuristen verheerlijkten op agressieve wijze de vernieuwing, de snelheid en de moderne technologie en de daaruit resulterende werkelijkheids- en schoonheidservaring. 'Tot nu toe,' zo schrijft Marinetti in het genoemde manifest, 'verheerlijkte de literatuur de peinzende onbeweeglijkheid, extase en slaap. Wij willen de agressieve beweging verheerlijken, de koortsachtige slapeloosheid, de snelle passen, de salto mortale, de oorvijg en de vuistslag. Wij verklaren dat de grootheid van de wereld verrijkt is met een nieuwe schoonheid: die van de snelheid. Een raceauto, zijn motorkap versierd met dikke buizen als slangen met explosieve adem ... een ronkende auto die als hij rijdt op een mitrailleur lijkt, is mooier dan de *Nikè van Samotrake*' (Marinetti, in: Drijkoningen en Fontijn 1986, 67).

In *De stad verrijst* van Boccioni lijkt de woeste werveling waarin de stad en zijn bewoners worden meegevoerd, de ongekende kracht van de technologische vooruitgang te verbeelden. Deze 'psycho-fysische stroom waarin tijd en ruimte elkaar achtervolgen in een cirkelvormige beweging' (Calvesi, in: Hulten 1986, 429) is niet alleen een metafoor voor een nieuwe esthetische beleving, maar tevens voor de *futuristische sensibiliteit*, die de Westerse cultuur in de loop van de twintigste eeuw onherkenbaar zal veranderen. In een manifest uit 1913 merkt Marinetti op dat de nieuwe middelen van communicatie, transport en informatie een beslissende invloed hebben op de psyche van de twintigste-eeuwse mens. Deze nieuwe middelen vereisen volgens Marinetti een aanpassing van de snelheid van het leven aan de snelheid van de techniek. Hij voorzag het type mens dat ik ooit gekscherend de *Homo zappens* heb genoemd. De toekomst is aan het 'veelvoudig en simultaan bewustzijn in een enkel individu' (Marinetti, in: Hulten 1986, 517).

Er wordt vaak beweerd dat de pogingen van de avant-gardebewegingen uit de eerste helft van de vorige eeuw het leven en de kunst te integreren op een mislukking zijn uitgelopen (zie bijvoorbeeld Bürger 1974). Hoewel er wel iets voor deze stelling valt te zeggen, is zij wat het futurisme betreft volstrekt onhoudbaar. De profetieën van de futuristen zijn gerealiseerd op een schaal die zelfs hun wildste dromen en fantasieën heeft overtroffen. Zij kregen, in een bijna letale overmaat, de door hen in navolging van Nietzsche gevraagde 'hygiënische oorlogen' ter 'reiniging' van de verstofte en verstarde westerse cultuur. Ook de door hen voorgestane technologische wereld en sensibiliteit is van een futuristische profetie tot alledaagse realiteit geworden. En ook wat hun gerichtheid op dat wat nog niet is betreft, kunnen de futuristen tevreden zijn. De twintigste eeuw is hen onvoorwaardelijk gevolgd op de snelweg naar de toekomst.

2 Kleine geschiedenis van de toekomst

De toekomst laat zich per definitie niet voorspellen.[1] De futuristen leren ons echter dat hij wel kan worden uitgevonden. Dat vereist een sterke verbeelding en het staat buiten kijf dat de futuristen die hadden. De toekomst ligt niet simpelweg op ons te wachten, hoe hij zal worden is mede afhankelijk van hoe wij hier en nu handelen. Maar om te kunnen handelen moeten we ons wel een beeld vormen van de mogelijkheden. De toekomst die we ons verbeelden, is meestal voor een belangrijk deel ontleend aan het heden. Het zijn vaak extrapolaties van ontwikkelingen die, meer of minder opvallend, al aan de gang zijn. Een sciencefiction-auteur als Jules Verne schiep zijn opvallend adequate toekomstbeelden niet uit het niets, maar hield nauwkeurig de wetenschappelijke en technische ontwikkelingen in zijn eigen tijd bij. Onze toekomstbeelden worden ook gevoed door onze verlangens en angsten. Toekomstbeelden zijn zelden neutraal, maar worden meestal gevoed door onze motieven. Ook de 'profetieën' van de futuristen moeten we daarom niet in de eerste plaats opvatten als theoretische voorspellingen, maar veeleer als een oproep de cultuur in de door hen gewenste richting te veranderen. Maar wat hun toekomstbeeld in vergelijking met veel andere zo fascinerend maakt, is dat ze – net als Jules Verne – heel goed in de gaten hadden wat er zich rondom hen afspeelde. Niet alleen op het gebied van de techniek, maar ook sociaal, politiek, militair en cultureel.

Dat is ook wat ik in dit boek wil doen: kijken wat er zich op op dit moment op het gebied van de nieuwe informatietechnologieën afspeelt en hoe die ontwikkelingen zich verhouden tot andere sociale en culturele ontwikkelingen die zich momenteel afspelen. En uit die samenhang zal ik ook een aantal beelden van de toekomst extrapoleren. Ik zal, anders dan de futuristen dat hebben gedaan, deze ontwikkelingen ook expliciet verbinden

1 Zie in dit verband mijn *Toeval* en 'De domesticatie van het noodlot' (De Mul 1994b; De Mul 1994a).

met de verlangens en de angsten die we hebben met betrekking tot de sociale, culturele en technologische ontwikkelingen die onze tijd kenmerken. Daarbij is mijn inzet niet louter beschouwelijk, maar ook praktisch
gericht. Ik hoop met de reflecties in dit boek een bijdrage te leveren aan de
manier waarop wij de toekomst tegemoet treden en mede gestalte geven.
Daarbij koester ik niet al te veel illusies over de mogelijkheid de toekomst
op basis van onze verlangens en onze hoop te 'plannen'. De menselijke geschiedenis bestaat uit een lange reeks plannen waar iets onverwachts tussen-
kwam. 'Planning', zo heeft Odo Marquard ooit opgemerkt, komt meestal
neer op 'de voortzetting van de chaos met andere middelen' (Marquard
1981, 85). Maar zonder een verbeelding van de mogelijkheden treden we
de toekomst geheel blind tegemoet. Ik laat me daarom niet bij voorbaat
ontmoedigen. In dit hoofdstuk wil ik proberen een eerste beeld te vormen
van de richting die onze cultuur met de door Marinetti verwoorde futuristische sensibiliteit is ingeslagen. Daartoe zal ik drie ontwikkelingen in de
geschiedenis van de kunst sinds de Renaissance extrapoleren naar de op ons
toekomende tijd.
    Mijn 'futuristische toekomstscenario' knoopt in de eerste plaats aan bij
de rol die de beeldende kunsten vanaf de uitvinding van het perspectivische
afbeelden in de Renaissance hebben gespeeld bij de ontsluiting van de *fysische* ruimte. De cultuurfilosoof Ton Lemaire heeft in een interessante studie
laten zien, hoe in de traditie van de landschapschilderkunst zich de verschillende stadia laten aflezen van de exploratie van de geografische wereldruimte (Lemaire 1970). De schilderkunst van de Renaissance staat volgens
Lemaire niet alleen in het teken van de ontsluiting van de landschappelijke
ruimte, maar in haar verschijnt tegelijkertijd de mens als een zich tegenover
het landschap bevindend subject. Na de *verkenning* van de landschappelijke
ruimte in de periode van de Renaissance staat het landschap tot aan de
vroege Romantiek in het teken van de *vestiging* van de mens in de aldus
ontworpen profane ruimte. Met name de Hollandse landschapschilderkunst uit de zeventiende eeuw laat zien hoe de moderne mens de landschappelijke ruimte 'in cultuur' brengt en tot schouwtoneel van zijn bedrijvigheid maakt. Naarmate de 'onttovering' (Weber) en onderwerping van
de natuur door de moderne techniek hun beslag krijgen, komt echter ook
de keerzijde van het moderniseringsproces, de *vereenzaming* van het 'autonome' individu, in toenemende mate aan het licht. De romantische schilderkunst toont ons het hartstochtelijke verlangen van de vereenzaamde
moderne mens naar een hereniging met de natuur, maar ook zijn onvermogen deze hereniging te realiseren. Na een kortstondige laatste poging tot
verzoening van natuur en cultuur in de impressionistische schildering van de
publieke ruimte van de voorstad, loopt de vereenzaming van de moderne
mens temidden van de natuur volgens Lemaire uit op een fundamentele

vervreemding. In de metafysische, surrealistische en magisch realistische land-
schappen uit de twintigste eeuw zijn we volgens Lemaire terechtgekomen
in een vreemde, onheilspellende en ontmenselijkte wereld, waarin de eerder nagestreefde verzoening van mens en natuur in haar tegendeel blijkt te
zijn omgeslagen.

Opvallend is dat na de Tweede Wereldoorlog de landschapschilderkunst plotseling haar vooraanstaande plaats in de beeldende kunst verliest.
Dit lijkt mij vooral het gevolg te zijn van een verschuiving in de beeldende
kunst van de exploratie van de fysische naar die van de *geestelijke* ruimte
(vgl. De Mul 2002b). Deze ontwikkeling is al in het begin van de negentiende eeuw door de filosoof Hegel beschreven. Volgens Hegel staat de gehele wereldgeschiedenis, en daarmee ook de geschiedenis van de kunst, in
het teken van een toenemende vergeestelijking. Waar de oudste kunst –
Hegel noemt de piramiden in het oude Egypte als voorbeeld – gekenmerkt
werd door een overwicht van het materiële op het geestelijke, en daarna –
in de gouden periode van de Griekse kunst – door een kortstondig evenwicht tussen deze beide polen, daar is in de moderne kunst het geestelijke
het materiële in toenemende mate gaan overheersen. Dat laat zich volgens
Hegel aflezen aan de verschuiving naar meer vergeestelijkte kunstvormen
zoals de schilderkunst (die anders dan de beeldhouwkunst niet driedimensionaal is, maar slechts de *illusie* van ruimte oproept), de muziek en vooral
de literatuur. In het bijzonder de romankunst kan volgens Hegel worden
beschouwd als een exploratie van de *innerlijke ruimte* van de menselijke subjectiviteit (Hegel 1984, 87, 581).

Hegels voorspelling van een verdergaande vergeestelijking werpt niet
alleen een verhelderend licht op het ontstaan in de twintigste eeuw van
kunstvormen als bijvoorbeeld de seriële muziek, de filosofische roman en
de conceptuele kunst, maar ook op de verbintenis die de beeldende kunsten zijn aangegaan met de computer. Deze verbintenis voor de beeldende
kunsten opent het perspectief op een nieuwe, digitale Renaissance, die in
dienst zal staan van onze *vestiging* in de virtuele ruimte die door de nieuwe
informatie- en communicatietechnologieën wordt ontsloten. Op tal van
gebieden is de verkenning van deze virtuele ruimte al in volle gang. We
moeten daarbij niet alleen denken aan beeldende kunstenaars die computers en het Internet gebruiken om de virtuele ruimte te verkennen, maar
ook aan de exploratie van cyberspace in films als *Tron, Lawnmower Man,
Strange Days, Johnny Mnemonic, The Matrix* en *Existenz* (∗) en, niet in de
laatste plaats, aan computerspelletjes, die de jeugd niet alleen amuseren,
maar tevens voorbereiden op het leven in virtuele werelden. Met behulp
van virtual reality-systemen leiden architecten hun klanten rond in driedimensionale modellen van hun ontwerpen en bouwen de bewoners van *Active Worlds* (∗) op het Internet hun virtuele huizen en gemeenschappen.

Wanneer de aanwas van de wereldbevolking zich in de eenentwintigste eeuw in een zelfde tempo voortzet als in de afgelopen eeuw, dan zullen wij voor het behoud en de uitbreiding van de menselijke 'levensruimte' waarschijnlijk in toenemende mate aangewezen zijn op dergelijke virtuele werelden. Niet alleen communicatie, financiële transacties en diensten vinden steeds vaker plaats in cyberspace, maar ook het reizen door het eenentwintigste-eeuwse landschap krijgt een virtuele dimensie. De eerste stappen op weg naar de ontsluiting van de postgeografische ruimte – in hun onbeholpenheid vergelijkbaar met de eerste schreden op weg naar het centraal perspectief in de late Middeleeuwen – zijn de computerprogramma's die het ons met behulp van gedigitaliseerde foto's en computeranimaties mogelijk maken schilderijen, gebouwen en steden over de gehele wereld te 'bezoeken'. De postgeografische reiziger wordt bovendien een reiziger in de posthistorische tijd. De genoemde programma's maken het immers ook mogelijk te wandelen door het Florence van de vijftiende eeuw! Zoals vaak zal de verwerkelijking van de toekomstfantasieën uit het verleden langs een andere weg geschieden dan werd voorspeld. Het gaat hier immers niet om een werkelijke terugkeer in de tijd, maar om een bezoek aan een door een collectief van computertechnici, beeldende kunstenaars, architecten en marketing-deskundigen *ge(re)construeerd* verleden. Om die reden zal de multimediale reconstructie van het verleden niet minder dan voorheen het historische verhaal en de historische roman (zoals Walter Scott's *Ivanhoe*) steeds ook het stempel dragen van het heden van zijn maker. Al was het alleen al door de onvermijdelijke virtuele vestigingen van McDonald's.

De multimediale reconstructie van het verleden is inmiddels in volle gang. Zo ging in september 1995 in Seoul tijdens de Kwang Ju Biënnale *Lascaux in Virtual Reality* in première, het eerste project van het *Center for the Electronic Reconstruction of Historical and Archeological Sites* van de universiteit van Cincinati (VS). Met een virtual reality-helm op zijn hoofd kan de bezoeker een driedimensionale simulatie van de grotten van Lascaux bezoeken. Hij kan niet alleen in alle rust de grotschilderingen bekijken, maar ook, door het aanklikken van de grotschilderingen, allerlei achtergrondkennis opvragen. Ook kan men bekijken hoe de grot er (waarschijnlijk) in de prehistorie heeft uitgezien en indien men daar prijs op stelt kan men zelfs oog in oog komen te staan met een gesimuleerde prehistorische kunstenaar. (*)

In het licht van de huidige stand van de techniek is deze vorm van 'tijdreizen' natuurlijk nog niet veel meer dan een pover surrogaat. Met de verdere technologische ontsluiting van de virtuele ruimte – de perfectionering van beeld en geluid en de toevoeging van tactiele ervaringen en geur – zal de multimediale toerist van de toekomst zonder uit zijn stoel te komen de meest exotische plaatsen in ruimte én tijd kunnen ervaren op een wijze die gaandeweg authentieker en realistischer zal zijn dan de 'echte' realiteit!

Om dit laatste toe te lichten dien ik nog kort stil te staan bij een derde
ontwikkeling. Wanneer we om ons heenkijken, zien we dat de werkelijkheid in de twintigste eeuw in toenemende mate wordt vormgegeven volgens de esthetica van de massamedia. Benjamin heeft er in 1936 op gewezen dat in het tijdperk van de technische reproduceerbaarheid de *kopie* tot
maatstaf wordt bij de productie van kunstwerken (Benjamin 1973; zie ook
De Mul 1989). In het tijdvak van de massamedia is niet langer de *aura* – dat
wil zeggen de cultuswaarde van het unieke, 'hier en nu' gegeven kunstwerk – doorslaggevend, maar de tentoonstellingswaarde van de kopieën.
Enerzijds betekent het verlies aan aura onmiskenbaar een verlies van een
bepaalde ervaring van de werkelijkheid, anderzijds ontsluiten de kopieën
een ander type werkelijkheidservaring. Benjamin onderkende ook al vroeg
het ideologische belang van de massamedia. Ofschoon hij zijn hoop vestig-
de op de revolutionaire potentie van de nieuwe media (die volgens hem
bijvoorbeeld tot uitdrukking komt in de films van Eisenstein), besefte hij
dat dezelfde media in de handen van zittende machthebbers een repressieve
werking konden uitoefenen.

Zoals Benjamin voorspelde is de door hem beschreven ontwikkeling
niet beperkt gebleven tot de kunst, maar geldt zij de gehele maatschappelijke werkelijkheid. Een onthullend voorbeeld vormde de landing van de
Amerikaanse troepen in Somalië in 1993. Niet alleen het tijdstip van de
landing – midden in de nacht – was zodanig gekozen dat het in de vs in
prime time 'live' kon worden uitgezonden, maar ook stonden de regisseurs
en cameraploegen al klaar om de inval op zowel esthetisch als ideologisch
verantwoorde wijze te ensceneren en vast te leggen. En zoals Benjamin
eveneens voorzag is voor de hedendaagse politicus een professionele presentatie in de massamedia (Reagan, Clinton, Fortuyn) en waar mogelijk de
beheersing van de media (Berlusconi) bepalender voor de beoordeling dan
het feitelijk gevoerde beleid.

Is het een te boude veronderstelling dat we in de nabije toekomst een
hybride ruimte zullen bewonen die in toenemende mate ingericht zal worden volgens de criteria van de virtuele werkelijkheid en waarbinnen het
steeds lastiger zal worden de scheidslijn tussen feit en fictie vast te stellen?
Immers, waar de kunstenaars uit de Renaissance de geografische ruimte
ontsloten door middel van (artistieke) *fictie*, daar stelt de moderne informatietechnologie ons in staat onze fictie te bewonen. Wij willen niet langer de
realiteit door fictie ontvluchten, maar door middel van fictie een andere
realiteit scheppen (Rötzer 1991, 89). Misschien is het hele onderscheid tussen 'feit' en 'fictie' hier wel obsoleet geworden en kunnen we in plaats
daarvan beter van *factie* spreken, tot realiteit geworden fictie (vgl. Druckrey
1992, 25-32). De onttovering van de ruimte in de moderne tijd slaat hier
om in een digitale her-tovering.

3 Panacee of panopticum?

Of de toekomstige wereld er ook een van psychologische en politieke *sa-tis*factie zal zijn, blijft natuurlijk de vraag. De odyssee door cyberspace appelleert aan de fundamentele expansiedrift van de mens die hem de aarde (en sinds enkele decennia ook het heelal) heeft doen koloniseren, maar zoals ik hiervoor met Lemaire opmerkte, heeft deze expansie zijn prijs. Zeker voor de eerste generaties zal het verdampen van de louter geografische ruimte ook als een pijnlijk realiteitsverlies worden ervaren. Hun situatie is vergelijkbaar met die van de late middeleeuwers, die vanuit hun vertrouwde religieuze ruimte de moderne wereld werden ingejaagd.

Volgens technologisch utopisten zijn dit alles slechts kinderziekten en bezitten de nieuwe informatie- en communicatiemiddelen een ongekend maatschappelijk en cultureel potentieel. Zij geloven dat de nieuwe informatie- en communicatietechnologieën het sluitstuk vormen van de Verlichting en een eind zullen maken aan de ongelijke verdeling van welvaart en macht en wereldwijd de weg vrijmaken naar de *elektronische agora*, een onmiddellijke democratie naar oud-Atheens recept (vgl. Rheingold 1993, 14-5, 276v.; Frissen, Koers en Snellen 1992). Bovendien zullen deze nieuwe technologieën juist de achtergebleven gebieden met een gebrekkige economische (fabrieken, wegen, spoorlijnen) en culturele (bibliotheken, musea, theaters en concertzalen etc.) infrastructuur in staat stellen te profiteren van het proces van informatisering en globalisering. En niet in de laatste plaats zou de ontsluiting van cyberspace de oude droom van de twintigste-eeuwse avantgardes realiseren door iedereen in staat te stellen de schepper te worden van zijn of haar eigen virtuele levensruimte en identiteit.

De vraag is of dit enthousiasme terecht is. De geschiedenis leert dat de bouw van de toegangspoorten tot de religieuze ruimte, zoals piramiden, tempels en kathedralen, altijd enorme offers heeft gevraagd. De toegang tot de hemel werd betaald met de arbeid en de levens van slaven en lijfeigenen. Ook de bouw van de (in tegenstelling tot hun voorgangers steeds kleiner wordende) elektronische kathedralen die toegang geven tot cyberspace, kent zijn prijs. De vraag is wie nu deze prijs voor de oprichting en instandhouding van de 'pearly gates of cyberspace' (Wertheim 1999) betaalt. Een groot deel van de computers wordt gebouwd door kinderen, vrouwen en mannen in ontwikkelingslanden, die daarmee niet alleen bijdragen aan de nauw verstrengelde processen van informatisering en globalisering, maar in veel gevallen ook aan de eigen (economische en culturele) marginalisering. Zo lijkt de opmars van ICT in Afrika juist samen te vallen met de desintegratie van Afrikaanse samenlevingen (Van Binsbergen 2002, 108). En wat het democratische potentieel betreft, daar voorspellen pessimisten dat de virtuele ruimte zal uitmonden in een *digitaal panopticum*, waarin het geografische, financiële en zelfs geestelijke verkeer van iedere burger kan worden gecontroleerd (Lyon 1994; Sullivan en Bornstein 1996). En ook wat de culturele beloften betreft, lijkt er geen reden te zijn voor overdreven optimisme. De opmars van de televisie in de jaren vijftig ging met utopische verwachtingen betreffende permanente educatie gepaard en wie het televisieaanbod wereldwijd overziet, kan moeilijk beweren dat die verwachtingen zijn uitgekomen. De televisie is verworden tot een grotendeels door de zucht naar financieel gewin aangedreven machine die aan de lopende band plat amusement produceert (Postman 1985). Tien jaar na de introductie van het World Wide Web lijkt het met dit interactieve medium niet veel beter gesteld. Waar tien jaar geleden de eerste advertenties per e-mail met afschuw werd ontvangen door de Internetgemeenschap, daar overheerst nu op het grootste deel van het Internet een onbekommerd consumentisme. Het Internet heeft, om mijn collega Donald Loose te citeren, vaak meer weg van een Romeins circus dan van een Griekse agora (Loose 2002). Het is bovendien niet ondenkbaar dat de odyssee door cyberspace net als de exploratie van de geografische ruimte zal uitmonden in een fundamentele vereenzaming en vervreemding.

In de volgende hoofdstukken zal ik betogen dat de ervaring tot op heden leert dat zowel de utopische verwachtingen als de doemscenario's de plank misslaan. De wereld waar de futuristen van droomden en die om ons heen aan het ontstaan is, is niet in zijn geheel genomen uitsluitend beter of uitsluitend slechter dan de wereld die wij verlaten. Wel is het heil en het onheil dat hij voor ons in petto heeft fundamenteel anders. Een van de meest visionaire schrijvers over de nieuwe media, de in 1980 overleden Marshall McLuhan, voorspelde dat dankzij deze media de gehele wereld één groot dorp zou worden. Hij heeft gelijk gekregen voorzover het Internet zoals we dat nu kennen grote delen van de wereld met elkaar verbindt. Maar we kunnen moeilijk stellen dat het één dorp is geworden. In de volgende hoofdstukken zal duidelijk worden dat cyberspace veeleer een duizelingwekkend netwerk is van ontelbare bestaande en mogelijke dorpen. Het is een caleidoscoop van sociale, religieuze, politieke ruimten die deels naast elkaar bestaan, maar elkaar ook op allerlei plaatsen doorsnijden, weerspiegelen en beïnvloeden. Cyberspace, waarvan het Internet een nog slechts primitieve voorafschaduwing vormt, kan misschien wel het beste begrepen worden als *een ontologische machine die mogelijke werelden produceert*.

Naarmate de exploratie en domesticatie van deze 'heerlijke nieuwe wereld' zal vorderen, zullen ook wijzelf beduidend anders worden. Marinetti voorspelde dat de 'futuristische mens' een mens zal zijn 'met verwisselbare onderdelen' en een 'veelvoudig en simultaan bewustzijn'. Kunstgewrichten, pacemakers en volledig elektronische oren maken duidelijk wat Marinetti met dat eerste bedoeld zou kunnen hebben. Met de soft- en hardwarematige koppeling van ons brein aan computernetwerken zetten we ook de eerste stappen naar het bestaan van een in een cocon van elektronica gewikkelde *Homo zappens*, die simultaan in een veelvoud van virtuele werelden vertoeft. En wellicht zal het zelfs daar niet bij blijven, maar staat deze *Homo zappens* nog maar aan het begin van een odyssee door ruimte en tijd die hem ver voorbij de mens zal voeren.

4 Futurismo & Futurismi

Toen ik tien jaar geleden de tentoonstelling *Futurismo & Futurismi* in Venetië bezocht, trof mij de ironie van het feit dat deze tentoonstelling juist in deze antiquarische stad was georganiseerd. Voor de futuristen was Venetië het symbool bij uitstek van de cultuur die zij wilden vernietigen (vgl. Hulten 1986, 15-21). Terwijl Marinetti opriep de musea in Venetië in brand te steken, nam de stad vijfenzeventig jaar later op ultieme wijze wraak door de futuristische beweging haar plaats te wijzen in een van haar vele musea.

Hoewel veel profetieën in de loop van de twintigste eeuw adequaat zijn gebleken, hebben de futuristen in veel andere gevallen de plank ook faliekant misgeslagen. Gesteld dat er in de toekomst nog lezers zullen zijn en dat een van hen dit boek ter hand zou nemen, dan zal dat in haar of hem ongetwijfeld dezelfde mengeling van vertedering en spot oproepen als waarmee wij vandaag terugkijken naar de hoge hoeden van Jules Vernes maanreizigers of naar de weinig aërodynamische raceauto's van Boccioni. Welke onvoorspelbare eigenschappen de toekomst ook moge hebben, gevoel voor humor kan haar in ieder geval niet worden ontzegd.

2 POLITIEKE TECHNOLOGIE

De informationele transformatie van de politieke ruimte

> In de informatiesamenleving worden productie, erva-
> ringen, macht en cultuur bepaald door de logica van
> informatienetwerken.
>
> *Manuel Castells*

In het vorige hoofdstuk heb ik betoogd dat de informatietechnologie een nieuwe ruimte heeft geopend voor de expansiedrift van de mens. Dat is echter slechts de helft van het verhaal. Cyberspace is op zijn beurt ook begonnen met de kolonisatie van de wereld en de mens. Cyberspace moet niet primair begrepen worden als een *Hinterwelt*, een volslagen andere wereld aan gene zijde van de alledaagse (hoewel we in de volgende hoofdstukken zullen zien dat hij ook deze functie kan krijgen), maar veeleer als een ruimte die zich nestelt in het maatschappelijke en biologische lichaam en deze lichamen van binnenuit transformeert. Wanneer we de computer een ontologische machine kunnen noemen, dan is dat omdat het een machine is die de ruimtelijke en temporele organisatie van datgene waarmee hij in aanraking komt deconstrueert en reconfigureert. Dat geldt ook voor het domein van de politiek, dat aan het eind van het vorige hoofdstuk ter sprake kwam. Voordat we ons buigen over de vraag wat de politiek moet met cyberspace, is het verstandig eerst stil te staan bij de vraag wat cyberspace doet met de politiek.[1]

---

1 Deze vraag heeft de afgelopen jaren centraal gestaan in het interdisciplinaire onderzoeksprogramma *Internet en Openbaar Bestuur*, dat heeft geresulteerd in twee reeksen van studies waarin veel van de in dit hoofdstuk genoemde thema's aan de hand van *case studies* meer in detail zijn uitgewerkt (Frissen en De Mul 1999; Zouridis et al. 2001).

1 De instrumentele visie op technologie van de politieke partijen in Nederland

Dat de informatie- en communicatietechnologie (ICT) een cruciale maatschappelijke factor is, is het afgelopen decennium langzamerhand ook doorgedrongen in de Nederlandse politiek. Terwijl de programma's van de politieke partijen bij de verkiezingen in 1994 nog vrijwel geen woord aan de ICT wijdden, is er door de twee Paarse kabinetten op dit gebied ambitieus aan de weg getimmerd. In datzelfde jaar nog, enkele maanden nadat Gore zijn plan voor de ontwikkeling van een *National Information Infrastucture* lanceerde, presenteerde de Nederlandse regering haar eigen variant onder de titel *Elektronische Snelwegen, Van Metafoor naar Actie*, een ambitieus ICT-beleidsplan, waarna er nog verschillende zouden volgens, zoals *De Digitale Delta: Nederland oNLine* (1999) en *Contract met de toekomst. Een visie op de elektronische relatie overheid-burger* (2000). (*) De regering vond ICT niet alleen belangrijk, maar oordeelde zoals blijkt uit deze nota's ook opvallend positief over de kansen die deze nieuwe technologieën de samenleving biedt. Zo wordt in de inleiding van *De Digitale Delta* gesteld: 'Met de nieuwe mogelijkheden van deze ICT-ontwikkelingen kan de marktsector haar concurrentiekracht versterken, kan de overheid haar dienstverlening aan burgers en bedrijven verbeteren en staan de burger nieuwe middelen ter beschikking voor communicatie en informatievergaring. Het kabinet vindt het essentieel voor onze welvaart en ons welzijn, dat we die mogelijkheden zo goed mogelijk benutten'. (*) Ook met betrekking tot de impact van ICT op de vrijheid en autonomie van de burger is de toon zonder meer optimistisch te noemen. Zo stelt de nota *Contract met de toekomst* naar aanleiding van de uitspraak van Castells die als motto bij dit hoofdstuk staat afgedrukt: 'Iedere nieuwe deelnemer aan het netwerk verhoogt de waarde van het netwerk, waardoor nieuwe partijen worden aangetrokken en een opwaartse spiraal van voordelen op gang komt'. (*) Dankzij netwerktechnologieën als het Internet worden volgens de nota de kansen van de burger om toegang te krijgen tot de overheid en overheidsinformatie vergroot, nemen de keuzemogelijkheden toe met betrekking tot de wijze waarop hij zijn informatierelatie met de overheid vormgeeft en worden de mogelijkheden om te participeren in de democratische besluitvorming en beleidsontwikkeling vergroot. Het Internet verschijnt hier als een medium dat de vrijheid van de burger bevordert: het stelt hem of haar in staat tot een grotere mate van autonomie. Wat het onderwijs betreft leggen de nota's de nadruk op de computerscholing van de jonge generaties en op de ontwikkeling van een informationele kennis-infrastructuur.

Minstens zo opvallend als het grote, bijna futuristische enthousiasme dat uit de nota's spreekt – en dat vrijwel unaniem door zowel de traditionele als de nieuwe politieke partijen in ons land wordt gedeeld – is het eveneens unanieme ontbreken van een serieuze reflectie op de maatschappelijke en culturele gevolgen ervan.

Vrijwel alle partijen lijken de ontwikkeling van de informatietechnologie – op enige zorg over de *collateral dammage*, zoals de mogelijke aantasting van de privacy, de verspreiding van kinderpornografie of het gevaar van een 'digitale tweedeling' na – als zodanig toe te juichen.

Het gebrek aan reflectie hangt mijns inziens samen met de instrumentele visie op techniek die zowel uit de partijprogramma's als de genoemde regeringsnota's spreekt. In deze visie is techniek een neutraal middel om bestaande doelstellingen te realiseren.[2] Aangezien vrijwel alle partijen economische groei tot dogma hebben verheven, lijkt niets meer voor de hand te liggen dan een forse stimulering van de genoemde technologieën. En hetzelfde geldt voor de inzet van informatietechnologie voor de beide andere genoemde beleidsterreinen. De partijen gaan er blijkbaar vanuit dat het enige dat informatietechnologie onderscheidt van eerder gebruikte middelen is dat zij de bestaande doelstellingen op het gebied van onderwijs en politiek sneller en beter realiseert.

Bij deze instrumentele visie op de techniek zijn echter wel wat kanttekeningen te plaatsen. In de eerste plaats dient te worden opgemerkt dat technische middelen nooit neutraal zijn, maar altijd maatschappelijke en politieke gevolgen hebben. Technologieën weerspiegelen altijd de doeleinden, de belangen en de normen en waarden van hun makers, bezitters en gebruikers. Elke machine is, om een uitdrukking van Max Weber te gebruiken, 'gestolde geest'. Bovendien hebben technische artefacten ook hun eigen politieke agenda. Ik bedoel daarmee dat ze vrijwel altijd talloze onbedoelde en onvoorziene gevolgen hebben voor de samenleving waarin ze hun intrede doen (Smith en Marx 1994; De Mul, Müller en Nusselder 2001).

De Industriële Revolutie vormt hiervan een schoolvoorbeeld. De stoommachine was meer dan een apparaat dat de tot dan toe agrarische samenleving in staat stelde bepaalde taken efficiënter dan voorheen uit te voeren. Hij speelde tevens een cruciale rol in het ontstaan van een op kapitaal en energie gebaseerde markteconomie en van nieuwe belangentegenstellingen en maatschappelijke klassen. Ook had deze nieuwe technologie enorme gevolgen voor het milieu en voor de woon- en leefomstandigheden van de bevolking, die massaal naar de industriesteden trok. De opkomst van de moderne techniek heeft ten slotte ook de politiek niet onbe-

---

2 Een opvallende uitzondering is de bijna terloopse opmerking in de inleiding van *De Digitale Delta*, waarin wordt gesteld dat de informatiemaatschappij 'zich in hoge mate autonoom voltrekt'. Over de mogelijke implicaties daarvan wordt in de nota echter verder niet meer gerept (Zie ook De Mul, Müller en Nusselder 2001, 9).

roerd gelaten. Politiek bestuur heeft in de moderne, industriële cultuur een technocratisch karakter gekregen. Politieke beslissingen moeten steeds vaker plaats maken voor technische oplossingen. De ontwikkeling van technische hulpmiddelen wordt daarbij een doel op zich.

2 De informationele revolutie

Naar het zich laat aanzien zijn de maatschappelijke gevolgen van de informatietechnologie niet minder ingrijpend dan die van de stoommachine aan het eind van de achttiende eeuw. Hoewel de 'Informationele Revolutie' nog maar net is begonnen, tekenen de contouren van een nieuwe fundamentele transformatie van onze samenleving zich al af. Waar de industriële samenleving was gebaseerd op de productie en het beheer van energie, daar draait nu alles om de productie en het beheer van informatie. Dit brengt, zoals Manuel Castells in de drie delen van zijn monumentale, op uitgebreid empirisch onderzoek steunende The Information Age: Economy, Society and Culture (Castells 1996, 1997b, 1997a) op overtuigende wijze betoogt, een ingrijpende configuratie met zich mee van maatschappelijke organisatiestructuren, machtsrelaties en technologische beheersing. Organisaties zijn niet langer aan een geografische plaats gebonden, maar worden tot flexibele netwerken die zich steeds minder aantrekken van nationale grenzen en wetten. In deze mondiale informatienetwerken, waarin de financiële wereldmarkten de zenuwknopen vormen, worden kapitaal en arbeid voortdurend gerecombineerd in de jacht naar steeds hogere rendementen.

Machtsuitoefening wordt in toenemende mate identiek aan de controle van de economische, politieke en militaire informatiestromen. En met de ontwikkeling van de medische tak van de informatietechnologie, de manipulatie en recombinatie van genetische informatie, wordt het menselijke lichaam en op termijn wellicht ook de menselijke geest tot het ultieme object van technologisch beheer. In het licht van deze verstrekkende gevolgen van de informatietechnologie is het op het eerste gezicht onbegrijpelijk dat politieke partijen en regering zich daar nauwelijks rekenschap van geven. Nadere beschouwing leert dat ook dit samenhangt met hun instrumentele kijk op de techniek.

Een tweede punt van kritiek dat tegen de instrumentele visie op techniek kan worden ingebracht is namelijk dat deze visie een vorm van technologisch determinisme in de hand werkt. Wie er vanuit gaat dat technische middelen neutraal zijn, vooronderstelt dat de techniek zich autonoom, dat wil zeggen onafhankelijk van de maatschappij, ontwikkelt. De autonome ontwikkelingsgang van de techniek wordt dan opgevat als een onafwendbaar proces dat zich niet laat sturen. Wat technologisch mogelijk is, zal onvermijdelijk ook worden toegepast. Die onafwendbaarheid is echter een *self-fulfilling prophecy*. Wanneer we de ontwikkeling van de techniek geheel aan de technische rationaliteit zouden overlaten, dan zou die ontwikkeling inderdaad op een bepaalde manier autonoom kunnen worden genoemd. In werkelijkheid is de ontwikkeling van technologieën de resultante van een heterogeen proces waarin allerlei verschillende redenen, normen en belangen van verschillende maatschappelijke groepen (ontwerpers, fabrikanten, geldschieters, wetgevers, consumenten, milieuactivisten etc.) met elkaar strijden. Wanneer we dat inzien, dan wordt ook onmiddellijk het belang van reflectie op technologische ontwikkeling duidelijk. Slechts indien we weten wat technologieën met ons doen en wat wij met technologieën willen, onsluiten we voor onszelf de mogelijkheid de ontwikkeling van die technologieën in een gewenste richting bij te sturen. De mogelijkheid om te sturen moeten we niet overdrijven. Technologieën krijgen, wanneer ze eenmaal hun plaats in de wereld hebben veroverd, een eigen, moeilijk te beheersen dynamiek. Bovendien zijn de maatschappelijke gevolgen van nieuwe technologieën nooit volledig voorspelbaar. En naarmate we meer en op een fundamenteler niveau ingrijpen in de natuur en de cultuur, wordt deze onvoorspelbaarheid en onbeheersbaarheid enkel groter.[3] Maar deze overwegingen onderstrepen slechts de noodzaak van een diepgaande en vroegtijdige reflectie op de maatschappelijke gevolgen van de informatie- en communicatietechnologie (Vgl. De Mul, Müller en Nusselder 2001, 27-38; De Mul 2002c, 29-39).

Pleidooien om de verdere ontwikkeling van de ICT te bevorderen, dienen zich rekenschap te geven van die gevolgen. Daarbij kan men zich niet vastklampen aan wijsheden uit het verleden en dient men misleidende metaforen te vermijden. Een van de meest verleidelijke, maar tegelijkertijd ook een van de meest misleidende metaforen, zo stelde ik in de inleiding, is die van de 'elektronische snelweg'. Toen de Amerikaanse vice-president Gore deze metafoor in 1993 introduceerde in een vanuit retorisch perspectief bezien briljant pleidooi voor de ontwikkeling van een *National Information Infrastucture*, sloeg hij daarmee drie vliegen in een klap. In de eerste plaats verhelderde het overbekende beeld van de snelweg een verschijnsel dat door zijn nieuwheid bij een groot deel van de bevolking nog onbekend was. Bovendien gebruikte Gore deze metafoor ook als legitimatie van zijn pleidooi. De metafoor herinnert aan de grote economische bloei die de aanleg van het *Interstate Highway System* in de jaren vijftig en zestig talloze regio in de Verenigde Staten heeft gebracht. Ten slotte appelleerde de metafoor op fraaie wijze aan de voor de *American Dream* kenmerkende pioniersgeest. Wilde Amerika de 'rush to the cyberfuture' niet verliezen, zo luidde de boodschap van Gore, dan is het zaak onmiddellijk en groot-

---

3 Dit zal in hoofdstuk 7 worden toegelicht.

scheeps te investeren in informatietechnologie. Ook in Nederland mag de metafoor van de 'elektronische snelweg naar de toekomst' zich verheugen in een grote populariteit. De eerder genoemde nota *Elektronische Snelwegen, Van Metafoor naar Actie* reproduceerde zonder enige bedenkingen Gore's hyperbole retoriek. Een van de problemen met deze metafoor is echter dat hij het 'postgeografische' karakter van de wereldwijde computernetwerken volledig miskent. De maatschappelijke effecten van deze netwerken zijn om die reden niet te vergelijken met die van betonnen wegen.

Wie ervoor pleit Nederland tot een elektronische mainport – *Brainport* – om te vormen, dient te beseffen dat daarmee niet automatisch werkgelegenheid in Nederland wordt bevorderd. De in mondiale netwerken georganiseerde informatie-economie maakt het steeds eenvoudiger werkzaamheden uit te besteden aan lage-lonenlanden. Zoals ik in het voorafgaande hoofdstuk al opmerkte worden veel computers gebouwd of geassembleerd in ontwikkelingslanden en ook een steeds groter deel van de informatieverwerking en - dienstverlening en software-ontwikkeling vindt plaats in ontwikkelingslanden met een relatief hoog onderwijspeil, zoals India. En het lijkt erop dat we hier nog slechts aan het begin staan van een ontwikkeling. Het is belangrijk deze gevolgen van de informatietechnologie onder ogen te zien, ook – en vooral ook – wanneer men zich wil inspannen de onrechtvaardige verdeling van welvaart in de wereld naar een meer rechtvaardige verdeling om te buigen.

Ook op de beide andere genoemde beleidsterreinen wordt nauwelijks stilgestaan bij de gevolgen van het gepropageerde beleid. Wie landelijk educatieve netwerken wil ontwikkelen en het teleleren wil stimuleren, dient goed te beseffen dat hypermedia als het World Wide Web geen onschuldige doorgeefluiken van kennis zijn (Dreyfus 2001). McLuhans gelijkstelling van medium en boodschap in zijn slogan 'the medium is the message' mag dan overdreven zijn, dat het medium de inhoud van de boodschap en de denkprocessen van de gebruiker sterk beïnvloedt, valt moeilijk te ontkennen. Ik ga er niet bij voorbaat van uit dat hypermedia vanuit een educatief perspectief per definitie slecht zouden zijn. Ofschoon hypermedia afbreuk lijken te doen aan bepaalde verworvenheden van de traditionele geletterdheid, stellen ze de gebruikers beter dan de traditionele media in staat greep te krijgen op de overstelpende hoeveelheid informatie die op hen afkomt. (Ik kom daar in hoofdstuk 13 nog uitgebreid op terug.) Het is echter ook hier zaak dat men zich rekenschap geeft van deze gevolgen. Daarbij mogen we niet uit het oog verliezen dat het gebruik van informatietechnologie de kloof tussen geschoolden en ongeschoolden niet vanzelf dicht, maar in bepaalde opzichten eerder verbreedt (Van Dijk 2001; vgl. De Mul en Van der Ploeg 2001).

Wanneer men, zoals de politieke partijen in ons land eenstemmig beweren, informatietechnologie wil inzetten om de nationale, provinciale en gemeentelijke democratie te verbeteren zonder daarbij het principe van de representatieve democratie los te laten, dient men te beseffen dat informatie-technologie ook op dit punt een eigen politieke agenda heeft. Aangezien onze politieke institutie in het tijdperk van de stoommachine is ontstaan, staan haar niet minder drastische veranderingen te wachten dan de andere instituties uit die tijd (Frissen 1999a, 1996). Netwerktechnologieën blijken een sterk horizontaliserende werking te hebben en een ingebakken voorkeur voor directe democratie (Frissen en De Mul 1999). Evenmin valt goed in te zien hoe de territoriaal georganiseerde democratie te verenigen valt met het niet aan enig territorium gebonden Internet. En als financiële transacties in toenemende mate plaatsvinden in cyberspace, legt dat de bijl aan ons stelsel van belasting-heffing: waar moet immers btw worden geheven? Opnieuw gaat het me er hier niet zozeer om de voor- en nadelen van de *push-button* democratie of de wenselijkheid van een Internet-vrijstaat te bespreken (Winner 1992; Shapiro 1999), maar om te onderstrepen dat de beantwoording van dergelijke vragen niet kan uitgaan van de bestaande politieke instituties, maar een diepgaande reflectie vereist op de vraag wat ICT precies met die instituties doet.

3 Een technologie die niet één is

Er is nog een derde punt van kritiek op de instrumentele kijk op techniek mogelijk en die geeft nog een extra reden ons serieus te gaan verdiepen in de maatschappelijke gevolgen van de informatietechnologie. Binnen de instru-mentele opvatting wordt 'de' informatietechnologie vaak opgevat als een ho-mogeen geheel. Dat is echter allerminst het geval. De informatietechnologie is een conglomeraat van uiteenlopende technieken en ontwerpen, die verschil-lende en soms zelfs tegengestelde maatschappelijke effecten genereren. Het Internet zoals we dat nu kennen, weerspiegelt in bepaalde opzichten zijn mili-taire herkomst, maar belichaamt tegelijkertijd de anti-hiërarchische idealen van de 'tegencultuur' uit de jaren zestig en zeventig. Ook de achterliggende 'cyberideology' is een 'bizarre fusie van het culturele bohemianisme van San Franscico met de hi-tech industrieën van Silicon Valley' (Barbrook en Came-ron 1995). Het Internet heeft onmiskenbaar een groot democratische poten-tieel. Elektronische netwerken kunnen echter ook zodanig worden ontwor-pen dat ze onze financiële transacties en sociale interacties registreren en controleren op een wijze die Foucaults panopticum doet verbleken (Foucault 1975). Informatietechnologie is als zodanig goed noch slecht te noemen. Maar veel minder nog is zij neutraal. We moeten de informatietechnologie dus niet kritiekloos omarmen, en evenmin onvoorwaardelijk afwijzen. Waar het op aankomt is in de ontwikkeling van en omgang met deze technologieën voort-durend alert te blijven. Het gaat erom te doorgronden wat zij met ons doet en wat wij met haar willen en kunnen doen.

3 BIG BROTHER IS NIET MEER
Macht en onmacht in cyberspace

Peace is War.
Slavery is Freedom.
Strength is Ignorance.

Big Brother Revisited

1 Leven in een bètastaat

Onze samenleving zit ingewikkeld in elkaar en zij wordt met de dag complexer. De hoeveelheid informatie die dagelijks over ons wordt uitgestort, is nauwelijks nog te overzien. Eén enkele zaterdagse Volkskrant bevat al meer tekst dan de gemiddelde zeventiende-eeuwer in zijn of haar gehele leven las. Bovendien is de snelheid waarmee we ons over de snelweg naar de toekomst bewegen zo groot, dat het haast ondoenlijk is de ontwikkelingen, zelfs op een enkel deelgebied, bij te houden. Misschien geldt dat wel voor geen enkel gebied zo sterk als dat van de informatie- en communicatietechnologie. De ontwikkeling van hard- en software gaat zo snel dat de gehele sector zich in een permanente bètastaat lijkt te bevinden. Wanneer we voorts bedenken dat informatietechnologieën vrijwel alle aspecten van onze samenleving en ons leven op een ingrijpende wijze herconfiguren, dan beseffen we hoe onoverzichtelijk onze situatie is. Ook wij leven in een voortdurende bètastaat.

2 Big Brother en de nieuwe (on)overzichtelijkheid

Teneinde het hoofd te kunnen bieden aan deze 'nieuwe onoverzichtelijkheid' wordt vaak de toevlucht genomen tot eenvoudige, herkenbare en aansprekende metaforen. In hoofdstuk 1 refereerde ik reeds aan de elektronische agora en het digitale panopticum en in het vorige hoofdstuk kwamen de elektronische snelweg en Big Brother ter sprake. Hoewel dergelijke metaforen ons kunnen helpen conceptueel toegang te krijgen tot het mysterieuze domein van cyberspace, verhullen ze vaak juist datgene wat nieuw en anders is aan cyberspace.[1] Ze helpen daarom niet echt om het complexe en ambivalente karakter van de informatiesamenleving die om ons heen ontstaat te doorgronden, en schenken slechts de illusie van overzichtelijkheid en voorspelbaarheid. Vanwege hun eenduidigheid – ze beloven de hemel of de hel – bieden ze weliswaar een duidelijke normatieve richtlijn bij de afweging van 'het nut en nadeel van de informatietechnologie voor het leven'. Maar een simpele affirmatie of afwijzing helpt ons niet een adequate houding ten opzichte van de informatietechnologie te ontwikkelen. In dit hoofdstuk wil ik dat illustreren aan de hand van de Big Brothermetafoor. Deze metafoor is ontleend aan George Orwells beroemde, in 1949 voor het eerst gepubliceerde roman *1984*, waarin een beklemmend beeld wordt geschetst van de totalitaire samenleving *Oceanië* waarin het individu tot in de meest intieme aspecten van zijn leven wordt gecontroleerd en gestuurd (Orwell 1983). De anonieme macht in deze samenleving is gepersonifieerd in Big Brother, een man met indringende ogen, wiens portret overal in Oceanië op posters met het onderschrift *Big Brother is watching you* is te vinden. In het verhaal oefent 'Big Brother' zijn macht langs verschillende wegen uit. In de eerste plaats worden alle uitspraken en handelingen van de burgers voortdurend in de gaten gehouden door overal aanwezige tweewegbeeldschermen. In de tweede plaats controleert de gedachtenpolitie door middel van *Newspeak*, een kunstmatige nieuwe taal, het denken van de burgers. Doordat bepaalde woorden ontbreken of een andere betekenis hebben gekregen kunnen dissidente gedachten nauwelijks worden worden geformuleerd. Een van de manieren waarop de subversieve potentie van de taal wordt ondermijnd is *doublethink*, geïnstitutionaliseerde oxymorons zoals 'War is Peace', 'Freedom is Slavery' en 'Ignorance is Strength'. In de derde plaats worden in Oceanië voortdurend nieuwe vijanden gecreëerd. Een permanente vijand is Emmanuel Goldstein, een voormalige leider binnen de partij aan wie alle misdaden en sabotagedaden worden toegeschreven. Tijdens het dagelijkse *Two Minutes Hate* ritueel, waarbij zijn portret op de beeldschermen verschijnt, wordt hij collectief beschimpt en uitgescholden.

Orwells satire roept onmiddellijk het beeld op van de fascistische en communistische totalitaire staten die een belangrijk deel van de twintigste-

[1] Vergelijk de opmerkingen in de inleiding van dit boek over de kracht en de zwakte van metaforen als cognitieve instrumenten. Zie in dit verband ook 'Bevroren metaforen' (De Mul 1995, 34-68).

eeuwse wereldgeschiedenis op een gruwelijke wijze gestalte hebben gegeven. Volgens de aanhangers van het elektronische Big Brother-model is de
mate waarin de stalinistische en nationaal-socialistische machthebbers hun
onderdanen controleerden echter nog slechts kinderspel vergeleken met de
wijze waarop dit mogelijk is geworden door computernetwerken zoals het
Internet. Wat in de totalitaire staten in de twintigste eeuw nog grotendeels
een machtsfantasie was, wordt op dit moment op grote schaal realiteit. De
elektronische Big Brother kan iedere e-mail die we schrijven en ontvangen
lezen en al onze *on line* en *off line* activiteiten monitoren. Niet alleen welke
websites we bezoeken en met wie we chatten kan worden vastgelegd door
providers en machthebbers, maar dankzij pinpasjes, webcams en andere
vormen van elektronische registratie kan ook het traject dat we door de
geografische ruimte en de historische tijd afleggen nauwkeurig worden
vastgelegd. En ook de gedachtenpolitie kan met het Internet uistekend uit
de voeten. Nu reeds kunnen providers en moderatoren in discussiegroepen
bepalen welke woorden niet mogen worden gebruikt, namelijk door be-
richten die deze woorden bevatten eenvoudig weg te filteren en mogelijk
de verzender te blokkeren. En dankzij pedofielen, hackers en − na 11 september 2001 met stip bovenaan de lijst − terroristen die achter ieder beeldscherm verborgen zouden liggen, wordt er behalve een boel haat ook een
breed draagvlak gecreëerd om te komen tot de oprichting van een mondiale
Netpolitie met vergaande bevoegdheden. En de burger is ten opzichte van
deze elektronische Big Brother nog vele malen machtelozer dan de burger in
Orwells Oceanië. (∗) Aldus de aanhangers van het Big Brother-model. Is de
situatie werkelijk zo deprimerend? Laat ons eens door de ogen van een deskundige naar de 'reëel existerende informatiemaatschappij' kijken.

3 Infocratie

In Nederland behoort Arre Zuurmond sinds de publicatie van zijn boek *De
infocratie. Een theoretische en empirische heroriëntatie op Weber's ideaaltype in het
informatietijdperk*, duidelijk tot het kamp der techno-pessimisten (Zuurmond 1994). Ook de titel van een meer recent artikel − 'Netwerkorganisaties bedreigen democratie' (Zuurmond 1999) − maakt duidelijk dat Zuurmond zich weinig illusies maakt over het bevrijdend potentieel van de
informatie- en communicatietechnologie. Hoewel hij het met de techno-
optimisten eens is dat organisaties dankzij informatietechnologie 'platter,
informeler en horizontaler' worden, leidt dat volgens hem allerminst tot
een menselijkere samenleving. Achter de vriendelijke façade van de net-
werkorganisatie verbergen zich economische grootmachten, waartegen-
over de nationale staat nauwelijks iets in te brengen heeft. Zo onttrekt het

internationale bankverkeer zich bijvoorbeeld vrijwel geheel aan de macht van nationale banken. Bovendien beschikken economische en overheidsorganisaties over steeds meer informatie over consument en burger, waardoor deze in toenemende mate ten prooi vallen aan steeds effectiever en efficiënter wordende vormen van controle en beheersing. Volgens Zuurmond zou het onzinnig zijn te menen dat we de ontwikkeling van deze nieuwe infocratie zouden kunnen tegenhouden. Wat we echter volgens hem wel kunnen doen, is er naar streven de macht van de 'tegenpartijen' van de moderne organisaties te versterken. Doen we dit niet, zo besluit hij zijn betoog, dan zal er tegenover al het organisatorische geweld niets menselijks overblijven.

Het verschil tussen de techno-pessimist Zuurmond en zijn optimistische opponenten lijkt op het eerste gezicht groot. Bij nadere beschouwing blijken beide partijen er echter dezelfde opvattingen over beheersbaarheid, macht en informatietechnologie op na te houden. Zuurmond gaat er namelijk net als de techno-optimisten vanuit dat de informatietechnologie een instrument is dat de greep op de sociale werkelijkheid, en daarmee de macht van de bezitter van dit instrument vergroot. Hun meningsverschil draait om de vraag wie in de informatiesamenleving de beschikking heeft over dat instrument. Waar de techno-optimisten, veelal geïnspireerd door een liberale of sociaal-democratische ideologie, veronderstellen dat in een democratie iedere burger daar in gelijke mate toegang toe heeft, daar is Zuurmond, op basis van een meer kritische maatschappijanalyse, de mening toegedaan dat de informatietechnologie een instrument is dat vooral in handen komt van degenen die reeds economische en politieke macht bezitten.

Het is de vraag of de modernistische vooronderstellingen met betrekking tot beheersbaarheid, informatietechnologie en macht van de pessimist Zuurmond en van zijn optimistische opponenten wel adequaat zijn wanneer we proberen de informatiesamenleving in wording te begrijpen. Ik zal betogen dat dit niet het geval is en dat zowel de optimistische als de pessimistische interpretatie van de informatiesamenleving de complexe en ambigue aard ervan miskent.

4 Grenzen aan de beheersbaarheid

De mens kent van oudsher het verlangen zijn fysische en sociale omgeving te beheersen. Dat verlangen kent vele gestalten. De techniek onderscheidt zich van haar concurrenten als de magie doordat zij de mensheid al vele millennia daadwerkelijke beheersing heeft geboden. Toch is het pas met het ontstaan van de moderne, nauw met de techniek verstrengelde natuurwetenschap dat de technische beheersing haar enorme vlucht heeft genomen. De moderne natuurwetenschap en techniek worden gekenmerkt door de drieslag verklaren, voorspellen en beheersen. Met behulp van experimenteel verworven inzicht in de wetmatigheden van de natuur is het niet alleen mogelijk gebeurtenissen te verklaren, maar kunnen ook toekomstige gebeurtenissen worden voorspeld en – door variatie van de randvoorwaarden – beheerst. Vooral vanwege deze laatste mogelijkheid hebben de natuurwetenschap en de techniek in de moderne cultuur een dominante positie verworven en de aanzet gegeven tot een mechanistisch wereldbeeld volgens hetwelk alle toekomstige gebeurtenissen in de wereld in principe kunnen worden voorspeld en beheerst. De filosoof en wiskundige Leibniz droomde van een universele wetenschap, die alle verschijnselen in een eenduidige wiskundige taal zou kunnen vatten (zie hoofdstuk 7). Ook de sociale wetenschappen, die in de negentiende eeuw ontstonden, werden vaak geleid door het verlangen in wiskundige taal te vatten wetmatigheden in het menselijk gedrag en de samenleving te ontdekken teneinde deze te kunnen beheersen (vgl. De Mul 1994a).

Dit moderne geloof in beheersbaarheid speelt tot op heden een fundamentele rol in onze samenleving. In dat licht moeten we Zuurmonds opmerking zien dat de moderne organisatie gebaseerd is op de normen gehoorzaamheid, calculeerbaarheid, controleerbaarheid, effectiviteit en efficiëntie. De vraag blijft echter of het aan deze normen ten grondslag liggende geloof in beheersbaarheid terecht is. De hedendaagse natuurwetenschap is wat dat betreft heel wat terughoudender dan een achttiende-eeuwse determinist als Laplace.[2] Wanneer we te maken hebben met complexe fysische systemen die worden gekenmerkt door een gevoelige afhankelijkheid van de begintoestand, dan zijn er principiële grenzen gesteld aan de voorspelbaarheid en beheersbaarheid (Takens 1993/4). Dat is bijvoorbeeld de reden dat weersvoorspellingen nooit verder kunnen reiken dan een dag of tien. In het geval van de menselijke samenleving hebben we niet alleen te maken met relevante fysische onvoorspelbaarheden en onbeheersbaarheden zoals wispelturige klimaten en natuurrampen, maar ook nog eens met de ongehoorde complexiteit van het menselijk gedrag. Bovendien brengt menselijk handelen vaak talloze onbedoelde en onvoorzienbare neveneffecten met zich mee, die ons verlangen te beheersen danig kunnen frustreren (De Mul 1994a). Daar komt

2 In zijn *Essai philosophique sur les probabilités* stelt Laplace: 'Een intelligentie, die op een bepaald ogenblik alle krachten, die in de natuur werkzaam zijn, kon overzien en bovendien de betrekkelijke positie van alle delen waaruit zij bestaat, en die ook omvattend genoeg was om deze data aan wiskundige analyse te onderwerpen, zou in dezelfde formule de bewegingen van het heelal en die van het lichtste atoom kunnen omvatten: niets zou voor haar onzeker zijn, en de toekomst zowel als het verleden zou voor haar open liggen' (geciteerd in: Dijkum 1993/4).

nog bij dat mensen, anders dan de levenloze natuur, de onhebbelijke gewoonte hebben te reageren op voorspellingen en pogingen tot beheersing en deze daardoor te beïnvloeden. Dat is de reden dat voorspellingen van instanties als het Centraal Planbureau zelden uitkomen en het daadwerkelijk beheersen van ontwikkelingen in de samenleving vaak meer geluk dan wijsheid is.

In de in opdracht van het Ministerie van bzk uitgevoerde en in juni 2000 gepubliceerde studie *ict de baas*, een onderzoek naar de beheersbaarheid van ict, hebben mijn medeauteurs en ik onder meer een casestudie gewijd aan het door vele mysteries omgeven Amerikaans-Britse spionagenetwerk Echelon. Dit militair-economische netwerk wordt door aanhangers van het Big Brother-model nogal eens genoemd als voorbeeld van de totale controle van de burger door de politieke en economische machthebbers. Op basis van een uitvoerige literatuurstudie hebben we betoogd dat de mogelijkheden van dit netwerk hopeloos overschat worden en dat de door de machtshebbers soms geclaimde en door veel burgers gevreesde totale transparantie een illusie is (De Mul, Müller en Nusselder 2001; vgl. Van der Velden 2001). Daarvoor zijn verschillende redenen. De ontwikkeling van steeds lastiger te kraken encryptiemethoden maak monitoring steeds lastiger, net als het feit dat steeds meer dataverkeer via nauwelijks te monitoren glasvezelkabels plaatsvindt. Verder is *real time* spraakherkenning nog verre van perfect en in veel talen nog geheel afwezig. En wanneer we bedenken dat er medio 2002 wereldwijd dagelijks alleen al meer dan 10 miljard e-mailtjes worden verzonden, dan is het monitoren zelfs voor een geautomatiseerde en personeelsrijke organisatie als Echelon volslagen ondoenlijk. Een van de voorbeelden van lastig te monitoren tegenspelers van Echelon die we in onze studie noemden was Bin Laden. De aanslagen op het World Trade Center en het Pentagon enkele maanden later bevestigden dat er aan de informatievoorziening en beheersbaarheid strikte grenzen zijn gesteld.[3]

De samenleving is niet maakbaar. Dat is jammer voor de techno-optimisten die nog steeds geloven in de mogelijkheid de samenleving tot een

---

3   Tenzij men de cynische these aanhangt dat de Amerikaanse regering wel degelijk op de hoogte was van de geplande aanslagen, maar deze heeft laten plaatsvinden om een rechtvaardigingsgrond te hebben voor een wereldwijde campagne tegen het terrorisme, die er in werkelijkheid slechts op gericht zou zijn de Amerikaanse politieke en economische belangen te behartigen. Naar mijn mening is deze complottheorie niet bijzonder plausibel. Wanneer Echelon werkelijk zo effectief zou zijn dat zij deze aanslag had kunnen voorzien, dan zou de vs zonder twijfel ook genoeg andere wegen tot haar beschikking hebben gehad om haar economische en politieke belangen te dienen, zonder de voor Amerika toch wel bijzonder krenkende *collateral dammage* van 11 september.

heilstaat te transformeren, maar het kan tegelijkertijd een opluchting betekenen voor techno-pessimisten die geloven dat de moderne technologie de economische en politieke machthebbers absolute macht over consumenten en burgers verschaft. Naar mijn mening moeten we de veranderingen die zich de afgelopen jaren in onze samenleving hebben voorgedaan ten aanzien van het idee van sturing in dit licht zien. Tegenover het klassieke sturingsconcept, dat gebaseerd is op noties als maakbaarheid, planning en regelgeving van bovenaf, wint een alternatieve opvatting van sturing terrein. Dit wel als postmodern aangeduide sturingsconcept gaat uit van samenwerking, verdeling van de beschikbare hulpbronnen en zelfregulering door instellingen en burgers. In plaats van de logge klassieke piramidale organisaties ontstaan flexibele netwerken waarin de betrokken partijen (openbaar bestuur, bedrijven, burgers, belangengroeperingen) op elkaar zijn aangewezen. Deze 'stroperige' vormen van sturing, zo heeft de recente geschiedenis van Nederland geleerd, leiden niet vanzelf tot betere besluitvorming of een rechtvaardiger samenleving. Tegengestelde belangen kunnen gemakkelijk leiden tot conflicten en patstellingen. Maar de angst voor een almachtige orwelliaanse Big Brother is ten aanzien van deze nieuwe vormen van sturing ongegrond.

5 De (post)moderne computer

Om dat laatste nader te kunnen onderbouwen dien ik wat langer stil te staan bij de rol die de informatietechnologie speelt in de genoemde transformatie van moderne naar postmoderne sturing. Die rol is niet eenduidig, en daar hangt de onenigheid tussen de techno-optimisten en -pessimisten mee samen.

De elektronische computer die vanaf het midden van de jaren veertig is ontwikkeld, leek aanvankelijk de perfecte belichaming te zijn van het moderne sturingsideaal. De computer reduceert immers de complexe werkelijkheid in overeenstemming met de droom van Leibniz – en ook nog eens in het door hem ontworpen binaire getallenstelsel – tot een overzichtelijke en manipuleerbare reeks wiskundige algoritmen. Dat maakte de computer tot het ideale instrument voor de moderne bestuurder, omdat hij hem in staat stelt uiteenlopende besluitvormings-, beleids- en productieprocessen te rationaliseren (bijvoorbeeld door het doorrekenen en afwegen van grote aantallen alternatieven), te automatiseren en te controleren. Dat is overigens ook geen overbodige luxe, omdat de complexiteit en onoverzichtelijkheid van de moderne samenleving de bestuurders boven het hoofd groeit. Dankzij de computer leken zij hun oude ambities alsnog, en zelfs beter dan ooit, te kunnen verwezenlijken. Een schoolvoorbeeld uit het

Nederlandse openbaar bestuur van modern gebruik van informatietechnologie is het Routeringsinstituut voor (Inter)Nationale Informatiestromen in de Sociale Zekerheid (RINIS), dat de databestanden van de verschillende subsectoren van de sociale zekerheid aan elkaar koppelt teneinde de transparantie en controle daarvan te vergroten.

Voorbeelden als deze lijken Zuurmonds pessimistische koppeling van informatietechnologie en infocratie te bevestigen. Maar ook hier is er een kloof tussen de beheersingspretenties en de beheersingspraktijk. Ook in het geval van de informatietechnologie zijn er principiële grenzen gesteld aan voorspelbaarheid en beheersbaarheid. Bovendien veoorzaken falende hard- en software, onvoorziene neveneffecten, digitaal vandalisme en cybercrime aan de lopende band problemen en soms zelfs rampen (bijvoorbeeld de serie fatale ongelukken met de A320 Airbus vanwege bugs in de 'fly-by-wire' software).

Door de steeds groter wordende afhankelijker van de technologie raakt onze beheersing nog op een fundamentelere wijze 'out of control'. Veel van de opgaven waarvoor we staan zijn zo complex dat we ze aan computers moeten overlaten. De 'top down' benadering die de moderne informatietechnologie kenmerkte, wordt steeds vaker ingeruild voor een 'bottom up' benadering, bijvoorbeeld in de ontwikkeling van genetische algoritmen en lerende AI-netwerken (Kelly 1994; Paul en Cox 1996).

6 Het Internet als meta-organisatie

Ook de transformatie van IT naar ICT, die de overgang van moderne naar postmoderne sturing in een wederzijdse wisselwerking begeleidt, dient in dit verband te worden bezien. Informatietechnologie ontwikkelt zich van een instrument van beheersing naar een medium van communicatie, overleg en samenwerking (Van den Boomen 2001). Het Internet, dat gekenmerkt wordt door decentralisering, zelforganisatie, zelfregulering en een 'economy of exchange', kan worden beschouwd als een collectieve intelligentie (zie hoofdstuk 13). Het fungeert als een meta-organisatie die traditionele organisaties herconfigureert (Bekkers 1999; Bekkers en Thaens 1999). Dat sluit allerlei vormen van machtswerking natuurlijk niet uit. Maar het leidt evenzeer tot uiteenlopende vormen van democratisering in de samenleving.

Onderzoek dat in het kader van het programma Internet en Openbaar Bestuur werd verricht, laat zien dat de ontwikkeling van nieuwe, meer democratische vormen van bestuur niet zonder slag of stoot verloopt. Deze nieuwe vormen van sturing met behulp van netwerktechnologieën tasten niet alleen de organisatorische fundamenten van het traditionele openbaar bestuur aan, maar dagen ook het legaliteitsbeginsel en het primaat van de politiek uit. Om die reden wordt nog vaak geprobeerd netwerktechnologieën te gebruiken voor moderne *top down* sturing, of worden zij uitsluitend als retorische strategie omarmd (zie Frissen en De Mul 1999; Zouridis et al. 2001). Toch is dit geen reden voor pessimisme. Netwerktechnologieën reconfigureren de bestaande machtsrelaties, of men dat nu wil of niet. Macht is immers geen ding dat men kan bezitten, maar, zoals Foucault heeft beargumenteerd, een relatie tussen actoren, die mede door de gebruikte technologieën wordt gestructureerd (Foucault 1982). Netwerken distribueren informatie en vergroten daardoor niet alleen de handelingsruimte van de bestuurder, maar ook van degenen die bestuurd worden. Netwerktechnologieën produceren zowel krachten als tegenkrachten. Zuurmond heeft ongetwijfeld gelijk wanneer hij stelt dat netwerkorganisaties steeds meer informatie over de burger vergaren en daarmee hun macht vergroten. Daar staat echter tegenover dat de burger op zijn beurt ook steeds meer (legaal) toegang krijgt of zich (illegaal) toegang verschaft tot vitale informatie van en over die organisaties en hun vertegenwoordigers. Waar de traditionele pers zich niet durfde branden aan Clintons sigaren, daar slaagde de eenling Matt Drudge er dankzij het Internet in binnen een etmaal de aandacht van de hele wereld op de Lewinski-zaak te richten. (*) De tevergeefse pogingen van autoritaire regimes zoals dat van China om ongewenste informatie buiten de landsgrenzen te houden, bevestigen de subversieve kracht van het Internet. Maar niet alleen politieke, ook economische grootmachten kunnen in de netwerkeconomie door vindingrijke individuen en groepen aan het wankelen worden gebracht. En zelfs een machtige organisatie als Microsoft heeft in de jaren negentig alle zeilen bij moeten zetten om de Internet-revolutie niet te missen en ziet nu haar positie bedreigd door Linux, een superieur besturingssysteem dat het resultaat is van de spontane samenwerking van vele programmeurs en dat inmiddels meer dan 20 miljoen gebruikers heeft.

Reden voor overdreven optimisme, zo heb ik reeds betoogd, is er ook niet. Iedere technologie heeft een debet- en een creditzijde. Maar om te kunnen (over)leven in een steeds complexer wordende wereld zijn we wel, en steeds meer, aangewezen op informatie-technologieën. De ontwikkeling daarvan kunnen we slechts in beperkte mate beheersen. We kunnen slechts hopen dat onze collectieve intelligentie de geboden speelruimte zo goed mogelijk zal gebruiken. Een grote broer om ons daarbij te helpen hebben we niet. Maar we kunnen wel een beroep doen op onze verbeelding.

DEEL II

De verbeelding van cyberspace

Jazeker, vanzelfsprekend hebben mijn composities een begin, een midden en een eind, maar niet noodzakelijk in die volgorde.

John Cage

4 VAN ODYSSEE TOT CYBERPUNK

Kleine geschiedenis van de literaire exploratie van de ruimte

Het traditionele boek, het meest traditionele middel
om gedachten te bewaren en te communiceren, is
reeds lange tijd voorbeschikt om te verdwijnen, net
zoals kathedralen, stadswallen, musea en het ideaal van
pacifisme.

Tomasso Filippo Marinetti

1 Cyberpunk

"'De matrix heeft zijn oorsprong in de primitieve spelletjes van de automatenhallen," zei de achtergrondstem, "in vroege grafische programma's en een aantal militaire experimenten met schedelplugs." De vervagende beelden van een tweedimensionale ruimteoorlog maakten op het scherm van de Sony plaats voor een woud van mathematisch gegenereerde varens, die de ruimtelijke mogelijkheden van logaritmische spiralen demonstreerden. Kil blauw getinte militaire filmbeelden volgden: proefdieren in de kabelwirwar van een laboratoriumopstelling, helmen die waren aangesloten op de vuurgeleiding van tanks en gevechtsvliegtuigen. Cyberspace. Een polyzintuiglijke hallucinatie waaraan dagelijks miljoenen zich overgeven, van legitieme operators, overal ter wereld, tot en met kinderen die zich vertrouwd moeten maken met wiskundige concepten... Een grafische weergave van gegevens die zijn ontleend aan de databanken van alle computers in het wereldwijde netwerk. Onvoorstelbare complexiteit. Oplichtende lijnpatronen in de nonruimte van de geest, clusters en knooppunten van data. Als de lichten van een nachtelijke metropool, van veraf gezien, steeds verder... Hij schoof een zwarte zweetband van badstof over zijn voorhoofd, voorzichtig, om de platte Sendai-dermatroden niet van hun plaats te brengen. ... Hij sloot zijn ogen. En vond de geribbelde aanzetknop. En in het bloeddoorlopen duister achter zijn ogen schoten zilveren fosfenen binnen vanuit de periferie van de ruimte en trokken hypnagogische beelden voorbij als in een film die willekeurig was samengesteld uit montagerestjes. Symbolen, figuren, gezichten: een wazige, versnipperde mandala van visuele informatie. Alsjeblieft, bad hij, *nu...* Een grijze schijf, de kleur van Chiba's hemel. *Nu...* De schijf begon te draaien, steeds sneller, en werd een bol van lichter grijs. Een bol die uitdijde... En vervloeide, zich voor hem ontplooide, als een vouwkunstwerk van in elkaar overlopende neonkleuren, en zijn grenzeloze vaderland voor hem openlegde, zijn thuis, het doorzichtige driedimensionale schaakbord dat zich tot in het oneindige uitstrekte. En dat zijn innerlijk oog zicht gaf op de getrapte vuurrode piramide van het Oostkustcentrum voor Kernfusie, die achter de groene blokken van de Mitsubishi Bank of America stond te gloeien, en op de hoge, onmetelijk verre spiraalarmen van de militaire systemen, die altijd buiten zijn bereik zouden blijven. En ergens anders begon hij te lachen, ergens in een helemaal wit geschilderde zolderkamer, waar hij met verre vingers een toetsenbord streelde, terwijl tranen van opluchting over zijn wangen liepen.'

Het voorafgaande fragment is afkomstig uit de in 1984 gepubliceerde roman *Neuromancer* van de Amerikaanse auteur William Gibson. Het is het eerste deel van een trilogie, die behalve *Neuromancer* de romans *Count Zero* (1986) en *Mona Lisa Overdrive* (1988) omvat.¹ Gibson geldt als een van de grondleggers van de stroming in de sciencefiction die wel wordt aangeduid als *cyberpunk* (Alpers 1988, 45). De cyberpunkromans en -verhalen spelen zich doorgaans af in een niet zo ver in de toekomst gelegen wereld, die geheel in het teken staat van digitale elektronica. Het is een wereld die wordt bevolkt door mensen met elektronische en biotechnische implantaten, softwareconstructen van overledenen en kunstmatige intelligenties. Opvallend in de cyberpunkromans is de discrepantie die bestaat tussen de technologische wonderen die erin worden beschreven en de toepassing daarvan in een wereld die geobsedeerd is door macht, geld en seks (Rushkoff 1994, 225). De door Gibson geviseerde toekomstige wereld wordt gecontroleerd en beheerst door multinationale ondernemingen, gedegenereerde familieclans en misdadige organisaties, en het leven van haar paranoïde bewoners staat in het teken van door elektronica en drugs gegenereerde hallucinaties. Kenmerkend voor de cyberpunkromans is verder dat ze meestal zijn geschreven vanuit het perspectief van personages die zich aan de zelfkant van deze 'heerlijke nieuwe wereld' bevinden, zoals cyberspace cowboys, illegale dealers van drugs, hard- en software, prostituees en straatsamoerai. De hoofdrol in Gibsons romans is evenwel weggelegd voor *de matrix*, 'het driedimensionale rasterwerk' van cyberspace (blz. 367), een hallucinatoire ruimte die zich ontvouwt wanneer de hersens direct worden aangesloten op het wereldwijde

---

1   Ik citeer de romans hier naar de Nederlandse vertaling (Gibson 1994).

netwerk van computers. Onthecht van het lichaam doorkruisen de cybernauten in Gibsons romans op een polyzintuiglijke wijze de nonruimte van de geest, de virtuele wereld die gevuld is met ontelbare clusters van door dodelijke beveiligingsschilden – 'zwart ijs' – omhulde informatie.[2]

Neuromancer beschrijft de avonturen van cyberspace-cowboy Case, een hacker die in opdracht van grote criminelen het 'ijs' rondom de databestanden van multinationals kraakt en vitale gegevens en programmatuur ontvreemd. Aan het begin van de roman treffen we Case aan lager wal geraakt aan in Nachtstad, een door technocriminelen en verslaafden bewoond getto in Chiba, Japan. Omdat Case een van zijn opdrachtgevers heeft bedrogen door een deel van de door hem in de matrix gestolen software voor zichzelf te houden, hebben zij zijn hersenen aangetast met een subtiel werkend oorlogsgas dat het hem onmogelijk maakt nog langer in cyberspace in te pluggen. De plot neemt zijn aanvang wanneer een geheime opdrachtgever – naar later blijkt een kunstmatige intelligentie die de getalenteerde Case gebruikt om zich te bevrijden van zijn door de Turingpolitie bewaakte ketenen – Case's brein opnieuw laat oplappen in een van de illegale neurochirurgische klinieken in Chiba. Het geciteerde fragment beschrijft Case's euforie wanneer hij na een periode van ziekmakende onthouding voor het eerst weer in staat is in te pluggen in cyberspace, en markeert de aanvang van een reeks bizarre avonturen.

2 Van sciencefiction naar sciencefaction

Ik zal hier niet uitvoerig stilstaan bij de complexe plot van *Neuromancer*, maar proberen uit te leggen waarom de cyberpunkromans van Gibson mij zo fascineren, als filosoof én als liefhebber van literatuur. In het geval van sciencefiction hoeft het overigens niet te verwonderen dat men in die beide hoedanigheden wordt aangesproken. Wanneer we ervan uitgaan dat filosofie zich niet beperkt tot bezinning op het bestaande, maar ook gericht is op de exploratie van het mogelijke – dat volgens Heidegger zelfs hoger staat dan het werkelijke[3] – dan kan sciencefiction de filosofische literatuur bij uitstek worden genoemd (zie Pecorino 1983). Maar zelfs wie de voorkeur geeft aan de werkelijkheid boven de mogelijkheid, zal moeten constateren dat de door Gibson in 1984 beschreven cyberspace met de dag aan werkelijkheid wint, niet in de laatste plaats omdat de computerindustrie zich aan-

---

2 Zie de verbeelding hiervan in *Johnny Mnemonic*, Robert Longo's verfilming uit 1995 van een gelijknamig verhaal van Gibson, dat zich eveneens deels in cyberspace afspeelt.

3 'Hoger dan de werkelijkheid staat de mogelijkheid' (Heidegger 1979, 38). In de analyse van de ontologie van cyberspace in deel III van dit boek zal deze formule nog uitvoeriger worden besproken.

toonbaar door Gibsons romans heeft laten inspireren.[4] In dat opzicht zou men de cyberpunk het meest realistische genre in de hedendaagse fictie kunnen noemen, een vorm van wat ik in hoofdstuk 1 heb aangeduid als *factie*. Ik zou niet zover willen gaan als de in de jaren tachtig tot cyberspace bekeerde ex-hippie Timothy Leary, die – nooit verlegen om een hyperbool – Gibson omschrijft als 'de belangrijkste filosoof voor de toekomst', en als 'de auteur van de onderliggende mythe van het volgende stadium in de menselijke evolutie' (geciteerd in Woolley 1992, 37), maar ik ben er wel van overtuigd dat binnen de hedendaagse literatuur de cyberpunk een van de meest fascinerende uitdagingen voor de filosofie vormt. Het genre roept bijvoorbeeld indringende wijsgerig-antropologische vragen op naar de scheidslijn tussen het menselijke en de machine en nodigt uit tot metafysische bespiegelingen betreffende het wezen van de digitale ruimte en tijd. Dit soort filosofische vragen zullen in de volgende hoofdstukken nog uitvoerig aan bod komen. In dit hoofdstuk wil ik, ter voorbereiding, eerst het 'geestelijke' karakter van cyberspace, waarover ik in hoofdstuk 1 met een knipoog naar Hegel sprak, nader preciseren. Ik doe dat via een korte literatuurhistorische omweg.

3 Literatuur die de ruimte verovert

De reden dat *Neuromancer* mij zo aanspreekt als liefhebber van literatuur is dat dit boek en de cyberpunktraditie die er uit voortgekomen is, de traditionele

4   De door Gibson in *Neuromancer* beschreven cyberspace was in 1984 nog grotendeels een fictie. Een kleine twintig jaar later is, met de ontwikkeling van grafische interfaces en (desktop) virtual reality, de polyzintuiglijke ervaring van cyberspace al gedeeltelijk gerealiseerd. Gibsons roman heeft daar een niet onbelangrijke rol in gespeeld. In 1988 publiceerde John Walker van het Amerikaanse softwarebedrijf Autodesk, dat vooral bekendheid verwierf met Computer-Aided Design (CAD) programmatuur, een intern memo met de titel *Through the looking glass: beyond user interfaces*, waarin hij met expliciete verwijzing naar Gibsons roman oproept met alle beschikbare middelen over te gaan tot de ontwikkeling van de door Gibson beschreven virtual reality-technologie, omdat dit volgens hem de enige serieuze kandidaat voor de toekomst van de interfacetechnologie was. Autodesk probeerde het woord 'cyberspace' zelfs tot handelsmerk uit te roepen, wat door Gibson slechts voorkomen kon worden door te dreigen patent aan te gaan vragen op de naam van een van Autodesks programmeurs. Gibsons komische actie heeft de ontwikkeling van de virtual reality-technologie natuurlijk niet tegengehouden. Eveneens in 1988 startte het VIEW-laboratorium van de NASA, geïnspireerd door het personage Molly uit *Neuromancer* (het maatje van de hoofdfiguur Case op wier sensorische systeem hij van afstand inplugt), onder dezelfde naam de ontwikkeling van een visueel telepresentiesysteem (ontleend aan: Rheingold 1992, 183-4, 340). In de hoofdstukken 9 en 11 zal ik meer uitvoerig ingaan op de filosofische dimensie van respectievelijk virtual reality en telepresentie.

literatuur, en in het bijzonder de moderne roman, op een fundamentele wijze ter discussie stellen. Misschien is dat de reden waarom de cyberpunk – en
meer in het algemeen de moderne sciencefiction – door vertegenwoordigers
van de gevestigde, hogere literatuur doorgaans zo negatief worden bejegend.
Nu zijn er weinig genres in de literatuur te noemen die zo vaak uitsluitend
naar hun slechte voorbeelden worden beoordeeld als de sciencefiction. Dat is
verwonderlijk, omdat de moderne sciencefiction, zoals die in de negentiende
eeuw is ontstaan, zijn wortels heeft in eeuwenoude en hooggewaardeerde
genres, zoals dat van het fantastische reisverhaal dat zijn aanvang neemt met
Homerus' *Illias* en *Odyssee* en de utopische literatuur zoals die zich vanaf Plato's *Staat* in onze cultuur heeft ontwikkeld.[5] Ook de cyberpunk staat in deze
traditie. Zij vormt de hedendaagse uitdrukking van het nooit te bevredigen
verlangen van de mens de ruimtelijke en tijdelijke grenzen van zijn wereld
te overschrijden.[6] Toch worden zelfs de beste cyberpunkromans – en naar
mijn mening behoort *Neuromancer* met zijn geestrijke inhoud, briljante
staccato ritme en ijskoude realisme daar zeker toe – nauwelijks serieus genomen door de vertegenwoordigers van de gevestigde literatuur. Zelfs
Brian Aldiss en David Wingrove, de auteurs van *Trillion Year Spree. The
History of Science Fiction* en blijkens hun boek echte liefhebbers van het genre, komen tot de slotsom dat Gibsons romans niet voldoen aan de eisen die
de hoge literatuur stelt. Zo merken ze over *Count Zero*, het tweede deel van
Gibsons trilogie, op: 'De eerste vier bladzijden van het boek zijn imposant,
adembenemend. ... Als roman mist *Count Zero* echter spanning, en ook de
karakters ontberen die – een serieus gebrek dat geplaatst dient te worden
tegenover de oppervlakkige virtuositeit die zich keer op keer manifesteert'
(Aldiss en Wingrove 1986, 524).

De negatieve bejegening van de cyberpunk hangt mijns inziens samen
met het hierboven uitgesproken vermoeden dat dit genre de uitgangspunten van de gevestigde literatuur op fundamentele wijze ter discussie stelt.
Laat mij dat uitleggen aan de hand van de driewereldentheorie, zoals die
onder anderen door Plessner en Popper is verdedigd.[7] Volgens deze filosofen leven we in drie werelden. Wereld 1 is de wereld van materiële objec-

---

5   Zie voor een beknopt maar instructief overzicht van de ontwikkeling van de
    sciencefiction het *Lexikon der Science Fiction Literatur* (Alpers 1988, 26-47) en
    Trillion Year Spree. The History of Science Fiction (Aldiss en Wingrove 1986).
6   In hoofdstuk 15 zal ik aan de hand van Stanley Kubricks *2001: A Space Odyssey*
    uitvoerig ingaan op dit thema.
7   Plessner heeft zijn versie van deze theorie uiteengezet in *Die Stufen des Organi-
    schen und der Mensch. Einleitung in die philosophische Anthropologie* (Plessner 1975).
    De versie van Popper is te vinden in: *Objective knowledge; an evolutionary ap-
    proach* (Popper 1972, 118v.). Een uitvoeriger uiteenzetting van Plessners theo-
    rie is te vinden in hoofdstuk 11, waar ik zijn antropologie gebruik om het ver-
    schijnsel telepresentie te analyseren.

ten en hun fysieke eigenschappen. Wereld 2 is de subjectieve wereld van het menselijk bewustzijn en bestaat uit gedachten, motieven, verlangens, gevoelens, herinneringen, dromen enz. Wereld 3, ten slotte, is de wereld van de cultuur, die bestaat uit de voortbrengselen van de menselijke geest, zoals taal, ethiek, wetten, religie, filosofie, wetenschappen, kunst en maatschappelijke instituties. Hoewel voortgekomen uit de menselijke geest (Wereld 2), bezitten deze producten een zekere zelfstandigheid en duurzaamheid. In dat opzicht lijken ze wel op Plato's eeuwige wereld van de Ideeën aan gene zijde van de vergankelijke, materiële wereld. De door het wereldwijde netwerk van computers ontsloten cyberspace zouden we kunnen beschouwen als de meest recente fase in de ontwikkeling van Wereld 3. De autonomie van deze nieuwe ruimte lijkt nog groter te zijn dan voorheen. Cyberspace speelt zich, in weerwil van haar gebondenheid aan materiële zaken als computers en kabels, grotendeels aan gene zijde van Wereld 1 af. Michael Heim noemt cyberspace in zijn boek *The Metaphysics of Virtual Reality* om die reden 'Platonism as a working product'. 'De cybernaut', zo vervolgt Heim, 'die voor ons zit, vastgesnoerd in apparaten die zijn zintuigen voeden, lijkt zich te verliezen in de wereld van cyberspace. In de overgang naar de computerruimte verlaat de cybernaut de gevangenis van zijn lichaam en betreedt hij een wereld van digitale sensaties' (Heim 1983, 98).[8] Maar wanneer we denken aan de kunstmatige intelligenties die in *Neuromancer* cyberspace bevolken en aan de daarmee verbonden bespiegelingen over het groeiende zelfbewustzijn van de matrix, dan lijkt er in deze roman tevens sprake te zijn van een verzelfstandiging van cyberspace ten opzichte van Wereld 2, dat wil zeggen van het menselijke bewustzijn.

Overzien we nu tegen deze achtergrond de geschiedenis van de literaire verovering van de ruimte, dan laten zich aan de hand van de driewereldentheorie van Plessner en Popper daarin drie fasen onderscheiden. De eerste fase staat in het teken van het fantastische reisverhaal dat, zoals in de *Odyssee* van Homerus, handelt over de exploratie van Wereld 1. Deze literaire verkenning van de fysieke, geografische ruimte is in de loop van de cultuurgeschiedenis, met de ontwikkeling van steeds efficiëntere transportmiddelen, gepaard gegaan met de ontsluiting van de gehele aarde, en heeft zich in de

8   Gibson speelt zelf voortdurend met de platoonse beeldspraak van de gevangenis van het lichaam. Zo wordt Case's geestesgesteldheid na zijn verbanning uit cyberspace bijvoorbeeld als volgt beschreven: 'Voor Case, die had geleefd voor de lichaamloze euforie van cyberspace, was het een vorm van sterven. In de bars die hij als topcowboy had bezocht, hadden hij en zijn collega's altijd een zekere milde verachting getoond voor het vleselijke. Een lichaam was enkel maar vlees, een lijf. Case werd opeens opgesloten in de gevangenis van zijn eigen vlees' (9-10).

moderne tijd, met de uitvinding van de telescoop en de microscoop, voortgezet in de verkenning van het heelal en van de wereld van de subatomaire deeltjes (Flusser 1992c, 31-2). Ook een belangrijk deel van de moderne sciencefiction – Jules Verne is hier het paradigmatische voorbeeld – staat in deze traditie van de exploratie van Wereld 1.

De moderne tijd laat behalve de voortschrijdende ontsluiting van de fysische wereld echter ook de geboorte zien van de exploratie van de innerlijke ruimte van de menselijke subjectiviteit. Dat komt niet alleen tot uitdrukking in de bewustzijnsfilosofie die de moderne filosofie sinds Descartes heeft gedomineerd en in de ontwikkeling van menswetenschappen als de psychologie, maar ook, en niet in de laatste plaats – daar is o.a. door Hegel en Kundera op gewezen (Hegel 1984; Kundera 1987) –, in de traditie van de moderne roman, zoals die zich sinds Cervantes heeft ontwikkeld. De grote romantraditie van de afgelopen eeuwen is met andere woorden het gevolg van een verlegging van het zwaartepunt van de literatuur van Wereld 1 naar Wereld 2. In die door een exploratie van wereld 2 gekenmerkte moderne literatuur staan niet langer de gebeurtenissen in de fysische ruimte centraal – wat een devaluatie van de sciencefiction waarin dat wel het geval is met zich meebrengt – maar wordt alle nadruk gelegd op de beleving en de psychologische ontwikkeling van de erin optredende karakters.

In de loop van de twintigste eeuw heeft het zwaartepunt van de exploratie van de ruimte zich met de ontwikkeling van de moderne communicatiemiddelen, de massamedia en de computertechnologie opnieuw verplaatst, en wel naar een verkenning van de virtuele ruimte van Wereld 3. De cyberpunkliteratuur kan worden beschouwd als de literaire verbeelding van deze odyssee door cyberspace. In deze romans staat niet de exploratie van de fysische wereld, en ook niet langer die van de innerlijke, psychische wereld centraal, maar de exploratie van de zich tot in het oneindige uitstrekkende 'nonruimte' van een in toenemende mate autonoom wordende 'objectieve geest'. Deze matrix is met andere woorden de eigenlijke protagonist van de cyberpunkroman. *Neuromancer* zouden we om die reden de eerste *Bildungsroman* van cyberspace kunnen noemen. Dat verklaart niet alleen waarom in deze romans weinig aandacht wordt geschonken aan de psychologische ontwikkeling van de menselijke karakters die erin optreden, maar ook de negatieve waardering die dit genre ontvangt uit de wereld van het gevestigde, nauw met de exploratie van Wereld 2 verbonden literatuur.

Er is echter nog een andere reden waarom de cyberpunkroman wel een steen des aanstoots moet zijn voor de gevestigde literatuur. Hierboven verwees ik naar Heims stelling dat de in *Neuromancer* beschreven cyberspace een realisatie lijkt te zijn van Plato's filosofie. Op een essentieel punt staat de door Gibson beschreven cyberspace echter diametraal tegenover Plato's wereld van de zuivere Ideeën. Anders dan Plato's Ideeënrijk is cyberspace namelijk in het geheel geen van de zintuiglijke schijn onthechte wereld, maar juist een bij uitstek zintuiglijke – in Gibsons woorden: een polyzintuiglijke – wereld. Als cyberspace al een overwinning van het platonisme is, dan is het hoogstens een Pyrrusoverwinning. In werkelijkheid lijkt de realisering van Plato's droom veeleer een heimelijke overwinning te zijn van de zintuiglijke schijn van de kunsten die Plato meende uit zijn ideale staat te hebben verbannen (zie De Mul 1995, hoofdstuk 1).[9]

4 Ruimte die de literatuur verovert

In dat polyzintuiglijke karakter van cyberspace zit nu juist de pijn voor de *huidige* vertegenwoordigers van de schriftcultuur, voor de dichters niet minder dan voor de denkers. De cyberspace odyssee lijkt de definitieve overwinning te betekenen van de audio-(tele)visuele cultuur op die van het schrift, een schrikbeeld waarvoor cultuurpessimisten de afgelopen decennia haast tot vervelens toe hebben gewaarschuwd (zie onder meer: Postman 1985; Birkerts 1994). En als Gibson het bij het rechte eind heeft, dan zullen boeken in de toekomstige wereld nog slechts voorkomen als zeldzame relicten uit een vergane wereld.[10]

Nu roept de overgang van de schriftcultuur naar de audiovisuele cultuur een eerdere transformatie in herinnering die in zeker zin de overgang markeert van onze voorgeschiedenis naar onze geschiedenis, die namelijk van de *orale* naar de *schriftcultuur*. Auteurs als McLuhan, Havelock en Ong hebben gewezen op de enorme invloed die deze transformatie – de overgang van de wereld van Homerus naar die van Plato – op het leven en denken van de westerse mens heeft gehad. De overgang naar de schriftcultuur – die overigens pas met de boekdrukkunst een brede maatschappelijke impact kreeg – leidde niet alleen tot verdere abstrahering van het menselijk denkvermogen (dat wil zeggen de verdere ontwikkeling van Poppers Wereld 2), maar de loskoppeling van het geheugen van de gesproken taal was tevens een cruciaal moment in de ontwikkeling van Wereld 3 (Heim 1987b, 46-

9   In hoofdstuk 11 zal ik aan de hand van het verschijnsel telepresentie nader ingaan op de misleidende these dat cyberspace het mogelijk zou maken ons lichaam achter te laten. Ik zal daar betogen dat telepresentie eerder het tegenovergestelde doet en een verdubbeling van het lichaam bewerkstelligt.

10   Slechts op enkele plaatsen in de trilogie lijkt er een wat grotere rol voor het boek weggelegd. Zo wordt in *Count Zero* terloops opgemerkt dat Andrea, een vriendin van een van de hoofdpersonages, assistent-redactrice is van een modieus-ouderwetse uitgever die nog gedrukte boeken uitgeeft.

69). De introductie van het schrift bracht een fundamentele transformatie teweeg van de ruimtelijke organisatie van het denken.[11] De vraag is of de overgang van de schriftcultuur naar de hypermediale cyberspacecultuur – die, zoals onder meer door Ong wordt betoogd, eigenschappen van de orale en schriftelijke traditie tot synthese brengt – een vergelijkbare revolutie van denken met zich mee zal brengen. Hoewel ik besef dat we nog maar aan het begin staan van 'de ditalisering van de cultuur', ben ik minder pessimistisch over de toekomst van het boek dan Gibson. Daarbij moeten we overigens wel een onderscheid maken tussen het (papieren) boek als materiële informatiedrager en het boek als aanduiding voor een specifieke culturele vorm, die wordt gekenmerkt door monomedialiteit (het is opgebouwd uit louter talige elementen), lineaire temporaliteit (het heeft een begin, midden en eind) en geslotenheid (het vormt een samenhangend geheel). Het is goed mogelijk en mijns inziens zelfs waarschijnlijk dat het papieren boek net als de papyrusrol grotendeels uit onze cultuur zal verdwijnen,[12] maar dat het boek als cultureel genre zal voortbestaan in een elektronische omgeving, bijvoorbeeld als elektronisch boek (e-book). Op het gebied van de muziekreproductie heeft deze omslag zich al bijna volledig voltrokken: de oude grammafoonplaat is vrijwel geheel vervangen door de cd en bestaat nog voornamelijk als verzamelobject voor nostalgici en als gebruiksobject voor scratchers en dj's. Maar de muziek die op deze dragers is vastgelegd is niet wezenlijk veranderd. Op het gebied van de fotografie doet zich momenteel iets vergelijkbaars voor. Met de opkomst van de digitale camera en digitale beeldbewerking lijkt de traditionele analoge fotografie zijn langste tijd te hebben gehad, maar niet noodzakelijk de traditionele fotografische genres (zoals familie- en vakantiekiekjes, journalistieke fotografie etc.).

11   In hoofdstuk 13 zal ik meer uitvoerig ingaan op de impact van de ontwikkeling van de media op de cognitieve structuur van de mens.
12   Het feit dat de verkoop van e-books tegenvalt en experimenten als die van de populaire auteur Stephen King, om zijn nieuwe roman in afleveringen via het Internet te verkopen, op een grote mislukking uitdraaide, is mijns inziens geen reden voor uitgevers van traditionele boeken om opgelucht adem te halen. Het uitblijven van de doorbraak van het e-boek tot op heden is mijns inziens vooral te wijten aan de nog steeds hoge kosten, de kwetsbaarheid en de beperkingen van de hardware. De bestaande apparaten zijn zwaar en breekbaar, de beeldschermen zijn bij daglicht slecht te lezen en de leesduur is beperkt vanwege het hoge energieverbruik. Bovendien is door het gebruik van verschillende *software formats* en kopieerbeveiliging de uitwisselbaarheid van e-boeken niet goed mogelijk. Wanneer een opvouwbaar of oprolbaar beeldschermpje beschikbaar zou komen dat niet de genoemde manco's kent en waarop ieder lid van het gezin zijn of haar 's nachts ververste en op de persoonlijke voorkeuren afgestemde 'ochtendkrant' zou kunnen meenemen, evenals het (huis)werk voor de heenreis en de roman of strip voor de thuisreis, dan zou het papieren boek mijns inziens een moeilijke tijd tegemoet gaan.

Hoewel de digitalisering van het klassieke boek en de klassieke foto het voortbestaan van deze culturele vormen in het (materieel bezien) nieuwe medium niet uitsluiten, blijkt deze digitalisering de oude culturele vormen in de praktijk niet onberoerd te laten. In dit hoofdstuk beperk ik me tot de effecten van de digitalisering op het boek. We kunnen daarbij nog twee typen effecten onderscheiden. In het eerste geval gaat het om de digitalisering van traditionele boeken, zoals dat bijvoorbeeld gebeurt in het *Gutenberg Project*, een samenwerkingsverband van een groot aantal vrijwilligers dat als doel heeft de gehele wereldliteratuur gratis elektronisch beschikbaar te stellen via het Internet. (*) In dit geval kunnen de complete teksten als tekstbestand worden gedownload en op het beeldscherm van de pc, een e-book of uitgeprint op papier worden gelezen. Afgezien van de toevoeging van een korte uitleg over het *Gutenberg Project* worden de teksten in hun oorpronkelijke lineaire vorm gepubliceerd. Wanneer we de tekst op een beeldscherm lezen is de leeservaring echter duidelijk anders dan bij papieren uitgaven van deze werken. Zo maakt de elektronische vorm het mogelijk met behulp van de zoekfunctie ieder willekeurig woord of passage snel op te zoeken. Op het eerste gezicht lijkt deze mogelijkheid zich alleen kwantitatief te onderscheiden van de klassieke index achterin een boek. Het voordeel lijkt er voornamelijk in te zijn gelegen dat je niet beperkt bent tot de woorden die de auteur in de index heeft gezet, maar dat je op ieder willekeurig woord kunt zoeken. Daar staat als mogelijk nadeel tegenover dat je niet langer aan de hand van de index snel kunt beoordelen waarover het boek gaat. Maar nadat ik de beschikking kreeg over de *Past Masters* cd-rom met de verzamelde werken van een aantal filosofen, merkte ik op dat ik anders ging lezen. Zo'n cd-rom nodigt uit het oeuvre van een denker via de zoekfunctie te gaan bestuderen – Wat heeft Nietzsche allemaal over het toeval geschreven? – in plaats van het op de klassieke wijze van kaft tot kaft te lezen. Nu ben ik als academische 'beroepslezer' natuurlijk niet representatief voor alle lezers. En ook het klassieke boek, bijvoorbeeld bij gebruik van een index, kent reeds dergelijke zappende bewegingen. Toch vraag ik me af of de toename van het aantal elektronische publicaties er niet toe zal leiden dat de lineaire leeswijze steeds meer terrein zal moeten prijsgeven aan het zappende lezen (zie Bakker 2002).

Daarvan lijkt in ieder geval reeds sprake bij zogenaamde hypertekstuitgaven van klassieke literatuur op cd-roms en op het Internet, waarbij de teksten worden voorzien van koppelingen (*hyperlinks*) die toegang geven tot specialistische commentaren, secundaire bronnen, verwante teksten van dezelfde auteur of andere auteurs en uiteenlopende beeld- en geluidsbestanden. Wie dergelijke multimediale hyperteksten (ook wel aangeduid als *hypermedia*) leest, merkt dat ze uitnodigen het traditionele 'horizontale' lezen te complementeren met 'verticale' leesbewegingen. Een dergelijke uitgave ontsluit als het ware de 'wereld van de cultuur' door er bepaalde ruimtelijke corridors in aan te brengen, die de lezer, die de daarin neergeslagen kennis niet – of slechts gedeeltelijk – paraat heeft, in staat stellen de lectuur in door haar of hem gewenste wijze te verrijken.[13] Nu kennen we natuurlijk ook in de schriftcultuur impliciete en expliciete vormen van 'intertekstualiteit', bijvoorbeeld in de vorm van een notenapparaat of een bibliografie. In dit opzicht staat de hypertekst niet zozeer tegenover de schriftcultuur, maar *radicaliseert* zij juist bepaalde kenmerken daarvan. De temporele en ruimtelijke verdichting waaraan de hypertekst de intertekstualiteit onderwerpt, transformeert het kwantitatieve onderscheid echter in een kwalitatief verschil. Tijdens het lezen van een boek snelt men niet bij iedere verwijzing naar de bibliotheek, terwijl de (dwangneurotische) verleiding van de hyperlink moelijk is te weerstaan (Harpold 1994).

Het ultieme doel van deze ontwikkeling werd al in het begin van de jaren zestig geviseerd door Ted Nelson in zijn *Xanadu*-project (Nelson 1993). *Xanadu* behelst het idee, alle teksten die ooit zijn geschreven in een grote elektronische database op te slaan en op zo'n manier aan elkaar te koppelen, dat het mogelijk is vanuit elk woord alle andere teksten op te roepen die daarmee op een of andere wijze in relatie staan. Een dergelijk systeem – waarvoor Nelson als eerste de benaming 'hypertekst' voorstelde[14] – stelt de lezer in staat op iedere denkbare wijze het gehele universum van teksten te doorkruisen. Nelson werkt nog steeds aan zijn Xanadu-project, en hoewel hij nog ongeveer jaarlijks aankondigt dat het bijna klaar is, is het nog steeds niet voltooid. In feite is het al voorbijgestreefd door het World Wide Web, dat weliswaar niet zo'n verfijnde linkstructuur kent als Nelson voor ogen zweeft, maar dat wel inmiddels meer dan een miljard pagina's telt.

De hyperlinkstructuur verandert niet alleen het leesproces, maar maakt het ook mogelijk bestaande culturele vormen te transformeren in de richting van nieuwe genres en zelfs geheel nieuwe kunstvormen. De afgelopen decennia hebben we allerlei nieuwe, hybride kunstgenres zien ontstaan uit de versmelting van oude en nieuwe media. Het principe van hypermedialiteit

13   Op het gebied van de muziek zijn er cd-roms die bij het afspelen van de compositie de partituur en desgewenst een geschreven commentaar op het beeldscherm laten zien en ook op het gebied van de beeldende kunst zijn er vergelijkbare educatieve cd-roms.

14   Hoewel Nelson de naam introduceerde, was hij niet de eerste ontwerper van een hypertekstsysteem. Al in de jaren veertig ontwierp Vannevar Bush, een voormalig wetenschappelijk adviseur van de Amerikaanse president Franklin D. Roosevelt, een dergelijk systeem met behulp van microfiches en publiceerde daar ook een interessant artikel over (Bush 1945). En Nelson was ook niet de laatste. Eerst met de ontwikkeling van het op de HyperText Markup Language (HTML) gebaseerde World Wide Web werd de door Nelson nagejaagde, maar nooit gerealiseerde droom werkelijkheid (zie Woolley 1992, 152-165).

kan immers niet alleen gebruikt worden om een traditionele tekst aan andere teksten, beelden of geluiden te koppelen, maar kan ook worden gebruikt als constructieprincipe binnen de tekst, de compositie of het beeld. Dat gebeurt bijvoorbeeld wanneer een auteur, componist of regisseur de met de computer gegeven mogelijkheid hyperlinks aan te brengen ent op het traditionele kunstwerk. Er ontstaan dan nieuwe genres die wel worden aangeduid als 'interactieve roman', 'interactieve muziek' en 'interactieve film'.[15] Waar de traditionele schrijver, componist of regisseur het gehele verhaal vastlegt, daar maakt hypertekst het mogelijk dat de auteur meerdere alternatieven bedenkt en het aan de recipiënt overlaat welk van de alternatieven wordt gekozen. Een aardig voorbeeld in de context van dit hoofdstuk is *Johnny Mnemonic* (1995) van Douglas Gayton, een interactieve film die is gebaseerd op een kort verhaal van William Gibson. Het verhaal handelt over een datakoerier, die een te dodelijke hoeveelheid vertrouwelijke informatie opgeslagen heeft in zijn hoofd en deze moet bezorgen voordat hij sterft. Anders dan in de gelijknamige en in hetzelfde jaar uitgebrachte film van Robert Longo, ligt het verhaal niet vast en bepaalt de 'speler', die het gefilmde verhaal vanuit het perspectief van de hoofdpersoon beleeft, de uitkomst. Dat is mogelijk doordat de op de pc vertoonde film regelmatig 'stokt' en de speler dan een keuze moet maken uit het beschikbare (overigens nogal beperkte) handelingsrepertoire van de protagonist.[16] Een andere vorm van interactieve film bestaat erin het de kijker mogelijk te maken het verhaal afwisselend door de ogen van de verschillende personages mee te maken – zoals dat bijvoorbeeld al op een voor-interactieve wijze gebeurt in de film *Rashomon* (1950) van Kurosawa.

Twee vroege voorbeelden van hypertekstromans zijn *Afternoon* (1987) van Michael Joyce en *Victoria Garden* (1991) van Stuart Moulthrop. Deze romans bestaan uit een reeks tekstfragmenten die door hyperlinks zijn verbonden tot een multilineair weefsel. Door het aanklikken van bepaalde ge-

---

15   Ook hier zijn opvallende voorlopers aan te wijzen in de 'traditionele' avantgarde. We kunnen bijvoorbeeld denken aan de aleatoire composities van John Cage, waarbij de luisteraar door middel van toevalsoperaties moet bepalen in welke volgorde de delen van de compositie beluisterd moeten worden. In het volgende hoofdstuk zal ik nader ingaan op de relatie tussen artistieke avant-gardes uit de jaren vijftig en zestig en de interactieve media. Daarbij zal ook de vraag aan de orde komen of benamingen als 'interactieve film' en 'interactieve roman' wel adequaat zijn om deze nieuwe interactieve genres aan te duiden.

16   Het interactieve systeem FATS, dat door de Nederlandse politie gebruikt wordt om de schietvaardigheid en de stressbestandigheid te oefenen, werkt volgens hetzelfde principe. De agent staat tegenover een scherm waarop een film wordt geprojecteerd. Afhankelijk van de reactie van de agent maakt de instructeur een keuze uit de beschikbare scenario's.

markeerde woorden kan de lezer de volgorde waarin hij de fragmenten leest en daarmee ook de plot – binnen zekere door de auteur bepaalde grenzen – zelf bepalen. Zo bestaat *Afternoon*, dat gemaakt is met behulp van de door Joyce en Bolter ontworpen hypertekstverwerker *Storyspace* (*), uit 539 narratieve elementen die door 950 links met elkaar zijn verbonden. Het verhaal, dat net als *Johnny Mnemonic* vanuit het perspectief van de eerste persoon wordt beleefd, handelt over Peter, een man die in zijn auto op weg naar zijn werk een auto ziet staan die kennelijk zojuist betrokken is geweest bij een verkeersongeluk. Peter meent de lichamen van zijn ex-vrouw en zijn zoon Andrew te herkennen en afhankelijk van de koppelingen die de lezer vanaf dit begin volgt, ontwikkelt het verhaal zich in verschillende richtingen. Sommige van de mogelijke plots vullen elkaar aan, andere spreken elkaar tegen. Wanneer de lezer, gedreven door het verlangen naar *closure*, de wens het geheel te vatten, blijft klikken en lezen, dan komt hij er langzamerhand achter dat bij verdere lectuur het aantal ambiguïteiten en spanningen enkel toeneemt (zie Douglas 1994, 2000).

De als 'interactief' geafficheerde films en romans ondermijnen door het keuzemoment het heldere onderscheid dat in het geval van het traditionele boek tussen schrijver en lezer bestaat. Dat verschil wordt nog verder ondermijnd wanneer de lezer niet alleen in staat wordt gesteld uit een aantal vooraf gegeven mogelijkheden een bepaalde plot te kiezen, maar tevens tekstelementen kan verwijderen of toevoegen. Dat is het geval met bepaalde hypermediale romans op het Internet (*). In dit opzicht grijpt de hypertekstroman terug op de orale traditie waaruit bijvoorbeeld de Griekse mythologie en Homerus' *Odyssee* zijn voortgekomen. Ook in die traditie kon de verteller kiezen uit een groot aantal elementen die hij op eigen wijze kon verbinden en waaraan hij ook zijn eigen bijdragen kon toevoegen.

De hypertekst en de 'hyperroman' geven een nieuwe inhoud aan de werkzaamheid van de schrijver. Deze is niet langer in de eerste plaats de maker van (zich in de *tijd* afspelende) verhalen, maar veeleer de schepper van een meerdimensionale narratieve *ruimte* waarin de lezer zijn eigen lineaire verhalen kan creëren. Het fascinerende hierbij is dat deze ontwikkeling niet primair technologiegedreven is, maar aanknoopt bij ideeën die al eerder in schriftcultuur zelf zijn ontwikkeld. In literatuur valt te denken aan een boek als Joyce's *Finnigans Wake*, dat op de lezer de indruk maakt een hypertekst van associaties te zijn, of, nog explicieter, Cortázars *Rayuela* – *een hinkelspel*, waarin de lezer zelf dient te bepalen in welke volgorde hij de hoofdstukken leest. Op theoretisch vlak zou men aan de bespiegelingen over intertekstualiteit van auteurs als Kristeva, Derrida en Barthes kunnen denken, die ik in het voorafgaande reeds terloops aanstipte. Zo schreef Barthes in dezelfde periode dat Ted Nelson droomde van Xanadu zijn artikel 'De dood van de auteur', waarin hij de strijd aanbindt met literatuurop-

vattingen die 'paal en perk stellen aan de tekst door hem een laatste betekenis op te leggen, en het proces van het schrijven aan banden leggen'. Met
Mallarmé pleit Barthes ervoor om de taal zelf in plaats te stellen van de persoon die tot nu toe werd geacht de bezitter ervan te zijn. 'De tekst', zo
merkt Barthes in het in dezelfde tijd geschreven artikel 'Van werk naar
tekst' op, 'komt niet tot stand door een organisch rijpingsproces of een hermeneutisch verdiepingsproces, maar eerder door de seriële beweging van
verplaatsingen, verdichtingen en variaties' (Barthes 1981, 43). Met teksten
als deze riep Barthes – waarschijnlijk zonder het te beseffen – zich reeds in
de jaren zestig uit tot heraut van de toekomstige 'hyperroman'.

Men kan zich vanzelfsprekend afvragen of de beschreven ontwikkeling in
alle opzichten toe te juichen is, zoals Barthes in de genoemde artikelen lijkt te
doen. Vanzelfsprekend zijn er bijzonder zinvolle toepassingen voor de interactieve media. Wanneer we denken aan het gebruiksgemak, de multimediale
mogelijkheden, de verwijzingsstructuur en de mogelijkheid om informatie
snel en goedkoop te verversen dan is het niet vreemd dat de hypermediale
encyclopedie zijn papieren voorganger in niet veel meer dan een decennium
van de markt heeft gevaagd. Zulke eliminaties op onderdelen zijn overigens
een bekend verschijnsel in de geschiedenis van de media. Zo betekende de
ontwikkeling van de film het einde van lange naturalistische beschrijvingen
in de roman en bepaalde vormen van realisme op het toneel.[17]

Omgekeerd mag worden verwacht dat de nieuwe, interactieve media een
belangrijke plaats zullen verwerven op het gebied van de kunsten. Te denken
dat alles interactief zal worden of dat de computer iedereen creatief zal maken
is even dwaas als te denken dat de typemachine de pen overbodig heeft gemaakt en in principe van iedere schrijver een Nobelprijswinnaar literatuur
kan maken. Dat laatste is zowel een overschatting van de techniek als een
onderschatting van de verbeelding. Bovendien is het niet ondenkbaar dat de
gerealiseerde wereld van hypertekst een zelfde labyrintisch karakter zal krijgen als de door Borges verbeelde bibliotheek van Babel, waarin – net als in
Xanadu – niet alleen alle feitelijke, maar ook alle mogelijke teksten zijn opgeslagen. De vrees is niet ongegrond dat het gerealiseerde Xanadu zelfs de
meest fervente *Homo zappens* tot wanhoop zal drijven.

Mensen kennen bovendien niet alleen een behoefte aan interactiviteit,
maar worden ook gekenmerkt door een fundamentele interpassiviteit. Robert Pfaller heeft gewezen op het merkwaardige feit dat veel bezitters van vi-
deorecorders vaak films opnemen die worden bewaard zonder dat ze ooit
nog bekeken worden, en dat ze daaraan een zeker genot ontlenen. Dat wil

---

17 Zie in verband met de transformatie van de literatuur Jan-Hendrik Bakkers
    Tijd van lezen. Transformaties van de literaire ruimte (Bakker 1999) en 'Aan gene
    zijde van de Gutenberg Galaxy' (Bakker 2002).

zeggen dat ze niet alleen *niet* interactief betrokken willen zijn bij de totstandkoming van het kunstwerk, maar dat ze zelfs het passieve genieten ervan willen uitbesteden aan een apparaat of een andere persoon (Pfaller 2000, 2). Volgens Pfaller en Žižek staat het voorbeeld van de videorecorder niet alleen,
maar onthult het een fundamenteel kenmerk van de menselijke subjectiviteit.
Misschien zullen we vanuit deze fundamentele interpassiviteit spoedig terugverlangen naar het tijdperk van het boek, waarin de lezer de tekst weliswaar
moest interpreteren, maar waarin niet de totale betrokkenheid werd vereist, waartoe de nieuwe interactieve media oproepen. In dat licht is het een
hele troost dat we – wanneer we nu al met die heerlijke nieuwe wereld
willen kennismaken – voorlopig nog even kunnen terugvallen op de althans in dit opzicht traditioneel gebleven romans van William Gibson.

5 SILLYWOOD OF DE MISKRAAM VAN DE INTERACTIEVE CINEMA

Marienbad *uitgelegd aan de Nintendo-generatie*

Je bent zojuist op een bijzonder intrigerend boek gestuit. Het heet Myst. Je hebt geen idee waar het vandaan komt, wie het geschreven heeft, hoe oud het is. Wanneer je het begint te lezen, biedt het je een prachtige beschrijving van de wereld van een eiland. Maar het is niets meer dan een boek, toch? Als je het boek uit hebt, leg je je hand op een pagina. Plotseling lost je eigen wereld op in duisternis en bevind je je op het eiland dat in het boek wordt beschreven. Nu ben je hier, waar dat ook is, en je hebt geen andere keus dan op onderzoek uit te gaan ...

Het Myst handboek

Opnieuw schrijd ik voort, opnieuw deze gangen door, door deze zalen, door deze vestibules, in dit naargeestige bouwsel uit een andere eeuw, dit onmetelijke, luxeuze, barokke hotel, waar eindeloze gangen elkaar opvolgen – doodstil, verlaten, overladen met een sombere en kille decoratie van houten beschotten, pleisterkalk, in marmer gevatte panelen die ijzig zijn en donker, donkergetinte schilderijen, pilaren, zwaar behang, gebeeldhouwde deurlijsten, reeks van deuren, van vestibules, dwarsgangen die op hun beurt uitmonden op verlaten zalen, zalen die overladen zijn met versierselen uit een andere eeuw, doodstille salons...

Alain Robbe-Grillet

1 Van *Myst* naar *Marienbad*

Ongeveer tien jaar geleden, niet lang nadat in huis de eerste multimedia-computer was geïnstalleerd, kocht mijn oudste zoon het computerspel *Myst*, een van de eerste multimediale *adventures*. (∗) Bij dergelijke spellen wordt de speler in een onbekende wereld geplaatst waarin hij een bepaalde opdracht moet vervullen. In het geval van *Myst* begint het avontuur op een verlaten eiland, waar de speler eerst moet zien te ontdekken wat zijn opdracht is. Hoewel ik geen groot liefhebber van computerspellen ben, werd ik onmiddellijk door *Myst* gegrepen. Niet alleen de fraaie beelden van de verstilde atmosfeer van het eiland en de andere werelden (*Ages*) waartoe het toegang biedt en de ijle, bijna buitenaardse muziek droegen bij aan de mysterieuze sfeer, maar ook het feit dat we moesten uitzoeken wat de opdracht die we moesten vervullen eigenlijk was. Toen we, als onervaren *gamers*, op zoek naar onze opdracht telkens weer opnieuw door dezelfde gangen zwierven van het gebouw dat we op het eiland hadden aangetroffen, moest ik plotsklaps denken aan de openingsscène van de beroemde film *L'année dernière à Marienbad* van de Franse regisseur Alain Resnais. In die scène voert de camera de kijker door de labyrintische gangen van het hotel waarin het verhaal zich afspeelt, terwijl een voice-over de hierboven als motto afgedrukte zinnen uit het door Alain Robbe-Grillet geschreven scenario voorleest. Wat *Myst* en *Marienbad* gemeen hadden was een moeilijk te benoemen *unheimliche* sfeer, die niet alleen door de afzonderlijke beelden wordt opgeroepen, maar ook, en vooral, door het idee dat je eindeloos kunt blijven lopen door de ruimte zonder ooit ergens te arriveren. Wat mij ook verbaasde was dat deze overeenkomst zich voordeed tussen een film en een spel afkomstig uit werelden die op het eerste gezicht heel erg ver van elkaar verwijderd waren. Resnais' film behoort immers tot de nogal elitaire *nouvelle vague*, de Franse 'kunstfilm' die in de jaren vijftig en zestig zijn hoogtepunt beleefde, terwijl *Myst*, dat in miljoenen exemplaren over de toonbank ging, een typisch voorbeeld is van een onderdeel van de cultuurindustrie dat vooral in de jaren tachtig en negentig tot bloei is gekomen en dat qua jaaromzet Hollywood inmiddels is voorbijgestreefd.

In dit hoofdstuk zal ik de stelling verdedigen dat *L'année dernière à Marienbad* – ik zal de titel in het vervolg afkorten tot *Marienbad* – in bepaalde opzichten vooruitloopt op het computerspel zoals we dat vandaag kennen in de vorm van Nintendo gameboy-spellen als *SuperMario Bros*, pc-*adventures* als *Myst* en *multiplayer*-spellen op het Internet als *Doom*. Voor de Marienbad-generatie zal het vergelijken van een film die aanleiding heeft gegeven tot talloze intellectuele en intellectualistische duidingen en interpretaties met dit soort spellen wellicht overkomen als heiligschennis. Er zijn echter goede redenen om de vergelijking tussen de avant-garde uit het verleden en het computerspel van vandaag niet uit de weg te gaan. In de eerste plaats werpt de vergelijking tussen *Marienbad* en interactieve computerspellen als *Super-Mario* en *Doom* met terugwerkende kracht een verhelderend licht op de intenties en werking van avant-gardefilms als *Marienbad*. Omgekeerd kan de vergelijking ons helpen beter inzicht te krijgen in de wereld van het computerspel, waarvan de ontwikkeling in veel opzichten nog in de kinderschoenen staat. Bovendien kan de vergelijking ons meer in het algemeen iets leren over de verhouding tussen de avant-garde en de populaire cultuur. De overeenkomst tussen *Marienbad* en de genoemde computerspellen is mijns inziens niet toevallig. Het is een voorbeeld van een meer algemene cultuurhistorische 'wet': de avant-garde van gisteren is de voedingsbodem voor de populaire cultuur van vandaag.[1]

Wat ik in dit hoofdstuk tevens wil aantonen is dat de genoemde computerspellen daarbij niet opgevat mogen worden als een 'gezonken cultuurgoed' in de zin dat zij een verwaterde, mindere versie zouden vormen van de hoge kunst waarin zij wortelen. Ik zal daarentegen juist argumenteren dat ze in een aantal opzichten er beter in slagen dan een film als *Marienbad* om de idealen van de avant-garde te realiseren (vgl. leGrice 1995). Daarmee wil ik vanzelfsprekend niet beweren dat computerspellen in alle opzichten superieur zouden zijn aan avant-gardefilms, laat staan aan het medium film in zijn algemeenheid. De film is een wezenlijk ander medium dan het computerspel en heeft kwaliteiten die door geen enkel computerspel kunnen worden geëvenaard. Het punt dat ik wil maken is veeleer dat de avant-gardistische traditie in de film, waarvan *Marienbad* een van de hoogtepunten is, iets wilde bereiken binnen de film waarvoor dit medium in laatste instantie niet geschikt is: participatie van de toeschouwer. In dit opzicht zijn computerspellen superieur aan de film. Dat betekent niet dat *Marienbad* en de avant-gardefilm als zodanig als een mislukking zouden moeten worden beschouwd. De avant-gardefilm heeft een fascinerend nieuwe ervaringsdimensie voor de film ontsloten en als zodanig onze esthetische ervaring op bewonderenswaardige wijze verruimd. Misschien hangt de grandeur van een film als *Marienbad* juist wel samen met de mislukte poging de film tot een interactief medium te maken.[2] Omgekeerd laten zich uit de vergelijking tussen avant-gardefilm en computerspel ook enkele lessen trekken voor de verdere ontwikkeling van het computerspel. Opvallend is namelijk dat veel interactieve media, waartoe het computerspel behoort, lijden aan het *horseless carriage syndrome*. Dat wil zeggen dat interactieve media vaak worden ontworpen op basis van de

1   Zie 'Camp of de emancipatie van de kitsch' (De Mul 1996a).
2   Zowel in de natuur als in de geschiedenis kan de waarde van de mislukking niet hoog genoeg worden ingeschat. Van de toevallige mutatie bij de reproductie tot het productieve misverstaan van een tekst vormen mislukkingen een belangrijke motor van evolutie en geschiedenis.

idee dat ze een voortzetting zijn van narratieve media als het fictieboek en de fictiefilm. *Myst* is daar exemplarisch voor. Niet alleen is er een hoofdrol in dit spel weggelegd voor twee boeken, maar zoals we uit de als motto aangehaalde passage uit de handleiding kunnen opmaken, fungeert het boek – als toegangspoort tot andere werelden – zelfs als een model voor het spel. Ik zal trachten aan te tonen dan de poging *interactieve verhalen* (in de vorm van de interactieve roman of de interactieve film) te maken tot een vergelijkbare mislukking is gedoemd als die van de avant-garde. Het vervolg van dit hoofdstuk bestaat uit vier delen. In de tweede paragraaf zal ik eerst kort ingaan op de ambitie van de *nouvelle vague* de *découpage classique* van de Hollywoodfilm te deconstrueren. Vervolgens zal ik in de derde paragraaf nader ingaan op de wijze waarop deze ambitie gestalte krijgt in *Marienbad*. In de vierde paragraaf zal ik aan de hand van *Myst* uiteenzetten hoe het computerspel de erfenis van de avant-garde opneemt en tot welke onoverkomelijke problemen het leidt wanneer men probeert in het spel narrativiteit en interactiviteit tot een synthese te brengen. In de vijfde en laatste paragraaf zal ik de vraag trachten te beantwoorden op welke wijze de interactieve media bevrijd kunnen worden uit hun *horseless carriage syndrome* en hun interactieve beloften kunnen waarmaken.

2 De deconstructie van de *découpage classique*

Alain Resnais (1922) is zonder twijfel een van de belangrijkste vertegenwoordigers van de *nouvelle vague*, een groep Franse filmers die aan het einde van de jaren vijftig wereldwijde bekendheid verwierven en waartoe naast Resnais onder anderen Truffault, Chabrol en Godard behoorden.[3] Hoewel Resnais in dezelfde tijd als de anderen bekendheid kreeg, behoort hij in feite tot een oudere generatie. Anders dan andere regisseurs uit de deze beweging had Resnais voor zijn doorbraak al acht korte films gemaakt, waaronder documentaires over Kafka en Gauguin. De belangrijkste film voor zijn verdere ontwikkeling was ongetwijfeld de documentaire *Nuit et Brouillard* (1956), die handelde over de holocaust en die zwart-witbeelden uit het verleden combineerde met kleurenbeelden uit het heden. Zowel qua inhoud als qua stijl liep deze documentaire vooruit op Resnais' eerste grote, in samenwerking met Marguerite Duras tot stand gekomen film, waarmee hij onmiddellijk internationale roem verwierf: *Hiroshima mon amour* (1959). In beide films staan de thema's centraal die het gehele verdere oeuvre van Resnais zouden gaan bepalen: tijd, geheugen en herinnering.

3   Zie voor een bespreking van het werk van Godard: 'De filosofische zin van de film. Reflecties rondom Godards *Je vous salue, Marie*' (De Mul 1992).

Dat wordt reeds duidelijk in Resnais' tweede grote film, *L'année dernière à Marienbad* (1961), waarvoor het script geschreven werd door Alain Robbe-Grillet, een van de leidende auteurs van de aan de *nouvelle vague* verwante literaire beweging van de *nouveau roman*. *Hiroshima* en *Marienbad* zijn representatief te noemen voor de *nouvelle vague*-film. Net als in het geval van de eerste films van Godard oscilleren deze films tussen de *representatie van de politiek* en de *politiek van de representatie* (Monaco 1978, 53). Waar in *Hiroshima* de sociale en politieke realiteit van WO II op de voorgrond treedt, daar is *Marienbad* primair een onderzoek naar de filmische representatie zelf. *Marienbad* biedt wat we, met een begrip van Derrida, zouden kunnen aanduiden als de deconstructie van de *découpage classique* zoals die in de Hollywood Cinema is ontwikkeld. De *découpage classique* kent een speciale opbouw. Eerst wordt de kijker door middel van een overzichtsshot en een mediumshot relevante informatie verschaft over de karakters en de locatie. Vervolgens wordt ingezoomd op de dialoog tussen de protagonisten door middel van de drieslag *mastershot, close up* en *reaction*. Waar het overzichtsshot en het mediumshot de context van de dialoog verhelderen, daar stelt de genoemde drieslag de toeschouwer in staat de interactie tussen, en de daarbij opgeroepen emoties van, de protagonisten 'op de huid' te volgen.

Het doel van de *découpage classique* is, om 'de kijker op een zo pijnloos mogelijke wijze zo veel mogelijk informatie te geven' (Monaco 1978, 53). Daarom wordt er ook wel van gezegd dat hij naturaliseert. Dat wil zeggen dat de *découpage classique* een constructie is die erop is gericht haar constructieve karakter onzichtbaar te maken. De constructie van de plot valt niet op, maar staat ten dienste van het zo transparant mogelijk tonen van het verhaal, dat zich primair in de dialogen afspeelt. De toeschouwer wordt door de *découpage classique* in een (gezien het succes van de Hollywoodfilm blijkbaar aangename) houding van passieve onbeweeglijkheid gedwongen.[4]

De *nouvelle vague*-regisseurs beschouwden de *découpage classique* als een even efficiënt als verderfelijk onderdeel van de kapitalistische Hollywoodideologie. Door de naturaliserende werking wordt de toeschouwer in de rol gedwongen van een kritiekloze consument van de – vaak ideologisch geladen – filmverhalen. De *nouvelle vague*-regisseurs verzetten zich daartegen, zij wilden de toeschouwer emanciperen, hem uit zijn houding van passiviteit bevrijden en hem tot actieve betrokkenheid brengen. Zij vertellen niet alleen een ander soort verhalen (d.w.z. ze beogen de representatie

---

4 De toeschouwer schort zijn handelen op en laat zich meevoeren door het verhaal. Ook het feit dat dit gebeurt in de duisternis van de bioscoopzaal draagt eraan bij dat de filmervaring iets weg heeft van een droom (Metz 1974). Hollywood is bijna letterlijk een droomfabriek.

van een andere politiek), maar ook, en vooral, proberen zij in hun films het
naturaliserende proces van de *découpage classique* zichtbaar te maken en zo
mogelijk te laten struikelen (zij beogen tevens een andere politiek van representatie).[5] Dat laatste doen de *nouvelle vague*-regisseurs niet alleen door
het doorbreken van de regels van naturaliserende mise-en-scène (bijvoorbeeld door tijdens een dialoog juist niet de protagonisten te tonen, maar
een detail uit de omgeving), maar ook door deconstructie van de aristotelische plot die de klassieke Hollywood-film kenmerkt.[6] De aristotelische plot
kan beschouwd worden als een *compleet geheel*. Het is een geheel omdat alle
elementen binnen de plot samenhangen. Het kent geen elementen die los-
staan van de plot. In de plot heeft ieder element betekenis in het licht van
het geheel, er is met andere woorden geen ruis. Het is compleet omdat de
elementen samen het verhaal een afsluiting (*closure*) verlenen. Bij de aftite-
ling van de klassieke Hollywood-detective zijn alle vragen beantwoord. De
aristotelische plot heeft – kort samengevat – een begin, een midden en een
eind (Aristoteles 1995, 41).

De regisseurs van de *nouvelle vague* deconstrueren de aristotelische plot
onder meer door het verhaal heel gefragmenteerd aan te bieden aan de
kijker, bijvoorbeeld door overvloedig gebruik van flashbacks en/of flashforwards, of door delen van het verhaal weg te laten. De toeschouwer
wordt dan niet alleen gedwongen het verhaal *zelf* te reconstrueren, maar
hij wordt tevens opmerkzaam gemaakt op het feit dat verhalen altijd door
middel van een plot worden geconstrueerd. In vergelijking met de aristotelische plot heeft die van de *nouvelle vague*-film eerder het karakter van
een vraag dan van een antwoord. Pas in de interpretatie van de toeschouwer vindt de *nouvelle vague*-film zijn voltooiing. Die voltooiing blijft bovendien altijd voorlopig, omdat geen enkele interpretatie het verhaal tot
een definitieve afsluiting kan brengen. Vanwege het fragmentarische en
elliptische karakter laat de plot meerdere interpretaties toe. Dit verbindt de
novelle vague-film met de *nouveau roman*, die in dezelfde periode is ontstaan.
De nieuwe roman en de nieuwe film worden daarom wel vergeleken met
een *spel*, waarin de lezer en de kijker actief betrokken worden (Van Deelen
1969, 182)

5   Deze deconstructie kan worden vergeleken met de manier waarop een schilder
     als Magritte de vanzelfsprekendheid van de visuele representatie laat struikelen.
     Zie mijn analyse van *Ceci nést pas une pipe* in *Het romantische verlangen in
     (post)moderne kunst en filosofie* (De Mul 1995, 157v.).
6   De plot is het arrangement van de narratieve elementen die samen een verhaal
     vertellen. De verhouding tussen een verhaal en een plot is niet 1:1. Een zelfde
     verhaal kan door meerdere plots worden verteld: de vier evangeliën vormen
     vier verschillende narratieve arrangementen (plots) om het verhaal over het le-
     ven van Jezus te vertellen. Omgekeerd, zo zullen we hierna zien, kan één am-
     bigu plot meerdere verhalen vertellen.

Volgens Roland Barthes, wiens literatuurtheoretische artikelen uit de jaren zestig en de vroege jaren zeventig in sterke mate geïnspireerd zijn door de *nouveau roman*, dienen we het literaire werk niet op te vatten als een afgerond *werk* met een gefixeerde betekenis, maar als een *tekst*, die in de lectuur een meervoud aan betekenis genereert: '*De Tekst is alleen waarneembaar als productie, als werk in uitvoering* ... De Tekst is meervoudig. Dat betekent niet alleen dat hij verschillende betekenissen heeft, maar dat hij een meervoudige betekenis tot stand brengt: een *onherleidbaar* (en niet louter een acceptabel) meervoud. In de Tekst bestaan de betekenissen niet naast elkaar maar gaan er doorheen en kruisen elkaar; de Tekst beantwoordt derhalve niet aan een interpretatie, zelfs niet een liberale, maar aan een explosie, een uitzaaiing' (Barthes 1981, 47, 49). Wat Barthes hier opmerkt over de tekst, lijkt me ook ten volle van toepassing op de films van de *nouvelle vague*. Ook deze films verzetten zich hardnekkig tegen een eenduidige interpretatie. Zij worden gekenmerkt door een niet te bedwingen ambiguïteit die nooit tot een *closure* kan worden gebracht. Er is sprake van een voortdurende verstrooiing (*dissémination*) van betekenis (Derrida 1972, 392; vgl. De Mul 1993, 432-445). De betekenis is uiteindelijk onbeslisbaar, wat wil zeggen dat er geen uiteindelijke, afsluitende betekenis is. Hiermee staat de *nouvelle vague*-film overigens niet op zichzelf, maar lijkt hij representatief te zijn voor de postmoderne cultuur, die haar geloof in eenduidige verhalen met een afsluitende betekenis – wat Lyotard *grands récits*, grote verhalen, noemt (Lyotard 1987) – heeft verloren. In die zin zouden we deze films uit de jaren vijftig en zestig prototypisch kunnen noemen voor het postmoderne wereldbeeld dat in de daaropvolgende decennia zal gaan domineren.

3 L'année dernière du cinema?

Van alle *nouvelle vague*-films is *L'année dernière à Marienbad* (1961) waarschijnlijk het meest radicaal in zijn deconstructie van de *découpage classique* en daarmee in zijn ambiguïteit. Er is moeilijk een andere film te noemen die zo radicaal de narratieve en filmische conventies ondergraaft. In de meeste films is de toeschouwer in staat op basis van de aangeboden plot een meer of minder consistent verhaal te reconstrueren. *Marienbad* lijkt er vooral op gericht te zijn het verlangen van de toeschouwer naar een betekenisvol verhaal te frustreren. *Cinebooks' Motion picture review* merkt niet zonder reden over deze film op dat 'zelfs de grootste liefhebbers van het oplossen van narratieve puzzels niet weten wat ze met deze film moeten aanvangen' (Kael et al. 1995). (*)

Op het eerste gezicht is de plot niet erg ingewikkeld. Het decor waar de handeling zich afspeelt is een chic, in een kasteel gevestigd hotel in Marienbad, waar de rijken elkaar ontmoeten. In dit kasteel heeft een man (in het script aangeduid als X en gespeeld door Giorgio Albertazzi) een ontmoeting met een vrouw (aangeduid als A en gespeeld door Delphine Seyrig), die samen met een andere man (waarschijnlijk haar echtgenoot, gespeeld door Sacha Pitoeff) in het hotel verblijft. X vertelt A dat hij haar het voorafgaande jaar in Marienbad heeft ontmoet en suggereert dat ze een verhouding hebben gehad. De vrouw ontkent dit en een belangrijk deel van de handeling bestaat uit X's pogingen A ervan te overtuigen dat die ontmoeting werkelijk heeft plaatsgevonden, nog zal plaatsvinden of op zijn minst plaats zou moeten vinden. Door de constructie van de plot kan de kijker niet uitmaken of X A werkelijk heeft ontmoet, of dat we veeleer te maken hebben met fantasieën, droombeelden of hallucinaties van X of A. (Er zijn zelfs interpretaties die stellen dat de gehele handeling van de film zich afspeelt in een psychiatrische inrichting!). De fundamentele ambiguïteit maakt dat geen enkele interpretatie van de plot volledig kan overtuigen: iedere interpretatie is onvolledig en lokt haar tegendeel uit. In een interview maakte Resnais duidelijk dat dit ook zijn opzet was: 'Marienbad is voor mij een film die allegorisch noch symbolisch is. Men kan er symbolen in willen zien – men kan bijvoorbeeld denken aan de mythe van de Graal, of aan wat ook. Maar de film staat open voor alle mythen. Wanneer men hem wil verklaren aan de hand van welke sleutelinterpretatie dan ook – hetzij langs symbolische, hetzij langs realistische weg – zal men iedere keer weer ervaren dat de film zich daarmee voor zestig of tachtig procent laat 'uitleggen', nooit in zijn geheel' (geciteerd in Blokker 1961a).

De ambiguïteit en onbeslisbaarheid van de film worden veroorzaakt door de filmische plot, die wordt gekenmerkt door talloze ruimtelijke, tijdelijke en causale inconsistenties en inconsequenties. Zo zijn er shots van de kasteeltuin waarin de mensen schaduwen hebben, maar de bomen niet. Ook lijken de standbeelden in de tuin zich steeds op een andere afstand van het hotel te bevinden en is de blikrichting van de beelden de ene keer naar het meer gericht en de andere keer van het meer weg. Andere inconsistenties hebben betrekking op de relatie tussen geluid en beeld. Soms zegt de voice-over dingen die door de getoonde beelden worden weersproken of horen we orgelmuziek terwijl we twee mannen op een viool en cello zien musiceren. Op een ander moment zien we de camera zich van een persoon verwijderen om hem elders weer in beeld te krijgen.

De meeste inconsequenties en inconsistenties hebben betrekking op de temporele samenhang van het verhaal. Soms horen we een dialoog, terwijl de opeenvolgende shots verschillende locaties laten zien. Ook de geluidstrack doet afbreuk aan de temporele continuïteit. De luide orgelmuziek begint soms zonder merkbare aanleiding midden in een scène om middenin een volgende weer even plotseling op te houden. Bij de meeste shots is het onmogelijk te bepalen tot welk deel van het filmverhaal ze behoren. Vaak is onduidelijk of het dag of nacht is en in een enkele scène is het zowel dag als nacht. Door dit alles blijft de temporele samenhang van het filmverhaal tot het einde toe volstrekt instabiel. Van de afzonderlijke scènes is niet uit te maken of ze zich afspelen in het heden van het filmverhaal of flashbacks, herinneringen, verwachtingen, dromen of hallucinaties betreffen. En ook van de film als geheel blijft de temporele status onduidelijk.

Een aantal gebeurtenissen in de film lijkt de instabiliteit van het filmverhaal nog te versterken. In een aantal over de film verspreide scènes discussiëren de hoofdpersonen over de betekenis van een van de beelden in de kasteeltuin. X, A en de begeleider van A laten er geheel verschillende interpretaties op los en het wordt de toeschouwer niet duidelijk gemaakt wie het bij het rechte eind heeft. Ook het labyrint in de kasteeltuin lijkt naar de film zelf te verwijzen. Wanneer A aan het eind van de film in het labyrint verdwaalt, merkt de voice-over op dat men ook verdwaalt wanneer men meent niet te kunnen verdwalen. Een derde zelfreferentieel element in de film is het spel met luciferhoutjes dat door de begeleider van A wordt gespeeld. Ik merkte hiervoor met Van Deelen op dat de *nouvelle vague*-film iets weg heeft van een spel. Maar het spel dat in de film wordt gespeeld is een spel dat je niet kunt winnen als je de sleutel niet kent. Bij de première in Parijs werden luciferdoosjes uitgereikt, zodat iedere bezoeker onmiddellijk kon uitproberen of hij de sleutel van het spelletje kon vinden. Maar waar de sleutel je in geval van het spel kan worden onthuld, wordt de toeschouwer van *Marienbad*, hoe vaak hij de film ook opnieuw bekijkt, de sleutel voor altijd onthouden. De reden daarvoor is dat die sleutel niet bestaat.

Het zien van *Marienbad* is voor veel kijkers een nogal frusterende bezigheid. De film is daardoor, ondanks de vele loftuitingen van vooraanstaande critici en de Oscarnominatie voor het beste script, niet bepaald een publiekstrekker gebleken. Voor het grote publiek, voor wie het filmgenot toch vooral bestaat in het op (min of meer) passieve wijze ondergaan van een door de maker(s) van de film gecreëerd verhaal, is er aan deze film niet veel te genieten. Indien er al van genieten sprake is, lijkt het hier vooral het subversieve genot van de regisseur en een kleine groep van critici en andere theoretisch onderlegde filmliefhebbers te zijn, een genot dat voortvloeit uit het kapot maken van hun speelgoed, het deconstrueren van de aristotelische plot. Of valt er hier nog op een andere manier te genieten? Deconstructie heeft niet alleen een destructieve zijde, maar opent vaak ook een mogelijke andere ervaring. In het geval van *Marienbad* leidt de destructie van de artistotelische plot niet alleen tot frustratie (omdat men in zijn verwachtingen wordt teleurgesteld), maar

ontsluit zij ook de mogelijkheid van een andere, niet narratieve manier
van kijken.[7] *Cinebooks' Motion picture review* merkt terecht op: '*Marienbad* is eerder
dan een narratieve een visuele film, hoewel veel kijkers volhouden dat de
doelgroep vooral bestond uit een elitair, literair publiek. In feite is het tegenovergestelde waar. Resnais en Robbe-Grillet wilden juist breken met
de klassieke verhaalvorm die de film vanaf haar beginjaren had gedomineerd. De klassieke tijdfilm werd tot een kunstvorm die volledig brak met
de regels die de roman bepaalden. Hoe succesvol ze daarmee waren, wordt
misschien wel het beste bewezen door de prominente stijl van televisiere-
clame en videoclips – misschien niet de meest vleiende reactie op het genie
van Resnais, maar ze bewijzen wel het primaat van het visuele boven het
verbale in de film' (Kael et al. 1995).

De vraag is ongetwijfeld juist, maar er is nog een ander medium dat een lijn
uit *Marienbad* voortzet en dat is het computerspel. Het is misschien niet
zonder betekenis dat een spel – dat met de luciferhoutjes – in de film als een
metafoor voor de film wordt genomen. Bordwell en Thomson nemen in
Film Art, hun nog altijd lezenswaardige inleiding in de filmtheorie, *Marienbad* als voorbeeld van een film die speelt met ambiguïteiten en ook zij verbinden dat, net als Van Deelen, expliciet met het spelkarakter van de film:
'*Marienbad* brak met de verwachting die wij doorgaans ten aanzien van een
film hebben door te suggereren, misschien wel voor het eerst in de filmgeschiedenis, dat een film als geheel gebaseerd kan zijn op een spelachtige
structuur van ambiguïteit [gamelike structure of ambiguity]' (Bordwell en
Thompson 1980, 257). Wat een spel onderscheidt van een verhaal is dat de
uitkomst niet wordt bepaald door de auteur, maar door de handelingen die
de speler verricht. Het spel is bij uitstek interactief in de zin dat speler, medespelers en de gebeurtenissen elkaar wederzijds beïnvloeden. Maar dat
was nu precies datgene wat de *nouvelle vague* in haar kritiek op de Hollywoodfilm wilde bereiken: de kijker uit zijn passieve houding van louter
consument losweken en hem tot een actief deelnemer maken van het creatieve proces.

De vraag is echter of *Marienbad* en andere *nouvelle vague*-films daarin
werkelijk zijn geslaagd. Daaraan kan om twee redenen worden getwij-
feld. In de eerste plaats is er het *kwantitatieve* – enigszins banale – argument dat dit type radicale films (overigens net als vergelijkbare decon-

---

7   In 'De filosofische zin van de film. Reflecties rondom Godards *Je vous salue,
    Marie*' heb ik proberen aan te tonen dat dit ook geldt voor het genoemde werk
    van Godard. *Je vous salue, Marie* overtuigt als religieuze film niet zozeer door
    het verhaal, waarin het evangelie eerder in het belachelijke lijkt te worden ge-
    trokken, maar doordat de deconstructie van het verhaal de kijker ontvankelijk
    maakt voor de 'sprong naar het funderende beeld' (De Mul 1992).

structieve werken in literatuur en muziek) nauwelijks is aangeslagen.[8] Jan
Blokker, die in de tijd van de *nouvelle vague*-films recenseerde in het *Algemeen Handelsblad*, merkte naar aanleiding van het geringe aantal bezoekers dat in de Parijse filmhuizen *Marienbad* bezocht op dat het publiek
zich over het algemeen niet graag uit haar houding van onbeweeglijke
passiviteit laat drukken: '"Men heeft het kritisch vermogen van de bios-
coopbezoeker sinds lang ernstig onderschat", hebben beide auteurs [be-
doeld zijn Resnais en Robbe-Grillet] van de film indertijd verklaard –
"de tijd schijnt rijp het publiek toe te spreken in een nieuwe taal, tot de
verstaanbaarheid waarvan hij al is voorbereid door talrijke vooroefenin-
gen uit de laatste jaren"'. Maar men krijgt de indruk dat zij in hun geloof
het *getal* dier voorbereide toeschouwers hebben overschat: een zekere
vermoeidheid, ook bij het *grote* publiek, ten aanzien van de conventionele
scenariofilm, garandeert nog geenszins een mentale geprepareerdheid op
Marienbad' (Blokker 1961b).

Er is ook nog een tweede, meer kwalitatieve reden, om de experimenten van de *nouvelle vague* met betrekking tot de beoogde interactiviteit een
mislukking te noemen. Weliswaar laat *Marienbad* de toeschouwer veel – en
voor het grote publiek misschien teveel – ruimte voor een eigen *interpretatie*
van de film, maar dat staat toch nog ver af van de pretentie van de *nouvelle
vague*-regisseurs de toeschouwer tot medeschepper van de film te maken.
Zelfs in het geval van *Marienbad* houdt de regisseur de touwtjes stevig in
handen. Hoewel de ambigue plot aanleiding geeft tot de constructie van
verschillende verhalen, blijft de plot zelf gefixeerd volgens de keuze van de
regisseur. Misschien is dat een bijkomende reden voor het geringe enthousiasme van het publiek: niet alleen moet het de 'lustpremie' die met het

8 De musicus en mediatheoreticus Mathias Fuchs merkt dit met betrekking tot
   de muziek ook op in zijn artikel over het 'interactieve horen' dat in dezelfde
   tijd als de *nouvelle vague* zijn intrede deed in de concertzalen en de huiskamer
   (Fuchs 2000). Componisten uit zowel de klassieke als populaire traditie, zoals
   John Cage, Brian Eno, Laurie Anderson, maakten onder meer platen, waarbij
   de luisteraar thuis aan zijn versterker gezeten het klankresultaat mede moest
   bepalen door het kiezen uit parallelle tracks, het bepalen van de volgorde van
   de tracks of door het bedienen van de balans- en toonregeling van de versterker. Fuchs vertelt dat niemand uit zijn omvangrijke muzikale kennissenkring
   de gevraagde handelingen ook daadwerkelijk uitvoerde. Zijn kennissenkring
   stond klaarblijkelijk niet alleen, want dit type experimenten stierf een snelle
   dood. Althans in het analoge domein. Met de komst van de computer hebben
   deze experimenten een digitale wedergeboorte beleefd. Met behulp van samp-
   les en een mixprogramma kan iedere bezitter van een computer zijn eigen
   house fabriceren, wat – gezien de vele re-mixen die te vinden zijn op het Internet – ook daadwerkelijk door een niet onaanzienlijke groep hedendaagse
   muziekliefhebbers wordt gedaan. Met terugwerkende kracht is zelfs de analoge
   grammafoonplaat interactief geworden, in het *scratchen*.

passieve consumeren van het voorgekauwde filmverhaal verbonden is, op-
geven, maar het krijgt daarvoor ook nog niet de compensatie van een andere, met interactiviteit gekoppelde lust voor in de plaats.

Misschien is de
populariteit van het computerspel er in gelegen dat het deze met interactiviteit verbonden lust – te kunnen ingrijpen is misschien wel de ultieme lust
van het moderne subject (Žižek 2000) – juist wel, en zelfs overvloedig, aan
de tot speler getransformeerde toeschouwer schenkt.

Op dit punt gekomen, doen zich twee vragen voor. De eerste is of het
computerspel eigenlijk wel, zoals ik gedaan heb, een voortzetting van de
film kan worden genoemd. Hebben we niet te maken met een geheel
verschillend medium, zo verschillend dat van een voortzetting geen sprake kan zijn? De tweede vraag is of er daardoor eigenlijk wel gezegd kan
worden dat het interactieve computerspel de intentie van de *nouvelle vague* de toeschouwer – zowel in esthetische als in politieke zin – te emanciperen, heeft gerealiseerd. Computerspellen worden over het algemeen
genomen niet beschouwd als esthetisch of politiek verheffende activiteiten. Ze worden veeleer als dom amusement afgedaan, als een schakel in
de consumptiefabriek waartoe de postmoderne samenleving is verworden, en zeker de gewelddadige en pornografisch getinte spellen worden
door velen verwerpelijk gevonden. Ook dat lijkt ver af te staan van de intenties van de *nouvelle vague*. In de volgende twee paragrafen zal ik op
deze vragen ingaan. Eerst zal ik ingaan op de cruciale vraag of een computerspel een verhaal kan vertellen en vervolgens op de vraag of het computerspel de door de *nouvelle vague* beoogde emancipatorische werking kan
uitoefenen.

4 Het *horseless carriage syndrome* en het mysterie van de verdwenen plot

Film en computerspel vormen verschillende werelden. Dat blijkt bijvoorbeeld uit het feit dat beide, anders dan bijvoorbeeld film en boek, zich niet
in elkaar laten vertalen. Het verhaal uit een boek laat zich doorgaans zonder
veel problemen overzetten naar een film. Weliswaar vertellen boek en film
het verhaal op een verschillende wijze, maar ze gaan over hetzelfde verhaal
(Brooks 1984, 3-4). Wanneer er daarentegen een spel gemaakt wordt naar
een film, dan is er geen sprake van een zelfde verhaal. Uit het spel laat het
verhaal zich niet reconstrueren (tenzij het als verhaal wordt meegeleverd,
in de handleiding, of filmclips in het spel). Op basis van de Star Wars Game
kun je het verhaal uit de Star Wars films niet navertellen (Juul 1998). Omgekeerd konden we op basis van het *Tomb Raider* computerspel ook niet
het filmverhaal vertellen dat later naar aanleiding van het spel is gemaakt.

Dat de vertaling onmogelijk is komt omdat film en computerspel een wezenlijk verschillende grammatica bezitten. Een verhaal is *lineair* en de elementen van het verhaal zijn door een narratieve *causaliteit* met elkaar verbonden. Barthes stelt dat het verhaal de taal van het noodlot spreekt, iedere handeling en gebeurtenis wordt door voorafgaande handelingen en motieven veroorzaakt. Het is dankzij deze specifieke keten van handelingen en gebeurtenissen dat een verhaal in een boek vertaald kan worden naar een film. Beide media delen dezelfde narratieve grammatica. Bij een spel daarentegen heeft de speler een relatief grote *vrijheid* om – binnen de grenzen die met het spel zijn gegeven – de opeenvolging van handelingen en gebeurtenissen zelf te bepalen. Het spel is daarom noodzakelijk *multilineair*; als de speler niet de mogelijkheid heeft uit verschillende opties te kiezen is er geen sprake van een spel.

Dit verschil heeft nogal wat consequenties voor de temporele en ruimtelijke organisatie van de film aan de ene kant en het computerspel aan de andere (Juul 1998). Het verhaal kent drie temporele lagen, die van de plot (de betekenaar), die van het vertelde verhaal (het betekende) en die van de lezer of toeschouwer. Een slechts enkele minuten durende opeenvolging van shots in een film kan vele jaren in het verhaal bestrijken. In het kijken naar de film worden beide temporele lagen door de kijker op elkaar betrokken. Omdat de plot- en de verhaaltijd verschillend zijn, kent het verhaal bovendien de drie extasen van de tijd. Het verhaal speelt zich niet alleen in het heden van het lezen af ('X loopt vertwijfeld naar de tafel'), maar door middel van flashbacks ('toen X gisteren aankwam') en flashforwards ('X zal morgen terugverlangen naar...') stelt de plot ook het verleden en de toekomst present.

Computerspellen zoals een Nintendo Gameboy-spel of *Doom* kennen die temporele gelaagdheid niet: 'Als we een spel als *Doom* spelen, dan bestaan deze verschillende tijden niet. Je kunt op de controletoets drukken en er vliegt een kogel uit een geweer, en dit beïnvloedt wat er op het beeldscherm gebeurt. Wat je op het scherm ziet, kan geen verleden of toekomst zijn, maar moet het heden zijn, want we kunnen het beïnvloeden. De tijd van het vertelde, de tijd van de vertelling en de tijd van het lezen *imploderen* in het spel, en op ieder moment heb je interactiviteit' (Juul 1998). Waar de lezer of filmtoeschouwer een grote bewegingsvrijheid heeft in de temporele dimensie, zit de speler onvermijdelijk opgesloten in het heden. De speler die opgaat in het computerspel vergeet letterlijk de tijd. Omdat hij zich in een eeuwig heden bevindt, kan hij steeds opnieuw dezelfde handelingen verrichten. De speler is, anders dan de protoganist van het verhaal, die vroeg of laat onvermijdelijk sterft, onsterfelijk. Of misschien kunnen we, omdat de speler geen verleden of toekomst kent, hier in plaats van onsterfelijk beter spreken van *ondood*. Iedere keer wanneer je in *Doom* wordt doodgeschoten kun je het spel opnieuw beginnen.⁹ Het spel realiseert zo een nietzscheaanse eeuwige terugkeer van het gelijke. Ook qua ruimtelijke organisatie verschillen verhaal en spel sterk van elkaar. De situatie is hier echter omgekeerd. In tegenstelling tot de film kent het spel juist een ruimtelijke gelaagdheid. Het kent drie ruimtelijke dimensies. Interactiviteit betekent dat je verschillende richtingen uitkunt: omhoog of omlaag, links of rechts, naar voor of achter. Beeldschermen zijn onvermijdelijk tweedimensionaal, maar ze kunnen wel een driedimensionale ruimte oproepen. Zoals er in het verhaal een verschil bestaat tussen de tijd van de plot (de betekenaar) en de tijd van het verhaal (het betekende), zo is er bij het spel een verschil tussen de ruimte van de spel-interface (de betekenaar) en de door het spel opgeroepen ruimte (het betekende). En ook bij het spel is er een derde dimensie waarin deze beide ruimten op elkaar worden betrokken, die van de 'inruimende' speler. Bij het verhaal imploderen de drie ruimtelijke dimensies daarentegen tot het eendimensionale, dat wil zeggen sequentiële pad dat de protagonisten door de verhaalruimte maken. Hun noodlot bestaat erin dat zij gedoemd zijn juist dit ene pad te bewandelen.¹⁰ Vanuit de ruimtelijke dimensie gedacht verhouden het spel en het verhaal zich als het schaakspel en een partijtje schaak. De regels van het schaakspel ontsluiten een ruimte waarbinnen een groot aantal verschillende partijtjes schaak mogelijk zijn.

We kunnen het verschil tussen verhaal en spel ook verhelderen door te kijken naar de relatie tussen plot en handeling. In het verhaal bepaalt de plot de handeling. Laten we de *Odyssee* nog een keer als voorbeeld nemen. Omdat Odysseus verlangt naar Penelope, houdt Pallas Athena een pleidooi bij de overige goden om Kalypso te bewegen Odysseus van haar eiland te laten vertrekken, en omdat Kalypso hem als gevolg daarvan de middelen

9   Ook op dit punt lijkt het computerspel een ideaal van de avant-garde beter te realiseren dan de avant-garde zelf: 'In de literatuur kennen we het idee van het eindeloze werk, boeken die je kunt blijven herlezen en die je nooit beu wordt. Dat kan zowel gelden voor een religieuze tekst zoals de bijbel als voor een modernistisch werk zoals *Ulysses* of *Wasteland*. Plaats dat eens tegenover dat wat wel wordt aangeduid als de "trash novel", waarvan de benaming suggereert dat je hem na lezing kunt weggooien. Op het eerste gezicht lijkt de herhaalbare literatuur verbonden te zijn met de hoge cultuur en de niet-herhaalbare met de lage cultuur. Het verrassende is dat het onmiskenbaar "lage" computerspel een veel grotere herhaalbaarheid heeft dan de roman. De dominante opvatting van het verhaal is dat je het één keer leest, maar spellen hebben de inherente eigenschap dat je ze opnieuw speelt en er steeds beter in wordt' (Juul 1998).
10   Dat geldt in ieder geval voor het klassieke verhaal. Zoals we hiervoor zagen proberen de *nouvelle vague*-film en de *nouveau roman* ons juist van dit noodlot te bevrijden. De ambigue plot maakt immers verschillende verhalen mogelijk. In hoofdstuk 10 zullen we zien dat Robert Musil in *Der Mann ohne Eigenschaften* een vergelijkbare poging onderneemt dit noodlot te ontlopen.

verschaft, begint Odysseus met het bouwen van zijn vlot. Bij het computerspel wordt de handeling niet gemotiveerd door de plot, maar is de plot omgekeerd afhankelijk van het handelen. Wanneer de speler op het juiste moment de trekker van zijn geweer overhaalt en het monster doodschiet, kan hij de brug passeren waar hem weer een andere uitdaging wacht. Wanneer hij te laat is en zelf wordt doodgeschoten, wijzigt hij daarmee ter plaatse de plot. De discursieve causaliteit lijkt hier omgedraaid: de actie bepaalt (of zoekt tevergeefs naar) de plot (Aarseth 1994). In de eerste paragraaf maakte ik melding van de problemen die ik bij het spelen van *Myst* aanvankelijk had met het vinden van de plot, het doel van mijn handelingen.[11]

Wanneer we, als laatste, naar de lustpremie kijken die het verhaal en het computerspel respectievelijk aan de lezer/kijker en de speler verschaffen, dan zien we opnieuw een belangrijk verschil. Bij het klassieke verhaal is de 'eindlust' gelegen in de bevrediging die het geeft te weten hoe het verhaal afloopt. Wanneer dat – aristotelisch begrepen – einde uitblijft, frustreert dat de lezer. Het spel daarentegen kent geen einde. Vanzelfsprekend kan men bij een spel als *SuperMario Bros* of *Tetris* stoppen na alle levels te hebben doorlopen of omdat men verveeld of uitgeput raakt, maar het spel nodigt uit om het na een korte periode van rust opnieuw te spelen. De lust van het computerspel – die nooit een 'eindlust' kan zijn, maar onvermijdelijk altijd 'voorlust' blijft en het daarom ook in zich heeft tot verslaving te leiden – is erin gelegen de werking van het spel te doorgronden en de vaardigheden te verwerven die het mogelijk maken een beter resultaat te halen. Het persoonlijk record kan altijd verbeterd worden.

Wanneer we het bovenstaande overzien, dan lijkt de conclusie gerechtvaardigd dat verhaal en film twee geheel verschillende werelden zijn. In dat licht is het echter merkwaardig dat computerspellen van meet af aan in handleidingen en reclamecampagnes, maar ook in theoretische beschouwingen, voorgesteld zijn als nieuwe vormen van narrativiteit. Computerspellen, *Myst* is hiervan een goed voorbeeld, worden vaak gepresenteerd als interactieve verhalen of interactieve films (zie de passage uit het handboek van *Myst* dat ik als motto aan dit hoofdstuk heb meegegeven). En in het vorige hoofdstuk zagen we dat ook in de literatuur experimenten worden ondernomen die als interactieve literatuur aan de man worden gebracht. Auteurs als Brenda Laurel (Laurel 1993) en Janet Murray (Murray 1997)

---

11 Het verschil tussen 'hyperfictie' als *Afternoon*, die ik in het vorige hoofdstuk besprak, en computerspelen als *Doom* is dat in het eerste geval er wel een plot is (de verschillende paden die door de auteur zijn aangebracht door de hypertekst), maar het verhaal lijkt te ontbreken, terwijl er in in het tweede geval zelfs geen plot is. Illustratief in dit verband is de uitspraak van een van de makers van de 'shooter' *Quake III*, die trots verkondigt: 'The best graphics, the best networking, the best gameplay – but no plot!' (geciteerd in: Juul 1998).

hebben in hun werk geijverd voor de ontwikkeling van computerspellen met een *story engine* die naar aanleiding van het handelen van de speler de plot zodanig aanpast dat het een compleet geheel blijft. Nog afgezien van het feit dat pogingen om programma's te ontwikkelen die verhalen kunnen schrijven tot op heden vrijwel niets hebben opgeleverd (wat te maken heeft met het feit dat er voor het maken van verhalen heel veel kennis van de menselijke wereld nodig is, en dat is iets wat de computer nu net niet heeft), maakt het feit dat een spel geen plot heeft het bijzonder lastig deze te laten aanpassen door een programma. Hoe zou je het verhaal van *Tetris* of *Space Invaders* moeten aanpassen aan de handelingen van de speler? Nu neemt dit argument niet weg dat veel computerspellen als een verhaal worden gepresenteerd. Bij nader inzien gaat het dan echter nooit om interactieve verhalen, maar altijd om hybride combinaties van spel en verhaal (Juul 1998). Bij *Space Invaders*, bijvoorbeeld, is het vaardigheidsspel, dat erin bestaat van boven neerdwarrelende ruimteschepen te raken voordat ze jou raken, 'ingepakt' in een (mager) narratief kader: het beroemde sciencefictionmotief van buitenaardse wezens die de aarde aanvallen. Maar in feite staat dit los van het spel. Je kunt, zoals afgelopen jaar wel is gebeurd, de ruimteschepen ook vervangen door neerdwarrelende portretten van Bin Laden of Bush, zonder aan het spel ook maar iets te veranderen. Ook in de meeste *adventures*, die in vergelijking met 'shooters' als *Doom* nog de meest narratieve indruk maken, is het verhaal meestal iets dat niet in het spel zelf zit, maar aan het spel wordt toegevoegd, bijvoorbeeld in de documentatie die bij het spel wordt geleverd, of in de vorm van een serie korte filmclips die de overgang van het ene level van het spel naar het andere markeren.

Myst is een bijzonder boeiend voorbeeld van het hybride samengaan van verhaal en spel. Er is waarschijnlijk geen spel dat zo ver gaat in zijn poging de wereld van het verhalende boek in het spel op te nemen (in dat opzicht doet *Myst* precies het omgekeerde als de film *Marienbad*, die poogt de wereld van het spel in die van het verhaal op te nemen). *Myst* vertelt het verhaal van Altrus, die een aantal alternatieve werelden heeft geschapen. Tijdens zijn afwezigheid is er iets misgegaan, waardoor zijn werelden grotendeels zijn vernietigd en zijn twee zoons zijn opgesloten in een rood en in een blauw boek. Altrus vreest dat een van zijn zoons de schuldige is. De speler moet door het vinden van de ontbrekende bladzijden uit de boeken in de restanten van deze werelden de lacunes in het verhaal zien aan te vullen en vervolgens – om te winnen – het juiste boek openen (met de onschuldige zoon). Opent hij het verkeerde boek dan heeft hij verloren.

Ook bij *Myst* is er echter geen sprake van een interactief verhaal, maar van een hybride samengaan van spel en verhaal (Juul 1998). Er wordt weliswaar een verhaal verteld, maar dit gebeurt op een niet-interactieve wijze. De speler leest gevonden bladzijden en bekijkt filmpjes waarin delen van het verhaal worden onthuld. Om die bladzijden te pakken te krijgen, moet de speler de wereld(en) van *Myst* onderzoeken en allerlei puzzels oplossen.

Die zoektocht en puzzels zijn interactief, maar zijn op zich niet narratief (net zo min als het schieten in *Space Invaders*). Dat *Myst* geen interactief verhaal is, wordt overigens ook met zoveel woorden toegegeven door Rand Miller, die *Myst* samen met zijn broer ontwierp: 'Ons ontwerp van dit interactieve verhaal verliep eigenlijk langs twee verschillende wegen – de een lineair, de ander niet-lineair. Het lineaire pad betrof het achtergrondverhaal en de geschiedenis, kortom al die elementen die strikt temporeel geordend zijn. Het niet-lineaire pad betrof het ontwerp van de werelden en had meer van doen met het werk van een architect. Het bouwen van deze werelden bevatte geen enkel tijdselement, het leek meer op het maken van een foto. Het probleem was hoe we deze twee werelden met elkaar moesten vermengen. We deden dat door stukjes van het verhaal te onthullen tijdens de exploratie van de niet-lineaire werelden, waarbij we probeerden de spelers het gevoel te laten behouden dat ze overal naar toe konden gaan en alles konden doen wat ze wilden' (interview met Stern 1997).

Wanneer ik stel dat *Myst* geen interactief verhaal is dan heb ik daarmee allerminst de bedoeling te zeggen dat *Myst* een mislukking zou zijn (evenmin als mijn oordeel dat *Marienbad* geen interactieve film is, de bedoeling had daarmee afbreuk te doen aan Resnais' film). Wat het grote succes van *Myst* aantoont is dat je op een creatieve manier narratieve elementen kunt toevoegen aan een spel zonder het spel daardoor te verpesten. Het narratieve kader waarin de puzzels worden gepresenteerd, geven zelfs een meerwaarde aan het spel, hoewel daar tegenover staat dat juist door dit narratieve element de herhaalbaarheid minder wordt. Als je het einde van het verhaal kent, dan verliest – anders dan bij *SuperMario Bros*, *Tetris* of *Doom* – het opnieuw spelen van het spel zijn bekoring.

Wat ik wel heb willen aantonen, is dat de intentie om interactieve verhalen te maken uitgaat van de verkeerde veronderstelling dat verhalen en spellen overeenkomstige media zijn (zoals het boek en de film dat zijn). Wie dat denkt is een slachtoffer van het *horseless carriage syndrome*, dat ons aanzet nieuwe zaken te beschouwen door de ogen van de oude. In veel opzichten zijn de interactieve media nog op zoek naar hun onderscheidende grammatica. Zoals het enige tijd nam voordat de film met het onder anderen door Serge Eisenstein geïntroduceerde principe van de montage haar eigen onderscheidende grammatica ontwikkelde (en haar tot meer maakte dan een mechanische registratie van toneelstukken), zo zijn we momenteel nog in afwachting van de Eisenstein van de interactieve media. In de wereld van de interactieve media wordt in allerlei richtingen gezocht. Het interactieve verhaal lijkt mij een doodlopende weg. Er zijn echter ook nog andere wegen.

5 *Doom* of de voortzetting van de avant-garde met andere middelen

Het antwoord dat kan worden gegeven op de eerste door mij gestelde vraag – of het computerspel beschouwd mag worden als een voortzetting van de narratieve traditie – moet op basis van de voorafgaande beschouwing ontkennend luiden. Narrativiteit en interactiviteit zijn heterogene culturele praktijken die weliswaar op verschillende manieren vermengd kunnen worden, maar niet tot een synthese gebracht. Maar impliceert dat nu ook – en dat was mijn tweede vraag – dat het computerspel dus ook niet in staat is de ambities van de *nouvelle vague*-film te realiseren, namelijk om de passieve toeschouwer van het verhaal te transformeren tot een actieve en kritische deelnemer? In een bepaald opzicht is dat inderdaad de implicatie. Als computerspellen niets van doen hebben met verhalen, kunnen ze ons geen andere, betere omgang met verhalen leren. Maar dat betekent niet dat ze ons niet op een andere manier zouden kunnen helpen creatief en kritisch te zijn! Computerspellen kunnen in die zin wel degelijk worden opgevat als een voortzetting van de avant-garde, een voortzetting met andere middelen.

Nu merkte ik, toen ik de vraag naar het kritische en emancipatorische karakter van het computerspel stelde, op dat het door velen wordt beschouwd als plat vermaak, dat vaak ook nog eens een dubieus moreel gehalte heeft. Dat een niet onaanzienlijk deel van de computerspellen goedkoop vermaak bieden en niet onmiddellijk bijdragen aan de morele verheffing van de speler – te denken valt aan het al herhaaldelijk genoemde *Doom* – zal ik niet ontkennen. Daarin onderscheidt het spel zich niet van de film of de literatuur. We mogen bovendien niet vergeten dat het computerspel nog jong is. Ook de film heeft tijd nodig gehad om van een plat kermisvermaak uit te groeien tot een kunstvorm die werken als *Marienbad* kan voortbrengen.

Wat in deze context echter cruciaal is, is dat de herhaalbaarheid van het computerspel dit in vergelijking met het boek of de film een zekere meerwaarde geeft als het gaat om het doorzien van naturaliserende tendensen van het medium. In zekere zin kan men zelfs stellen dat daarin nu juist het doel van het computerspel is gelegen. In de vorige paragraaf merkte ik op dat de lust die het spelen van computerspellen oplevert, vooral voortkomt uit het doorzien van de – meestal verzwegen – regels van het spel en het verwerven van de vaardigheden om die kennis toe te passen. Wie *Doom* speelt leert bijvoorbeeld hoe de monsters bewegen en kan daar, mits hij zijn schietvaardigheid voldoende heeft geoefend, zijn voordeel mee doen. Nu kan men zich in het geval van *Doom* natuurlijk nog met recht afvragen of de verworven inzichten eigenlijk niet erg schraal zijn in vergelijking met de hooggestemde idealen van de *nouvele vague*-regisseurs. Maar wanneer we onze blik verplaatsen naar simulatiespelen als *SimCity*, dan ligt de situatie al beduidend anders. *SimCity* is een computersimulatie van een stad, waarbij de speler – of student, het spel wordt ook in het onderwijs gebruikt – een stad tot ontwikkeling moet brengen door de manipulatie van een reeks variabelen, zoals belastingen, industrialisatie, urbanisatie en recreatie. Het interessante van de simulatie is dat de speler zelf de doelstelling kan bepalen. Voor de hand ligt wellicht om je stad zo snel mogelijk groot te maken, maar je kunt je stad bijvoorbeeld ook opbouwen vanuit het oogpunt van duurzaam natuurbeheer of volgens esthetische principes. Nu wordt een simulatie niet minder dan het verhaal door bepaalde ideologische vooringenomenheden gekenmerkt. Zo brengen de constituerende regels van *Sim-City* een bepaalde visie op markteconomie tot uitdrukking, maar anders dan het (film)verhaal maakt het computerspel door de inherente herhaalbaarheid van de handelingen de speler bewust van deze achterliggende ideologie. Bij een film lukt dat eigenlijk alleen door de film op de montagetafel of met behulp van een videoafspeler te ontleden. Toen mijn dochter op achtjarige leeftijd *SimCity* ging spelen, vertelde ze me na een paar dagen, toen ik kwam meespelen, dat ik de belasting niet boven een bepaald percentage moest vaststellen, omdat anders de burgers onze stad zouden ontvluchten. Daarmee had ze – zonder dit vanzelfsprekend te (kunnen) expliciteren – de neoliberale ideologie van *SimCity* ontmaskerd.

Serge Eisenstein, een van de grote regisseurs uit de filmgeschiedenis, heeft ooit gezegd dat hij hoopte dat het principe van de filmische *montage* hem in staat zou stellen *Das Kapital* van Karl Marx te verfilmen. Dat is hem nooit gelukt en het volstaat mijns inziens niet dat uitsluitend te wijten aan het feit dat de Hollywoodfilm in onze cultuur de dominante filmvorm is geworden. Het probleem is zeker ook dat de film, en het verhaal in het algemeen, meer gericht is op concrete gebeurtenissen en handelingen van concrete personen, dan op meer abstracte maatschappelijke ontwikkelingen. *De negerhut van oom Tom* heeft wellicht een belangrijke maatschappelijke rol in de VS gespeeld omdat ze de blanke lezer in staat stelde zich te identificeren met een zwarte persoon, maar als verhaal help het niet de maatschappelijke structuren te doorzien die geleid hebben tot slavernij. Simulatiespellen zijn daarentegen juist op het doorzien van de achterliggende regels gericht. Daarom stelt Friedman mijns inziens terecht dat een op *Das Kapital* gebaseerd computerspel goed denkbaar is (Friedman 1995, 86). In feite *is SimCity* dat computerspel!

Voor wie zich ten doel stelt anderen een kritische attitude te leren of anderen te emanciperen, biedt het computerspel, en in het bijzonder het simulatiespel, interessante mogelijkheden. En anders dan bij de avant-gardefilm staat de doelgroep ook nog eens in de rij om te leren. Vooropgesteld natuurlijk dat men er niet al te veel moeilijke verhalen omheen breit.

Mocht het ook voor de tot de Nintendo-generatie behorende lezer langzamerhand wat te veel worden, dan biedt de website van speltheoreticus én maker van computerspellen Jesper Juul een passende ontspanning. (*) Op zijn website is onder andere het spel *GameLiberation* te spelen, een kloon van *Space Invader* waarbij de speler de theoretische begrippen waarmee het computerspel zo vaak wordt gebombardeerd (ook, naar ik vrees, in dit hoofdstuk), ongecompliceerd aan stukken mag schieten.

6 DE DIGITALISERING VAN DE CULTUUR

Beschouwingen over multimedialiteit, interactiviteit en virtualiteit

> Eens zullen we terugverlangen naar het tijdperk van de
> televisie, toen we konden vluchten in stompzinnige
> passiviteit, zonder de totale betrokkenheid te moeten
> vrezen die de nieuwe virtuele media van ons eisen.
>
> *Robert Jacobson*

1 Twee typen digitalisering

In de vorige twee hoofdstukken hebben we gezien dat de literatuur en de film onder invloed van de informatietechnologie een belangrijke transformatie ondergaan. In dit hoofdstuk zal ik betogen dat film en literatuur daarin niet alleen staan, maar dat we te maken hebben met een ontwikkeling die ook de andere kunsten en uiteindelijk de cultuur als geheel raakt. Wanneer we proberen deze transformatie in begrippen te vangen, dan is het om te beginnen van belang daarbij twee zaken te onderscheiden. In de eerste plaats heeft de computer in vrijwel alle kunstvormen belangrijke implicaties voor de productie, de distributie en de consumptie van *traditionele* kunstwerken. Zo worden films steeds vaker met digitale opnameapparatuur vervaardigd en treden er allerlei computeranimaties in op (de dinosauriërs in *Jurrasic Parc*); soms worden zij zelfs geheel op de computer vervaardigd (*Toy Story*). Ook de distributie (Internet) en de vertoning (digitale bioscoopprojectoren, DVD speler) geschieden steeds vaker digitaal (Raessens 2002).[1] In de muziek vindt de opname, de opslag en de al of niet legale distributie van deze opnamen (met behulp van programma's als Morpheus en KaZaa) steeds langs digitale weg plaats en deze opnamen worden beluis-

---

1 Dat geldt ook voor de fotografie, die het afgelopen decennium in sneltreintempo is gedigitaliseerd. In hoofdstuk 8 zal ik stilstaan bij de implicaties van de digitale beeldbewerking voor de status van de fotografie en voor onze ervaring van de werkelijkheid.

terd met behulp van digitale afspeelapparatuur. In de beeldende kunsten wordt de bestaande kunstcollectie in sneltreintempo gedigitaliseerd en op cdroms of opnieuw via het Internet – veel musea zijn inmiddels *online* – beschikbaar gesteld. En zelfs in de literaire wereld, waarin een deel van de oudere generatie nog zweert bij de kroontjespen, speelt de computer een steeds prominentere rol. Steeds meer boeken worden met behulp van de tekstverwerker geschreven en op de computer vormgegeven. En hoewel dit in de meeste gevallen nog resulteert in een papieren uitgave, zal met de verdere ontwikkeling van het handzame *Softbook*, dat via het Internet steeds opnieuw kan worden geladen met de nieuwste bestsellers, ook de distributie en consumptie van de literaire tekst steeds vaker digitaal gebeuren.

De culturele en cultuurpolitieke betekenis van deze ontwikkelingen kan moeilijk worden overschat. Doordat steeds meer mensen beschikken over een computer met Internet-aansluiting is niet alleen de toegankelijkheid van het (inter)nationale kunstbezit enorm toegenomen, maar kunnen professionele en amateur-kunstenaars zich ook veel gemakkelijker dan voorheen buiten de geëigende kunstkanalen om internationaal presenteren. Tegenover deze toe te juichen democratisering van de kunst staat echter ook het gevaar van monopolies. In het eerste deel van dit boek merkten we op dat het netwerkkarakter de informatietechnologie tot een ideaal instrument maakt voor de kapitalistische markteconomie en daarmee ook voor het bereiken van mondiale culturele monopolies. Men hoeft de Franse *Disneyfobie* niet volledig te omarmen om de gevaren daarvan onder ogen te zien (Robins en Webster 1988).

Hoe belangwekkend deze ontwikkelingen ook zijn, zij raken niet per se de aard van de kunst zelf. De sociaal-culturele en economische implicaties van het verschil tussen analoge en digitale kunstwerken zijn niet noodzakelijk esthetisch relevant. Een fuga van Bach, een sonnet van Shakespeare of een film van Spielberg veranderen immers niet in artistiek opzicht wanneer zij langs digitale weg de luisteraar, lezer of kijker bereiken. Wanneer de computer echter niet alleen wordt gebruikt als digitaal reproductiemiddel, maar als een artistiek instrument of medium, dan kan dit ook esthetische implicaties hebben. De computer kan, als universele machine, immers ook louter gebruikt worden om een traditioneel instrument of een traditionele actor te simuleren. Wanneer de computer in de filmindustrie wordt gebruikt om karakters te animeren – zoals bijvoorbeeld de dinosauriërs in Spielbergs *Jurasic Park* en volledig op de computer vervaardigde films als *Toy Story* of *A Bug's Life* – dan raakt ook dit gebruik van de computer niet of nauwelijks de film zelf als kunstvorm. En wanneer Krisztina de Chatel in *Lara* de gelijknamige hoofdrolspeelster uit het populaire computerspel *Tomb Raider* op een projectiescherm laat meedansen, wordt de culturele vorm van het ballet niet daadwerkelijk op het spel gezet. Ook in andere gevallen waarin de informatietechnologie tot onderwerp of *inhoud* van een kunstwerk wordt, zoals bijvoorbeeld de in hoofdstuk 4 besproken cyberpunkromans van William Gibson, leidt dat wellicht tot een nieuw genre, maar heeft dat niet noodzakelijk implicaties voor de artistieke *vorm*. Wanneer kunstenaars zich bij het gebruik van de computer daarentegen laten leiden door de specifieke kenmerken die de computer onderscheidt van traditionele instrumenten, dan komen de traditionele kunstvormen zelf in het geding. In het geval van 'interactieve' romans, films en composities worden we geconfronteerd met een andere kunstvorm, die door wezenlijk andere spelregels wordt gekenmerkt dan de traditionele roman of de traditionele film.

Hoewel de twee door mij onderscheiden aspecten van de digitalisering van de kunst in de praktijk nauw verstrengeld zijn, wil ik de aandacht in dit hoofdstuk vooral richten op het tweede aspect. Ik zal namelijk een poging wagen de kenmerken van deze nieuwe *digitale kunsten* in meer algemene termen te beschrijven. Bij de beschrijving van deze *digitale esthetica* zal ik uitgaan van bestaande werken op dit terrein, zoals we die veelal aantreffen op cd-roms en op het Internet, op websites als *äda'web* en *Art.netweb*. (*) Ik ga daarbij echter niet op concrete werken in, maar zal proberen een aantal fundamentele kenmerken in kaart te brengen.

Alvorens in te gaan op de drie kenmerken die ik constituerend acht voor de digitale kunsten – multimedialiteit, interactiviteit en virtualiteit – zal ik kort stilstaan bij de rol die media spelen in onze ervaring.

2 De media van de ervaring

Uitgangspunt van mijn analyse is dat het medium waarin wij onze ervaringen uitdrukken, in belangrijke mate constitutief is voor deze ervaring. Dat hangt samen met het gegeven dat we onze vaak diffuse ervaringen van de buitenwereld (Poppers Wereld 1) en belevingen van onze binnenwereld (Poppers Wereld 2) slechts kunnen begrijpen via de omweg van de uitdrukking, zoals in een tekst, een beeld, een muzikale compositie, of een cultureel of maatschappelijk instituut. Zo kunnen we bijvoorbeeld onze verwarde gedachten trachten te verhelderen door ze op papier 'op een rijtje te zetten', kan een roman of film ons helpen diffuse eigen belevingen beter te begrijpen, en helpt de inrichting van een rechtsstaat ons onze ideeën over rechtvaardigeid te articuleren. Om de wereld en onszelf te verstaan en in discursieve begrippen te vatten schiet de onbemiddelde introspectie steeds te kort en zijn we aangewezen op de 'scheppende articulatie' van de uitdrukking (De Mul 1993, 293-331). Dit uitgangspunt steunt op een filosofische traditie die zijn aanvang vindt in de transcendentaalfilosofie van de Duitse Verlichtingsfilosoof Kant.

Sinds de door Kant aan het eind van de achttiende eeuw bewerkstelligde copernicaanse revolutie in de wijsbegeerte zijn we gaan beseffen dat onze ervaring van de werkelijkheid geen passieve registratie van indrukken is, maar dat onze geest deze ervaring mede constitueert. Onze kennis, zo stelt Kant, richt zich niet zozeer naar de dingen, maar de dingen richten zich veeleer naar onze geest. Dat wil zeggen dat de gewaarwordingen, het ruwe materiaal van onze zintuigen, door de apriorische vormen van onze zintuiglijkheid (ruimte en tijd) en door de apriorische begrippen van het verstand (zoals de categorie van de causaliteit) worden gestructureerd (Kant 1968a, B xvi-xvii). Ruimte, tijd en causaliteit zijn geen eigenschappen van de dingen zelf, maar worden door onze geest aan de dingen toegeschreven. In de inleiding van dit boek vergeleek ik de cognitieve structuur met een gekleurde bril: wanneer je de wereld door een rode bril bekijkt, dan lijken alle dingen rood. Nu is deze metafoor enigszins misleidend, omdat zij de suggestie wekt dat we de bril van onze cognitieve structuur ook zouden kunnen afzetten om te zien hoe de dingen op zichzelf zijn. Bij de cognitieve structuur zoals Kant die opvat is dat echter niet het geval. Zonder deze structuur zouden we in het geheel geen dingen kunnen ervaren. In dat opzicht zou je de cognitieve structuur eerder kunnen vergelijken met het oog zelf. Zonder ogen kunnen we niet zien, maar de bouw van het menselijke oog maakt dat we de werkelijkheid slechts op menselijke wijze waarnemen. Anders dan de meeste insecten kunnen we bijvoorbeeld geen infrarood licht zien.

Zijn veel filosofen het tot hiertoe met Kant eens, beduidend minder instemming bestaat er ten aanzien van diens vooronderstelling dat de apriorische vormen van de zintuiglijkheid en de categorieën van het verstand een tijdloze structuur bezitten. Onder invloed van de studie van het verleden en van andere culturen door de in de negentiende eeuw ontstane historische wetenschap en culturele antropologie werd door uiteenlopende denkers betoogd dat de cognitieve structuur die Kant universeel achtte, in werkelijkheid historisch en cultureel variabel is. In de twintigste eeuw kwam daar het inzicht bij dat de cognitieve structuur in belangrijke mate wordt bepaald door het *medium* waarin de ervaring tot stand komt. Onder invloed van de zogenaamde 'linguistic turn' – die zich, langs verschillende wegen, zowel in de Angelsaksische als continentale wijsbegeerte voltrok – werd daarbij in eerste instantie de aandacht vooral gericht op de constituerende rol van de taal. De verstandscategorieën zijn geen eeuwige vormen, maar afhankelijk van de natuurlijke taal waarin men denkt. Hoe wij de werkelijkheid ervaren wordt mede bepaald door de wijze waarop de taal de werkelijkheid indeelt.

Door de opkomst van de nieuwe media telefoon, radio en televisie, die de dominante plaats van het schrift ondermijnen en de geboorte inluidden van de multimediale massacultuur, richtte de aandacht zich vervolgens op de invloed die deze media uitoefenen op onze ervaring van de werkelijkheid. Zoals ons verstand wordt geleid door de begrippen in de taal, zo wordt onze zintuigelijke ervaring gestructureerd door de media. Het inzicht dat een medium met behulp waarvan een ervaring wordt opgedaan of een boodschap gecommuniceerd, bepalend is voor de inhoud ervan, werd door McLuhan op provocerende wijze tot uitdrukking gebracht in zijn radicale slogan 'the medium *is* the message'. McLuhan en de op hem voortbouwende 'Toronto-school', waartoe o.a. Havelock, Ong, Heim en De Kerckhove kunnen worden gerekend, hebben in hun werk betoogd dat de verschillende media onze belevingen op onderscheiden wijze articuleren (McLuhan 1962, 1964, 1967; Havelock 1963, 1976, 1986; Ong 1967, 1982; Heim 1987a, 1993; Heim 1998; Kerckhove 1991, 1995).[2] Een gedachte die tot uitdrukking wordt gebracht in een mondeling gesprek, in een gedrukte tekst of in een radiodocumentaire, verkrijgt telkens een andere articulatie en wordt daarmee in feite telkens tot een andere ervaring. In het vorige hoofdstuk zagen we dat de film en het computerspel tijd en ruimte op een essentieel andere wijze structureren. Media zijn met andere woorden geen transparante vensters die uitzicht bieden op de door een objectieve ruimte en een objectieve tijd gekenmerkte werkelijkheid buiten ons en een door subjectieve tijd en subjectieve ruimte gekenmerkte binnenwereld, maar het zijn – om de eerder gebruikte metafoor nog een keer te gebruiken – verschillend gekleurde brillen die onze ervaringen en belevingen op onderscheiden wijze structureren en tot op zekere hoogte invullen.

De transformatie van de traditionele schriftcultuur naar de multimediale cultuur riep ook een belangstelling op voor een eerdere fundamentele transformatie van het medium van het denken die zich in de westerse cultuur in het millenium voor het begin van de jaartelling voltrok en die culmineerde in de geboorte van het Griekse alfabet: de overgang van de orale cultuur naar de schriftcultuur. Het is waarschijnlijk niet toevallig dat ook in die periode de transformatie van het medium van het denken onderwerp van reflectie werd: zo staat bijvoorbeeld Plato in de *Phaedrus* en de *Brieven* stil bij de invloed die het schrift op het denken uitoefent. Wanneer men de omslag in de Griekse cultuur die zich ten tijde van Plato voltrekt, nader bestudeert, dan wordt duidelijk, dat ieder medium een onderscheiden wereldbeeld of metafysica met zich meebrengt. De transformatie van een dynamisch naar een meer statisch wereldbeeld, die zich omstreeks de vijfde eeuw v.C. in de Griekse cultuur voltrok en die op pregnante wijze tot uitdrukking komt in Plato's twee-wereldenleer (waarin, zoals we in hoofd-

---

2 In de analyse van de cultuurhistorische en evolutionaire dimensie van de informatietechnologie in hoofdstuk 13 zal ik dieper ingaan op de denkbeelden van de Toronto-school.

stuk 4 opmerkten, een scherp onderscheid wordt gemaakt tussen de werelden van het Worden en van het Zijn, tussen onze vergankelijke alledaagse werkelijkheid en de wereld van de eeuwige Ideeën), kan niet worden los gezien van de overgang van een orale naar een schriftcultuur die zich in diezelfde periode voltrok.[3] Het gefixeerde en gesloten karakter van het schrift en, in nog sterkere mate, het gedrukte boek doet de werkelijkheid op een specifieke wijze aan ons verschijnen.

In dit licht bezien doet zich de vraag voor of de hypermedia niet een met de introductie van het schrift vergelijkbare transformatie van onze cognitieve structuur en wereldbeeld zal veroorzaken. Daarbij dient er overigens voor te worden gewaakt het technologisch determinisme te omarmen dat veel geschriften uit de McLuhan-school kenmerkt. Ik doel daarmee op de neiging techniek op te vatten als een autonome macht die de menselijke beleving van buitenaf volledig zou bepalen. Nieuwe media komen immers niet uit de lucht vallen, maar zijn zelf altijd reeds een uitdrukking van de menselijke ervaring. Werktuigen en media, en dat geldt zowel voor het handwerktuig, de machinetechniek als voor de informatie- en communicatietechnologie, zijn namelijk niet louter veruitwendigingen van het menselijk handelen, maar zijn steeds ook een projectie van ideeën en opvattingen die de mens over zichzelf heeft (zie Coolen 1992). Mens en technologie staan in een voortdurende wisselwerking. Bovendien ontwikkelen technologieën en media zich altijd in een voortdurende wisselwerking met andere maatschappelijke en culturele uitdrukkingen, krachten en instituties, zoals de economie, de sociale en politieke verhoudingen, religies, kunst en wetenschap (De Mul 2002c; De Mul, Müller en Nusselder 2001). Dat neemt echter niet weg dat de technologieën, vaak in samenhang met andere maatschappelijke krachten, niet zelden een zekere autonomie verkrijgen ten opzichte van hun scheppers. De auto is een schepping van de mens, maar inmiddels is de automobiliteit, onder andere door haar nauwe verwevenheid met de economie, een nauwelijks te beheersen factor in onze samenleving. Voor de ICT geldt dat zij door haar verwevenheid met vrijwel alle domeinen van de ' informatiesamenleving' lastig valt te sturen. Anderzijds hebben ingrepen in de ontwikkeling van de ICT, juist door deze nauwe verwevenheid, vaak verstrekkende gevolgen. Om de speelruimte die ons is gegeven zo goed mogelijk te gebruiken, is het van het grootste belang helderheid te verkrijgen over wat ICT met ons doet en wat wij met ICT willen.

---

3 Vgl. Havelocks *Preface to Plato* (Havelock 1963). Hierbij mag men niet uit het oog verliezen dat de schriftcultuur vele eeuwen lang een bijzonder elitaire aangelegenheid is geweest. Pas na de uitvinding van de boekdrukkunst zal de 'metafysica van het boek' een brede culturele verspreiding krijgen.

De analyse van de maatschappelijke en culturele implicaties van de ICT stelt ons, representanten van een boekencultuur, overigens voor een lastig probleem. Wanneer media (mede) constitutief zijn voor onze ervaring, dan lijkt het onvermijdelijk dat onze inititiële ervaringen met de digitale media nog in sterke mate zullen worden gekleurd door onze omgang met het boek. We lopen, met andere woorden, het gevaar slachtoffer te worden van het eerder genoemde *horseless carriage syndrome*, de neiging nieuwe technieken in termen van de oude te zien. Wie ten tijde van de uitvinding van de radio dit medium opvatte als draadloze telegrafie, had weliswaar niet helemaal ongelijk, maar greep precies naast datgene wat de radio binnen enkele decennia wezenlijk zou doen onderscheiden van telegrafie: de mogelijkheid met één zender een massa anonieme ontvangers tegelijk te bereiken (*broadcasting*). En wie bij digitale cultuur denkt aan de uitgave van het werk van Bach op cd, of het werk van Shakespeare, Rembrandt of Spielberg op cd-rom, gaat voorbij aan wat de digitale media nu juist onderscheidt van traditionele culturele reproductiemiddelen zoals het boek en de grammofoonplaat.

Niet alleen veel producenten van digitale cultuurgoederen lijden aan het *horseless carriage syndrome*, ook de theoretische reflectie op deze goederen gaat daaraan vaak mank. Geheel te vermijden valt dit ziektebeeld waarschijnlijk niet. Temeer omdat de digitale media nog volop in ontwikkeling zijn en nog op zoek zijn naar hun eigen, onderscheiden 'grammatica'. Zolang de digitale media nog niet tot volledige wasdom zijn gekomen, zullen de traditionele media ons belangrijkste referentiekader blijven. Wel kunnen we ons enigszins wapenen tegen het genoemde syndroom door niet zozeer de aandacht te richten op de overeenkomsten tussen analoge en digitale media, maar onze aandacht primair te richten op de onderscheidende kenmerken van de digitale media.

We zitten bij de analyse van de nog ten dele potentiële kenmerken van de digitale media overigens niet geheel met lege handen. De hierna te bespreken kenmerken van deze recent tot ontwikkeling gekomen media zijn niet volstrekt nieuw, maar lijken mede de resultante te zijn van ontwikkelingen die al decennia voor de komst van de eerste elektronische computer in de twintigste-eeuwse kunst werden ingezet. Typerende kenmerken van digitale media – schaalverandering, herhaling, collage en montage, het gebruik van toevalsoperaties en de vervaging van de grenzen tussen lezer en schrijver, maker en toeschouwer, componist en luisteraar – treffen we ook aan in de twintigste-eeuwse avant-gardistische en transavant-gardistische kunsten, zoals deze zich in de voetsporen van het futurisme en dadaïsme hebben ontwikkeld. In de voorafgaande hoofdstukken hebben we daarvan al enkele voorbeelden besproken (zie ook Lanham 1993b).

Bovendien merkten we in het voorafgaande op dat de digitale media in veel opzichten een materiële realisatie lijken te vormen van postmoderne

theorieën over auteurschap, identiteit en representatie die, vaak in wisselwerking met de hierboven genoemde ontwikkelingen in de kunst, sinds
de jaren zestig een belangrijk stempel hebben gedrukt op de cultuurwetenschappen (zie Poster 1995). In het bijzonder de geschriften van
Barthes, Derrida en Baudrillard blijken een onverwachte relevantie te
bezitten voor de analyse van de digitale media (Landow 1992; Landow
1998). Zo werpt de notie 'intertekstualiteit' een verhelderend licht op
verschillende aspecten van de digitale hypertekst en kan het begrip 'simulacrum' ons helpen het virtuele karakter van de digitale media conceptueel te verhelderen. Dit brengt mij ertoe het ambivalente karakter van de computer in herinnering te roepen. De digitale computer is enerzijds het ultieme product
van het moderne wereldbeeld en van het modernistische geloof in de be-
rekenbaarheid der dingen. Om die reden hoeft het niet te verwonderen
dat de computer in de tweede helft van de twintigste eeuw een cruciale
rol heeft gespeeld in de ontwikkeling van de natuurwetenschappen en de
daarmee verbonden technologie. Digitale computatie en, meer recent,
visualisatie, hebben een revolutie teweeggebracht in bestaande natuurwetenschappelijke disciplines, zoals de sterrenkunde en de moleculaire
genetica, en in de ontwikkeling van nieuwe disciplines als de chaostheorie en het onderzoek naar kunstmatige intelligentie en kunstmatig leven
(zie Penrose 1990). Anderzijds echter blijkt de computer een aantal vooronderstellingen en hiërarchische opposities van het rationalistische en mechanistische wereldbeeld van de moderniteit te ondergraven (Turkle 1995,
19, 29-49). Ook deze gesignaleerde ambivalentie maakt het vaak lastig de
vinger te leggen op de onderscheidende kenmerken van de nieuwe media.
Maar minder noodzakelijk wordt de analyse daardoor vanzelfsprekend
niet!

3 Multimedialiteit, interactiviteit en virtualiteit

Het terrein van de digitale media is nogal uitgestrekt en mede daardoor op
het eerste gezicht tamelijk onoverzichtelijk. Een basale onderscheiding kan
worden gemaakt tussen enerzijds de *hardware*, het geheel van apparaten ten
behoeve van de digitale opname (zoals digitale camera's en geluidsrecor-
ders), bewerking (computers), opslag (variërend van computergeheugens
tot cd's en cd-roms), distributie (met behulp van kabelnetwerken of draad-
loos) en het afspelen (digitale afspeelapparatuur en multimedia-computers)
van audiovisuele informatie, en anderzijds de daartoe benodigde *software*,
de programma's en protocollen die de hierboven genoemde functies mogelijk maken. Ik wil hier niet uitvoerig stilstaan bij deze grote verscheiden-

heid, maar in plaats daarvan nader ingaan op drie constituerende eigenschappen van de digitale media: multimedialiteit, interactiviteit en virtualiteit. Hierbij teken ik aan dat niet alle media die als digitaal worden gepresenteerd ieder van deze drie eigenschappen vertoont, en, voorzover aanwezig, niet steeds in dezelfde mate. Wat hierna volgt is niet zozeer een empirische beschrijving van de bestaande digitale media, als wel een ideaaltypische (re)constructie.

Een eerste definiërend kenmerk van digitale media is dat het *multimedia* zijn, dat wil zeggen media die woord, geluid en (vaak bewegend) beeld combineren.[4] Bekende voorbeelden daarvan zijn de multimediale encyclopedieën op cd-rom en cd-roms die een muziekstuk vergezeld laten gaan van partituur, verklarende tekst en illustraties. Ook de populaire computerspellen die op de pc of op een speciale spelcomputer[5] worden gespeeld, behoren ertoe. En met de komst van het World Wide Web is het Internet getransformeerd tot een wereldomspannend multimedium. Nu is de combinatie van verschillende media vanzelfsprekend niet nieuw. De combinatie van woord en beeld is waarschijnlijk al zo oud als het (beeld)schrift, en de inmiddels klassieke massamedia film en televisie hebben daar al ruimschoots voor de komst van de computer beweging en geluid aan toegevoegd. Het verschil tussen de traditionele en de digitale multimedia is er in gelegen dat in de laatstgenoemde de verschillende media één gemeenschappelijke digitale code kennen.

In tegenstelling tot analoge of continue representaties wordt in een digitale code de informatie opgedeeld in discrete eenheden (zie Negroponte 1995, 15-84). Daarbij wordt doorgaans gebruik gemaakt van het binaire systeem, aangezien de digitale computer – in feite niets meer, maar ook niets minder, dan een elektronische rekenmachine die op zeer snelle wijze grote hoeveelheden in een binair getallenstelsel vervatte informatie kan verwerken – daarmee het best uit de voeten kan. Het sluit namelijk aan bij de enige twee zijnsmodi die de computer in zijn elektronische circuits kan onderscheiden: aan of uit, in het binaire stelsel aangeduid met een 1 en een 0. In de begindagen van de computer werd het binaire systeem vooral ge-

---

4 De chemische zintuigen geur en smaak laten zich tot op heden nauwelijks digitaliseren. Hier blijft vooralsnog een analoge vertaalslag noodzakelijk, waarbij de (al of niet kunstmatig vervaardigde) fysieke geur of smaak in de neus en mond van de gebruiker moet worden ingebracht. In de hoofdstukken 9 en 13 zal ik ingaan op ontwikkelingen op het gebied van de mens-computer interface die er op gericht zijn ook deze zintuigen op een meer digitale wijze – bijvoorbeeld door elektronische prikkeling van de hersenschors – van *input* te voorzien.

5 In 2000 verkocht Nintendo haar 100.000.000ste Gameboy. In het vorige hoofdstuk merkte ik al op dat de jaaromzet van de game-industrie inmiddels die van Hollywood overtreft.

bruikt om numerieke informatie op te slaan en te bewerken, maar al snel werd de binaire woordenschat uitgebreid. Ook woorden, beelden en geluiden kunnen op eenvoudige wijze worden gedigitaliseerd. Gezien het discrete karakter van de taaltekens, is de digitalisering van het woord verreweg het eenvoudigst.

Uitgaande van reeksen van 8 binaire getallen (*bytes*) kunnen 256 verschillende taaltekens worden gedecodeerd (van 00000000 tot en met 11111111), ruimschoots voldoende voor het alfabet, de accenten en de leestekens (zie het nawoord van dit boek). De digitalisering van analoge beelden vereist een extra vertaalslag en is derhalve iets bewerkelijker. Wanneer, bij wijze van voorbeeld, een analoge zwart-wit foto wordt gedigitaliseerd, dan wordt een cartesiaans raster over de afbeelding gelegd, waarna aan iedere cel (*pictural element*, afgekort *pixel*), afhankelijk van de mate van grijzing binnen die cel, een getal uit een eindige reeks wordt toegekend. Wanneer we opnieuw uitgaan van reeksen van 8 binaire getallen, dan kunnen 256 grijsgradaties worden onderscheiden. Wanneer het raster fijn genoeg is, dan ziet het oog geen enkel verschil met een analoge foto (zie hoofdstuk 8 voor een uitvoeriger analyse van de digitale fotografie). Bij het digitaliseren van geluid vindt een vergelijkbare reductie van het analoge signaal plaats, waarbij vele duizenden keren per seconde een monster genomen wordt dat in een reeks discrete getallen wordt vastgelegd.

Ofschoon er, zoals zojuist opmerkt, door de menselijke zintuigen niet of nauwelijks verschil wordt opgemerkt tussen analoge en digitale representaties, heeft hun fysische verschil belangrijke culturele implicaties. Niet alleen zijn digitale representaties bijzonder eenvoudig op te slaan en met de snelheid van het licht te transporteren, maar ze laten zich ook vrijwel moeiteloos en zonder enig kwaliteitsverlies kopiëren, wat verstrekkende gevolgen heeft voor de verhouding tussen origineel en kopie en het auratische karakter van het cultuurgoed. Deze gevolgen zijn niet alleen praktisch (economisch en juridisch) van aard, maar ook theoretisch bijzonder fascinerend. Het is hier dat de vertrouwde hiërarchische oppositics van de moderne metafysica niet langer toepasbaar blijken en in deconstructie geraken. Ik kom daar nog op terug.

Een ander kenmerk waarin de digitale media zich fundamenteel onderscheiden van de analoge, is hun inherente manipuleerbaarheid en – dankzij de universele digitale codering – onderlinge vertaalbaarheid. De retoricus Richard Lanham doet in zijn boek *The Electronic Word* de even simpele als opmerkelijke observatie dat wie op zijn beeldscherm voldoende inzoomt op een woord, geconfronteerd wordt met een beeld dat op zijn beurt met enkele simpele toetsaanslagen kan worden getransformeerd tot een geluid (Lanham 1993a). Eindelijk kunnen we tot op de bit nauwkeurig uitrekenen aan hoeveel woorden een beeld equivalent is! Het zojuist gezegde impliceert dat digitale media in tegenstelling tot analoge, per definitie, en dat wil hier zeggen: ongeacht of zij de facto een of meer zintuigen aanspreken, multimediaal van karakter zijn. Een vaak verdedigde stelling luidt dat er zich in de twintigste-eeuwse cultuur een overgang voordoet van schriftcultuur naar beeldcultuur. Er valt, in het licht van de massale verspreiding van het beeld door de geïllustreerde pers, de film en de televisie, wel wat voor deze stelling te zeggen, maar in het geval van de digitale media dient daar ten minste aan te worden toegevoegd dat het maar de halve waarheid is. Zeker is het zo dat het woord in het geval van de digitale multimedia steeds meer terrein moet prijsgeven aan beeld en geluid. We merkten met Lanham bovendien op dat het woord zelf in toenemende mate tot beeld wordt. Om in te zien dat het daarbij om meer gaat dan om een theoretische mogelijkheid, hoeven we maar het amateuristische enthousiasme gade te slaan waarmee de gemiddelde pc-gebruiker in de weer is met fonts en lettertypes. De schrijver en literatuurtheoreticus Michael Joyce gaat zelfs zo ver te stellen dat een hypertekst – die, zoals we in hoofdstuk 4 hebben gezien, een netwerk van aan elkaar gekoppelde *tekst*fragmenten is – voor alles een visuele vorm is (Joyce 1995, 19). Hij voegt daar echter aan toe dat hypertekst tegelijkertijd beschouwd kan worden als de ultieme wraak van de tekst op de televisie (Joyce 1995, 23). In hypermedia, d.w.z. hyperteksten waarin behalve woorden ook beelden en geluiden zijn opgenomen, worden de laatstgenoemden beeld en geluid namelijk onderworpen aan de voor de geschreven tekst kenmerkende wetten van syntaxis, toespeling en associatie. Het is dus niet alleen zo dat het woord tot beeld wordt, maar het beeld wordt op zijn beurt ook in toenemende mate onderworpen aan de wetten van het woord. We zien hier dus dat de uniformiteit van de digitale code bij de voorheen autonome media een wederzijdse overdracht van kenmerken met zich meebrengt.

Het multimediale karakter van de digitale media bevestigt de eerder genoemde ambivalente verhouding die de digitale media innemen ten aanzien van de tegenstelling tussen moderniteit en postmoderniteit (Turkle 1995, 19-26, 29-73). Enerzijds realiseren de digitale multimedia het moderne, o.a. door Leibniz uitgesproken rationalistische ideaal van een universele logische taal waarin alle menselijke ervaringen worden herleid tot logische berekening (zie Heim 1993, 28-40). Anderzijds dragen de digitale multimedia (gewild of ongewild) bij aan een vergaande rehabilitatie van beeld en retoriek (Lanham 1993a). Turkle vat de overgang van de moderne naar de postmoderne benadering van de computer op als die van *calculatie* naar *simulatie* (Turkle 1995, 19v.). Het gaat hier volgens haar om veel meer dan de ontwikkeling van een nieuw soort *interface*: de omslag is symptomatisch voor de brede culturele omslag die zich momenteel voltrekt.[6]

Een en ander, zo zou ik de bespreking van dit eerste kenmerk willen besluiten, blijft ook niet zonder consequenties voor de cultuurwetenschappelijke reflectie op de digitale cultuur. In het tijdvak van de digitale media zal ook deze reflectie zich niet kunnen onttrekken aan het proces van multimedialisering. Ook in deze reflectie zal naar wat mag worden verwacht het woord in toenemende mate worden vergezeld van beeld en geluid, en dan niet, zoals nu vrijwel steeds het geval is, louter als illustratie van het geschreven woord, maar als een integraal onderdeel van een digitaal netwerk van argumenten en associaties, begrippen en beelden. In hoeverre een dergelijke combinatie van verbale, visuele en auditieve tekens een vooruitgang betekent in vergelijking met het traditionele schrift is niet bij voorbaat te beantwoorden. Maar het is verstandig ons bij de beantwoording van die vraag niet te laten (mis)leiden door de in de schriftcultuur

6   De modernistische opvatting van de computer laat zich nog goed aflezen aan het ms-dos besturingssysteem dat in de jaren zeventig de eerste generatie *personal computers* domineerde. Het stelt de gebruiker in staat de computer op elementair niveau tot in details te beheersen. De relatie van de gebruiker met zijn computer is hier abstract, formeel en monologisch: de gebruiker instrueert de computer door het intypen van commando's die gekenmerkt worden door een strenge syntaxis en een veelheid van nauw luisterende parameters. De MacIntosh computer van Apple, die in 1984 werd geïntroduceerd, brak radicaal met het modernistische wereldbeeld van de ms-dos computer. Bij de postmoderne computer wordt de gebruiker afgeschermd van het besturingssysteem door een grafische interface. Hij is gedwongen de dingen *at interface value* te nemen. Met behulp van zijn muis klikt de gebruiker iconen aan om applicaties te starten. De omgang is hier concreet, inhoudelijk en dialogisch. Zo verwijdert de gebruiker een bestand eenvoudigweg door het naar een afbeelding van een prullebak te 'slepen' en treedt hij in dialoog met de computer door het aanklikken van de contextafhankelijke keuzemogelijkheden die de computer hem voorlegt. Terwijl de ms-dos computer zijn gebruiker slechts toestaat één applicatie tegelijk te gebruiken, kan de Macintosh-gebruiker heen en weer 'zappen' tussen verschillende vensters die ieder toegang bieden tot een specifieke applicatie. Windows van Microsoft is een hybride besturingssysteem omdat het beide benaderingen verenigt. Aan de oppervlakte is een nabootsing van de grafische interface van de Macintosh, met dit verschil dat het nog steeds toegang biedt tot het onderliggende ms-dos besturingssysteem. Windows is daarmee een prachtige metafoor voor onze huidige cultuur, die eenzelfde ambivalente mengeling van moderne en postmoderne motieven te zien geeft. In hoofdstuk 14 zullen we zien dat die omslag van moderniteit naar postmoderniteit zich ook pregnant laat aflezen in de ontwikkeling van kunstmatige intelligentie en kunstmatig leven. Waar de menselijke geest in het onderzoek naar kunstmatige intelligentie in de jaren zestig en zeventig modernistisch *top down* werd beschreven in termen van expliciete door de mens programmeerbare regels, daar pretenderen postmoderne theorieën dat intelligentie, en mogelijk ook kunstmatig leven, *bottom up* zal ontstaan in de machine, bijvoorbeeld door gebruik te maken van genetische algoritmen. In hoofdstuk 12 zullen we zien dat de tegenstelling tussen ms-dos en de Macintosh ook nog een religieuze dimensie heeft.

heersende pejoratieve houding ten opzichte van beeldtaal en iconische communicatie. Neurofysiologisch en -psychologisch onderzoek leert dat de beide hersenhelften bij de mens verschillende functies vervullen. Terwijl de rechter hersenhelft vooral is gespecialiseerd in het parallel en gelijktijdig verwerken van ruimtelijke concepten en patronen, is de linker hersenhelft vooral vaardig in de seriële verwerking van reeksen stimuli in een bepaalde chronologische volgorde (Kerckhove 1995, 21-36). In onze sterk gedifferentieerde cultuur treden de holistische en analytische vermogens van respectievelijk de rechter en linker hersenhelft vaak gescheiden op. Het is niet ondenkbaar dat de ontwikkeling van multimedia zal leiden tot een nieuwe, en wellicht meer uitgebalanceerde samenwerking tussen de beide hersenhelften (zie Lanham 1993b).

Hoewel dit multimediale karakter een definiërend kenmerk vormt van de digitale media, is het niet voldoende om het onderscheiden karakter van deze media ten volle te vatten. Het tweede kenmerk dat we in onze beschouwing moeten betrekken is *interactiviteit*. Wanneer er een prijs zou bestaan voor het woord dat in het afgelopen decennium het meest misbruikt is, dan zou dit begrip ongetwijfeld hoge ogen gooien. Fabrikanten van multimediale producten zijn geneigd het begrip 'interactief' te plakken op alles wat in digitale vorm wordt uitgegeven. Vaak wordt daarmee bedoeld dat de gebruiker in staat is zelf de volgorde te bepalen van de aangeboden informatie. Maar op deze wijze opgevat is een papieren bundel gedichten van Paul van Ostaijen niet minder interactief dan de cd-romuitgave *Paul van Ostaijen Elektries* die in 1996 door de elektronische uitgeverij Album op de markt werd gebracht (Stiller 1996). Weliswaar wordt de cd-romgebruiker vergast op fraai vormgegeven animaties van *Bezette Stad*, maar met interactiviteit heeft dat nog weinig te maken. Hoogstens stelt een elektronische tekst de gebruiker in staat andere leesroutes door de tekst te volgen, bijvoorbeeld door met behulp van een zoekfunctie een bepaald woord door het werk of het oeuvre van een auteur heen te volgen. Maar tot een dergelijk leesgedrag stelt ook de klassieke index in het boek de lezer in staat. De mogelijke winst van de elektronische tekst is hier louter kwantitatief (er is geen voorselectie door de auteur gemaakt, zodat op ieder trefwoord kan worden gezocht), van een kwalitatief verschil is in feite geen sprake.

We moeten er hier echter voor waken het kind met het badwater weg te gooien. Een betere toegang tot het begrip interactiviteit biedt de hypertekst die ik in het voorafgaande reeds terloops aanstipte. In tegenstelling tot een gedigitaliseerd boek is een hypertekst een niet-lineair netwerk van fragmenten, waardoorheen de gebruiker zelf zijn weg kan klikken met behulp van zijn muis. Hier is de lezer niet langer een passieve consument, maar participeert hij op actieve wijze aan de totstandkoming van de uiteindelijke tekst. Zo kent het verhaal van de elektronische novelle *Victory Garden* van Stuart Moulthrop die zich afspeelt ten tijde van de golfoorlog, geen vast verloop, maar neemt het afhankelijk van de keuzes van de lezer andere wendingen en kent het verschillende einden. In het geval van *Victory Garden* en andere meer verfijnde hyperteksten en hypermedia (d.w.z. hyperteksten die tevens beeld en geluid bevatten) worden de keuzes die de gebruiker worden geboden mede bepaald door de al afgelegde weg, zodat een 'zelfde' tekstfragment bij iedere volgende confrontatie van andere koppelingen is voorzien.[7]

Hoewel het aandeel van de gebruiker hier beduidend groter is dan bij de lectuur van gedigitaliseerde traditionele teksten, beelden en muziek, kunnen we ons afvragen of ook deze producten al werkelijk interactief zijn. Michael Joyce is van mening dat van echte interactie slechts sprake is als niet alleen het medium net zo vaak reageert op de gebruiker als omgekeerd, maar – belangrijker nog – zowel het medium als de gebruiker onder invloed van het gedrag van de ander veranderen (Joyce 1995, 135). Ook de Britse filmtheoreticus Andy Cameron verdedigt de opvatting dat er pas sprake is van interactiviteit wanneer de gebruiker in staat wordt gesteld in te grijpen in de representatie zelf, dat wil zeggen: wanneer hij veranderingen kan aanbrengen in het verhaal, het beeld of de muziek zelf.[8] Anders dan in het geval van de interpretatie, waar de beschouwer slechts de vrijheid bezit om het werk anders te beschouwen, is de gebruiker van digitale media in staat in dit werk zelf in te grijpen. Vanwege de eerder opgemerkte principiële manipuleerbaarheid van digitale media levert dat technisch geen problemen op. Eerder integendeel: het medium nodigt er expliciet toe uit.

Het onderscheid digitaal–analoog valt overigens niet precies samen met het onderscheid tussen interactieve en niet-interactieve media. Analoge

7 Een goed inleidend overzicht van de mogelijkheden van hypertekst biedt het handboek bij het klassieke hypertekstprogramma *Storyspace* (Bolter et al. 1996). Zie van J.D. Bolter in dit verband ook de meer theoretische beschouwing *Writing space: The computer, Hypertext and the History of Writing* (Bolter 1991). De uitgever van *Victory Garden* en enkele tientallen andere m.b.v. *Storyspace* geschreven fictie en non-fictie hyperteksten is Eastgate Systems. (*)
8 'Interactiviteit verwijst naar de mogelijkheid dat het publiek actief participeert in de totstandkoming van een kunstwerk of andere representatie ... Om het begrip wat aan te scherpen: interactiviteit betekent de mogelijkheid op een betekenisvolle wijze in te grijpen *in de representatie* zelf, en dat is meer dan de mogelijkheid hebben het werk *anders te lezen*. Interactiviteit in muziek zou dan betekenen dat je de geluiden kunt veranderen, interactiviteit in de schilderkunst dat je de kleuren kunt veranderen of elementen kunt toevoegen, interactiviteit in de film het opnemen van de kijker in het verhaal en hem de mogelijkheid geven het verloop van het verhaal te wijzigen' (Cameron 1995b). (*)

kunstwerken *kunnen* interactief in deze strikte zin zijn. In sommige aleato-rische composities van Cage, bijvoorbeeld, bepaalt het publiek (mede) het uiteindelijke klankresultaat. Omgekeerd verdienen, zoals hiervoor al opge-merkt, veel digitale producten het adjectief interactief niet of nauwelijks. Zelfs niet alle hyperteksten voldoen aan het hierboven uiteengezette crite-rium. Joyce maakt in dit verband een onderscheid tussen 'exploratory' en 'constructive hypertexts' (Joyce 1995, 42). In het eerste geval stelt de hy-pertekst de gebruiker in staat verschillende organisatiestructuren te doorlo-pen, zonder dat deze door de gebruiker kunnen worden gewijzgd. Een constructieve hypertekst daarentegen is veeleer een stuk gereedschap dat de gebruiker in staat stelt in te grijpen in de inhoud en structuur van de hyper-tekst. 'They are versions of what they are becoming, a structure for what does not yet exist' (Joyce 1995, 42). Een goed voorbeeld van dergelijke in-teractieve omgevingen zijn de zogenaamde MUDS, Multi User Domains. Deze digitale fantasiewerelden, waarvan de kwaliteit die van een middel-matige Tolkien-imitatie tot op heden overigens zelden overstijgt, worden door de gebruikers zelf ingericht. Het meest fascinerende voorbeeld van een echte interactieve omgeving is zonder twijfel het World Wide Web. Aan dit wereldomspannende hypermedium kan iedere gebruiker immers zijn eigen pagina's en koppelingen toevoegen.

Het is instructief de laatstgenoemde voorbeelden van echte interactie-ve media te bezien in het licht van de twintigste-eeuwse geschiedenis van kunst en literatuur. Zij lijken het ideaal te realiseren dat de auteurs van avant-gardistische bewegingen als de *nouveau roman* en de *nouvelle vague* voor ogen zweefde. De teksten en films die door vertegenwoordigers van de genoemde bewegingen en door auteurs als James Joyce, Cortázar en Queneau werden gemaakt, dwingen de lezer en kijker door hun frag-mentarische en elliptische vorm zelf een actieve rol te spelen bij de con-structie van het verhaal. In het vorige hoofdstuk heb ik dit uiteengezet aan de hand van misschien wel het meest radicale voorbeeld van deze open kunst in de film: *L'année derniere à Marienbad* van Alain Resnais. We zagen dat Resnais in deze film vrijwel geheel breekt met de lineaire nar-ratieve structuur van de klassieke film en de kijker geen enkele mogelijk-heid biedt uit de elkaar vaak tegensprekende beelden en teksten een co-herent verhaal te construeren.

In het vorige hoofdstuk zagen we echter dat de idee van echte interac-tieve, non-lineaire kunst zich moeilijk laat realiseren in de traditionele narratieve media.[9] Het gedrukte boek en de gemonteerde film zijn on-

---

9   In de 'papieren literatuur' gaat Raymond Queneau waarschijnlijk nog het verst
    in de richting van het open kunstwerk in zijn dichtbundel *Cent mille milliards de*
    poèmes uit 1961. Deze bundel bestaat uit 10 sonnetten, maar omdat iedere blad-

vermijdelijk in een bepaalde ordening gefixeerd door hun makers en staan daarom geen werkelijk ingrijpen door de lezer of toeschouwer toe.

De digitale media daarentegen zijn van nature instabiel: door hun inherente manipuleerbaarheid staan zij de gebruiker een voortdurende herordening en transformatie toe. In de *constructive hypertext* wordt het onderscheid tussen schrijver en lezer daarom bijzonder problematisch. De zowel vanuit een poëticaal als juridisch oogpunt boeiende vraag is wie de 'eigenlijke' auteur genoemd kan worden van een opnieuw geordende tekst, een digitaal bewerkt beeld, of een gesamplede en naar een andere context overgebrachte melodie. Wie deze vraag probeert te beantwoorden komt er al snel achter dat het traditionele begrippenkader hier niet langer adequaat is.

De genoemde experimentele romans en films hebben ons overigens ook geleerd dat interactiviteit zich moeilijk laat rijmen met narrativiteit. Een interactief verhaal blijkt een oxymoron te zijn. Wanneer de auteur ten behoeve van het verhaal een bepaalde ordening fixeert, doet hij afbreuk aan de interactiviteit, terwijl het vergroten van de mogelijkheid tot interactie onvermijdelijk afbreuk doet aan het verhaal. Wie interactieve verhalen wil vertellen, lijdt aan het gesignaleerde *horseless carriage syndrome*. De situatie is vergelijkbaar met de beginjaren van de film. Dat nieuwe medium werd, wat de artistieke toepassing betreft, aanvankelijk vooral gebruikt om toneelstukjes te registreren. Pas met de uitvinding van de montage ontwikkelde het medium een eigen taal. De interactieve media lijken, zoals ik in het vorige hoofdstuk opmerkte, nog steeds in afwachting van hun Eisenstein te verkeren. Het ontwikkelen van een eigen grammatica voor de interactieve media zal mijns inziens nog de nodige inspiratie vereisen, aangezien deze media, anders dan de film, radicaal breken met de duizenden jaren oude narratieve traditie.

Wanneer zich momenteel al een interactieve grammatica ontwikkelt, dan moet die mijns inziens vooral gezocht worden in de *computersimulatie*, die in het vorige hoofdstuk al kort aan bod kwam. Deze representatievorm onderscheidt zich op essentiële punten van het verhaal. Wanneer we bijvoorbeeld *SimCity* of *Sims* spelen, dan worden we niet zozeer gegrepen

---

zijde horizontaal in 14 stroken is gesneden met daarop telkens 1 regel van het sonnet, kunnen de strookjes naar inzicht van de lezer gecombineerd worden tot 10^{14} (= tienduidend miljard) mogelijke sonnetten (Queneau 1961). Maar ook deze extreem open tekst (die qua structuur doet denken aan het Chinese orakelboek I Ching) staat de lezer nog niet toe zelf iets toe te voegen aan het werk. De eerder genoemde radicale aleatoire werken van Cage, waarin ook de door het publiek gemaakte geluiden deel uitmaken van het werk, benaderen de echte interactiviteit waarschijnlijk nog het meest. Maar juist daar doet zich de vraag voor in hoeverre er nog gesproken kan worden van een muzikale *compositie*.

door de magere plot en identificeren we ons niet zozeer met deze of gene personage, maar dan vereenzelvigen we ons veeleer met de dynamiek van de gesimuleerde processen als zodanig.[10] Zoals we in het vorige hoofdstuk zagen, gaat de interactiviteit van simulatiespelen als *SimCity* of *Sims* veel verder dan die van veel zogenaamde *adventures*, aangezien de speler hier in veel grotere mate het spelverloop bepaalt. *SimCity* is in feite een verzameling regels en als zodanig eerder vergelijkbaar met bijvoorbeeld het schaakspel dan met een verhaal. Het gaat echter nog een stap verder dan het schaakspel in de zin dat de speler tot op zekere hoogte vrij is zelf het doel van het spel te bepalen. In feite realiseren computersimulaties als *SimCity* wat de eerder genoemde experimentele bewegingen in de 'hogere' kunsten gedurende de afgelopen decennia hebben beijverd. Niet alleen vergroot de simulatie in vergelijking met het verhaal de inbreng van de 'toeschouwer', maar bovendien werkt het spelen van het spel in sterke mate *demystificerend*. De simulatie wordt niet minder dan het verhaal door bepaalde ideologische vooringenomenheden gekenmerkt, in het geval van *SimCity* specifieke economische vooronderstellingen. Maar zoals we in het vorige hoofdstuk opmerkten, maakt het computerspel – dat doorgaans ten minste net zo lang wordt gespeeld tot de speler de 'regels van het spel' kent – anders dan de roman of de film de speler bewust van deze ideologie.

Hoewel de simulatie een grote toekomst voor zich heeft, hoeven we niet te verwachten dat zij het verhaal volledig zal verdringen, net zo min als de fotografie de schilderkunst, of de televisie de radio obsoleet heeft gemaakt. Het geringe publieke succes van de *nouveau roman* en *nouvelle vague* heeft bovendien geleerd dat de meeste mensen weinig behoefte hebben aan actieve participatie, maar zich liever passief laten vermaken. Deze behoefte aan passieve verhalen zal de simulatie niet wegnemen. Maar zoals de fotografie bepaalde functies van de schilderkunst overnam en deze daarmee dwong andere wegen te exploreren, zo dwingt de simulatie, die bepaalde functies die het verhaal vervulde op een adequatere wijze realiseert, het verhaal nieuwe narratieve dimensies te ontsluiten.

Hoewel het actieve aandeel van de lezer, toeschouwer en luisteraar in de interactieve media toeneemt, is de rol van de schrijver in de interactieve media niet uitgespeeld. Hij is echter niet langer de maker van lineaire ver-

---

10   Deze observatie is in overeenstemming met wat ik in hoofdstuk 4 opmerkte over Gibsons *Neuromancer*, waarvan de protagonist niet zozeer de menselijke personages zijn die in het verhaal optreden, maar waarvan alle aandacht gericht is op de ontwikkeling van 'de matrix', cyberspace zelf. Zie ook Friedmans 'Making sense of software: computer games and interactive textuality' (Friedman 1995). Een goede inleiding tot *SimCity*, met ruime aandacht voor de gebruikte simulatietechnologie, biedt Dargahi en Bremer's *Spelen met SimCity 2000* (Dargahi en Bremer 1994).

halen, maar veeleer de schepper van een meerdimensionale *narratieve ruimte*, waarbinnen verschillende paden kunnen worden gevolgd. Schrijven wordt een meta-activiteit, die veel vraagt van het abstractievermogen en ruimtelijk inzicht van de schrijver. De grafische voorstellingen van de narratieve ruimte in programma's als *Storyspace* zijn niet zozeer ornamentaal, maar zij maken integraal deel uit van de hypertekst. In de hypertekst treedt de ervaring van tijd en ruimte in een nieuwe constellatie.

Ik besluit ook de bespreking van het tweede kenmerk van de digitale media met een opmerking over de consequenties ervan voor de cultuurwetenschappelijke reflectie op digitale cultuur. Deze zal niet alleen multimediaal zijn, maar ook interactief. Zoals de auteur van een hypertekstroman zijn lezer een verhaalruimte binnenleidt, zo zal de toekomstige wetenschapper zijn lezers niet langer één enkele argumentatielijn aanbieden, maar een *argumentatieruimte* waarbinnen zij een eigen argumentatie kunnen ontwikkelen. Voorzover de interactieve hypertekst de lezer meer dan de gedrukte tekst in staat stelt voor zichzelf te denken, vormt hij het voorlopige sluitstuk van het mondigheidsideaal van de Verlichting.[11]

Met de bespreking van simulatie ben ik aanbeland bij het laatste van de drie kenmerken die ik hier wil bespreken: *virtualiteit*. Net als het begrip 'interactiviteit' wordt 'virtualiteit' in verschillende betekenissen gebruikt. Wanneer we er *Van Dale's Groot Woordenboek der Nederlanse Taal* op naslaan, treffen we zelfs twee op het eerste gezicht tegengestelde betekenissen aan. Enerzijds verwijst het begrip 'virtueel' naar dat wat slechts schijnbaar is, anderzijds duidt het een vermogen aan, dat in werkelijkheid of werkzaamheid kan treden.[12] Een virtuele wereld is een simulatie van een wereld die niet werkelijk is in fysische zin, maar die op de toeschouwer in zijn effecten wel als werkelijk overkomt.[13]

Het paradigmatische voorbeeld van een virtuele wereld is het virtual reality-systeem dat de gebruiker geheel *onderdompelt* in een schijnbare wereld en hem in de gelegenheid stelt zich door die wereld te *verplaatsten* en ermee te *interageren*.[14] Voorzover virtual reality-systemen gericht zijn op een zo realistisch mogelijke representatie van de werkelijkheid staan zij in de lange traditie van het realisme dat met het centraal perspectief begon, in de fotografie zijn objectieve gestalte verkreeg en in de film tot beweging

11   '"Sapere aude! Heb de moed, je van je *eigen* verstand te bedienen!" is dus de lijfspreuk van de Verlichting' (Kant 1981a, 53).
12   'virtueel' <Lat.>, bn. bw., 1. Voorwaardelijk, als mogelijkheid of vermogen aanwezig; in werkelijkheid of werkzaamheid kunnende treden ...; 2. denkbeeldig, slechts schijnbaar bestaand'. (Geerts en Heestermans 1989, 3231).
13   'Virtual reality is an event or entity that is real in effect but not in fact'. (Heim 1993, 108).
14   In hoofdstuk 9 zal ik uitvoeriger ingaan op deze drie constituerende elementen van *virtual reality*.

kwam.[15] Met de toevoeging van het interactieve moment in de simulatie is deze ontwikkeling een nieuwe fase ingetreden.

Wat in deze fase vooral fascineert is dat de hiërarchische oppositie tussen zijn en schijn, een basisoppositie van de westerse metafysica, door de digitale media op een nieuwe manier wordt geproblematiseerd. Ook hier bewerkstelligen de digitale media overigens geen volledige breuk met de traditie, maar zetten zij een ontwikkeling voort die met de moderne massamedia is ingezet. De alomtegenwoordigheid van het fotografische beeld, de film en het tv-beeld in de moderne cultuur heeft er namelijk toe geleid dat we ons in toenemende mate zijn gaan omringen met representaties van de werkelijkheid en deze representaties als maatstaf zijn gaan hanteren bij de beoordeling van de werkelijkheid. Bovendien, zo heeft Benjamin reeds in 1936 opgemerkt, worden kunstwerken in het tijdperk van de massamedia steeds vaker gemaakt of geselecteerd met het oog op hun fotografische reproduceerbaarheid.[16] En dat geldt volgens Benjamin niet enkel voor kunstwerken, maar in feite voor alle dingen. Ook het succes van hedendaagse politici, zo merkt Benjamin profetisch op, hangt steeds meer af van hun presentatie in de media.

Baudrillard, die Benjamins analyse doortrekt naar het heden, onderscheidt drie stadia in de ontwikkeling van de media van reproductie. In de eerste fase bewerkstelligen de technische media volgens hem weliswaar een verdubbeling van de werkelijkheid, maar hun functie is primair re-presenterend. 'Daarna krijg je pas een volgende fase, een tussenvorm die ook door Benjamin is beschreven, waarin de dingen niet eerst worden geproduceerd en daarna gereproduceerd, maar waar de dingen onmiddellijk met het oog op de reproductie worden gemaakt. Je ziet hoe langzamerhand het eerste stadium, dat van het origineel, verdwijnt ten gunste van zijn afbeelding. De kenmerken van de werkelijkheid beginnen dus nogal te verzwakken (...) Het laatste stadium, en dat interesseert me eigenlijk het meest, is het stadium waarin je niet eens meer kunt spreken van reproductie – want daarin is nog sprake van een boodschap –, maar waarin iedere verwijzing naar de werkelijkheid verdwijnt. In dat geval zijn de media geen reproductiemiddel van de werkelijkheid meer, maar een verdwijningsvorm van de werkelijkheid' (Lutz 1983/1984; vgl. Gils 1986, 93v.)

15 Zie ook 'Virtual reality as the completion of the Enlightenment' (Penny 1994). Zie over de toepassing van virtual reality in de verschillende kunstvormen ook *Immersed in Technology: Art and Virtual Environments* (Moser en MacLeod 1996).

16 'Het gereproduceerde werk wordt hoe langer hoe meer de reproductie van een kunstwerk dat op reproduceerbaarheid is afgestemd'. (Benjamin 1973, 268).

Volgens Benjamin heeft de massale technische reproductie de aura van het in tijd en ruimte unieke kunstwerk vernietigd.[17] In het tijdvak van de digitale reproduceerbaarheid dreigt de gehele werkelijkheid zijn aura te verliezen ten gunste van een eindeloze circulatie van kopieën. Dat laat zich pregnant aflezen aan de transformatie van fotografie tot digitale beeldbewerking. Digitale beeldbewerking heeft de welhaast spreekwoordelijke objectiviteit van het fotografische beeld ernstig aangetast. Een digitale 'foto' kan een foto zijn in traditionele zin, dat wil zeggen een registratie van een ding of gebeurtenis door middel van een lens en een fixatie van de lichtstralen, maar hij kan net zo goed een collage zijn van bestaande foto's, of zelfs een geheel synthetisch vervaardigd beeld.

Zowel bij Benjamin als bij Baudrillard klinkt soms een zekere nostalgie naar oudere vormen van reproductie in de analyse door. Die nostalgie is niet zonder reden. Het hoeft weinig betoog dat de digitalisering van het beeld het gevaar van vervreemding van de fysische werkelijkeid en van misleiding met zich meebrengt. Het is echter de vraag of de nostalgie om het verloren origineel niet gevangen blijft in een oppositie die niet langer te handhaven is. Tegenover de opvatting dat het auratische origineel verloren is gegaan, kan worden ingebracht dat in het geval van echt interactieve media iedere ingreep door de lezer, beschouwer of luisteraar in feite een auratisch karakter heeft. De 'kopie' is immers niet louter een herhaling van een voorafgaand origineel, maar een unieke schepping. In zekere zin wordt iedere 'kopie' een 'origineel'.

De waarde van de culturele representatie in het tijdvak van de digitale reproduceerbaarheid wordt opnieuw een andere. Waar in het tijdvak van het unieke werk de *cultuswaarde* de waarde van een werk uitmaakte, en in het tijdvak van de mechanische reproduceerbaarheid de *tentoonstellingswaarde*, daar maakt in het tijdvak van de digitale reproduceerbaarheid de *manipulatiewaarde* de waarde van een representatie uit (vgl. Mitchell 1994, 52). Het behoeft geen betoog dat dit opnieuw implicaties heeft voor de politiek en de esthetiek van de culturele representatie. En zoals we in hoofdstuk 8 zullen zien, heeft het ook fundamentele ontologische implicaties.

4 Digitale cultuurwetenschap

Ik wil ook de bespreking van dit laatste kenmerk van de digitale cultuur afsluiten met een opmerking over de implicaties ervan voor de cultuurwe-

17 'Wat in het tijdperk van de technische reproduceerbaarheid van het kunstwerk verdwijnt, is zijn aura (...) De reproductietechniek, zo zou men het in algemene termen kunnen formuleren, maakt het gereproduceerde los van de traditie. Doordat ze de reproductie vermenigvuldigt, stelt ze in plaats van haar eenmalige verschijning haar massale verschijnen' (Benjamin 1973, 264).

tenschappen. De moderne wetenschappen, zoals deze door Dijksterhuis (1975) zijn beschreven, zijn in sterke mate *mimetisch* van karakter, dat wil zeggen dat ze erop gericht zijn een zo adequaat mogelijke afbeelding van de (fysische of culturele) werkelijkheid te geven.

Wetenschappen in het digitale tijdvak hebben echter eerder het karakter van een *poiesis*: zij bootsen geen natuur na, maar scheppen door recombinatie van aan de natuur en cultuur onttrokken brokken informatie nieuwe werkelijkheden. Deze tendens tekent zich reeds duidelijk af in de natuurwetenschappen. In het geval van genetische manipulatie in de moleculaire genetica wordt met behulp van de 'letters' van de genetische code het boek van de natuur opnieuw geschreven, en in *artificial life* en *artifical physics* wordt de aandacht verlegd van het werkelijke naar het mogelijke. Deze ontwikkelingen zijn stuk voor stuk indicaties van de virtualisering van het wereldbeeld die zich om ons heen voltrekt.

Wellicht valt hier ook een les uit te trekken voor de cultuurwetenschappen. Cultuurwetenschappen en kunstkritiek staan nog vaak in het teken van de *mimesis*. De virtuele cultuurwetenschappen van de toekomst zullen wellicht net als de virtuele natuurwetenschappen eerder in het teken van *poiesis* dan van *mimesis* staan. Ook dat zal dan niet zonder precedent zijn. De moderne kunsten zijn de cultuurwetenschappen en de cultuurkritiek in de afgelopen eeuw immers reeds voorgegaan in de breuk met *mimesis* en realisme (Ulmer 1991; vgl. Ulmer 1989; Ulmer 1983).

Of dat in alle opzichten een vooruitgang zal betekenen voor de cultuurwetenschappen is vanzelfsprekend nog de vraag. Wie vast wenst te houden aan een notie van wetenschappelijke objectiviteit, zal deze ontwikkeling waarschijnlijk als een ernstige bedreiging opvatten. Wie echter de nadruk legt op het scheppende karakter van de wetenschappelijke arbeid, zal de wending naar de *poiesis* beschouwen als een bevrijding uit het al te knellende keurslijf van de werkelijkheid.

DEEL III

Mogelijke werelden

Als werkelijkheidszin bestaat, en niemand zal eraan twijfelen dat deze bestaansrecht heeft, dan moet er ook iets bestaan dat je mogelijkheidszin kunt noemen. Wie die bezit zegt bijvoorbeeld niet: hier is dit of dat gebeurd, zal gebeuren, moet gebeuren; maar hij bedenkt: hier zou, moest, of had iets kunnen gebeuren, en als je hem dan van het een of ander uitlegt dat het is zoals het is, dan denkt hij: ach, het zou waarschijnlijk ook anders kunnen zijn. Aldus zou de mogelijkheidszin welhaast te definiëren zijn als het vermogen om alles te denken wat evengoed zou kunnen zijn, en om aan wat is geen grotere betekenis te hechten dan aan wat niet is.

Robert Musil

7 DE INFORMATISERING VAN HET WERELDBEELD

De geboorte van de modale wetenschappen uit de geest van de informatie

In den beginne was er informatie. Het woord kwam later.

Fred Dretske

Dat materie zou kunnen denken, blijft in het mechanistische wereldbeeld een leeg postulaat.

Carl Friedrich von Weizsäcker

In zijn in 1950 gepubliceerde boek *De mechanisering van het wereldbeeld* beschrijft de wetenschapshistoricus Dijksterhuis hoe de introductie van het experiment en de mathematische beschrijving van de anorganische natuur de natuurwetenschappen in de zestiende en zeventiende eeuw een geheel nieuw aanzien gaf. De gevolgen van deze wetenschappelijke revolutie bleven niet beperkt tot de natuurwetenschappen. Ook een belangrijk deel van de mens- en cultuurwetenschappen werd onder invloed van de natuurwetenschappelijke methode op een nieuwe leest geschoeid. Bovendien hebben de natuurwetenschappen en de daarmee nauw verbonden machinetechniek een cruciale bijdrage geleverd aan de industrialisering van de westerse samenleving. De titel van Dijksterhuis' boek brengt op pregnante wijze de overtuiging van de auteur tot uitdrukking dat de introductie van de nieuwe natuurwetenschappelijke methode uiteindelijk zelfs heeft geleid tot een transformatie van onze voorstelling omtrent de werkelijkheid van mens en wereld. Om die reden, zo merkt Dijksterhuis in de inleiding van zijn studie op, 'is de mechanisering der physica veel meer geworden dan een interne methodische aangelegenheid der natuurwetenschap; het is een zaak die de cultuurgeschiedenis als geheel raakt en die daardoor ook belangstelling verdient buiten den kring der natuuronderzoekers' (Dijksterhuis 1975, 1).

Met de introductie van de elektronische computer, vijftig jaar geleden, is een ontwikkeling in gang gezet die in veel opzichten herinnert aan de transformatie die Dijksterhuis beschrijft. Ook in het geval van de informatietechnologie hebben wij van doen met een ontwikkeling die zijn oorsprong vindt in de wereld van de exacte wetenschappen en de techniek, die vergaande consequenties heeft voor de overige wetenschappen en voor de samenleving en cultuur als geheel, en die uiteindelijk ook ons wereldbeeld op een fundamentele wijze raakt. In dit hoofdstuk wil ik vanuit een filosofisch perspectief proberen enig licht te werpen op deze ontwikkeling, die we met een allusie op Dijksterhuis' studie zouden kunnen aanduiden als de *informatisering van het wereldbeeld*.

1 Informatisering

Dat de informatietechnologie het aanzien van onze wereld ingrijpend verandert, zal door vrijwel niemand worden ontkend. Daarbij moeten we vanzelfsprekend niet alleen denken aan de fysieke aanwezigheid van de inmiddels vele miljoenen computers in onze leefwereld, maar ook aan het feit dat de informatietechnologie de bestaande organisatiestructuren en machtsverhoudingen diepgaand beïnvloedt en fundamentele veranderingen teweegbrengt in de productie, de distributie en de consumptie van goederen, kennis en cultuur (De Mul 2002c, 17-24). Wanneer ik spreek van een informatisering van het wereldbeeld, dan heb ik echter niet alleen deze ontwikkelingen op het oog, maar vooral ook de niet minder ingrijpende implicaties die de informatietechnologie heeft voor onze waarneming en interpretatie van de werkelijkheid. Menselijke ervaring van en omgang met de fysische en culturele werkelijkheid wordt in toenemende mate door computers gemedieerd. De beelden en geluiden die dagbladen, tijdschriften, boeken, radio, televisie en film over ons uitstorten zijn steeds vaker met behulp van de computer bewerkt of zelfs gegenereerd. Steeds kleiner wordende processors in alledaagse apparaten zoals magnetrons, wasmachines en auto's reguleren onze omgang met de dingen om ons heen. En menselijke communicatie vindt inmiddels ook voor een niet onbelangrijk deel plaats met behulp van in mondiale netwerken verbonden computers.

Ook in het wetenschappelijke onderzoek is de computer inmiddels niet meer weg te denken. Daarbij moeten we niet alleen denken aan kantoorautomatisering en de stormachtige ontwikkeling van de wetenschappelijke informatievoorziening (Wierda 1995; zie ook Lisman, Goris, en Soest 1996), maar ook aan het feit dat de door de natuurwetenschappen en cultuurwetenschappen onderzochte werkelijkheid steeds vaker als een verzameling door de computer gegenereerde data aan de mens verschijnt. Computers visualiseren en simuleren voor het menselijk oog onzichtbare of voor het menselijk verstand moeilijk of niet toegankelijke verschijnselen (Aukstakalnis en Blatner 1992, 227-35), worden ingezet bij de statistische bewerking van data, leveren wiskundige bewijzen[1] en – zo zagen we in het vorige hoofdstuk – maken in de cultuurwetenschappen nieuwe methoden van lezen, interpreteren en schrijven mogelijk. Het is niet verwonderlijk dat de massale inzet van computers in de wetenschappelijke praktijk ook de theorievorming niet onberoerd heeft gelaten. Het begrip informatie is in veel wetenschappen een kernbegrip geworden. We kunnen daarbij in de eerste plaats denken aan gelijktijdig met de computer tot ontwikkeling gekomen en veelal wiskundig georiënteerde disciplines die informatie en informatieverwerking als object hebben, zoals de cybernetica, de informatietheorie en de informatica, alsmede aan de toegespitste varianten daarvan, zoals de medische, economische, bestuurskundige, juridische en alfa-informatica. In *Mind Tools: the Mathematics of Information* argumenteert Rudy Rucker dat informatie meer is dan louter een nieuw object van wiskundig onderzoek. Volgens hem is het begrip informatie een fundamenteel begrip dat ten grondslag ligt aan alle subdisciplines binnen de wiskunde. Wiskunde, zo luidt zijn redenering, kan immers begrepen worden als een verzameling formele technieken – algoritmen – om gegeven informatie te transformeren tot nieuwe informatie (Rucker 1988, 29-30). Ook in de natuurwetenschappen treedt het begrip informatie steeds vaker op de voorgrond. Fysische, chemische en biologische systemen worden beschouwd als informatieverwerkende systemen. In de fysica heeft vooral de statistische benadering in de thermodynamica en de kwantummechanica informatie tot een cruciaal begrip gemaakt. En ook in de biologie is het begrip informatie een kernbegrip geworden. Zo stelt de moleculair bioloog Eigen: 'Aan het eind van de twintigste eeuw worden we ons ervan bewust dat in de verschillende takken van de biologie analoge vraagstukken worden geformuleerd. Deze kunnen worden samengevat in de vraag "Hoe wordt informatie gegenereerd?" Dit geldt zowel voor het evolutieproces op moleculair niveau, voor het proces van differentiatie op het niveau van de cel, als voor het denkproces in een netwerk van zenuwcellen' (Eigen 1995, 13-14). Het laatste voorbeeld van Eigen lijkt te impliceren dat ook de geest in termen van informatie kan worden begrepen. Op basis van deze aanname is in de afgelopen decennia onder de titel *cognitive science* een nieuwe discipline tot ontwikkeling gekomen. In de cognitieve wetenschap wordt de analyse van de menselijke geest zoals deze voorheen plaatsvond in de psychologie, de linguïstiek, de filosofie, de computerwe-

---

1 Een bekend voorbeeld is het door Haken en Appel door middel van de computer geleverde bewijs van de al uit de vorige eeuw daterende stelling dat voor de vervaardiging van willekeurig welke geografische kaart ten hoogste vier verschillende kleuren nodig zijn. Zie voor een bespreking van de implicaties van de computer voor de methode van de wiskunde Hersh, *What is Mathematics, Really?* (Hersh 1977, 52-57).

tenschappen en de neuro-wetenschappen samengebracht onder de noemer van het begrip informatie. In de woorden van Neill Stillings: 'Cognitieve wetenschappers beschouwen de menselijke geest als een complex systeem ten behoeve van de ontvangst, de opslag, het terugvinden, het transformeren en de overdracht van informatie' (Stillings et al. 1995, 1). Dat het begrip informatie door de informatisering van samenleving en cultuur ook hoog op de agenda van de sociale wetenschappen en de cultuurwetenschappen is geplaatst is niet verwonderlijk.

Het is dus niet alleen in letterlijke zin dat ons beeld van de wereld door de informatietechnologie wordt getransformeerd. Ook in overdrachtelijke zin is er sprake van een *informatisering van het wereldbeeld*. De alomtegenwoordigheid van de informatietechnologie verleidt ons ertoe te denken dat alles in termen van informatie is te beschouwen en dat de wereld in laatste instantie uit informatie is opgebouwd. 'Misschien,' zo brengt Keith Devlin deze gedachte in zijn boek *Logic and Information* tot uitdrukking – en hij herhaalt daarmee in feite slechts wat in verschillende toonaarden sinds Wieners uit 1948 stammende baanbrekende werk op het terrein van de cybernetica steeds opnieuw is beweerd –, 'zouden we informatie moeten beschouwen als (en misschien *is* zij dat zelfs) een basiseigenschap van het universum, naast materie en energie (en met beide onderling converteerbaar)' (Devlin 1991, 2).[2]

Dit is zonder meer een uitdagende stelling. Wanneer we echter een antwoord zoeken op de vraag wat informatie nu eigenlijk *is*, dan blijkt er nogal wat verwarring rondom dit begrip te bestaan en is het antwoord niet zo eenvoudig te geven. Zo wordt het begrip gebruikt om een hele reeks verschillende en vaak zelfs nogal uiteenlopende zaken aan te duiden. Het is niet onmiddellijk inzichtelijk waarin bijvoorbeeld menselijke communicatie, de reproductie van DNA-moleculen in een cel, en de overdracht van elektronische signalen in een computer nu precies overeenstemmen. Bovendien wordt het begrip informatie in veel gevallen gebruikt zonder dat er een poging wordt gedaan het te definiëren.[3] Wanneer daartoe wel een poging wordt ondernomen, zijn de gegeven definities veelal vaag of ambigu. En als ze al een zekere mate van helderheid bezitten, spreken ze elkaar niet zelden tegen. Dit alles doet Theodor Roszak in *The Cult of Information*

---

2 Rucker komt tot een vergelijkbare constatering: 'Ik denk dat het punt is dat de computerrevolutie mensen dwong de wereld op een nieuwe manier te gaan beschouwen. Het nieuwe wereldbeeld dat door de computer is ontstaan is dat *alles informatie is*. Het is tegenwoordig volstrekt acceptabel te zeggen dat op het diepste, meest fundamentele niveau de wereld opgebouwd is uit informatie' (Rucker 1988, 31).

3 Dat geldt bijvoorbeeld ook voor het geciteerde boek van Stillings, waarin de geest wordt opgevat als een informatieverwerkend systeem, maar waarin het begrip informatie zelf niet in de index voorkomt!

verzuchten: 'Informatie lijkt op die ongrijpbare en onzichtbare, maar iedereen fascinerende zijde waarvan de etherische mantel van de keizer is gesponnen. Het woord kent ambitieuze, universele definities die het tot iets goeds voor iedereen hebben gemaakt. Maar woorden die alles betekenen, betekenen vaak uiteindelijk niets; juist deze leegheid stelt hen in staat gevuld te worden met een biologerende glamour' (Roszak 1986, ix-x). Sybille Friedrich noemt informatie zelfs een begrip dat eerder thuishoort in het domein van de mythe en de ideologie dan in dat van de wetenschap (Kramer-Friedrich 1986, 23-25).

Sommigen concluderen op basis van kritiek als deze dat we het begrip informatie maar beter helemaal uit onze vocabulaire kunnen schrappen (Woolley 1992, 70). Hoewel ik, beroepshalve geneigd tot een zekere scepsis, een heel eind kan meegaan met de genoemde kritiek, lijkt me dit toch een iets te gemakzuchtige oplossing. Bovendien dreigt men daarmee het kind met het badwater weg te gooien. De fascinatie en verwarring die het begrip informatie omgeven zouden namelijk ook een indicatie kunnen zijn voor een nieuwe transformatie van ons wereldbeeld. De eerder geciteerde Rudy Rucker drukt een vergelijkbaar vermoeden uit wanneer hij schrijft: '[...] het begrip informatie verzet zich op dit moment tegen een precieze definitie. Met betrekking tot informatie bevinden we ons in een situatie die vergelijkbaar is met die van de zeventiende-eeuwse natuurwetenschappers ten aanzien van het verschijnsel energie. We beseffen dat we hier van doen hebben met een belangrijk begrip dat vele verschijningsvormen kent, maar we weten nog niet hoe we er op de juiste wijze over moeten spreken.' (Rucker 1988, 26-27).

Ik besef dat deze verlegenheid een dreigende schaduw vooruit werpt op de poging die ik in het vervolg van dit hoofdstuk zal ondernemen een bijdrage te leveren aan de filosofische verheldering van de betekenis van het begrip informatie en van het proces dat ik heb aangeduid als de informatisering van het wereldbeeld. Temeer omdat het wijdverbreide gebruik van het begrip een filosoof dwingt uiteenlopende wetenschapsgebieden te betreden waarover deze slechts kan spreken als een geïnformeerde leek. Dat ik mij desondanks, als een soort conceptueel stuntman, aan deze poging waag, vloeit voort uit mijn overtuiging dat uitsluitend een interdisciplinaire dialoog ons naar de gewenste verheldering kan voeren. Als filosoof bestaat mijn bijdrage aan deze dialoog vooral uit een verheldering en uitleg van de *ontologische* implicaties van het begrip informatie. In tegenstelling tot empirische proposities hebben filosofische uitspraken niet zozeer betrekking op feitelijke kenmerken van de werkelijkheid, maar op de vooronderstellingen waarmee wij in het alledaagse leven, maar ook in de wetenschappelijke praktijk 'naar de ervaring toegaan'. In het onderhavige geval betreft het de vooronderstellingen waardoor wij ons reeds laten leiden in onze pogingen het verschijnsel informatie te verklaren of te begrijpen en in onze omgang met datgene wat volgens deze vooronderstellingen als informatie geldt.[4] Wat ik wil verhelderen is dus de wijze waarop het begrip informatie, en de daarmee verbonden informatietechnologie, onze kijk op, waardering van en omgang met de werkelijkheid – kortom: ons wereldbeeld – verandert.[5] Een verandering is altijd een verandering ten opzichte van iets dat daaraan voorafgaat.

Om de ontologische implicaties van het begrip informatie te verhelderen, zal ik de informatisering van het wereldbeeld afzetten tegen de mechanisering van het wereldbeeld, zoals die door Dijksterhuis is beschreven. Dit conceptuele contrapunt zal duidelijk maken dat het informationistische wereldbeeld enerzijds voortbouwt op het mechanistische, maar daarvan op een aantal cruciale punten ook afwijkt. Alvorens nader op het begrip informatie en op de informatisering van het wereldbeeld in te gaan, dien ik eerst nog wat langer stil te staan bij Dijksterhuis' interpretatie van de mechanisering van het wereldbeeld.

2 Het mechanistische wereldbeeld

In de omgangstaal heeft het begrip 'mechanisering', dat zijn etymologische wortels heeft in het Griekse *mèchanè* (werktuig), betrekking op het vervangen van menselijke of dierlijke arbeid door machines. Ook de daarmee samenhangende term 'mechanisch' slaat primair op dat wat plaatsvindt door middel van werktuigen. Daarnaast heeft dit bijvoeglijk naamwoord betrekking op de mechanica ofwel de theoretische werktuigbouwkunde, het onderdeel van de natuurkunde dat zich bezighoudt met het evenwicht en de beweging van lichamen. Ook wordt de term 'mechanisch' wel gebruikt om activiteiten aan te duiden die op een werktuiglijke of gedachteloze wijze worden uitgevoerd. De term heeft dan een negatieve connotatie, en slaat op het levenloze dat aan een machine eigen is.

Wanneer Dijksterhuis spreekt over de mechanisering van het wereldbeeld, dan spelen de genoemde betekenisaspecten weliswaar een rol, maar ze verkrijgen een meer specifieke betekenis, die samenhangt met de ontwikkeling van de klassieke fysica, zoals deze in de zestiende en zeventiende

4 Deze opvatting van ontologie wijkt af van de traditionele opvatting, waar het begrip slaat op uitspraken over de meest fundamentele gronden en oorzaken van de werkelijkheid zelf. Sinds Kant heeft de term ontologie meestal niet langer primair betrekking op de sfeer van de objecten, maar op die van het kennende subject (zie Duintjer 1988, 77).

5 Zie over de structurele samenhang binnen een wereldbeeld van de beschouwing en waardering van en de omgang met de werkelijkheid *De tragedie van de eindigheid. Diltheys hermeneutiek van het leven* (De Mul 1993, 347-58).

eeuw zijn beslag kreeg (Dijksterhuis 1975, 317v.). Waarmee overigens niet gezegd is dat het begrip 'mechanisering' daarmee een eenduidige betekenis kreeg. In de slotbeschouwing van *De mechanisering van het wereldbeeld* onderscheidt Dijksterhuis verschillende betekenissen, waarvan ik de drie belangrijkste wil noemen.

In een eerste interpretatie berust het mechanistische wereldbeeld op de vooronderstelling dat het fysische heelal een grote machine is, die, eenmaal in beweging gebracht, op grond van haar constructie het werk verricht, waarvoor zij in het leven is geroepen (Dijksterhuis 1975, 543). In de begindagen van de klassieke fysica is het vooral het mechanische uurwerk geweest, dat ter illustratie van deze opvatting wordt aangevoerd. Het kunstige mechaniek van klokken als die van de Munster te Straatsburg bracht nogal wat klassieke fysici ertoe de natuur met een uurwerk te vergelijken (Dijksterhuis 1975, 487). Volgens Dijksterhuis staat deze zienswijze echter op gespannen voet met de grondgedachte van het oorspronkelijke *atomisme* dat ten grondslag ligt aan de klassieke fysica. Volgens deze grondgedachte zijn alle processen die zich in de wereld afspelen, in wezen volstrekt ongeregelde, aan het pure toeval onderworpen bewegingen van onveranderlijke kleine deeltjes. De opvatting van de natuur als een ingenieuze machine roept daarentegen het beeld op van een bewuste en intelligente maker, die haar geconstrueerd heeft en laat werken om een zeker doel te verwezenlijken. Ofschoon de opvatting van de natuur als een complexe machine een belangrijke rol heeft gespeeld in de mechanisering van het wereldbeeld, is zij volgens Dijksterhuis in de feitelijke ontwikkeling van de klassieke natuurwetenschap nauwelijks van betekenis geweest. Fysici uit de begindagen van de klassieke fysica hebben deze opvatting voornamelijk metaforisch gebruikt om de kerkelijke autoriteiten te verzoenen met hun nogal suspecte atomaire beschouwingswijze van de natuur. Waar teleologische denkbeelden al een serieuze rol speelden, zoals bij Newton, zijn ze volgens Dijksterhuis een doodlopende weg in de fysica gebleken. Metaforen zijn echter meer dan louter ornamenten. Ze ontsluiten de werkelijkheid op een bepaalde wijze.[6] In die zin werkt de machine-metafoor ook door in de tweede door Dijksterhuis onderscheiden interpretatie van de term 'mechanisering'.

Deze tweede interpretatie knoopt eveneens aan bij de oorspronkelijke betekenis van 'werktuig', maar in dit geval slaat zij op de tendens van de moderne fysica te zoeken naar verborgen mechanismen achter het zintuiglijk ervaarbare. De vooronderstelling daarbij is dat deze mechanismen 'in wezen van een zelfde soort zijn als de eenvoudige werktuigen die de mens

---

6   Zie de bespreking van de cognitieve functie van de metafoor in de inleiding van dit boek en in hoofdstuk 3.

reeds sedert onheuglijke tijden ter verlichting van zijn arbeid gebruikt heeft, zodat een kundig mécaniciën in staat zou zijn, het reële verloop van de gebeurtenissen die zich in de microwereld afspelen, door een mechanisch model in macroafmetingen na te bootsen. Het hierop gerichte streven is en wordt vaak als het eigenlijke kenmerk van de klassieke natuurwetenschap en als de ware motivering van de karakteristiek mechanistisch beschouwd' (Dijksterhuis 1975, 545). Deze opvatting heeft zonder twijfel een belangrijke rol gespeeld in de ontwikkeling van de klassieke fysica en suggereert bovendien een nauwe verstrengeling van de ontwikkeling van de machinetechniek en de klassieke fysica.

Volgens Dijksterhuis past echter ook deze opvatting van de mechanisering niet geheel bij de feitelijke ontwikkeling van de fysica. Al snel traden in deze ontwikkeling namelijk begrippen op de voorgrond, die in een veel lossere relatie tot het grondbegrip werktuig stonden. Er schuilt een zekere ironie in het feit dat het krachtbegrip van Newton, later gesubstantialiseerd tot het begrip energie, en door aanhangers van het mechanistische wereldbeeld in de tweede betekenis, zoals Huygens en Leibniz, als essentieel onmechanistisch verworpen, in de loop van ontwikkeling van de fysica als meest typerende trek van de mechanistische beschouwing werd gezien.

De derde betekenis die volgens Dijksterhuis aan het begrip mechanisering kan worden toegekend, heeft betrekking op de werkwijze van de mechanica, de leer van het evenwicht en de beweging van lichamen. Deze werkwijze is *mathematisch*, niet alleen in de zin dat de mechanica zich van wiskundige middelen bedient om korter en overzichtelijker uit te drukken wat men desnoods ook in omgangstaal zou kunnen uitdrukken, maar ook in de zin dat zij zelf een wiskunde *is*. De mechanisering van het wereldbeeld in deze derde betekenis bestaat dan in de doorbraak van de gedachte 'dat de natuur in mathematische taal beschreven moet worden en dat ze voor den mens juist zover begrijpelijk is als hij haar werking in zijn mathematisch denken kan volgen'.[7]

Welke fundamentele vooronderstellingen of postulaten van het mechanistische wereldbeeld kunnen nu uit het voorafgaande worden afgeleid?

---

7 Vanuit dit perspectief bezien betekent de moderne, door relativiteitstheorie en kwantummechanica gekenmerkte fysica volgens Dijksterhuis geen breuk met de klassieke, maar vormt zij veeleer de voltooiing van de klassieke fysica. Dit leidt Dijksterhuis tot de volgende conclusie: 'De mechanisering, die het wereldbeeld bij den overgang van antieke naar klassieke natuurwetenschappen heeft ondergaan, heeft bestaan in de invoering van een natuurbeschrijving met behulp van de mathematische begrippen der klassieke mechanica; zij beduidt het begin van de mathematisering der natuurwetenschap, die in de physica der twintigste eeuw haar voltooiing krijgt'.

Mijns inziens zijn dat er drie. Volgens het *postulaat van de analyseerbaarheid* kan de werkelijkheid worden ontleed in een verzameling los van elkaar staande, logisch onafhankelijk van elkaar te bepalen elementen. Volgens het *postulaat van de wetmatigheid* worden deze atomaire elementen vervolgens met elkaar in verband gebracht door middel van wetmatigheden, die in de vorm van een mathematische vergelijking kunnen worden uitgedrukt (Dijksterhuis 1975, 550).[8] De gaswet van Boyle en Gay-Lussac kan hier als een eenvoudig maar paradigmatisch voorbeeld dienen. Voor een gas in een afgesloten ruimte geldt: druk maal volume gedeeld door temperatuur is constant (in een formule uitgedrukt: pV/T=constant). Aldus uitgedrukte wetmatigheden stellen ons in staat verschijnselen te verklaren, te voorspellen en te beheersen. Wanneer bijvoorbeeld bij een gelijkblijvend volume de druk van een gas toeneemt, dan moet de oorzaak daarvan gezocht worden in een verhoging van de temperatuur. Op basis van dezelfde gaswet kunnen we bovendien voorspellen dat, wanneer we de temperatuur nog verder opvoeren, de druk eveneens zal toenemen. Hieruit volgt bovendien dat de voorspelling structureel equivalent is met beheersing. Uit de gevonden wetmatigheid volgt immers het technisch voorschrift: wanneer je bij gelijkblijvend volume de druk van een gas wilt verhogen, moet je de temperatuur verhogen. De theoretische kennis van de mechanistische wetenschap – en dat geldt niet alleen voor de natuurwetenschappen, maar ook voor sociale en cultuurwetenschappen voorzover deze streven naar wetmatige kennis[9] – is dus, in een formulering van Duintjer, 'bij voorbaat aangelegd op de mogelijkheid om empirische verschijnselen te beheersen, te beïnvloeden, te sturen [...] Moderne wetenschap is structureel equivalent met technologie en in die zin een middel tot technisch ingrijpen' (Duintjer 1974, 37; zie ook Boers 1981, 79-137). Naast de postulaten van analyseerbaarheid en wetmatigheid kan daarom aan het mechanistische wereldbeeld als derde het *postulaat van de beheersbaarheid* ten grondslag worden gelegd.[10]

Het is duidelijk dat de drieslag verklaring, voorspelling, beheersing in sterke mate heeft bijgedragen aan het eclatante succes van de mechanisti-

---

8 Zie voor een uitvoeriger bespreking van de postulaten van de analyseerbaarheid en wetmatigheid De Boers *Grondslagen van de kritische psychologie* (De Boer 1980, 19-36).

9 Een instructieve bespreking van de problematische pogingen het *covering law model* in de geschiedeniswetenschappen in te voeren biedt Ankersmits *Denken over Geschiedenis. Een overzicht van moderne geschiedfilosofische opvattingen* (Ankersmit 1984).

10 Daarmee is vanzelfsprekend niet beweerd dat het streven naar beheersing altijd succesvol is. Dat hangt niet alleen samen met het feit dat er in bepaalde gevallen, bijvoorbeeld wanneer we te maken hebben met chaotische verschijnselen, strikte grenzen aan de voorspelbaarheid zijn gesteld, maar ook omdat het ingrijpen in de natuur vaak onbedoelde neveneffecten met zich meebrengt (zie De Mul 1994b).

sche wetenschappen. Zij heeft een belangrijke rol gespeeld in wat ik elders heb beschreven als de domesticatie van het noodlot (De Mul 1994a). De structurele equivalentie van de mechanistische wetenschap en technologische beheersing maakt eveneens duidelijk dat de machinetechniek en de daaruit voortvloeiende industriële revolutie geen toevallige toegift zijn van de mechanistische wetenschap, maar daarmee gelijkoorspronkelijk zijn. Machinetechniek wordt meestal opgevat als toegepaste mechanistische wetenschap. We zouden de mechanistische wetenschap echter met evenveel recht kunnen opvatten als theoretische machinetechniek (Mitcham 1986, 3).

3 Van machinetechniek naar informatietechnologie

In vergelijking met de voorafgaande werktuigtechniek markeert de machinetechniek een nieuw stadium in de geschiedenis van de techniek.[11] Vanuit een antropologisch perspectief beschouwd kan techniek worden opgevat als een combinatie van natuurkrachten volgens een *ontwerp* dat door de mens is uitgedacht. Waar in het geval van de werktuigtechniek – de hamer kan hier als voorbeeld dienen – het ontwerp van de te verrichten handelingen slechts impliciet in de arbeid verscholen ligt, daar wordt in het geval van de machinetechniek – denk hier bijvoorbeeld aan de verbrandingsmotor – de combinatie van natuurkrachten in de vorm van een zelfstandig functionerend mechanisme gerealiseerd. De machine, zo drukt Maarten Coolen het uit in zijn boek *De machine voorbij*, is een *fysische representatie* van haar ontwerp (Coolen 1992, 34). Hier stuiten we opnieuw op het begrip informatie dat centraal staat in mijn beschouwing. Wanneer we de machine een fysische representatie van een ontwerp noemen, dan bedoelen we daarmee dat de machine *informatie* belichaamt met betrekking tot de gewenste combinatie van natuurkrachten. Het is dus niet zo dat de machine deze informatie zelf verwerkt. De machine is niet minder, maar ook niet meer, dan een fysische representatie van deze informatie.

Dit verandert echter in het derde en voorlopig laatste stadium in de ontwikkeling van de techniek. Daarin gaat de machine zelf met de informatie om. Als voorbeeld van een dergelijke informatieverwerkende machine kan de industriële robot dienen. Waar de klassieke machine een fysische representatie is van een bepaald programma, daar is een dergelijke robot, om nogmaals

11   Het driestadiamodel (werktuigtechniek, machinetechniek, informatietechniek) dat ik in deze paragraaf hanteer, is ontleend aan Schmidt (Schmidt 1954b, 1954a). Ik knoop hier aan bij de uitwerking van dit model door Coolen in *De machine voorbij. Over het zelfbegrip van de mens in het tijdperk van de informatietechniek* (Coolen 1992, 230-289).

Coolens terminologie te gebruiken, '*een mechanisme dat de fysische representatie van elk ingevoerd programma als één van haar mogelijke werkwijzen realiseert*. Daardoor krijgt de mathematisch-logische structuur van het programma een fysische uitwerking' (Coolen 1992, 39, 38). Waar het programma – de informatie met betrekking tot de gewenste combinatie van natuurkrachten – in de klassieke machine impliciet blijft, daar wordt de informatie in het geval van de informatieverwerkende machine geëxpliciteerd. Omdat deze explicatie een mathematisch karakter heeft, en dus zelf als een mathematisch object is op te vatten, is zij in de vorm van een eenduidig teken te representeren. Om die reden kan de machine opgevat worden als een *werkend teken* (Coolen 1992, 39). Informatieverwerkende machines kunnen met behulp van de natuurkunde worden begrepen in zoverre zich daarin fysische processen afspelen, maar ze vallen daar niet mee samen. Om ze te kunnen begrijpen, dienen we ze ook vanuit het perspectief van de informatie te bezien.

Wat deze benadering van de onderhavige problematiek onderscheidt van de dominante stromingen in de cognitieve wetenschap en het onderzoek naar kunstmatige intelligentie, is dat zij de mens niet vanuit de informatieverwerkende machine of computer begrijpt, maar omgekeerd de computer vanuit de mens. In de antropologische benadering van de techniek zijn de achtereenvolgende stadia van de techniek op te vatten als uitwendige objectiveringen van achtereenvolgende stadia van het zelfbegrip van de mens (Coolen 1992, 250-271). De techniek van het *werktuig* is afgestemd op een omgang met een onmiddellijk gegeven leefwereld. Hoewel de werktuigtechniek gebaseerd is op natuurlijke wetmatigheden, is de impliciete kennis daarvan nog niet gereflecteerd. In de *machinetechniek* daarentegen worden de benodigde technische handelingen expliciet onderdeel van het ontwerp. Er is hier sprake van een objectivering van een door het verstand voltrokken (zelf)reflectie in een uitwendig verband. In de *informatieverwerkende techniek*, tenslotte, krijgt de technische idee als zodanig een veruitwendiging in het computerprogramma. We zouden het ook zo kunnen uitdrukken: pas wanneer de mens zichzelf, op zijn minst op impliciete wijze, begrijpt als een wezen dat informatie verwerkt, is hij in staat dit inzicht te objectiveren – en als zodanig te expliciteren – in een informatieverwerkende machine. Daarmee is ook de weg geopend een expliciet *begrip* te ontwikkelen van wat informatie is.

4 Het begrip informatie

Hoewel in het voorafgaande duidelijk is geworden dat het begrip informatie (zoals overigens zovele begrippen) een antropomorf karakter bezit, is dat mijns inziens echter maar de helft van het verhaal. Een korte blik op de begripsgeschiedenis en het alledaagse gebruik van het begrip informatie laat zien dat dit niet alleen verwijst naar het denken van het menselijk *subject*, maar ook naar het *object* van de informatie. De etymologische wortels van het begrip liggen in het Latijnse *informatio* en *forma*. Dit laatste begrip is op zijn beurt een vertaling van het Griekse *eidos* (vorm), dat bij Plato en Aristoteles verwijst naar een fundamenteel kenmerk van al wat bestaat, maar tevens datgene aanduidt wat menselijke kennis mogelijk maakt. De vorm staat bij Aristoteles tegenover de stof, het potentiële aspect van het ding, als datgene waardoor dit ding zijn actuele gestalte krijgt en kenbaar is voor de mens (Weizsäcker 1974, 343). Het Latijnse *informatio* en ook de daarvan afgeleide begrippen in de moderne talen behouden deze dubbele connotatie (Schnelle 1976). In het alledaagse taalgebruik duidt het begrip informatie immers zowel op een bepaalde stand van zaken in de werkelijkheid, alsook op de mogelijkheid dat de ontvanger van de informatie een bepaalde kennis of inzicht over deze stand van zaken verwerft. Wanneer we zeggen dat een thermometer informatie geeft over de temperatuur in de kamer, dan is daarmee tevens een recipiënt van deze informatie verondersteld wiens kennis of inzicht door deze informatie wordt vergroot en die op basis van deze informatie zijn denken of handelen kan aanpassen.

Als we informatie op deze wijze opvatten, kunnen we ook zeggen dat het een *teken* is. In de semiotiek of tekenleer worden doorgaans drie dimensies ten aanzien van het teken onderscheiden, die ook in het geval van informatie relevant lijken te zijn. Het betreft het onderscheid tussen een *syntactische* dimensie die betrekking heeft op de formele relaties tussen de tekens; een *semantische*, die betrekking heeft op de verwijzende functie en de betekenis van het teken; en een *pragmatische* die betrekking heeft op de relatie tussen teken en gebruiker (zie Morris 1938; Hartshorne, Weiss en Burks 1931-1958). Met behulp van dit onderscheid zouden we informatie kunnen definiëren als een teken dat a) met een zekere waarschijnlijkheid of frequentie optreedt binnen een sequentie of arrangement van fysische gebeurtenissen, waaraan b) door een recipiënt een specifieke referentie en daardoor mogelijk ook betekenis wordt toegekend, en c) dat de potentie bezit het mentale en/of fysicke handelen of gedrag van de recipiënt op een bepaalde manier te wijzigen (Ropohl 1986). Deze definitie geeft ons een criterium om de verschillende betekenisaspecten die het begrip informatie in de verschillende gebruikscontexten heeft te onderscheiden, en stelt ons tevens in staat de eigen aard van het informationistische wereldbeeld ten opzichte van het mechanistische te articuleren. Ik licht dit kort toe aan de hand van de drie dimensies van het teken.

De definitie van de *pragmatische* dimensie laat open of de recipiënt bijvoorbeeld een mens, dier, plant of machine is. Wanneer we alleen deze dimensie tot criterium nemen, dan is niet alleen de mens een informatieverwerkend wezen, maar dan geldt dit ook voor de amoebe die op basis van bepaalde kenmerken uit zijn milieu zijn gedrag aanpast en voor de thermostaat, die op basis van de temperatuur de verwarming in- of uitschakelt. In dit opzicht behoort zelfs dit eenvoudige apparaat, in tegenstelling tot bijvoorbeeld de thermometer die de temperatuur wel afleest, maar met deze 'informatie' niets doet, tot de klasse van de informatieverwerkende entiteiten. Dat geldt ook voor eenvoudige moleculen, de zogenaamde replicateurs, die met behulp van kleinere moleculen in hun omgeving kopieën van zichzelf maken.[12] Waar in het mechanistische wereldbeeld een scherpe dichotomie ontstaat tussen materie en geest, of de geest op problematische wijze wordt gereduceerd tot materie, daar opent de informationistische invalshoek het uitzicht op een gemeenschappelijk grond van materie en geest op basis waarvan de verschillen tussen dode natuur, levende organismen en menselijke intelligentie vervolgens kunnen worden gearticuleerd.

Voor deze articulatie is het *semantische* onderscheid dat in de definitie wordt gemaakt tussen *referentie* en *betekenis* van belang. De referentie heeft zoals reeds opgemerkt betrekking op de verwijzing naar de wereld buiten het teken. Deze verwijzing kan op verschillende wijzen plaatsvinden. Zij kan, zoals in het geval van het indexicale teken, causaal bepaald zijn (bijvoorbeeld wanneer we zeggen dat rook een teken is van vuur of een temperatuurverhoging een teken van koorts), maar zij kan ook iconisch plaatsvinden, op basis van een analogie (de wijze waarop een geschilderd portret verwijst naar de geportretteerde), of symbolisch, dat wil zeggen volgens een conventie (afhankelijk van de conventie die men volgt wordt het wollige dier in de wei aangeduid als schaap, *mouton* of *sheep*).

De betekenis van een teken valt echter niet samen met de referentie, maar is ook afhankelijk van de relatie die het onderhoudt met de andere tekens binnen het systeem waarin het optreedt.[13] De semantische waarde

12   Vgl. R. Dawkins, *Onze zelfzuchtige genen*. Amsterdam/Antwerpen: Pandora, 1995, 27-35. In deze pragmatische dimensie is mijns inziens ook de mogelijkheid gegeven ons op een bepaalde manier in te leven in en mee te leven met een machine. De tamagotchi die enkele jaren geleden grote populariteit genoot onder kinderen is daarvan een interessant voorbeeld. Hoewel zij over het algemeen heel goed beseften dat het digitale wezentje dat zij trachten groot te brengen, geen levend wezen is, kan het feit dat het wezentje bij gebrek aan verzorging sterft wel degelijk intense emoties oproepen. Een boeiende analyse van de met de ontwikkeling van de computer ingezette toeschrijving van intenties aan machines is te vinden in het tweede deel van Turkle's *Life on the Screen: Identity in the Age of Internet* (Turkle 1995).

13   Het zojuist gegeven voorbeeld kan dit verduidelijken: ofschoon het Franse woord voor schaap, 'mouton' in het Engels 'sheep' als pendant heeft, is de betekenisinhoud niet gelijk, omdat er in het Engels in tegenstelling tot het Frans een apart woord voor schapenvlees bestaat, 'mutton'.

van informatie is afhankelijk van de ervaringshorizon of – hermeneutisch gesproken – de wereld van de gebruiker.

Een symptoom dat voor de arts waardevolle informatie oplevert voor het stellen van de diagnose, kan voor de patiënt betekenisloos zijn, of een heel andere betekenis hebben. Afhankelijk van de ervaringshorizon van de recipiënt kan dezelfde informatie aanleiding geven tot verschillende vormen van kennis en handelen.

Op basis van dit tweevoudige semantische criterium kan er een onderscheid worden gemaakt tussen enerzijds de mens en de lagere organismen, en anderzijds tussen de lagere organismen en de machine.[14] Terwijl een bepaalde informatie voor de mens niet alleen refereert aan een stand van zaken in de werkelijkheid, maar deze informatie tevens een betekenis heeft in de context van zijn wereld, daar lijkt de informatie bij planten en dieren voornamelijk beperkt te zijn tot de verwijzende functie, meer in het bijzonder tot de indexicale en – in het geval van de hogere primaten – de iconische verwijzing.[15] Bij de machine lijkt niet alleen de betekenis, maar ook de verwijzing geheel te ontbreken. De eerder genoemde thermostaat mag dan bijzonder doeltreffend de temperatuur in het huis regelen, de 'informatie' heeft geen enkele betekenis voor de thermostaat (vanzelfsprekend wel voor de menselijke gebruiker, vooropgesteld dat hij bekend is met de functie en werking van de thermostaat). Wanneer we er voor kiezen het adjectief informatieverwerkend te reserveren voor die wezens die een bepaalde semantiek bezitten, dan kan zelfs de meest geavanceerde computer geen informatieverwerkende machine worden genoemd. De computer doet immers strikt genomen niets anders dan op mechanische wijze elektronische signalen herschikken volgens regels die geen relatie onderhouden met de betekenis die door de computergebruiker aan deze signalen wordt toegekend.[16] Dit sluit de mogelijkheid van informatieverwerkende machines in de genoemde zin overigens niet principieel uit. Deze mogelijkheid zou echter slechts kunnen worden gerealiseerd wanneer we kans zouden zien ten minste op referentieel niveau een semantisch vermogen in de computer te implementeren. Dat de toeschrijving van informatieverwerking aan computers desondanks is ingeburgerd binnen de informatietheorie en de informatica, vloeit

14   Het hier gemaakte onderscheid is ideaaltypisch en grofmazig van aard: in werkelijkheid hebben we te maken met een breed continuüm tussen het levenloze en de meest complexe organismen.

15   De iconische verwijzing is kenmerkend voor wat Donald in *Origins of the Modern Mind: Three Stages in the Evolution of Culture and Cognition* de mimetische cognitie noemt, die bij de hogere primaten en de homoïden tot ontwikkeling komt (Donald 1991). Zie ook hoofdstuk 13.

16   De eerder genoemde mythevorming rondom informatieverwerkende machines is volgens Kramer-Friedrich nu precies gelegen in de miskenning van het onderscheid tussen elektronische signalen en de informatie die deze dragen (Kramer-Friedrich 1986, 20).

voort uit de specifieke, van het alledaagse gebruik afwijkende betekenis die in deze disciplines aan het begrip informatie wordt toegekend. De informatietheoretische definitie van het begrip informatie is namelijk strikt beperkt tot de *syntactische* dimensie van het teken. Norbert Wiener, de grondlegger van de cybernetica, definieert informatie in zijn in 1948 gepubliceerde werk *Cybernetics or Control and Communication in the Animal and the Machine* als de waarschijnlijkheid waarmee een bepaald signaal in een overdracht van signalen optreedt (Wiener 1961). Gegeven een bepaalde verzameling signalen zal ieder element van die verzameling met een bepaalde waarschijnlijkheid optreden. Deze waarschijnlijkheid bepaalt hoeveel informatie zo'n element draagt. Hoe lager de waarschijnlijkheid van optreden van een element, hoe hoger de informatiewaarde. De bewering dat de rector van de Erasmus Universiteit een hoogleraar is, heeft een hoge waarschijnlijkheid, en dus een lage informatiewaarde. Wanneer ik beweer dat de huidige rector Van Bemmel heet dan is de waarschijnlijkheid kleiner (de kans dat een rector Van Bemmel heet is immers veel kleiner dan dat een rector hoogleraar is), maar de informatiewaarde, juist om die reden, groter.

Claude Shannon, die in het eveneens in 1948 gepubliceerde *The Mathematical Theory of Communication* de informatietheorie de elegante wiskundige formulering heeft gegeven die algemeen ingang heeft gevonden in de informatietheorie, erkent de inperking van deze theorie tot de syntactische dimensie overigens volmondig: 'Vaak hebben boodschappen een betekenis, wat wil zeggen dat ze verwijzen naar of gecorreleerd zijn aan een bepaald systeem met fysieke of conceptuele entiteiten. Deze semantische aspecten zijn echter irrelevant voor de ingenieur. Het significante aspect is dat de feitelijke boodschap er een is die wordt geselecteerd uit een verzameling van mogelijke boodschappen. Het systeem moet zodanig zijn ontworpen dat het werkt bij iedere mogelijke selectie' (Shannon and Weaver 1969, 31).[17] Op basis van deze syntactische opvatting van informatie was Shannon in staat wiskundige definities te geven van de informatiecapaciteit van analoge en digitale informatiekanalen, van de mate van ruis en redundantie, etc.

De mathematische formulering van informatie opende de mogelijkheid haar te relateren aan de fysica. Zowel Wiener als Shannon verbinden het begrip informatie met de notie entropie uit de statistische mechanica. Zo stelt Wiener: 'De notie hoeveelheid informatie laat zich eenvoudig koppelen aan een klassieke notie uit de mechanica: die van de entropie. Zoals de hoeveelheid informatie een maat is van zijn organisatiegraad, zo is de entropie van een systeem een maat voor de mate van disorganisatie' (Wiener

17   Het punt is evenwel dat de semantische en pragmatische dimensies wel relevant zijn voor de ontwikkeling van een begrip van informatie dat verder reikt dan de beantwoording van de vraag naar de meest efficiënte overdracht van elektronische signalen.

1961, 18).[18] Wiener definieert informatie dus als negatieve entropie. Wat nogal wat aanleiding voor verwarring geeft, is dat Shannon informatie juist gelijkstelt aan entropie. Voor Shannon wordt de informatiewaarde gedefinieerd als de mate van vrijheid die in een communicatieproces bestaat met betrekking tot de selectie van elementen. Hoe groter de keuzevrijheid, hoe groter de onzekerheid en dus ook de entropie. Een bladzijde met *at random* geplaatste letters heeft in deze zin een grotere informatiewaarde dan een pagina uit het jaarverslag van de Erasmus Universiteit. Immers, de keuze die we hebben bij de selectie van ieder volgend element is groter in het geval van een willekeurige reeks symbolen dan in een natuurlijke taal. Hoewel dit vanuit een semantisch perspectief op het eerste gezicht een merkwaardige stelling is, is er bij nader inzien toch wel iets voor te zeggen. *Information overload*, bijvoorbeeld, heeft niet alleen te maken met de hoeveelheid van de informatie, maar vooral ook met het feit dat de verschillende en niet zelden tegenstrijdige boodschappen onze onzekerheid omtrent de stand van zaken vergroten.[19] Ondanks het verschil in interpretatie van de relatie tussen informatie en entropie is het duidelijk dat de syntactische dimensie van informatie van doen heeft met *vorm*, dat wil zeggen: met een specifieke configuratie van elementen binnen een veld van mogelijkheden, en dat deze vorm de gegeven configuratie overdraagbaar en kenbaar maakt.

De mathematische vorm van de informatietheorie en de koppeling van deze theorie aan de fysica geeft aan dat er een duidelijke continuïteit bestaat tussen het mechanistische en het informationistische wereldbeeld. Dat betekent echter niet dat informatie simpelweg kan worden herleid tot materie of energie. Ik citeerde eerder Devlin, die de informatie een basiseigenschap van het universum, naast materie en energie, noemt. Ook Wiener onderstreept het onderscheiden karakter van informatie: 'Informatie is informatie, geen materie of energie. Geen enkel materialisme dat dit niet erkent kan vandaag overleven' (Wiener 1961, 132).

Wat is de grond voor deze claims? In het voorafgaande merkte ik op dat het mechanistische wereldbeeld gebaseerd is op het postulaat van de wetmatigheid. Dat wil zeggen dat causale relaties binnen dit wereldbeeld een fundamentele plaats innemen. Dat is niet het geval binnen het informatio-

<hr>

18   Wieners opvatting sluit aan bij de wijze waarop informatie doorgaans in de biologie wordt gedefinieerd. Levende wezens lijken de tweede hoofdwet van de thermodynamica te overtreden. Waar deze hoofdwet stelt dat fysische systemen tenderen naar grotere wanorde, daar schept het organisme orde uit wanorde. In werkelijkheid vindt er hier echter geen overtreding plaats, omdat de grotere orde bereikt wordt ten koste van een grotere toename van de wanorde buiten het organisme (Schneider en Kay 1995).

19   Dit onderstreept het feit dat syntaxis weliswaar los van semantiek en pragmatiek kan worden bestudeerd, maar dat deze dimensie niet zonder betekenis is voor andere dimensies.

nistische wereldbeeld. Hoewel aan de overdracht van informatie in de meeste gevallen een causaal proces tussen zender en ontvanger ten grondslag ligt, bijvoorbeeld doordat de informatie wordt gedragen door een reeks elektronische signalen, valt de informationele relatie tussen zender en ontvanger daarmee niet samen. Het causale verhaal vertelt de ontvanger namelijk niets over het veld van mogelijkheden waarbinnen het signaal optreedt. Er zijn zelfs situaties denkbaar waarin men volledig wordt geïnformeerd zonder dat er sprake is van een causaal proces tussen zender en ontvanger. Wanneer ik bijvoorbeeld mijn televisietoestel afstem op Nederland 3, dan informeert het beeldscherm mij over hetgeen te zien is op het beeldscherm van alle andere televisietoestellen die op datzelfde moment op deze zender zijn afgestemd. Deze informatie wordt echter niet overgedragen door een causaal proces tussen mijn televisietoestel en de andere toestellen. Omgekeerd bestaan er talloze causale processen die in het geheel geen informatie overgedragen. Wanneer ik naar de rugzijde van een speelkaart kijk, dan wordt, ofschoon de kaart de oorzaak is van mijn zintuiglijke waarneming, daarmee geen informatie overgedragen met betrekking tot de vraag welke van de 52 speelkaarten de onderhavige kaart is (Dretske 1981, 29).[20]

Een analoge redenering kan worden ontwikkeld ten aanzien van de relatie tussen informatie en energie. We kunnen op grond daarvan voorlopig concluderen dat informatie een andere ontologische status heeft dan materie en energie. Dit sluit vanzelfsprekend de mogelijkheid niet uit dat er ooit een mathematische relatie tussen materie, energie en informatie wordt ontdekt, zoals dat dankzij de relativiteitstheorie ook is gebeurd met betrekking tot materie en energie.[21] Binnen de context van onze huidige kennis hebben we echter te maken met entiteiten met duidelijk onderscheiden kenmerken.

5 Het informationistische wereldbeeld

Tegen de achtergrond van de voorafgaande verheldering van het begrip informatie wil ik nu een poging ondernemen de overeenkomsten en verschillen tussen het mechanistische en informationistische wereldbeeld te

20   Informatie wordt hier gebruikt in de betekenis die Wiener aan dit begrip heeft. Op basis van Shannons definitie van entropie zou men overigens juist moeten beweren dat de speelkaart maximale informatie bevat in de zin dat de onzekerheid hier maximaal is.

21   Een interessante, zij het nog erg tastende poging daartoe onderneemt Von Weizsäcker in 'Materie, Energie, Information' (Weizsäcker 1974). Een meer recente, niet-reductionistische benadering van de relatie tussen materie, energie en informatie in de *philosophy of mind* biedt Chalmers' *The Conscious Mind* (Chalmers 1996).

formuleren. Ik neem hierbij de drie door Dijksterhuis onderscheiden betekenissen van de mechanisering van het wereldbeeld en de drie daaraan ten
grondslag liggende postulaten – analyseerbaarheid, wetmatigheid en beheersbaarheid – als leidraad.

De uitdrukking informatisering van het wereldbeeld kan in de eerste
plaats de opvatting aanduiden dat het fysische heelal letterlijk is te beschouwen als een informatieverwerkende machine.[22] De opvatting dat het menselijke brein een computer is, is er een die we aantreffen in de 'harde' sector
van het onderzoek naar kunstmatige intelligentie en is een meer toegespitste variant van deze interpretatie van het informationistische wereldbeeld.
Tegen deze opvatting lijkt op het eerste gezicht een bezwaar te kunnen
worden ingebracht dat vergelijkbaar is met het bezwaar dat Dijksterhuis
formuleert tegen de mechanistische identificatie van het heelal met een
machine, namelijk dat deze opvatting impliceert dat er een al of niet goddelijke programmeur bestaat die de natuur heeft geprogrammeerd om een
zeker doel te verwezenlijken. Dat is immers een aanname die zich moeilijk
laat rijmen met het natuurwetenschappelijke karakter van het informationistische wereldbeeld, dat net als het mechanistische uitgaat van het postulaat van de analyseerbaarheid, dat wil zeggen van de aanname dat de werkelijkheid ontleed kan worden in een verzameling los van elkaar staande,
logisch onafhankelijk van elkaar te bepalen elementen.[23] Deze kritiek gaat
echter voorbij aan het feit dat er binnen het informationistische wereldbeeld sprake is van een additioneel postulaat, dat ik zou willen aanduiden
als *het postulaat van de synthesiseerbaarheid*. Volgens dit postulaat kan de *vorm*
die een bepaalde configuratie van materie en energie heeft, steeds opnieuw
materie zijn voor een complexere vorm van organisatie op een hoger niveau. In een dergelijk proces is de informationele som groter dan de delen.

22   'Het universum-als-computatie is meer dan zomaar een metafoor. Als de
wetten van de fysica wiskundig zijn, dan zijn zij wellicht ook daadwerkelijk
berekenbaar. Misschien staat alles wel in een wiskundige relatie tot al het andere. Aangezien de universele turingmachine iedere wiskundige rekenkun-
dige bewerking kan verrichten, kan hij in principe ook het universum
"draaien". Het universum is, met andere woorden, misschien wel in werkelijkheid, niet metaforisch, een turingmachine, een patroon van eeuwige berekening' Wooley, a.w., 78. De bekendste vertegenwoordigers van deze 'digital metaphysics' zijn Fredkin, Landauer, Margolus, Toffoli en Wolfram (zie
voor een overzicht Steinhart 1998; zie ook Lokhorst 2002).
23   Volgens Coolen is het postulaat van de analyseerbaarheid in de artificiële intelligentie zelfs op twee manieren van kracht: 'Enerzijds moet elke door de
machine uit te voeren opdracht worden opgesplitst in deelopdrachten en
deze weer in nog kleinere deelopdrachten. Anderzijds moet de kennis van de
"wereld" waarop de verrichtingen van de machine betrekking hebben, worden gerepresenteerd in de vorm van een structuur van atomaire elementen'
(Coolen 1992, 46).

De evolutie van het leven op aarde vormt een goed voorbeeld van een dergelijk proces van een zelforganisatie van informatie dat tot steeds complexere informatiestructuren leidt.

Vanuit een dergelijk *bottom up* perspectief bezien impliceert de opvatting dat het fysische heelal een informatieverwerkende machine is dus allerminst noodzakelijk het bestaan van een goddelijke programmeur. Het idee dat informatieverwerkende systemen in staat zijn tot zelforganisatie heeft ook belangrijke implicaties voor het ontwerp van informatieverwerkende machines. Onderzoek op het gebied van neurale netwerken en genetische algoritmen – dat wil zeggen: algoritmen die zich volgens het principe van een on-natuurlijke selectie ontwikkelen – suggereert dat het ontwerp van de steeds complexer wordende computers in de toekomst nog veel meer dan dit nu al het geval is door computers zelf zal worden gedaan.

De tweede betekenis die naar analogie met Dijksterhuis aan de uitdrukking informatisering van het wereldbeeld kan worden gegeven, luidt dat deze uitdrukking slaat op de tendens van de informatiewetenschappen te zoeken naar de verborgen algoritmen achter het zintuiglijk ervaarbare. De vooronderstelling daarbij is dat het reële verloop van de gebeurtenissen die zich in de werkelijkheid afspelen door een computerprogramma zijn na te bootsen. Dit uitgangspunt zouden we in navolging van Coolen kunnen aanduiden als het *postulaat van de programmeerbaarheid*. Door dit postulaat krijgt de wetenschappelijke verklaring een nieuwe betekenis. Binnen het informationistische wereldbeeld betekent verklaren niet langer het verbinden van atomaire elementen met behulp van een wetmatigheid, maar het kunnen schrijven van een computerprogramma dat ditzelfde bestudeerde verschijnsel bewerkstelligt (Coolen 1992. 49).[24] Volgens aanhangers van de sterke versie van het informationistische wereldbeeld is daarmee het verschijnsel afdoende verklaard. Wanneer we een programma kunnen schrijven dat het intelligente gedrag van een mens overtuigend simuleert, is daarmee ook daadwerkelijk een intelligente entiteit geconstrueerd. De befaamde Turing-test is op dit be-

---

24   Daarbij wordt er ook hier niet per definitie van uitgegaan dat de mens als programmeur optreedt. Aanhangers van de meer recente evolutionaire benadering binnen het onderzoek naar kunstmatige intelligentie en kunstmatig leven (*a-life*) stellen dat de complexiteit van veel verschijnselen een *top down* benadering uitsluit. Als het menselijke brein al in een computerprogramma te vangen zou zijn, dan zou dat honderden miljoenen, zo niet miljarden regels aan code vereisen. Zeker wanneer men bedenkt dat het aantal ongewenste interacties tussen de instructies van een programma snel toeneemt met de omvang van het programma, is het duidelijk dat de programmeerbaarheid vanuit een menselijk perspectief bezien zijn strikte grenzen kent. In het kader van het transhumanistische project van de informationistische wetenschappen in hoofdstuk 14 kom ik hier nog op terug.

havioristische uitgangspunt gebaseerd: wanneer we het gedrag van de computer niet kunnen onderscheiden van het intelligente gedrag van de mens, dan kan dit programma ook daadwerkelijk intelligent worden genoemd. Dit brengt ons op de derde betekenis die aan het informationistische wereldbeeld kan worden toegeschreven. Deze luidt, net als in het geval van het mechanistische wereldbeeld, dat de werkelijkheid in een mathematische taal dient te worden beschreven omdat deze zelf uiteindelijk in een wiskundige taal is geschreven. In dit opzicht is het informationistische wereldbeeld duidelijk een voortzetting van het mechanistische. Maar het is tevens een transformatie daarvan. Deze wiskundige taal is immers niet langer primair de taal van de mechanica, die de beweging van lichamen beschrijft, maar de taal van de informatica, die de overdracht van informatie beschrijft.

Een feit blijft natuurlijk dat de wiskundige beschrijving in sterke mate abstraheert van de concrete communicatieprocessen die in de natuur plaatsvinden. In het voorafgaande merkte ik op dat de wiskundige taal van de informatietheorie in feite slechts één dimensie van het verschijnsel informatie tot uitdrukking brengt: die van de syntaxis. Pogingen om ook de semantische en pragmatische dimensie te formaliseren zijn tot op heden allemaal mislukt. Nu bewijst dat natuurlijk nog niet dat dit in principe onmogelijk zou zijn. Maar zelfs als dit zou lukken blijft het de vraag of alle verschijnselen in algoritmen zijn uit te drukken. Zelfs in de besloten wereld van de wiskunde is dat al niet het geval. Turing heeft overtuigend aangetoond dat er 'talloze' getallen zijn die in principe niet-berekenbaar zijn (Gandy 1980; Pour-El and Richards 1982; Davies 1992). Een en ander lijkt principiële grenzen te stellen aan de programmeerbaarheid en dus verklaarbaarheid van de werkelijkheid.

Dit neemt overigens allerminst weg dat de informatisering van het wereldbeeld vergaande consequenties heeft voor onze ervaring van en omgang met de werkelijkheid. Niet alleen de wetenschappelijke verklaring krijgt door het postulaat van de programmeerbaarheid een wezenlijk andere betekenis, maar ook de voorspelling en de beheersing van gebeurtenissen. Waren binnen het mechanistische wereldbeeld de feitelijke wetmatigheden van de natuur het uitgangspunt van voorspelling en beheersing, binnen het informationistische wereldbeeld zijn deze wetmatigheden *zelf* het object van beheersing. Informationistische wetenschappen als *artificial physics* en *artificial life* beperken zich niet langer tot de beheersing van de materie (waarvan de lange geschiedenis teruggaat op de vervaardiging van de eerste vuistbijlen) en de energie (die op zijn laatst begint met de beheersing van het vuur), maar zijn gericht op een beheersing van de informatie die in natuurwetten is vervat (Kelly 1994, 126). We kunnen hier spreken van een *postulaat van de manipuleerbaarheid*. Wanneer de wetmatigheden van de natuur zelf tot object van beheersing worden, wordt de weg geopend

naar het programmeren van nieuwe universa. Informationistische wetenschappen zijn daarom te beschouwen als *modale* wetenschappen die niet
zozeer worden geleid door de vraag hoe de werkelijkheid *is*, maar hoe deze
zou kunnen zijn: 'AI moet worden beschouwd als een voorbeeld van het
ontstaan van een nieuwe klasse van postmoderne wetenschappen, postmodern omdat ze afstand doen of in sterke mate afstand nemen van de uitdaging een waarheidsgetrouwe afbeelding van de werkelijkheid te maken, en
het daarentegen als hun missie zien om de mogelijkheden en onmogelijk-
heden van virtuele werelden te onderzoeken. Het zijn modale wetenschappen, die vrijelijk heen en weer gaan tussen noodzaak en mogelijkheid.
Wetenschap wordt zo tot een kunst van het mogelijke, aangezien de interessante vragen niet langer betrekking hebben op hoe de wereld is, maar
hoe hij zou kunnen zijn, en hoe we op de meest efficiënte wijze nieuwe
universa kunnen scheppen – gegeven deze of gene verzameling van computationele bronnen' (Emmeche 1991, 161).[25] Modale wettenschappen –
en hier ligt een interessante parallel met de moderne kunst – zijn niet langer
primair gericht op nabootsing van de natuur, maar veeleer op de creatie
van nieuwe natuur. Het is tegen deze achtergrond dat we de veranderde
houding ten opzichte van het voorspellen moeten bezien, die Alan Kaye
treffend onder woorden heeft gebracht in de uitspraak die ik als motto
meegaf aan hoofdstuk 1: 'De beste manier om de toekomst te voorspellen is
haar uit te vinden'.

Een en ander betekent overigens niet dat de informatisering van het
wereldbeeld leidt tot totale voorspelbaarheid en beheersing, zoals door
sommigen wordt gehoopt en door anderen wordt gevreesd. Iedere vorm
van beheersing en manipulatie brengt zijn eigen vormen van toeval en wedervaren met zich mee. Het is niet ondenkbaar dat de mate van onvoorspelbaarheid en onbeheersbaarheid in het geval van wetenschappen die zijn
gebaseerd op het postulaat van de manipuleerbaarheid nog groter zal blijken te zijn dan bij de wetenschappen die hun grond hebben in het postulaat

25 Ook in de traditionele wetenschappen treedt deze vraag onder invloed van
de informatisering van het wereldbeeld steeds vaker op de voorgrond. Een
goed voorbeeld daarvan is het zogenaamde model van de chaotische inflatie
dat sinds het begin van de jaren tachtig in de astronomie tot ontwikkeling is
gekomen. Volgens dit op de metingen van NASA's Cosmic Background Explorer gebaseerde model is het waarneembare heelal slechts één van de (mogelijk zelfs oneindig) vele heelallen, die zijn ontstaan doordat er op sommige
plaatsen in het prille heelal korte perioden van versnelde uitdijing (inflatie)
plaatsvonden. Deze vanuit ons heelal onwaarneembare (maar uit de kosmische achtergrondstraling wel afleidbare) heelallen kunnen niet alleen enorm
van het onze verschillen qua dichtheid en temperatuur, maar ook wat betreft
de specifieke natuurwetten die er gelden en het aantal ruimtelijke dimensies
(Barrow 1994, 77v.).

van de beheersbaarheid. Uiterst geringe afwijkingen in een algoritme hebben vaak enorme afwijkingen van het oorspronkelijke resultaat tot gevolg.

Zoals de mechanistische beheersing kampt met het probleem dat complexe causale samenhangen en onbedoelde neveneffecten strikte grenzen stellen aan de voorspelbaarheid en beheersbaarheid, zo zullen de complexiteit van informationele relaties en onbedoelde interferenties tussen computerprogramma's het menselijke verlangen het lot in eigen hand te nemen steeds opnieuw en zonder einde frustreren (De Mul 1994a). Maar dat zal de mens er niet van weerhouden de manipulatie van de wetten die onze wereld beheersen te beproeven.

Het is zonneklaar dat die manipulatie van natuurwetten tot op heden beperkt blijft tot computersimulaties van de werkelijkheid. Herprogrammering van de wetten die het fysische universum reguleren ligt ver buiten het menselijke vermogen en zal dat misschien wel altijd blijven. Maar het lijdt mijns inziens geen twijfel dat een steeds groter deel van het menselijke leven zich zal gaan afspelen in hybride, *augmented spaces*, samengesteld uit fysieke en virtuele ruimten. Voor de mens bezitten deze werelden een realiteit die zich aan gene zijde bevindt van de traditionele oppositie van 'zijn en schijn'. Het zijn schijnwerelden met uiterst reële effecten. Dat klinkt abstract, maar wie in een winkel met een pinpasje betaalt, handelt reeds in een dergelijke hybride wereld, waarin de virtuele geldstromen naadloos zijn verweven met handelingen in het fysische domein.

Het lijkt me geen onzinnige voorspelling dat het aandeel van de virtuele dimensie van ons leven in het komende tijdvak enkel zal toenemen. Dit lijkt de voorspelling te rechtvaardigen dat de domesticatie van de informatie ons, op een nog veel radicalere wijze dan de domesticatie van materie en energie binnen het mechanistische wereldbeeld dit heeft gedaan, een nieuwe wereld, of in dit geval beter nog: een veelheid van nieuwe werelden binnen zal voeren. En zoals degenen die de eerste schreden in de mechanische wereld zetten, nauwelijks de vergaande implicaties van deze stappen konden bevroeden, zo is het ons thans niet vergund veel meer dan een glimp op te vangen van de fundamentele veranderingen die ons nog te wachten staan.

8 DE WERELD IN HET TIJDPERK VAN ZIJN DIGITALE REPRODUCEERBAARHEID

Een virtuele oefening in derealisatie

Vroeger was de werkelijkheid hard, men stootte zich
er tegen, brak er de tanden op en rende er net zo lang
tegenaan tot de schedel het begaf. Niet zo heel lang geleden werd zij wattig, de hand die haar wilde grijpen
kon haar niet meer vatten, en de roep om haar bleef
zonder echo. En tegenwoordig is de werkelijkheid bezig schuimig te worden, een woekerende hoop zeep-
bellen, die bij de geringste aanraking uit elkaar spat.

Vilèm Flusser

De informatie- en communicatietechnologie speelt een cruciale rol in de
transformatie van de moderne naar de postmoderne cultuur. De digitale
technologie heeft vergaande implicaties voor de centrale thema's waarop
de discussies over de postmoderne cultuur zich tot op heden hebben toegespitst: de transformatie van de menselijke subjectiviteit en identiteit, de
grenzen van de wetenschappelijke rationaliteit en technische beheersing
en, niet in de laatste plaats, het vraagstuk van de representatie. In dit hoofdstuk wil ik de implicaties van de digitale technologie voor het laatstgenoemde vraagstuk uiteenzetten aan de hand van een analyse van de fotografie, een representatievorm die niet zonder reden een bijzondere plaats
inneemt in discussies over modernisme en postmodernisme. Enerzijds namelijk kan de fotografie vanwege haar speciale denotatieve status in vergelijking met klassieke visuele representatievormen als de schilderkunst worden beschouwd als een typisch moderne representatievorm. Anderzijds
lijkt de fotografie het paradigmatische voorbeeld te zijn van de transformatie van het moderne begrip van representatie. De centrale thema's die telkens weer opduiken in de discussies over de postmoderne deconstructie
van de representatie, zoals (het verdwijnen van het) auteurschap, originaliteit en uniciteit, zijn stuk voor stuk ten nauwste verbonden met de aard van
de fotografie (zie Solomon-Godeau 1984). In dit hoofdstuk zal ik argu-

menteren dat de digitalisering van de fotografie de postmoderne deconstructie van de representatie van een elitaire theorie tot een alledaagse praktijk heeft gemaakt. In de eerste paragraaf geef ik een beknopte schets van de digitale beeldbewerking en de plaats die de fotografie daarbinnen inneemt. In een poging de ontologische status van de digitale foto te bepalen, ga ik in de tweede paragraaf, tegen de achtergrond van Heideggers analyse van de moderniteit, nader in op de zuivere denotatieve status die binnen het moderne wereldbeeld aan de foto wordt toegeschreven. In de derde en vierde paragraaf ga ik vervolgens aan de hand van Barthes' analyse van de fotografische connotatie en Benjamins analyse van de fotografische reproduceerbaarheid in op de postmoderne deconstructie van de 'zuivere denotatieve status' van de fotografische representatie. In de vijfde paragraaf, ten slotte, zal ik laten zien hoe de digitalisering van de fotografie deze deconstructie radicaliseert en transformeert. Daarbij vindt een terugkeer plaats van de door de fotografische reproductie vernietigde aura van het beeld.

1 Digitale beeldbewerking

Met de digitalisering van het beeld heeft zich in de fotografie in enkele decennia een fundamentele, zij het voor het menselijk oog niet altijd zichtbare revolutie voltrokken. De traditionele foto, zoals we die sinds anderhalve eeuw kennen, is een analoge afbeelding van de werkelijkheid. De door het afgebeelde object uitgezonden of gereflecteerde lichtstralen worden via een lenzenstelsel geprojecteerd op een drager met een chemische emulsie en daarop zowel ruimtelijk als tonaal op continue wijze gefixeerd. Zoals ik in hoofdstuk 6 uiteen heb gezet, wordt bij een digitale afbeelding het picturale vlak daarentegen met behulp van een eindig cartesiaans cellenraster ingedeeld, waarbij de kleur en intensiteit van ieder van de cellen (in het voor de informatietechnologie obligate Engels *picture elements* of *pixels* genaamd) wordt gespecificeerd door er een binair getal uit een eindige reeks aan toe te kennen. De resulterende getallenverzameling kan vervolgens worden opgeslagen in een computergeheugen, worden gekopieerd en bewerkt, elektronisch worden getransporteerd en door uiteenlopende apparaten worden teruggevertaald tot een gedrukt of elektronisch weergegeven beeld.

De ontwikkeling van de digitale beeldbewerking (*digital imaging*) vond zijn aanvang in het midden van de jaren vijftig met de ontwikkeling van de eerste digitale *scanners* van analoge afbeeldingen. Deze uit zwarte en witte blokjes opgebouwde beelden uit die tijd verraden nog onmiskenbaar het proces van digitalisering, maar dankzij de sterk verbeterde kwaliteit van scanners en beeldschermen en de exponentiële groei van de voor de opslag benodigde computergeheugens, is het gebruikte raster in de huidige kleurenscanners inmiddels zo fijn en het aantal onderscheiden kleuren en intensiteiten zo groot, dat het menselijk oog de digitale afbeeldingen niet langer van analoge kan onderscheiden. Met de ontwikkeling van de multimediale computer in de jaren tachtig kwamen ook veelzijdige beeldbewerkingsprogramma's op de markt. In de afgelopen decennia kwam tenslotte ook de digitale camera tot ontwikkeling. Aanvankelijk bleef het gebruik van de genoemde hard- en software vanwege de hoge kosten voornamelijk voorbehouden aan natuurwetenschappelijk – o.a. sterrenkundig en medisch – en militair onderzoek. In de jaren tachtig werd de digitale technologie echter geleidelijk aan goedkoper en vond zij toepassing in de klassieke massamedia zoals televisie en dagbladen. In het afgelopen decennium beleefde de digitale beeldbewerking met de nieuwste generatie goedkope, maar krachtige multimediacomputers, gebruiksvriendelijke beeldbewerkingsprogramma's als *Photoshop* en betaalbare digitale camera's haar massale doorbraak bij het 'grote publiek'.

Het valt te verwachten dat de digitale beeldbewerking vanwege haar technische mogelijkheden en economische voordelen de traditionele fotografie in korte tijd uit vrijwel al haar functies zal verdringen. Digitale beelden laten zich in vergelijking met de traditionele fotografie snel, goedkoop en met een geringere belasting en vervuiling van natuurlijke hulpbronnen massaal vermenigvuldigen, via computernetwerk of telefoon transporteren, en met behulp van uiteenlopende apparaten analoog of digitaal publiceren. Bovendien laten digitale beelden zich in multimediale toepassingen (zoals cd-roms en het World Wide Web) moeiteloos met gedigitaliseerde tekst en geluid mengen en staan zij een haast ongelimiteerd aantal vormen van beeldmanipulatie toe. Met behulp van de genoemde beeldbewerkingsprogramma's kunnen de kleuren, het contrast en de scherpte naar believen worden gewijzigd, vormen worden aangepast en beeldelementen worden verplaatst, toegevoegd en verwijderd. De *Wall Street Journal* schatte begin 1989 dat op dat moment reeds meer dan 10% van alle in de Verenigde Staten gepubliceerde kleurenfoto's digitaal waren geretoucheerd of gemanipuleerd (Ansberry 1989). Inmiddels betreft het, ook in Nederland, zonder enige twijfel al een veelvoud van dat percentage.

Digitale beeldbewerking neemt de traditionele functies van de fotografie over, maar is duidelijk meer dan 'elektronische fotografie'. Met behulp van computerprogramma's als *Paint* en *AutoCAD* kan namelijk ook op elektronische wijze worden getekend, geschilderd en driedimensionaal ontworpen. Met dergelijke programma's kunnen afbeeldingen worden gemaakt die een fotografisch-realistische indruk maken. In de voorafgaande hoofdstukken hebben we hiervan reeds verschillende voorbeelden genoemd: architecten tonen hun cliënten fotorealistische 'foto's' van een nog te bouwen huis en in Hollywoodfilms en computerspellen wandelen levensechte digitale auteurs door digitale werelden. In virtual reality-systemen worden deze werelden driedimensionaal. De bezoekers van deze werelden worden daarin niet alleen zintuiglijk ondergedompeld (*immersed*), maar zij kunnen zich daarin tevens, binnen bepaalde grenzen, vrij bewegen en met de dingen en personen in deze werelden interageren. In ieder van de genoemde toepassingen kunnen fotografisch verkregen en synthetische beelden in alle mogelijke verhoudingen worden vermengd. De traditionele scheidslijn tussen fotografie en andere visuele representatievormen, alsook de institutionele grenzen tussen fotografie, typografie en grafisch ontwerp, worden daardoor aangetast. Een digitale afbeelding *kan* een foto zijn, maar daarover kan nooit volstrekte zekerheid bestaan. Op zijn best kunnen als foto gepresenteerde digitale beelden worden gefalsifieerd door (fysische of historische) inconsistenties in de afbeelding (Mitchell 1994, 31-7).

Omdat digitale beeldbewerking tot op heden vooral wordt gebruikt ter vervanging van de traditionele functies van de fotografie (het mechanisch vervaardigen en vertonen van afbeeldingen van de werkelijkheid), wordt zij vaak aangeduid als digitale fotografie. Maar deze benaming, zo stelt Mitchell in zijn boek *The Reconfiguration of the Eye*, versluiert dat we hier, zelfs wanneer de beeldbewerking zich tot de genoemde fotografische functies beperkt, met een fundamenteel ander medium van doen hebben: 'Hoewel een digitaal beeld wanneer dit in een krant wordt gepubliceerd er net zo uit kan zien als een traditionele foto, verschilt het daar net zoveel van als een foto van een schilderij. Het verschil is gegrond in een fundamenteel fysisch verschil dat verstrekkende logische en culturele consequenties heeft' (Mitchell 1994, 4). Het cruciale verschil tussen traditionele en digitale fotografie berust echter niet alleen op de door Mitchell genoemde fysische verschillen tussen beide media, maar hangt evenzeer samen met het feit dat zij gefundeerd zijn in twee essentieel verschillende wereldbeelden.[1]

---

1   De transformatie van het wereldbeeld en de ontwikkeling van de technologie hangen daarbij nauw samen. Er is daarbij geen sprake van een wederkerige beïnvloeding: 'Technology does not determine society: it embodies it. But neither does society determine technological innovation: it uses it' (Castells 1996, 5). De uitvinding van de fotografie is hiervan een goed voorbeeld. De ontwikkeling van de fotografie is niet louter techniekgedreven. Het heeft geruime tijd geduurd voordat de twee constituenten van de fotografie – de reeds door Aristoteles beschreven *camera obscura* en de al in de Middeleeuwen bekende chemische fixatie van lichtstralen – werden samengevoegd. Dit suggereert dat er een ook verandering van conceptueel kader vereist was voordat de fotografie tot ontwikkeling kon komen.

2 Fotografie als moderne metafysica

Gedurende vele eeuwen gold de metafysica als een samenhangend geheel van uitspraken over de meest fundamentele gronden en oorzaken van de werkelijkheid. De metafysica voerde, vaak niet zonder een zekere minachting voor de empirische wetenschappen, de pretentie de laatste vragen omtrent het zijnde te beantwoorden. Onder invloed van de door Kant bewerkstelligde copernicaanse revolutie is het beeld van de metafysica echter op radicale wijze veranderd. De vraag naar het zijnde is niet langer primair een vraag die betrekking heeft op de werkelijkheid zelf, maar een vraag om verheldering van het interpretatieve kader van waaruit we deze werkelijkheid tegemoet treden: 'Indien de vraag "wat is het zijnde?" in die zin wordt genomen, wordt er dus niet gevraagd naar feitelijke informatie over bestaande entiteiten – welke er in feite voorkomen, wat voor eigenschappen ze vertonen, waar hun voorkomen door verklaard kan worden; in die zin dus geen "empirische wetenschap" – maar naar een explicitering of verheldering van het maatgevende bestek of kader, waardoor wijzelf ons reeds laten leiden bij ons spreken over entiteiten, bij ons waarnemen van, theoretisch zoeken naar en praktisch omgaan met, al datgene wat krachtens deze maatstaven als "zijnd" geldt' (Duintjer 1988, 77). Indien we haar zo opvatten, heeft de metafysica met andere woorden geen betrekking op empirische objecten, maar op de voorwaarden van hun verschijnen.

In het licht van het voorafgaande kan worden gesteld dat ook de moderne natuurwetenschap een meta-fysische dimensie bezit: zij laat de werkelijkheid op een specifieke wijze aan de mens verschijnen. In het vorige hoofdstuk hebben we aan de hand van Dijksterhuis' studie *De mechanisering van het wereldbeeld* laten zien dat de opkomst van het experiment en de mathematische beschrijving van de natuur niet alleen van grote betekenis was voor de wetenschappen en de samenleving, maar ook heeft geleid tot een fundamentele transformatie van het wereldbeeld. In die zin kan men stellen dat de moderne natuurwetenschappen de kern uitmaken van de dominante metafysica van de moderne cultuur. Heidegger heeft in *Die Zeit des Weltbildes* deze metafysische dimensie van de moderne natuurwetenschappen geanalyseerd aan de hand van het begrip 'objectiviteit'. Nadat hij de moderne wetenschap heeft gekarakteriseerd als een geïnstitutionaliseerde, op strenge methoden gebaseerde vorm van *research*, stelt hij dat het onderscheidende kenmerk van de moderne wetenschap is gelegen in haar objectiviteit. De moderne wetenschap objectiveert het zijnde: 'Deze objectivering van het zijnde gebeurt in een voorstellen, dat er op uit is elk zijnde zo voor zich te brengen, dat de rekenende mens zéker, dat is gewis kan zijn van het zijnde. Tot wetenschap als navorsing komt men pas dan, *als de waarheid zich gewijzigd heeft in zekerheid van voorstelling*' (Heidegger 1957, 87, curs. JdM). Heidegger betoogt op grond van deze analyse dat de moderne tijd het eerste tijdvak is, waarin zoiets als een *wereldbeeld* kan bestaan. Eerst in de moderne tijd wordt de wereld begrepen als beeld voor een voorstellend subject. In feite is de uitdrukking 'modern wereldbeeld' een pleonasme, omdat in de oudheid en de Middeleeuwen de wereld in het geheel niet als beeld werd opgevat: 'Het wereldbeeld wordt niet van een voorheen middeleeuws tot een modern, maar precies dát de wereld tot beeld wordt, daardoor onderscheidt zich het wezen van de Moderne Tijd' (Heidegger 1957, 90).

De fotografie is de paradigmatische uitdrukking van de moderne metafysica, zoals deze door Heidegger is geïnterpreteerd.[2] De fotografie is een van de belangrijkste hulpmiddelen geweest waarmee de moderne mens zijn wereld tot beeld heeft getransformeerd. Meer dan enig ander instrument geeft het fototoestel het menselijk subject een *beeld* van de werkelijkheid, en meer dan enig ander beeld wordt het fotografische beeld gekenmerkt door *objectiviteit*. De fotografische afbeelding biedt ons niet alleen een perfecte voorstelling van de zijnden, maar geeft ons ook een onmiddellijke zekerheid over het bestaan ervan.

In de geschiedenis van de fotografie zijn deze kenmerken van de fotografie, die haar wezenlijk onderscheiden van andere reproductievormen zoals de schilderkunst, telkens opnieuw onderstreept. Het volgende citaat van André Bazin uit *De ontologie van het fotografische beeld* is representatief voor deze dominante traditie in de theorie van de fotografie: 'Het objectieve karakter ervan geeft de foto een geloofwaardigheid die bij alle andere beeldvormen afwezig is. In weerwil van alle tegenwerpingen die onze kritische geest kan maken, worden we gedwongen de realiteit van het bestaan van het gereproduceerde, beter nog, gerepresenteerde object te accepteren. De fotografie geniet een zeker voordeel dankzij deze overdracht van realiteit van het ding naar de reproductie' (Bazin 1980, 241).

Roland Barthes noemt de fotografie in de artikelen die hij in de jaren zestig wijdt aan de fotografie om die reden 'een mechanische analogie van de realiteit' en als zodanig 'een boodschap zonder code' (Barthes 1982a, 18-9). In zijn laatste boek, *La chambre claire*, gaat hij uitvoerig in op wat hij in de vroege artikelen aanduidt als de 'pure "denotatieve" status' (Barthes 1982a, 19) van het fotografische beeld. Met behulp van een aan Peirce ontleende terminologie stelt hij dat het fotografische teken niet primair door een conventie (zoals in het geval van het arbitraire symbool) of een of andere vorm van gelijkenis (zoals in het geval van het iconische teken) aan de referent is verbonden, maar in een *indexicale relatie* tot zijn referent staat. De

---

2   Zie voor een uitvoeriger analyse van de relatie tussen fotografie en metafysica het artikel 'Fotografie als metafysica' (De Mul 1989), waaraan enkele passages in de hiernavolgende alinea's zijn ontleend.

foto en het afgebeelde grenzen op causale wijze aan elkaar, op dezelfde wijze als een voet en een voetstap in het zand aangrenzend zijn, of een dodenmasker en het gezicht van de dode. De foto vormt zich als een chemische fixatie van lichtstralen die door het afgebeelde object of de afgebeelde persoon worden uitgezonden: 'De schilderkunst kan de werkelijkheid veinzen zonder haar gezien te hebben. Het vertoog combineert tekens met elkaar die weliswaar referenten hebben, maar die referenten kunnen "hersenschimmen" zijn en zijn dat meestal ook. In tegenstelling tot die nabootsingen kan ik bij de Fotografie nooit ontkennen dat *het iets er geweest is*. ... De foto is een letterlijke uitstraling van de referent' (Barthes 1988, 83, 87)

Roger Scruton komt in *The Eye of the Camera*, vanuit een geheel andere traditie, tot een vergelijkbare conclusie: 'Een foto is altijd een foto van iets. Met andere woorden: als een foto een foto van een bepaald onderwerp is, dan volgt daaruit dat dat onderwerp bestaat. Als x een foto is van een man, dan bestaat die man waarvan x een foto is. En daaruit volgt ook dat die man ongeveer is zoals hij op de foto verschijnt. Wanneer we de relatie tussen de ideale foto en zijn onderwerp willen karakteriseren, dan bestaat die niet in een intentie maar in een causaal proces, en ook wanneer er in de regel van een intentionele handeling sprake is, vormt deze niet de essentie van de foto' (Scruton 1983, 79)

Het mechanische, niet-intentionele karakter van het fotografische beeld impliceert overigens niet dat het menselijke subject geen enkele rol zou spelen in de fotografie. Zelfs in het geval van Scrutons ideale foto hebben we te maken met een voorstelling die noodzakelijk naar een *waarnemend subject* verwijst. Ook Heidegger onderstreept in *Die Zeit des Weltbildes* dat het voor de moderne tijd kenmerkende objectivisme noodzakelijk gepaard gaat met een even radicaal subjectivisme. Indien de hele werkelijkheid tot voorstelling wordt, dan wordt de mens tot het referentiepunt van het zijnde als zodanig. De mens wordt daarmee tot *subjectum*. Dit begrip duidt in de metafysica van oudsher op datgene waarin elk zijnde zijn grond vindt. In het verleden werd dit *subjectum* bepaald als Idee (Plato), substantie (Aristoteles) of God (de christelijke traditie). Kenmerkend voor de moderne tijd is nu dat de mens tot het eerste en eigenlijke *subjectum* wordt. 'Het zijnde in het geheel wordt nu zo opgevat, dat het enkel en alleen "zijnd" is, voorzover het door de voorstellende en voortbrengende mens tot staan is gebracht' (Heidegger 1957, 89).

Dankzij de fotografie is niets, van het microscopisch kleine tot het telescopisch grote, veilig voor het 'planetaire imperialisme' van het moderne subject (Heidegger 1957, 111). 'Een foto', zo schrijft Susan Sontag in *On Photography*, 'is werkelijk een vastgelegde ervaring, en de camera is voor het bewustzijn in zijn algehele veroveringsdrang het ideale wapen' (Sontag 1979, 17). Ook Barthes wijst in *La chambre claire* op het agressieve karakter van de fotografie: 'De foto is gewelddadig, niet omdat hij gewelddadige dingen toont, maar omdat hij telkens opnieuw het gezichtsveld met geweld vult, en omdat hem niets geweigerd kan worden' (Barthes 1988, 91). Deze agressiviteit heeft er ongetwijfeld toe bijgedragen dat de fotografie in enkele decennia de gehele westerse cultuur heeft kunnen koloniseren: 'Minder dan dertig jaar na die uitvinding als een grappig apparaatje voor de elite, werden foto's gebruikt voor politiearchieven, oorlogsverslaggeving, militaire verkenning, pornografie, encyclopedische documentatie, familie-albums, ansichtkaarten, antropologische verslaggeving (die vaak, zoals in het geval van de indianen in de Verenigde Staten, gepaard ging met genocide), sentimentele zedenlesjes, agressief onderzoek (met een foutieve benaming: "candid camera" genoemd), esthetische effecten, nieuwsvoorziening en officiële portretten' (Berger 1979/1980, 54; zie ook Sontag 1979). Met de ontwikkeling in de twintigste eeuw van de geïllustreerde tijdschriften en van de op de fotografie gebaseerde massamedia film en televisie, kwam de massale verspreiding van het fotografische beeld in een nieuwe stroomversnelling terecht. Hoewel het schrift zijn vooraanstaande plaats in onze cultuur niet heeft verloren, is onze cultuur in belangrijke mate een beeldcultuur geworden (Bolter 1996). Door de massamedia, en meer recent en in toenemende mate door de multimediale computer, worden we dagelijks bestookt met vele honderden beelden. Het moderne subject is niet alleen in talloze (grote) verhalen verstrikt (zie Schapp 1988; Lyotard 1987), maar ook in een bijna eindeloos web van fotografische beelden.

3 De connotatieve deconstructie van de fotografische denotatie

Kan de fotografie met recht de paradigmatische uitdrukking worden genoemd van het moderne, mechanistische wereldbeeld, tegelijkertijd heeft zij een cruciale rol gespeeld in de transformatie van het moderne naar het postmoderne, informationistisch wereldbeeld. Daarbij kunnen verschillende aspecten worden onderscheiden. In de eerste plaats kan het ongecodeerde karakter van het fotografische teken niet verhinderen dat dit teken in tweede instantie alsnog kan worden gecodeerd. Barthes heeft deze 'secundaire codering' van het fotografische beeld in zijn vroege artikelen over de fotografie in kaart gebracht met behulp van het aan 'denotatie' complementaire begrip 'connotatie'. Onder denotatie verstaat Barthes het proces van betekening (*signification*), waarin een verwijzing plaatsvindt van betekenaar naar betekenis. In het geval van het verbale taalteken denoteert het akoestische beeld de psychische voorstelling. Zoals in de voorafgaande paragraaf werd uiteengezet, onderscheidt het fotografische teken zich van het verbale taalteken (en andere arbitraire symbolen), doordat het op rechtstreekse wijze verwijst naar het gefotografeerde object.

Het fotografische teken als geheel (de fotografische afbeelding én het gedenoteerde object gezamenlijk) kan echter op zijn beurt weer gaan fungeren als betekenaar of betekenis in een betekening van een hogere orde. In dat geval is er sprake van een *connotatie* en krijgt het teken een tweede, symbolische betekenis (Barthes 1982b). De connotatie doet zich op twee onderscheiden wijzen voor.

Wanneer het fotografische teken als geheel gaat functioneren als een *betekenaar* in een ander tekensysteem (bijvoorbeeld wanneer een foto van een nationale vlag als betekenaar gaat optreden en fungeert als verwijzing naar 'vaderlandsliefde'), dan betreden we volgens Barthes voor wat de betekenaars betreft het terrein van de retoriek, en voor wat de betekenissen betreft dat van de ideologie en de mythe. Indien het fotografisch teken als geheel als *betekenis* gaat functioneren (bijvoorbeeld wanneer we, zoals hier, een foto van een vlag bespreken in een theoretisch betoog) dan betreden we het terrein van de metataal.

In zijn analyses van de pers- en reclamefotografie legt Barthes alle nadruk op de connotatieve processen die maken dat de foto, in weerwil van zijn zuivere denotatieve status, geen getrouwe afspiegeling van de werkelijkheid vormt, maar deze integendeel omvormt, manipuleert, en in zekere zin zelfs *schept*. De keuze van het onderwerp, compositie en lens, de pose van het gefotografeerde object, de omvorming van een drie- naar een tweedimensionele werkelijkheid, het combineren van de foto met talige uitdrukkingen (zoals het onderschrift) en vooral ook de context waarin de afgedrukte foto wordt geplaatst (fotoalbum, krant, theoretisch betoog, reclame, expositie, portefeuille), dit alles legt een tweede, connotatieve betekenis over de zuivere fotografische denotatie heen. De connotaties die aan de foto worden gehecht zijn niet natuurlijk, maar steeds cultureel-historisch bepaald: 'Dankzij de connotatieve code is de lectuur van een foto altijd historisch; deze is afhankelijk van de "kennis" van de lezer, alsof het om een echte taal zou gaan, alleen begrijpelijk als men de tekens geleerd heeft' (Barthes 1979/80, 47).

Het bovenstaande impliceert dat objectieve, niet-intentionele denotatie – Scrutons ideale foto – enkel optreedt als een theoretisch limietbegrip, en nooit in zuivere vorm voorkomt. Een foto verwijst nooit uitsluitend 'verticaal' naar de fysische wereld, maar ook steeds 'horizontaal' naar uiteenlopende culturele betekenaars en betekenissen. De fotografie ontleent haar kracht als mythisch en ideologisch medium evenwel aan het feit dat de connotatieve processen altijd geënt zijn op de *authenticerende* (of *naturaliserende*) werking van de fotografische denotatie. Dat een foto er beter dan bijvoorbeeld een schilderij in slaagt te 'liegen' (te denken valt bijvoorbeeld aan de beruchte stalinistische 'correcties' van de geschiedenis door middel van fotomontages), dankt zij aan haar steeds vooronderstelde objectiviteit. (*)

De postmoderne wending van de fotografie is erin gelegen dat zij het (ten minste gedeeltelijk) geconstrueerde karakter van de fotografische representatie en de daarmee verbonden mythische en ideologische werking in toenemende mate tot haar onderwerp heeft gemaakt. Deze verschuiving van 'de representatie van de politiek' naar 'de politiek van de representatie' (zie Wallis 1984, xi-xviii) komt niet alleen, zoals in het geval van Barthes, in de theoretische reflectie op de fotografie tot uitdrukking, maar ook in de fotografie zelf, in het bijzonder in de kunstfotografie in de afgelopen decennia.[3]

De fotografie heeft in de twintigste-eeuwse kunst, die voor een belangrijk deel in het teken heeft gestaan van een strijd tegen de *mimesis*, lange tijd een wat ongemakkelijke positie ingenomen. Dat is vanwege het aan de fotografie inherente realisme niet verwonderlijk. Waar de twintigste-eeuwse schilderkunst brak met het idee dat het schilderij een venster is dat uitzicht biedt op de wereld en de materialiteit van het doek vooropstelde, bleef de fotografie, behoudens een aantal uitzonderingen, zoals bijvoorbeeld de dadaïstische en surrealistische fotomontages van John Heartsfield en Man Ray, en het latere, schilderkunst en fototechnieken combinerende werk van Rauschenberg, in sterke mate gebonden aan het realisme. In de jaren zeventig, na de hoogtijdagen van de non-figuratie en abstractie in de beeldende kunsten, ontstond er echter een hernieuwde belangstelling voor de fotografie en in de jaren tachtig nam deze op verrassende wijze het voortouw in de postmoderne deconstructie van het realisme. Deze postmoderne fotografie, waarvan in 1988 een representatief overzicht werd gegeven in de tentoonstelling *Photography on the Edge*, is – anders dan de abstracte traditie in de twintigste-eeuwse schilderkunst – niet zozeer gericht op een eliminatie van de mimesis, als wel op het *tonen* van de uiteenlopende wegen waarop de fotografische referentie wordt geconstrueerd.[4] Dit gebeurt o.a. door het beeld op te bouwen uit meerdere foto's, het met chemicaliën be-

---

3 In hoofdstuk 4 hebben we in de analyse van Resnais' *Marienbad* gezien dat deze verschuiving zich eveneens voordoet in de film. Hoewel ze hetzelfde technische procédé delen is de relatie tot de afgebeelde realiteit toch wezenlijk verschillend, aangezien het beeld in geval van de (narratieve) film meer dan bij de fotografie opgaat in de 'horizontale' keten van connotaties. Het filmverhaal sleept ons voort, terwijl de foto ons vastpint aan de afgebeelde realiteit. Zie ook 'Fotografie als metafysica' (De Mul 1989).

4 'In termen van de polemiek die gevoerd wordt in de huidige kunstwereld – een afgeleide van een polemiek uit het poststructuralisme – is dat wat tegenover het *natuurlijke* staat het *geconstrueerde*. In feite, in zijn extreemste vorm, is de gangbare opvatting in de kunstwereld dat "het natuurlijke" een lege categorie is. Kunst in zijn algemeenheid en fotografie in het bijzonder zijn, door en door, producten van menselijke interventie, processen en constructies ... Veel van de kunstwerken in deze tentoonstelling zijn er, op verschillende manieren, op gericht de kijker ervan te doordringen dat ze geconstrueerd zijn' (Carroll 1988).

werken van negatieven, het combineren van fotografie met andere beeldende technieken en teksten, het citeren en herhalen van reeds bestaande, vaak overbekende afbeeldingen en het ensceneren van anti- en surrealistische onderwerpen (Crimp 1983, 53). Het resultaat is een deconstructie van de moderne fotografische denotatie, die de fotografie voert tot haar grenzen. Ze overschrijdt deze grenzen echter niet, aangezien zelfs de meest radicale deconstructie parasiteert op de zuivere fotografische denotatie.

4 De reproductieve deconstructie van de fotografische denotatie

Een meer radicale ondermijning van de fotografische denotatie vloeit voort uit het simpele feit dat het fotografische beeld, in weerwil van haar in vergelijking met andere visuele representatievormen bijzondere denotatieve status, een teken blijft dat niet samenvalt met haar referent. Zoals ieder teken stelt ook het fotografische teken een object present krachtens zijn afwezigheid. En het is juist vanwege haar objectiviteit dat dit besef in het geval van de fotografie zo verwondend is.[5] De 'schandalige afwezigheid' van de referent wordt enerzijds beteugeld door de connotatieve processen, die de aandacht wegleiden van de denotatie, en anderzijds door een proces waarin de afbeelding steeds meer de plaats en status gaat innemen van het afgebeelde.

Op dit punt wil ik nog wat uitvoeriger ingaan op Walter Benjamins analyse van dit proces in *Das Kunstwerk im Zeitalter seiner technischen Reproduzierbarkeit*, waaraan ik in hoofdstuk 1 kort refereerde. Volgens Benjamin leidt de fotografische reproduceerbaarheid van het kunstwerk tot een verlies van de *aura*: 'Zelfs bij de meest volmaakte reproductie is het ding niet aanwezig: het hier en nu van het kunstwerk – zijn eenmalige bestaan op de plaats waar het zich bevindt. Enkel en alleen aan dit unieke bestaan voltrok zich de geschiedenis, waaraan het in de loop van zijn bestaan onderworpen is. Daartoe behoren zowel de veranderingen die het in de loop van de tijd in zijn fysieke structuur heeft ondergaan, alsook de wisselende bezitsverhoudingen, waarin het getreden kan zijn. Het spoor van de eerste is slechts met behulp van chemische of fysische analyses aan het licht te brengen, die aan een reproductie niet voltrokken kunnen worden; dat van de tweede is voorwerp

---

5   In deze vaststelling is het melancholieke karakter gelegen van Barthes' analyse in *La chambre claire*. 'Bij de foto van mijn moeder als kind denk ik: ze gaat dood: evenals de psoticus van Winnicott verkeer ik in angst en vreze *om een gebeurtenis die reeds heeft plaatsgevonden*. Of de persoon op de foto al dood is of niet, iedere foto vormt deze catastrofe' (Barthes 1988, 102). Zie voor een uitvoerige analyse van de relatie tussen fotografie en dood 'Fotografie als metafysica' (De Mul 1989, 80-5).

van een traditie, waarvan het volgen moet uitgaan van de plaats waar het origineel zich bevindt. Het hier en nu van het origineel maakt het begrip van zijn echtheid uit' (Benjamin 1973, 11-2). De massale reproductie van kunstwerken heeft volgens Benjamin tot gevolg dat in toenemende mate de *kopie* tot maatstaf wordt bij de productie van kunstwerken: 'Het gereproduceerde werk wordt hoe langer hoe meer de reproductie van een kunstwerk dat op reproduceerbaarheid is afgestemd' (Benjamin 1973, 271, 268).

Dat heeft tot gevolg dat niet langer de cultuswaarde bepalend is voor het kunstwerk, maar in toenemende mate de tentoonstellingswaarde van de kopieën – ook al is deze cultuswaarde zeker niet geheel verdwenen (Benjamin 1973, 268-269).[6] De verstrekkende implicaties van deze verschuiving worden pas ten volle duidelijk wanneer we bedenken dat zij zich volgens Benjamin niet alleen voordoet met betrekking tot de artistieke reproductie, maar dat zij symptomatisch is voor de moderne reproductietechniek als zodanig. Steeds meer zaken buiten het domein van de kunst worden beoordeeld op basis van de tentoonstellingswaarde van hun reproductie. Op het vlak van de politiek vormt het optreden van de 'great communicator' Ronald Reagan ten tijde van zijn presidentschap een bijna onuitputtelijke illustratie van Benjamins profetische woorden uit 1936: 'De huidige crisis van de burgerlijke democratie betekent tevens een crisis van de voorwaarden die maatgevend zijn voor de vertoning van regeerders. De democratie vertoont de regeerders rechtstreeks in eigen persoon en wel ten overstaan van vertegenwoordigers. Het parlement is zijn publiek! Met de vernieuwingen van de opnameapparatuur, die het mogelijk maken dat de spreker door een onbeperkt aantal mensen wordt gehoord en kort daarna door een onbeperkt aantal mensen gezien kan worden, komt de vertoning van de politieke mens voor dit opnameapparaat centraal te staan. De parlementen lopen leeg tegelijk met de theaters. Radio en film veranderen niet alleen de functie van de beroepsauteur, maar precies zo de functie van degenen die, zoals de regeerders, zichzelf voor hen vertonen [...] Het gevolg daarvan is een nieuwe selectie, een selectie voor de apparaten.' (Benjamin 1973, 271, 294). De onvermijdelijke consequentie van deze ontwikkeling is dat de kopieën uiteindelijk als werkelijker worden ervaren dan hun originelen.

In hoofdstuk 6 verwees ik naar Baudrillard, die in aansluiting bij Benjamin drie stadia onderscheidt in de ontwikkeling van de moderne massamedia. In de eerste fase bewerkstelligen de technische media volgens Baudrillard weliswaar een verdubbeling van de werkelijkheid, maar blijven ze desalniettemin representerend. In de tweede fase worden de dingen on-

---

6   In het geval van (kunst)fotografie, lithografie en andere druktechnieken doet de reproductie geen afbreuk aan de originaliteit, aangezien dergelijke werken uit louter originelen bestaan. Deze originelen hebben echter niet de singulariteit en uniciteit die schilderijen en beeldhouwwerken bezitten.

middellijk met het oog op de reproductie gemaakt. In dat stadium raakt het origineel uit zicht ten gunste van haar afbeelding. Het realiteitsverlies dat hiervan het gevolg is, wordt volgens Baudrillard nog verder versterkt in het derde stadium, waarin iedere verwijzing naar de werkelijkheid verdwijnt. In dat geval zijn de media geen reproductiemiddel van de werkelijkheid meer, 'maar een verdwijningsvorm van de werkelijkheid' (in: Lutz 1983/ 1984). Baudrillard spreekt in dat verband ook van een *hyperrealiteit*: 'Abstractie is vandaag niet langer de abstractie van de kaart, de spiegel, of van het begrip. De simulatie heeft niet langer betrekking op een referent of een substantie. Het betreft de productie van modellen van iets reëels zonder origineel of realiteit: een hyperrealiteit' (Baudrillard 1984, 253).

5 Het einde van de fotografie en de terugkeer van de aura

Kort voor, tijdens en na afloop van de Golfoorlog publiceerde Baudrillard drie artikelen in *Libération*, waarin hij respectievelijk beweerde dat de Golfoorlog niet plaats zou vinden, niet plaatsvond en niet plaatsgevonden had (Baudrillard 1991). De Golfoorlog, zo stelt Baudrillard, is geen echte oorlog, maar een op het televisiescherm gepresenteerde simulatie van de oorlog. Volgens Baudrillard was wat wereldwijd op de televisieschermen te zien was, geen 'live war', maar een zorgvuldig geënsceneerde simulatie. Het cynische van Baudrillards uitspraak is gelegen in het feit dat achter deze simulatie wel de grootste bombardementen sinds WO II op een land werden uitgevoerd. De CNN-verslaggeving slaagde er nog niet volledig in als een perfecte verdwijnvorm van de werkelijkheid te fungeren.

Baudrillards provocerende overdrijving is echter een reële optie in het digitale domein. Het digitale beeld lijkt de postmoderne deconstructie van de fotografische denotatie te voltooien.[7] Het bezit een ontologie die, zoals we hierboven met Mitchell opmerkten, even radicaal afwijkt van die van de foto als de foto van het schilderij. Tegen de achtergrond van de hierboven gegeven schets van de digitale beeldbewerking en het moderne wereldbeeld kunnen we twee onderscheidende kenmerken aanwijzen van wat we de virtualisering van het wereldbeeld zouden kunnen noemen. Tegenover de objectiviteit en het (niet alleen letterlijk) gefixeerde karakter van de fotografische afbeelding staat de virtualiteit en de veranderlijkheid van het digitale beeld.

7 Er doet zich hier overigens een opmerkelijke parallel voor met de literatuur. Literaire experimenten als Joyce's *Finnigans Wake* en Cortazars *Rayuela – een hinkelspel* (en de daarmee verbonden theorie van de intertekstualiteit) zijn immers eveneens analoge voorboden gebleken van de door de digitale technologie mogelijk geworden hypertekst.

In het voorafgaande merkten we op dat een digitale afbeelding een foto kan zijn, maar dat we daarover in principe geen zekerheid kunnen krijgen. De digitale foto is bovendien – zelfs als secundaire beeldmanipulatie geheel achterwege blijft – niet langer een indexicale afdruk van het afgebeelde, maar een vertaling van een analoog beeld in een numerieke code. De digitale afbeelding is geen perfect analogon, maar een digitale reconstructie van het origineel. En naarmate het aandeel van de secundaire beeldmanipulatie groeit, wordt de digitale foto in toenemende mate een de fotografische objectiviteit ondergravende constructie. Het gaat daarbij niet langer alleen om het aanbrengen van een tweede, connotatieve betekenislaag bovenop de zuivere fotografische denotatie, maar – in laatste instantie – om de constructie van de 'referent' *zelf*. In het geval van de synthetisch samengestelde 'foto' is er immers in het geheel geen sprake meer van een referentie aan een aan de foto voorafgaand object. Als er al sprake is van verwijzing, dan is deze vooral horizontaal gericht op andere beelden: 'De digitale structuren die hier worden geproduceerd en geconsumeerd *verwijzen* niet alleen naar elkaar, maar zij zijn letterlijk van elkaar *gemaakt*, ze vormen een spiegeldoolhof van interpictorialiteit die slechts op een relatief klein aantal punten is verbonden met de externe fysische wereld' (Mitchell 1994, 52). Een digitale afbeelding is dus, ook wanneer ze een fotorealistische indruk maakt, in veel gevallen een 'kopie' zonder origineel, een simulacrum. Hierin is, onder meer, de virtualiteit gelegen die de digitale afbeelding onderscheidt van de objectiviteit van de traditionele foto.

Kenmerkend in dit verband was de storm van verontwaardiging die enkele jaren geleden opstak toen bekend werd dat de redactie van de National Geographic een gemanipuleerde foto van de piramides van Gizeh had afgedrukt. Hoewel de manipulatie relatief onschuldig was – de piramides werden uit compositorische overwegingen wat dichter bij elkaar geplaatst – werd de redactie van het blad verweten de objectiviteit van het fotografische beeld op een ontoelaatbare en tegelijkertijd onomkeerbare wijze te hebben aangetast.[8]

Net zoals de traditionele foto staat het digitale beeld niet op zichzelf, maar brengt het een wereldbeeld tot uitdrukking. Zoals de objectiviteit van de traditionele foto niet kan worden los gezien van die van de mechanistische, moderne wetenschappen, zo kan de virtualiteit van het digitale beeld niet worden losgemaakt van die van informationistische, postmoderne wetenschappen. In het vorige hoofdstuk merkten we op dat modale wetenschappen als *artificial life* en *artificial physics* geen mimetische relatie tot de werkelijkheid hebben, maar een scheppende. Net als de synthetische digi-

---

8   Een scherpe, maar niet erg diepgravende kritiek op deze 'aanslag op de realiteit' geeft Slouka in zijn *War of the Worlds: The Assault on Reality* (Slouka 1995).

tale fotografie scheppen deze modale wetenschappen kopieën zonder origineel. Op overeenkomstige wijze zouden we de digitale fotografie *modale fotografie* kunnen noemen. Ook deze fotografie beeldt de werkelijkheid niet uit zoals deze is, maar zoals deze zou kunnen zijn. Het virtuele karakter van het digitale beeld komt ook tot uitdrukking in zijn principiële veranderbaarheid. Waar een foto net als een klassieke tekst of compositie een onvermijdelijk moment van afgeslotenheid (*closure*) kent, daar is het digitale beeld van nature manipuleerbaar en als zodanig essentieel verschillend van het schilderij en de foto. Verwijzend naar Benjamin merkt Mitchell op: 'Indien de mechanische beeldreproductie de cultwaarde door tentoonstellingswaarde verving, zoals Benjamin beweert, dan lijkt digitale beeldbewerking deze op haar beurt te vervangen door een nieuwe waarde – die van de *input*, de capaciteit door de computer gemanipuleerd te kunnen worden' (Mitchell 1994, 52). Vanwege deze principiële veranderbaarheid vervaagt de traditionele grens tussen de maker en de consument van het beeld. Deze tendens is duidelijk in een hypermedium als World Wide Web, waar men met een enkele muisklik iedere willekeurige afbeelding kan downloaden en op talloze wijzen kan manipuleren alvorens ze weer aan de (digitale) openbaarheid prijs te geven. Er is hier sprake van een interactie in sterke zin aangezien de gebruiker in de gelegenheid is in de beelden zelf in te grijpen (zie Cameron 1995a). In de in principe oneindige variatie en transformatie van het 'origineel' vindt een terugkeer van de aura plaats. Dit verleidt Douglas Davis ertoe te spreken van een 'post origineel origineel'. Het moderne, op objectiviteit gerichte representatiemodel maakt hier plaats voor een andere vorm van representatie, een representatie zonder traceerbare oorsprong of origineel. 'Het is de herhalende "kopie" die dood is, niet de originele "kopie"' (Davis 1995). De principiële veranderbaarheid van het beeld raakt ook het historisch besef. De beelden van het verleden liggen niet langer voor eens en altijd vast, maar staan – net als de geschiedenis in Orwells *1984* die in het licht van het heden voortdurend wordt herschreven – open voor een permanente de- en reconstructie. Deze transformatie van het beeld komt ook tot uitdrukking in recente psychologische modellen van het geheugen, dat niet langer wordt gezien als een bewaarplaats van kant-en-klare herinneringen, maar als een werkplaats waarin de herinneringen aan het verleden telkens opnieuw worden ge(re)construeerd. Volgens Lyotard moet postmoderniteit begrepen worden als een 'originele herhaling'– een *Durcharbeitung* in psychoanalytische zin – van de moderniteit (Lyotard 1988). De moderniteit hield de wereld een spiegel voor en maakte haar tot beeld. De postmoderniteit transformeert de spiegel tot een caleidoscoop die een oneindig aantal wereld-beelden voortbrengt.

9 DIGITAAL DASEIN

Over de onto-technologie van
virtuele werelden

Hoger dan de werkelijkheid staat de mogelijkheid.

Martin Heidegger

In het tweede deel van dit boek werd een aantal artistieke verbeeldingen van de odyssee door cyberspace besproken. Daarbij viel op dat allerlei ontwikkelingen in de kunst vooruitliepen op en verbonden waren met de technologische ontsluiting van cyberspace. Dat is geen nieuw gegeven. In hun duizenden jaren oude geschiedenis zijn kunst en technologie altijd nauw verbonden geweest. In het klassieke Grieks werd het woord *technè* zowel gebruikt om ambachten en kunsten aan te duiden en werden zowel de ambachtsman als de kunstenaar *technites* genoemd. Net zoals de ambachtsman is de kunstenaar in zijn artistieke schepping afhankelijk van specifieke werktuigen en van zijn vaardigheid die te kunnen hanteren. Dat gold al voor de prehistorische kunstenaar, die ten behoeve van zijn grotschilderingen door verbranding gele pigmenten omzette in rode en die speciale instrumenten vervaardigde en gebruikte om de afbeeldingen in de muren te graveren en van kleur te voorzien. Hoewel kunst en techniek sinds de Griekse cultuur hun eigen wegen zijn gegaan, is de moderne kunstenaar niet minder dan zijn prehistorische voorganger afhankelijk van technische hulpmiddelen. We kunnen zelfs stellen dat de hedendaagse kunstenaar die gebruik maakt van fotografie, film, video, synthesizers, samplers en andere typen computers meer dan ooit afhankelijk is van de beschikbare technologische middelen. Dat geldt misschien wel nergens zo sterk als in het geval van virtual reality. Er is zelfs wel gesuggereerd dat in virtual reality kunst en technologie weer terugkeren naar hun oorspronkelijke identiteit (Pimentel en Teixeira 1993, 229). Ook Michael Heim is van mening dat virtual reality-technologie in laatste instantie opgevat moet worden als een vorm van kunst. 'Misschien ligt de essentie van virtual reality uiteindelijk niet in de technologie maar in de kunst en wel kunst van de hoogste orde. Eerder dan op beheersing of ontvluchting of amusement of communicatie is de hoogste belofte van virtual reality gericht op een transformatie en bevrijding van ons besef van wat realiteit is. Dat is iets dat de hoogste vormen van kunst altijd hebben trachten te doen en waarop eigenlijk al gewezen wordt door de benaming virtual reality, die zich, ondanks alle mogelijke bezwaren die er tegen kunnen worden ingebracht, heeft gehandhaafd en een eeuw van technologische innovaties samenvat' (Heim 1993, 124).

Wanneer we de ontologische dimensie van het verbond tussen kunst en technologie, waaraan Heim refereert, willen doorgronden, dan vormt de opmerking die Heidegger in *Der Ursprung des Kunstwerkes* over het begrip *technè* maakt een goed startpunt. Hoewel Heidegger erkent dat de verwijzing naar het Griekse gebruik kunsten en ambachten met een zelfde begrip aan te duiden tot op zekere hoogte verhelderend is, voegt hij daar onmiddellijk aan toe dat deze verwijzing ook obligaat en nogal oppervlakkig is. Volgens hem duidt het begrip *technè* eigenlijk noch op ambacht noch op kunst in de hedendaagse betekenis van het woord, en nog minder op techniek in de moderne betekenis, maar veeleer op een vorm van weten: 'Het wezen van het weten berust voor het Griekse denken in de *alètheia*, dat wil zeggen in de ontberging van het zijnde. Zij draagt en leidt elke verhouding tot het zijnde. *Technè* in Griekse zin, als een op Griekse wijze ervaren weten, is in zoverre een voortbrengen van het zijnde, dat dit het aanwezige als zodanig *uit* de verborgenheid *vandaan* haalt en uitdrukkelijk *in* de onverborgenheid van hoe het eruitziet *naar voren* brengt; *technè* betekent nooit de activiteit van iets maken' (Heidegger 1996, 49).

Vanuit het perspectief van de moderne esthetica, waarin de rol van de originaliteit en authenticiteit van de kunstenaar in het 'voortbrengen van zijnden' sterk wordt benadrukt, lijkt Heideggers opmerking het aandeel van de kunstenaar in de artistieke schepping nogal te onderschatten. Daar staat echter tegenover dat Heidegger de aandacht vestigt op een dimensie van het kunstwerk die juist vanwege de moderne nadruk op de scheppende kunstenaar in de moderne esthetica sterk onderbelicht is gebleven: het gegeven dat een kunstwerk een wereld kan ontsluiten. Een dergelijke ontsluiting dient niet begrepen te worden als een *re*presentatie, maar heeft veeleer het karakter van een evocatie: 'Het bouwwerk, een Griekse tempel, beeldt niets af. Hij staat daar gewoon, in het dal tussen de rotsen. Het bouwwerk omsluit de gestalte van een god maar laat hem tegelijkertijd, aldus verborgen, door de open zuilengallerij naar buiten komen – uit-staan – in het heilige domein. Door de tempel weest de god in de tempel aan. Dit aanwezen van de god in de tempel is zelf het uitzetten en afzonderen van het domein als heilige grond. Maar de tempel en zijn domein zijn niet vaag omlijnd. Het tempelwerk schikt en verzamelt allereerst om zich heen de eenheid van banen en betrekkingen waarin geboorte en dood, onheil en zegen, overwinning en schande, volharding en verval voor het menselijke wezen de gedaante aannemen van zijn lot. De heersende weidsheid van die open betrekkingen is de wereld van dit historische volk' (Heidegger 1996).

Wanneer we de intieme samenwerking tussen kunst en technologie in het ontsluiten van wereld willen begrijpen, dienen we ons te realiseren dat de wijze waarop een kunstwerk een wereld ontsluit niet losgezien kan worden van de technologische middelen die daarbij worden aangewend. De wijze waarop een architectonisch werk zoals de door Heidegger genoemde tempel een wereld ontsluit, verschilt wezenlijk van de wijze waarop dit gebeurt in de schilderkunst, de literatuur, de muziek of de dans. Maar zelfs kunstwerken binnen één specifieke artistieke discipline kunnen sterk verschillende manieren van ontsluiting te zien geven. Zo verschilt, om een voorbeeld op het gebied van de beeldende kunst te noemen, de wijze waarop Van Gogh een paar boerenschoenen afbeeldt (een tweede voorbeeld dat Heidegger in *Der Ursprung* noemt), wezenlijk van de wijze waarop dit gebeurt in een foto of een volledig door de computer gegenereerd beeld van een dergelijk paar schoenen. Deze drie verschillende representatietechnieken brengen letterlijk drie verschillende werelden tot uitdrukking en behoren – heideggeriaans uitgedrukt – daarmee tot verschillende epochen of tijdvakken van de geschiedenis van het Zijn, dat wil zeggen: de geschiedenis van de verschillende wijzen waarop het Zijn is verstaan (zie De Mul 1995, 143v.).[1]

In dit hoofdstuk wil ik aan de hand van Heideggers analyse van de menselijke zijnswijze (door hem aangeduid als *Dasein*, erzijn) onderzoeken op welke specifieke wijze wij met behulp van virtual reality-technologie een wereld ontsluiten. Ik zal dat doen door achtereenvolgens nader in te gaan op de technologische, ontologische en poëtische dimensie van virtual reality.[2]

---

1 De opeenvolgende epochen hoeven elkaar niet volledig af te wisselen. In het tijdvak van de digitale beeldbewerking kunnen vanzelfsprekend nog steeds schilderijen en traditionele foto's worden gemaakt. Deze uit de premoderne en moderne epoche afkomstige representatietechnieken krijgen echter wel een andere betekenis in het (postmoderne) tijdvak van de digitale beeldbewerking. In het voorafgaande hoofdstuk hebben we bijvoorbeeld gezien hoe de objectiviteit van de fotografie door de digitale beeldbewerking wordt aangetast.

2 Vanzelfsprekend zijn er talloze andere manieren om ons begrip van virtual reality te vergroten. Zoals iedere technologie is virtual reality een complex samenspel van vele heterogene factoren: technische, wetenschappelijke, sociaaleconomische, politieke, militaire, (sub)culturele, ideologische en filosofische (zie De Mul, Müller en Nusselder 2001). Virtual reality is geen geïsoleerd verschijnsel, maar – zeker in zijn netwerkvarianten – deel van een bredere maatschappelijke ontwikkeling die wordt gekenmerkt door de teloorgang van de stedelijke publieke ruimte en de kolonisering van de leefwereld door virtuele technologieën zoals televisie, radio, video, walkmans en mobiele telefoons (Ostwald 1997, 126-7) en in sterke mate wordt gestimuleerd door het 'informationele kapitalisme' (Castells 1996, 361, 366). Andere auteurs hebben terecht gewezen

1 Virtual reality

Vanuit een strikt technisch perspectief bezien kan virtual reality (soms ook aangeduid als *virtual environment, artificial reality, virtual space, immersive media* of *cyberspace*) eenvoudigweg worden omschreven als de laatste spruit van de ontwikkeling van (steeds gebruiksvriendelijker) *interface* ofwel verbinding tussen mens en computer.[3] Als zodanig kan virtual reality worden gedefinieerd als 'een driedimensionale, door de computer gegenereerde omgeving die in *real time* wordt geproduceerd in reactie op het gedrag van de gebruiker' (Loeffler en Anderson 1994, xi). In die zin is virtual reality de opvolger van de tweedimensionale grafische interface van het Macintosh- en Windows-besturingssysteem, die op zijn beurt de eendimensionale commandoregel van de vroege DOS– en UNIX-besturingsystemen afloste. Terwijl je bij het DOS-besturingssysteem een tekstbestand van je computer verwijderde door het intypen van het

op de mannelijke, Noord-Atlantische en kolonialistische ideologie van veel virtual reality-toepassingen of zelfs van virtual reality als zodanig (zie onder meer Dietrich 1997; Hayles 1996; Kramarae 1995; Penny 1994; Stone 1995; Vasseleu 1997; Wise 1997). Vanuit een kunsthistorisch perspectief is betoogd dat virtual reality dient te worden opgevat als een specifieke 'remediatie' – dat wil zeggen als een verbeterde versie gepresenteerd onderdeel (Bolter en Grusin 1999) – van een specifieke traditie van ruimtelijke representatie, waarin het illusionisme van de perspectivische schilderkunst uit de Renaissance wordt gecombineerd met het realisme van de fotografie, de onderdompeling van het panorama en de beweging van de film (Hayward en Wollen 1993; Penny 1994). Weer anderen hebben gewezen op de sterke invloed van specifieke subculturen, zoals de psychedelische tegencultuur uit de jaren zestig en zeventig, de popmuziek en haar clipcultuur, New Age-mystiek en sciencefiction, in het bijzonder van de cyberpunk die zijn aanvang heeft in Gibsons *Neuromancer* (Hayward 1993; Ziguras 1997, vgl. de bespreking van *Neuromancer* in hoofdstuk 4). Tenslotte is er van filosofische zijde op gewezen dat virtual reality het stempel draagt van de dualistische traditie in de westerse cultuur, zoals die o.a. tot uitdrukking komt in het dualisme, het christendom en het cartesianisme (Heim 1993, zie in dit verband ook hoofdstuk 11).

3   Het woord 'virtual reality' werd in 1989 geïntroduceerd door de grafische softwarebedrijven Autodesk en VPL en vond al snel zijn weg naar de populaire media, onder meer door aansprekende (mogelijke) toepassingen als virtuele seks. De technologie zelf is al wat ouder dan het woord. Zo ontwierp de kunstenaar Myron Krueger vanaf het eind van de jaren zestig een serie multi-zintuiglijke omgevingen, die door middel van drukgevoelige vloerpanelen en infrarode lichten reageerden op de bewegingen van de bezoekers en die hij aanduidde als *artificial* reality. De op een helm gemonteerde beeldschermpjes die Ivan Sutherland, eveneens in de late jaren zestig, ontwierp vormden eveneens voorlopers van technologieën die later als virtual reality zouden worden aangeduid. De verdere ontwikkeling in de jaren zeventig en tachtig vond vooral plaats door de militaire en ruimtevaartindustrie en vanaf de jaren negentig brak de technologie door in de amusementsindustrie, in virtual reality-speelhallen en toegepast in computerspellen (zie Chester z.j.; Coyle 1993).

commando 'delete <bestandsnaam>' op de commandoregel, sleep je in het geval van het Macintosh- en Windows-besturingssysteem een tweedimensionale afbeelding van het bestand (een icoontje van een vel papier) naar een tweedimensionale afbeelding van een prullenbak. In het geval van de virtual reality-interface zou je een driedimensionale afbeelding van een document in de driedimensionale afbeelding van een prullenbak stoppen.

Virtual reality staat nog in de kinderschoenen en veel toepassingen bestaan nog uitsluitend in de fantasie van de makers en potentiële consumenten. Aan de hand van de bestaande systemen laten zich wel reeds de drie fundamentele kenmerken van virtual reality onderscheiden. Het eerste kenmerk is de *immersie* (*immersion*) in de door de computer gegenereerde data. In een virtual reality-systeem kijkt de gebruiker niet zozeer door een venster naar de werkelijkheid die door de computer wordt afgebeeld (zoals dat het geval is bij een afbeelding van een huis op het beeldscherm van een pc), maar hij ervaart deze werkelijkheid als het ware van binnenuit. In de bestaande virtual reality-systemen wordt deze ervaring van immersie opgeroepen door het gebruik van een soort helm met twee kleine (parallax) beeldschermpjes en stereo luidsprekers die een driedimensionale optische en akoestische illusie creëren. Omdat het rondlopen met zo'n helm geen pretje is, is een belangrijk deel van het huidige virtual reality-onderzoek gericht op het dematerialiseren van het apparaat dat de zintuiglijke input verzorgt. In nog experimentele virtual reality-systemen – waaraan in Nederland bijvoorbeeld al gedurende een aantal jaren aan de TU in Delft wordt gewerkt (Jongeneel 1997) – wordt laserlicht gebruikt om beelden rechtstreeks op het netvlies te projecteren. Ander onderzoek is erop gericht de computer onmiddellijk aan het brein te koppelen teneinde beelden en geluiden – en mogelijk ook tactiele en reukervaringen – door middel van elektrische prikkeling van de hersenen te evoceren. Virtual reality-systemen zijn wat het immersieve effect betreft op te vatten als remediaties van de negentiende-eeuwse panorama- en twintigste-eeuwse pretparkattracties zoals StarTours in Disneyland.

Het tweede constituerende element van de virtual reality-ervaring betreft de mogelijkheid tot *navigatie* in de door de computer berekende virtuele werkelijkheid. Terwijl een panorama als dat van Mesdag en het in StarTours getoonde heelal slechts vanuit een meer of minder gefixeerd standpunt kan worden bekeken (respectievelijk vanaf het centrale plateau in het panorama en de stoelen van het ruimteschip bij StarTours), kan de 'bezoeker' van de door het virtual reality-systeem geschapen wereld zich daarin binnen bepaalde grenzen vrij bewegen en deze wereld vanuit verschillende perspectieven bekijken. Dit wordt mogelijk gemaakt door mechanische, ultrasone, magnetische of optische systemen die door de bezoeker worden gedragen en die zijn positie en oriëntatie meten en aan de computer doorgeven, zodat de computer in (bijna) *real time* kan berekenen welk deel van de virtuele omgeving moet worden getoond wanneer de cybernaut zijn lichaam of hoofd beweegt. In de huidige virtual reality-systemen zijn de navigatie-mogelijkheden vergeleken met de alledaagse realiteit nog uiterst gering. De omvang van het computergeheugen en de snelheid van de processor die berekeningen op de in het geheugen aanwezige data uitvoert, stellen nogal wat beperkingen aan de informatiedichtheid van de virtuele werelden en de vrijheid van navigatie. We zullen hierna zien dat ook voor dat probleem oplossingen worden gezocht.

Het derde en in vergelijking met voorafgaande media van representatie meest onderscheidende kenmerk van virtual reality is de mogelijkheid tot *interactie*. Dat wil zeggen dat de 'bezoeker' de virtuele wereld niet alleen passief waarneemt, maar dankzij datahandschoenen of een datapak ook de voorwerpen die in deze wereld aanwezig zijn kan manipuleren. De bezoeker kan zo het virtuele theekopje oppakken en naar de mond brengen. Eruit drinken lukt (nog) niet. De interactie kan ook plaatsvinden tussen de bezoeker en virtuele personages, of beter: tussen de virtuele personages en de representatie van de gebruiker (deze virtuele lichamen of lichaamsextensies worden doorgaans avatars genoemd). Wanneer meerdere personen tegelijkertijd in een virtuele wereld aanwezig zijn, wordt het een gedeelde wereld en daardoor ook een sociale wereld, waarin die personen via hun avatars kunnen interageren. In *Dactyl Nightmare*™, een virtual reality-spel dat men in speelhallen kan aantreffen, proberen de spelers zoveel mogelijk punten te behalen door op (de avatar van) de tegenstander te schieten. Tijdens hun gevecht worden de spelers bovendien voortdurend bedreigd door een virtuele pterodactylus, een prehistorisch vliegend reptiel, die de avatars van de spelers tracht te pakken en deze van grote hoogte te pletter laat vallen (zie voor een uitvoerige beschrijving en interpretatie van het spel Green 1997).

Omdat het (bijna) *real time* weergeven in beelden en geluiden van de virtuele wereld een computer vereist met een groot geheugen en een bijzonder snelle processor, zijn de meer geavanceerde virtual reality-systemen enorm kostbaar. In Nederland bijvoorbeeld huisvest het nationale computer- en netwerkcentrum SARA het virtual reality-systeem de Cave dat vooral voor wetenschappelijke doeleinden (bijvoorbeeld voor het driedimensionaal visualiseren en virtueel manipuleren van complexe molecuulstructuren) wordt gebruikt. (*) Virtual reality kan echter ook in netwerken worden toegepast. Op het Internet vinden we bijvoorbeeld *Active Worlds* (*), een verzameling virtuele werelden die door middel van een speciale 3D browser kunnen worden bezocht.[4] Hoewel deze desktop virtual reality-

---

4   In tegenstelling tot gewone browsers als Explorer en Netscape, die gebruik maken van HTML, maakt deze browser gebruik van een Virtual Reality Modeling Language (VRML). (*)

werelden het element van volledige immersie missen (we bekijken de virtuele wereld in dat geval door het 'venster' van het computerscherm), kunnen we wel door middel van onze avatar door de virtuele wereld op het Internet bewegen, een virtueel huis bouwen en interageren met de andere bewoners van deze wereld. We zijn hier niet langer uitsluitend de bezoekers van een vooraf geconstrueerde wereld, maar worden de mede-programmeurs van deze wereld. Naar analogie met het onderscheid dat we in hoofdstuk 6 met Michel Joyce maakten tussen exploratieve en constructieve hyperteksten, kunnen we ook spreken van exploratieve en constructieve virtuele werelden.

De werelden waartoe de virtual reality-technologie toegang biedt zijn niet noodzakelijk volledig virtueel, maar ze kunnen ook gekoppeld zijn met echte locaties. Dat is bijvoorbeeld het geval met *augmented reality*- en *telepresentie*-systemen. Een voorbeeld van het eerstegenoemde type systemen zijn de helmen van piloten van gevechtsvliegtuigen waar op de binnenzijde van het glas additionele informatie over de omgeving en de vlucht kan worden geprojecteerd, bijvoorbeeld de beelden van een infraroodcamera. De piloot bevindt zich dan in een gelaagde realiteit die zowel echte als virtuele elementen bevat. In het geval van telepresentiesystemen zijn de datahelm en de datahandschoenen verbonden met een robot in een andere locatie, die als avatar fungeert. De gebruiker neemt de andere locatie waar door de 'zintuigen' van de robot (camera's en microfoons) en kan door middel van de 'ledematen' van de robot interageren met de voorwerpen die hij daar aantreft en interageren met andere personen of robots. Op deze wijze kan een brandweerman op virtuele wijze een brandend huis binnengaan om de bewoners te redden en kan een wetenschapper een wandeling maken op mars of – wanneer er door middel van nanotechnologie (∗) microscopisch kleine robotjes zouden kunnen worden gemaakt – door de aderen een reis door het menselijk lichaam maken en daar de nodige reparaties verrichten. Virtual reality, *augmented reality* en telepresentie kunnen in principe op tal van manieren worden vermengd. Hans Moravec van het Robotics Institute van de Carnegie Mellon University ziet het als volgt: 'We zouden ons een hybride systeem kunnen voorstellen, waarbij een virtueel "centraal station" is omgeven door portalen die toegang bieden tot talloze echte locaties. Terwijl men in het station een gesimuleerd lichaam bewoont, gaat men, wanneer men een portaal passeert, naadloos over van de lichaamssimulatie naar een telepresentierobot die op die locatie staat te wachten'(Moravec 1995, 2).

In de realiteit van vandaag blijft virtual reality-technologie nog grotendeels een virtuele technologie. Aan de ene kant is er een grote discrepantie tussen de fantastische toepassingen die worden bedacht en de 'reëel existerende' virtual reality-systemen (wat dat betreft heeft virtual reality wel iets weg van het communisme). Hoewel verwacht kan worden dat virtual reality zich in de toekomst nog spectaculair zal ontwikkelen, lijken sommige verwachtingen en dromen gedoemd te zijn dat eeuwig te blijven, omdat ze zijn gebaseerd op een verkeerd begrip van wat virtual reality is en kan. Aan de andere kant kan virtual reality een virtuele technologie worden genoemd omdat we nog niet goed in staat zijn de onderscheidende mogelijkheden van deze technologie volledig te doorgronden. We zijn nog steeds op zoek naar de onderscheidende 'grammatica' van deze nieuwe technologie. We zouden die situatie kunnen vergelijken met die van de draadloze telegraaf, waarvan men zich niet onmiddellijk realiseerde dat deze ook gebruikt kon worden om een hele groep ontvangers tegelijk te bereiken (het principe van de radio). Een ander goed voorbeeld vormen de beginjaren van de film. Pas met de ontwikkeling van de montage kreeg de film een eigen grammatica die de werkelijkheid op een van eerdere media onderscheiden wijze ontsluit. Net zoals in die vroege dagen van de film – denk aan Vertovs *Man met de camera* – onderzoeken veel kunstenaars vandaag de ontologische dimensie van virtual reality (Loeffler en Anderson 1994; Moser en MacLeod 1996).

Hoewel we de verdere ontwikkeling van virtual reality niet kunnen voorspellen, kunnen we wel reeds de ontologie van de bestaande systemen bestuderen door nog wat langer stil te staan bij de specifieke wijze waarop virtual reality de wereld ontsluit. Dat zal ons tevens in staat stellen de mogelijkheden van virtual reality als artistiek medium nader te onderzoeken.

2 Virtueel-in-de-wereld-zijn en in-een-virtuele-wereld-zijn

Voordat ik nader in kan gaan op de ontologie van virtual reality, moet ik een moment stilstaan bij de betekenis van het begrip 'ontologie'. Ik gebruik dat begrip hier in de betekenis die Heidegger eraan geeft in *Sein und Zeit* (Heidegger 1979, hierna geciteerd als sz).[5] Ontologie heeft dan betrekking op het Zijn van de zijnden, dat wil zeggen de manier waarop de zijnden aan de mens verschijnen. Omdat Heidegger wil onderstrepen dat het hem speciaal om dit besef van het Zijn van de zijnden is te doen, spreekt hij in plaats van over de mens over het (voor de menselijke existentie kenmerkende) *Dasein*. Deze opvatting van ontologie gaat uit van een onderscheid tussen het ontische niveau van individuele *zijnden* die onafhankelijk zijn

5   De citaten zijn ontleend aan de Nederlandse vertaling van Mark Wildschut (Heidegger 1998). De verwijzingen betreffen de paginering van de Duitse editie, die in de vertaling van Wildschut in de marge is vermeld.

van de menselijke ervaring waarin ze tevoorschijn treden (zoals stenen, bomen, katten, mensen, computers en goden) en hun *Zijn*, dat enkel 'is' in het
menselijk verstaan van die zijnden (sz 183). De zijnden hebben voor het
menselijk *Dasein* betekenis omdat ze voor dit *Dasein* deel uitmaken van een
betekenisvol geheel, een *wereld*. De trein, het treinkaartje en de kniptang van
de conducteur maken deel uit van een veelomvattende verwijzingssamen-
hang van tuigen. Het Duitse treinstel herinnert me ook aan een treinreis die
ik jaren geleden heb gemaakt naar Boedapest, en de tekst in mijn hand wijst
vooruit naar het gesprek dat ik die middag zal hebben met een collega. Hoewel de zijnden onafhankelijk zijn van de menselijke existentie in de zin dat ze
niet voortgebracht zijn door het menselijke subject – om die reden kan Heidegger, in tegenstelling tot Husserl, een 'hermeneutisch realist' worden genoemd (Dreyfus 1991) – is hun zijn daarvan wel afhankelijk. Om die reden
beschouwt Heidegger – althans in *Sein und Zeit* – de analyse van het menselijk *Dasein* als een fundamentele ontologie waarin alle regionale ontologieën
(van de natuur, de geschiedenis, de kunst etc.) zijn gefundeerd.

Wellicht is Heideggers belangrijkste bijdrage aan de filosofie wel gelegen in het verhelderen van het onderscheid tussen het zijnde en het Zijn en
aan zijn daarmee verbonden analyse van het vergeten van dit onderscheid
door de traditionele ontologie. In die ontologie werd het Zijn zelf als een
zijnde beschouwd. Het werd dan beschouwd als het hoogste zijnde, bijvoorbeeld als de Idee van het Goede in Plato's filosofie of als God in de
christelijke traditie. Daarom duidt Heidegger deze traditie ook wel aan als
onto-theologisch. Ook de mens wordt in deze traditie beschouwd als een
zijnde met specifieke, essentiële eigenschappen. Volgens Heidegger is de
menselijke zijnswijze echter niet die van voorhanden zijnde dingen, maar
existeert de mens, wat wil zeggen dat het menselijk *Dasein* gekenmerkt
wordt door een openheid naar de wereld toe. Existeren betekent in-de-wereld-zijn. Het *Dasein* is met andere woorden geen geïsoleerd ego, geen louter
geestelijke substantie, zoals Descartes van mening was, maar een altijd reeds
lichamelijk en zorgend betrokken zijn op de ter-handen-zijnde dingen in de
wereld. Het begrip 'wereld' is daarbij geen ontisch begrip, dat refereert aan
een bepaald zijnde, maar een ontologisch begrip dat refereert aan het (niet
noodzakelijk geëxpliciteerde) geheel van betekenisvolle relaties tussen het
Dasein en de dingen die het omringen. De wereld is dus geen object dat tegenover het menselijke subject staat, maar daarentegen een structureel moment van menselijk *Dasein*.[6] Op analoge wijze maken ook andere mensen
deel uit van het in-de-wereld-zijn. *Dasein* is altijd *Mitsein* (sz 120).

---

6 Volgens Heidegger is niet het feit dat het bestaan van de wereld nog niet bewezen is, het schandaal van de filosofie, zoals Kant van mening was, maar het
   feit dat nog steeds wordt gevraagd om een bewijs van dit bestaan (sz 205).

Het zorgende en lichamelijke in-de-wereld-zijn met anderen heeft een specifieke *temporele* structuur. *Dasein* is niet in de tijd zoals bijvoorbeeld een steen dat is die hetzelfde blijft in het tijdsverloop, maar het is temporeel in de zin dat het een *ontwerp* is dat altijd gericht is op zijn toekomstige mogelijkheden. *Dasein*, zo drukt Heidegger het uit, is *Seinkönnen*. De mogelijkheden zijn echter verre van onbeperkt, maar worden altijd begrensd door de situatie waarin het *Dasein* zich altijd reeds bevindt, dat wil zeggen door zijn *geworpenheid*, door de onverbiddelijke facticiteit van zijn bestaan. Zo is reeds de plaats en het tijdstip van de geboorte – in het geval van de auteur, bijvoorbeeld, in Nederland in het midden van de twintigste eeuw – in sterke mate bepalend voor de mogelijkheden die ik had en heb. Maar ook de keuzes die ik gedurende mijn leven heb gemaakt en nog zal maken bepalen in sterke mate de toekomstige speelruimte in mijn leven. Het menselijk *Dasein* is dus steeds een *geworpen ontwerp*.

Het menselijke *Dasein* wordt tevens gekenmerkt door een specifieke *ruimtelijke* structuur. Ruimtelijk zijn betekent voor de mens iets anders dan voor een voorhandenzijnde steen, die een specifieke plaats inneemt tussen de andere zijnden in de objectieve wereldruimte en het is al evenmin vergelijkbaar met het in de nabijheid terhanden zijn van een werktuig.[7] De ruimtelijkheid van het Dasein is erin gelegen dat het 'in' de wereld is in de zin van een bezorgend-vertrouwde omgang met het binnen de wereld tegemoet tredende zijnde: 'Dasein is naar zijn aard ontverrend, het laat, als het zijnde dat het is, telkens een zijnde in de nabijheid tegemoet treden [...] Alleen in zoverre op enigerlei wijze een zijnde in zijn verheid voor het Dasein is ontdekt, worden aan het binnenwereldlijk zijnde zelf in relatie tot iets anders "verwijderingen" en afstanden toegankelijk' (sz 105).

Vanuit het perspectief van Heideggers fundamentele ontologie zijn de objectieve tijd en ruimte afgeleide vormen van de temporele en ruimtelijke structuur van het bezorgend in-de-wereld-zijn van het *Dasein*. Zo ook kunnen object en subject slechts op basis van een secundaire, theoretische abstractie van dit bezorgend in-de-wereld-zijn als afzonderlijke entiteiten van elkaar worden onderscheiden.

Wat ik in dit hoofdstuk wil aantonen, is dat Heideggers fundamentele ontologie ons kan helpen een beter begrip te vormen van de ontologische dimensie van virtual reality en cyberspace. Virtual reality kan naar mijn mening worden begrepen als een specifieke modus van het lichamelijk-in-

---

7 'Het terhandene van de alledaagse omgang heeft het karakter van een *nabijheid*. Welbeschouwd is die nabijheid van het tuig al aangeduid in de term die het zijn ervan uitdrukt, in de "terhandheid". Elk "terhand" zijnde heeft zijn eigen nabijheid, die niet door het meten van afstanden is vastgelegd. Die nabijheid is geregeld vanuit het omzichtig "berekenende" hanteren en gebruiken' (sz 102).

de-wereld-zijn van het *Dasein*, met een van de alledaagse lichamelijke ervaring onderscheiden temporele en ruimtelijke structuur. Daarbij dient overigens wel onmiddellijk te worden aangetekend dat *Sein und Zeit* ook enkele obstakels voor de voorgestelde analyse van virtual reality opwerpt. In
de eerste plaats laat *Sein und Zeit*, in weerwil van de nadruk die wordt gelegd op de temporaliteit van het *Dasein*, weinig ruimte voor de doorden-
king van nieuwe vormen van in-de-wereld-zijn. Heidegger staat in *Sein
und Zeit* nog met ten minste één been in de transcendentaalfilosofische
traditie met zijn pretentie de (tijdloze) zijnswijze van het *Dasein* als zodanig te beschrijven. Alternatieve zijnswijzen worden daardoor al snel als
deficiënt bekritiseerd. In de tweede plaats is er in *Sein und Zeit*, in weerwil van de prominente plaats die Heidegger in zijn analyse van het ter-
handen-zijn van zijnden geeft aan werktuigen zoals de hamer, nauwelijks
aandacht voor de moderne (machine) techniek die ik in hoofdstuk 7 heb
besproken. En uit de aard der zaak spreekt hij in dit in 1927 gepubliceerde boek al helemaal niet over de informatie- en communicatietechnologie. Men zou zich kunnen afvragen of Heideggers latere werk, waarin de
moderne technologie – opgevat als de voltooiing van de metafysische traditie – een centrale plaats inneemt en zelfs de informatietechnologie herhaaldelijk aan bod komt, niet een beter uitgangspunt vormt voor de door
mij voorgestelde analyse. Temeer omdat Heidegger in dat latere werk meer
dan in *Sein und Zeit* open lijkt te staan voor de temporaliteit (in zijn taalgebruik: de epochaliteit) van het zijnsverstaan en daarmee ook voor mogelijke veranderingen in de structuur van *Daseins* in-de-wereld-zijn. Het probleem is echter dat Heidegger in zijn latere werk – om redenen die ik elders
uitvoerig heb besproken (De Mul 1993, 367v.) – steeds meer de nadruk
gaat leggen op de (dan als *Ge-schick* opgevatte) geworpenheid van het *Dasein* en veel minder aandacht heeft voor het ontwerpende karakter van het
Dasein. En juist dit aspect uit de vroegere analyse is cruciaal om de impliciete ontologie van virtual reality te begrijpen. Wat in dit licht nodig is
voor een vruchtbare heideggeriaanse interpretatie van virtual reality, is een
combinatie van het ontwerpperspectief van de vroegere Heidegger met de
aandacht voor de epochale en technologische dimensie van het in-de-wereld-zijn van het latere werk. Door terug te grijpen op het ontwerpperspectief uit het vroegere werk kan bovendien, zoals we zullen zien, het
vaak onnodig pejoratieve karakter van Heideggers latere opvatting van de
technologie worden genuanceerd.

 Wat ik met andere woorden voorsta, is een fenomenologische beschrijving en interpretatie van de verschillende structuurmomenten van *Daseins*
in-een-virtuele-wereld-zijn. In een dergelijke analyse dient de specifieke
ruimtelijke en temporele structuur van het in-een-virtuele-wereld-zijn te
worden geanalyseerd, waarbij zaken als virtuele belichaming, virtueel *Mit-*

sein e.d. aan bod komen.[8] Omdat dit hoofdstuk in het bijzonder handelt over de wijze waarop virtual reality-kunstwerken werelden ontsluiten, zal ik de analyse hier vooral toespitsen op het element wereld en de andere genoemde aspecten slechts in het licht van dit element aan de orde stellen.

Met betrekking tot de vraag op welke wijze virtual reality het in-de-wereld-zijn van het *Dasein* raakt, geeft § 23 van *Sein und Zeit* een vruchtbare aanwijzing. In de context van zijn bespreking van de ruimtelijke dimensie van het in-de-wereld-zijn, stelt Heidegger dat het *Dasein* wordt gekarakteriseerd door een typische tendens tot nabijheid ('eine wesenhafte Tendenz auf Nähe'). Hij stelt vervolgens: 'Alle vormen van versnelling die we heden ten dage min of meer gedwongen meemaken, dringen aan op overwinning van de verheid. Met de "radio" bijvoorbeeld voltrekt het *Dasein* vandaag de dag door expansie [*Erweiterung*] van de alledaagse omringende wereld een ont-verring van de "wereld", waarvan de existentiale zin nog op geen stukken na valt te overzien' (sz 105). Opvallend is dat Heidegger in latere drukken – en, anders dan in het geval van andere wijzigingen in de tekst, zonder vermelding van de 'correctie' – na 'expansie' [*Erweiterung*] toevoegt: 'en ontwrichting' [*und Zerstörung*]. Dat is merkwaardig, omdat die ontwrichting geenszins volgt uit de analyse in *Sein und Zeit*. Immers, een stem die we via de telefoon horen, kan in onze ervaring dichterbij zijn dan de stemmen van de mensen om ons heen. In het geval van virtual reality kan deze technologische 'ont-verring' een nog veel radicaler karakter aannemen. Vanzelfsprekend kunnen er in dit proces van ont-verring ook dingen verloren gaan – zo staat de telefoon geen aanraking toe en kan, in ieder geval wat de 'reëel existerende virtual reality' betreft, de virtu-

8 In zijn door Heidegger geïnspireerde analyse van de ontologie van digitale domeinen stelt Chester dat de ruimtelijke metaforen die vaak worden gebruikt om deze domeinen te beschrijven (zoals, bijvoorbeeld, cyberspace, elektronische snelweg, digitale stad e.d.) misleidend zijn, omdat deze domeinen in het geheel geen ruimtelijke structuur hebben. Hij heeft gelijk wanneer hij stelt dat computers door 'het coderen van logische en fysische entiteiten als symbolische, adresseerbare tekens' de ruimte eerder elimineren (Chester 1997). Daar bij dient in de eerste plaats te worden aangetekend dat die digitale code altijd een materiële en daarom onvermijdelijk ruimtelijke drager behoeft en om gedistribueerd te worden zelfs een heel ruimtelijk netwerk van computers, routers, kabels etc. Bovendien hebben computers, zoals Chester terecht zelf opmerkt, teneinde in een menselijke context te kunnen functioneren, niet alleen input-apparaten, zoals muizen, toetsenborden, digitale (video)camera's, die erop zijn gericht analoge, ruimtelijke dingen om te zetten in niet-ruimtelijke digitale symbolen, maar ook apparaten om de digitale getallen weer te converteren naar voor de mens begrijpelijke analoge beelden en geluiden (zoals beeldschermen en luidsprekers). Hoewel het digitale domein *in abstracto* niet ruimtelijk is, heeft het voor het in virtual reality ondergedompelde *Dasein* wel degelijk een ruimtelijke structuur.

ele aanraking niet tippen aan 'the real thing' – maar daaruit kan men toch niet onmiddellijk concluderen dat de – blijkbaar als absolute norm gestelde – alledaagse ervaring wordt *ontwricht* door de radio en andere vormen van telepresentie. Wat Heidegger wel goed heeft gezien is dat de impact van de telepresentie-technologieën moeilijk valt te overschatten.

Ontisch beschouwd zijn in netwerken verbonden virtual reality- en telepresentie-technologieën, net als de radio en televisie, onderdeel van een proces van globalisering dat zeer oude wortels heeft. Vanwege de specifieke eigenschappen van de oppervlakte van de aarde en de mobiliteit van de mens kunnen we stellen dat de wereldwijde verplaatsing van mensen, ideeen en goederen minstens zo oud is als de *Homo sapiens* zelf. Vanuit een ontologisch perspectief kunnen we zelfs stellen dat de globalisering onvermijdelijk voortvloeit uit de het *Dasein* karakteriserende tendens naar nabijheid en ont-verring.[9] In het tijdvak van de moderne technologie heeft de globalisering echter een opmerkelijke acceleratie en radicalisering ondergaan. In de woorden van mijn collega Van Binsbergen: 'Wanneer dankzij elektronische media boodschappen met de snelheid van het licht over de aarde reizen, zodat voor effectieve communicatie fysieke verplaatsing nauwelijks nog nodig is, wanneer men desondanks binnen een of twee dagen van iedere plaats op de planeet naar iedere andere kan reizen, en wanneer de productie en distributietechnologieën zodanig zijn ontwikkeld dat overal naar behoefte dezelfde omgeving en producten zijn te produceren, dan hebben we de prijs die tijd en ruimte opleggen aan het sociale proces tot vrijwel nul gereduceerd' (Van Binsbergen 1997, 3).

Het cruciale punt is nu dat ontologie geworteld is in de ontische kenmerken van het *Dasein*. Wanneer nu deze ontische kenmerken onder invloed van de informatie- en communicatietechnologie een radicale verandering ondergaan, kan dit niet zonder ontologische implicaties blijven. Laat ik dat toelichten aan de hand van een ontologische beschouwing van de beide constituenten van de term *virtual reality* en met het begrip 'realiteit' beginnen. Zoals ik in het voorafgaande opmerkte, bekritiseert Heidegger de traditionele ontologie omdat zij de wereld en het Zijn begrijpt vanuit het perspectief van binnenwereldlijke zijnden. In de moderne ontologie sinds Descartes wordt het Zijn opgevat als een substantie en de wereld als een samenhang van voorhanden-zijnde dingen (*vorhandener Dingzusammenhang (res)* – sz 201). Vanuit het perspectief van de fundamentele ontologie is het Zijn (maar niet de zijnden) afhankelijk van ons verstaan ervan. De realiteit (niet het reële ding in onze wereld) is dus afhankelijk van de wijze

---

9   Ik zal dit thema in hoofdstuk 11 nog verder uitwerken in de context van de analyse van telepresentie aan de hand de notie van de excentrische positionaliteit, die door Heideggers tijdgenoot Plessner is geïntroduceerd.

waarop wij zorgzaam in-de-wereld-zijn (sz 212). Verschillende praktijken
van Zijnsverstaan onthullen verschillende aspecten van de natuur. In *Die
Zeit des Weltbildes* verheldert Heidegger dit met betrekking tot het verschil
tussen de Griekse en moderne natuurwetenschap: 'De Griekse wetenschap
is nooit exact geweest, omdat ze volgens haar wezen niet exact kón zijn en
dit niet hoefde te zijn. Daarom heeft het helemaal geen zin te zeggen dat de
moderne wetenschap exacter is dan die van de Oudheid. Zo kan men ook
niet zeggen, dat de leerstelling van Galileï over de vrije val der lichamen
wáár is en dat die van Aristoteles, waarin gezegd wordt dat de lichte lichamen naar boven streven, verkeerd zou zijn. Immers, de Griekse opvatting
over het wezen van het lichaam en de plaats en van hun beider verhouding
berust op een andere uitleg van het zijnde en stelt derhalve als voorwaarde
een andere, aangepaste manier om de natuurprocessen te zien en te onder-
vragen' (Heidegger 1983, 34-5). In het vorige hoofdstuk heb ik geprobeerd
een eerste antwoord te formuleren op de vraag hoe de natuur wordt gezien
en ondervraagd door de informationele wetenschappen. En vanuit het perspectief van de technische praktijk luidt de vraag in dit hoofdstuk hoe de
realiteit wordt ontsloten wanneer het *Dasein* zich in virtual reality bevindt.

Om die vraag te kunnen beantwoorden moeten we nader ingaan op de
andere component van de term virtual reality: het begrip 'virtualiteit'. De
etymologie van dit begrip leert ons te begrijpen waarom juist dit woord is
blijven kleven aan deze nieuwe technologie. De woorden 'virtueel' en 'virtualiteit' zijn afkomstig van het Latijnse *virtualis*. 'Non-existent in het klassieke Latijn (maar zeker geïnspireerd door het wel bestaande woord *virtus*)
zijn het laat-middeleeuwse neologismen, waarvan de uitvinding noodzakelijk was toen, ten dele via Arabische vertalingen van Aristoteles' werk, het
Griekse begrip *dynamis* ("potentialiteit, macht, kwadraat") in het Latijn
vertaald moest worden (Hoenen 1947, 326n; Little, Fowler en Coulson
1978)' (Van Binsbergen 1997, 9). Na de neergang van de aristotelische filosofie vonden deze begrippen een vluchtplaats in het zich snel uitbreidende
gebied van de moderne fysica. Rond 1700 waren het gevestigde begrippen
in de optica, in het bijzonder in de theorie van het 'virtuele beeld': de objecten die we zien in de spiegel, die niet werkelijk bestaan maar slechts fictieve representaties zijn die we waarnemen aan het eind van de terugge-
kaatste lichtstralen die het object, het oppervlak van de spiegel en ons oog
verbinden. Een eeuw later, rond 1800, settelden de genoemde begrippen
zich in de mechanica in theorieën over virtuele snelheid, virtueel moment
en virtuele krachten. Daarbij blijft het begrip dicht bij de betekenis van het
aristotelische origineel en refereert het aan entiteiten die niet actueel aanwezig zijn, maar wel de potentie hebben reëel te worden.

In het huidige discours over virtual reality is de betekenis van het begrip
'virtueel' meestal georiënteerd aan de optische connotatie van het begrip.

Heim, bijvoorbeeld, definieert virtual reality als 'een gebeurtenis of entiteit die reëel is qua effect, maar niet feitelijk', en hij voegt daaran toe: 'In zekere zin doet iedere simulatie iets werkelijk schijnen dat dat in feite niet is.

Virtuele spellen combineren apparaten om de positie en oriëntatie te bepalen, datahandschoenen en computeranimaties om het "effect" te creëren van "entiteiten" die naar ons toe bewegen terwijl ze "feitelijk niet reëel" zijn' (Heim 1993, 109-110). Heims opmerking maakt duidelijk dat we virtual reality niet kunnen afdoen als louter illusie. De lichamelijke en mentale sensaties die we ondergaan tijdens een 'vlucht' in een vluchtsimulator kunnen moeilijk worden onderscheiden van de ervaringen die we ondergaan tijdens een echte vlucht.[10]

Op een vergelijkbare wijze zijn de eerder genoemde virtuele gemeenschappen die zich op het Internet ontwikkelen, echte gemeenschappen in de zin dat ze de bewoners daadwerkelijk in staat stellen met elkaar te interageren en communiceren (Watson 1997). Iemand liefhebben of haten in virtual reality hoeft geen minder intense ervaring te zijn dan in 'real' life. Wanneer men daar tegenin brengt dat een liefdesaffaire met een avatar, een virtuele *crash* in een vluchtsimulator of het te pletter vallen in *Dactyl Nightmare*™ van een andere orde is dan diezelfde gebeurtenissen in RL – bijvoorbeeld omdat we bij het laatstgenoemde spel in tegenstelling tot RL vele malen dood kunnen gaan, dan is dat vanzelfsprekend waar. Maar dat wil niet zeggen dat virtuele werelden, virtuele gemeenschappen en virtuele gebeurtenissen illusies zijn. Ze bezitten een eigen realiteit. Wat virtual reality onderscheidt van oudere (visuele) representatievormen zoals de schilderkunst en de film, is dat ze een andere vorm van in-de-wereld-zijn constitueert. De te beantwoorden vraag is niet of het *Dasein* in-een-virtuele-wereld wel een echte ervaring van wereld is, maar waarin deze ervaring van een virtuele wereld zich van de alledaagse onderscheidt en hoe deze beide ervaringen zich tot elkaar verhouden. Bij het beantwoorden van die vragen gaat het niet alleen om datgene wat de virtuele *wereld* onderscheidt van de alledaagse, maar ook op welke wijze het *Dasein* in beide gevallen anders is. Wat betekent het feit dat men van uiterlijk kan veranderen, kan spelen met

10 Ook dit gegeven weerspreekt de in hoofdstuk 4 besproken populaire claim dat virtual reality een 'disembodied experience' zou zijn. De vluchtsimulator maakt duidelijk dat virtual reality voor alles is gericht op het stimuleren van de zintuigen van ons organische lichaam. Volgens Randall Walser onderscheidt virtual reality zich juist van andere representatiemedia zoals film en televisie doordat cyberspace, in tegenstelling tot de laatstgenoemde, de gebruiker juist belichaamt (geciteerd in: Rheingold 1992). Juist deze belichaming maakt dat virtual reality zich niet alleen maar in ons hoofd afspeelt, d.w.z. denkbeeldig is, maar tevens lichamelijk *gevoeld* kan worden. Vanuit een fenomenologisch perspectief bezien zijn virtual reality-ervaringen niet minder reëel dan alledaagse ervaringen.

geslacht en etniciteit, elders telepresent kan zijn, magische krachten kan bezitten of meerdere malen kan opstaan uit de dood voor onze existentie (MacKinnon 1997)? *Zijn* we dan nog hetzelfde? Laat ik proberen de in virtual reality geïmpliceerde ontologie te verhelderen door haar te vergelijken met de in het vorige hoofdstuk besproken deconstructie van de representatie door Baudrillard. Baudrillards stelling dat in de postmoderne cultuur tekensystemen niet langer naar de realiteit verwijzen verheldert in een bepaald opzicht de virtualiteit van virtual reality. Wanneer hij over de simulatie stelt dat dit een model is van het reële zonder origineel, dan kan dit oordeel zonder veel problemen worden overgedragen op virtual reality-systemen. Wanneer hij echter stelt dat deze modellen geen realiteit bezitten of zelfs verdwijnvormen van de realiteit zijn, dan lijkt hij het slachtoffer te zijn van een *ontologische nostalgie*, die op een merkwaardige wijze vasthoudt aan het hiërarchische onderscheid tussen werkelijkheid en schijn dat de ontologische traditie ten minste vanaf Plato kenmerkt. Anders dan Baudrillard doet, dienen we virtual reality niet zozeer op te vatten als een verdwijnvorm van de werkelijkheid, maar veeleer als een ontsluitingsvorm van een ander type realiteit.

Jaron Lanier, een van de vaders van de virtual reality-technologie, lijkt ook daarop te wijzen wanneer hij virtual reality een postsymbolische wijze van communicatie noemt. Simon Perry heeft gelijk wanneer hij daar tegenin brengt dat Lanier over het hoofd ziet dat een theekopje in virtual reality nog steeds een representatie van een echt theekopje is dat niet werkelijk kan worden leeggedronken, maar ik meen dat hij daarmee toch precies het punt mist waar Lanier op wijst. Voor het *Dasein* in cyberspace is het theekopje dat hij daar aantreft niet primair een representatie van iets in een wereld aan gene zijde van de virtuele wereld (zoals voor de platonist het theekopje een kopie is van de Idee van het theekopje), maar in de allereerste plaats een deel van zijn zorgzaam in-een-virtuele-wereld zijn. Ook William Armstrong lijkt dit terhanden-zijnde karakter van virtuele zijnden over het hoofd te zien wanneer hij in een door Heidegger geïnspireerde analyse van de relatie tussen plaats en Zijn in cyberspace stelt: 'De computer functioneert inderdaad als een locatie en als zodanig opent hij een gebied, een ruimte zo men wil. Maar het is een ruimte waar geen dingen zijn, geen nieuwe locaties kunnen worden ontsloten, geen reële relaties tevoorschijn worden gebracht, maar louter beelden, gedachten over en referenties naar locaties die achter zijn gelaten' (Armstrong 1994, 41). Wie zich als bewoner in een van de *Active Worlds* vestigt en daar zijn virtuele woning bouwt, die ontsluit wel degelijk een locatie en die gaat wel degelijk relaties aan met zijn medebewoners. Andere locaties en relaties, maar niet minder werkelijk.

Wanneer we het onderscheidende kenmerk van het zorgend in-een-virtuele-wereld zijn willen vatten, dan dienen we nog wat dieper in te gaan op de tweede betekenis die we hierboven hebben onderscheiden met betrekking tot het begrip 'virtueel', en die betrekking heeft op het mogelijkheidskarakter van het virtuele.[11] In mijn beknopte uiteenzetting van Heideggers fundamentele ontologie wees ik erop dat *Dasein* niet opgevat mag worden als een voorhanden-zijnd ding, maar begrepen moet worden als een *Seinkönnen*, een mogelijkheid om zowel zus of zo te kunnen zijn. In het licht van de voorafgaande analyse van de ontologie van virtual reality kunnen we stellen dat virtual reality dit kunnen-zijn van het *Dasein* op een fundamentele wijze radicaliseert en daarbij tevens overdraagt op de dingen die het in zijn wereld ontmoet. In een virtuele wereld zijn de zijnden letterlijk programmeerbaar volgens een ontwerp van het *Dasein*. Men zou daar tegenin kunnen brengen dat het *Dasein* niet noodzakelijk de programmeur is van de virtuele werelden waarin het zich begeeft. Dat is inderdaad het geval. Maar het is in deze context zinvol het onderscheid tussen exploratieve en constructieve virtuele werelden nogmaals in herinnering te roepen. Waar het *Dasein* in het geval van spellen als *Dactyl Nightmare*™ inderdaad niet meer doet dan zich voegen naar een vooraf geprogrammeerde wereld, daar is het *Dasein* dat in een van de *Active Worlds* (*) zijn eigen virtuele omgeving bouwt, een virtuele krant begint of zelf een nieuwe wereld sticht wel degelijk de ontwerper van zijn eigen virtuele wereld. We stuiten hier op een opmerkelijke omkering van de door Heidegger bekritiseerde traditionele ontologie. Waar de traditionele ontologie de mens – ten onrechte – opvat vanuit het voorhanden-zijnde karakter van zijnden, daar wordt in virtual reality – voorlopig eveneens ten onrechte[12] – aan nietmenselijke zijnden in toenemende mate een ontwerpend karakter toegekend. Kernachtig uitgedrukt: waar in de traditionele ontologie de mens wordt opgevat als een steen, daar krijgt in het tijdvak van de informatietechnologie het silicium menselijke trekjes. Dat geldt niet alleen voor de dingen die we binnen virtuele werelden aantreffen, maar vindt ook zijn neerslag op de dingen die we in onze alledaagse wereld aantreffen. In mijn analyse van de informatisering van het wereldbeeld in hoofdstuk 7 merkte

11 Mark Nunes wijst eveneens naar deze connotatie van het begrip 'virtueel' in zijn analyse van het virtuele karakter van het Internet: 'We moeten het virtuele wellicht opnieuw denken, niet in de commerciële betekenis van "reëler dan het reële", maar in de zin die Bergson daar aan gaf: als mogelijkheidsvoorwaarde van het optreden van het actuele' (Nunes 1997, 175).

12 We kunnen denken aan computerspeeltjes als de eerder genoemde Tamagotchi, een interactief huisdiertje dat virtueel kan worden gevoed en geknuffeld en dat door zijn gebruikers vaak wordt behandeld als een wezen met intenties en gevoelens (zie reeds: Turkle 1984). De ontwikkeling van kunstmatig leven en kunstmatige intelligenties zal echter mogelijk leiden tot een situatie waarin niet-menselijke zijnden daadwerkelijk een intentioneel ontwerpend karakter krijgen (zie Penny 1995; Okrent 1996).

ik op dat binnen het informationistische wereldbeeld alles wordt opgevat
als een programmeerbare entiteit. Terwijl de mechanistische technologie
(en daarover heeft de latere Heidegger het voornamelijk) gericht is op de
beheersing en het gebruik van zijnden ten behoeve van de mens, zijn de
informationistische eigenschappen op een meer fundamenteel niveau gericht op de creatie van nieuwe zijnden. Deze wetenschappen transformeren
de wereld tot een ruimte van virtuele mogelijkheden. Zijnden worden opgevat als manipuleerbare informatie.

Betekent dit dat (de idee van) virtual reality opgevat moet worden als
het ultieme hoogtepunt van de moderne wil tot beheersing? In zekere zin is
dat inderdaad het geval. Virtual reality, als een door de computer gegenereerde omgeving, is letterlijk het ultieme hoogtepunt van het moderne, rekenende denken waarover Heidegger spreekt. In het rekenende denken
worden de zijnden enkel beschouwd vanuit het oogpunt van hun bruikbaarheid en beschikbaarheid. Volgens Heidegger is de moderne, mechanistische techniek net als de oude *technè* van de kunst en het ambacht een wijze
van ontbergen, maar in tegenstelling tot de oude techniek, waarin de natuur (*phýsis*) te voorschijn wordt gebracht, bestaat de moderne techniek in
een tevoorschijn *vorderen* van de natuur (Heidegger 1962; zie ook De Mul
1995, 141v.). Het digitale domein is vanuit dat perspectief bezien de ultieme uitdrukking van de gerichtheid van de moderne techniek alles tot een
beheersbaar bestand te transformeren (vgl. Chester 1997). Het *Dasein* lijkt
van een *geworpen* ontwerp steeds meer tot een geworpen *ontwerp* te worden.

Dat lijkt op het eerste gezicht een aantrekkelijke gedachte. Vilém Flusser stelt enthousiast dat we dankzij de informatietechnologie begonnen zijn
'onszelf te bevrijden van de tirannie van de realiteit. De slavenhouding
waarmee we als subject de objectieve realiteit benaderden om deze te kunnen beheersen, maakt plaats voor een nieuwe houding, waarin we ingrijpen in de mogelijkheidsvelden in en buiten ons met als doel sommige van
deze mogelijkheden te realiseren. Vanuit dit perspectief maakt de nieuwe
technologie dat we ons verheffen van subjectiviteit naar projectiviteit. We
maken een tweede geboorte van de mensheid mee, een tweede *Homo erectus*. En deze *Homo erectus*, die met het toeval speelt om het in noodzakelijkheid te transformeren, kan ook *Homo ludens* worden genoemd' (Flusser
1992a, 25).

Dat klinkt inderdaad niet slecht, maar het is op zijn best maar een deel
van het verhaal. We mogen niet vergeten dat het *Dasein* in cyberspace geen
alomtegenwoordige, alwetende en almachtige godheid is die zijn werelden
naar zijn wens en willekeur schept en bestiert, maar een eindig wezen blijft
dat ook in cyberspace geworpen is. Het *Dasein* blijft aangewezen op werelden die aan hem vooraf gaan. 'Toeval en wedervaren' blijven ook in virtuele werelden het leven bepalen. In de analyse van de informatisering van

het wereldbeeld merkten we op dat de toename van de mogelijkheid tot manipulatie op paradoxale wijze gepaard gaat met een steeds grotere onvoorspelbaarheid van de bedoelde effecten en onbedoelde neveneffecten. En in deze onvoorspelbare werelden wordt het *Dasein* bovendien voortdurend geconfronteerd met de vaak tegengestelde belangen van degenen die met hem in deze werelden verkeren. En van het onschuldigste computervirus tot aan het gevreesde *down* gaan van het gehele systeem gaat op zijn minst de suggestie uit dat de techniek misschien meer nog dan een instrument en een teken van de macht van het *Dasein* een macht is die het *Dasein* tot zijn instrument en teken maakt.[13] De onto-theologie lijkt uit te monden in een onto-technologie.

Zo roept het tijdvak van de informatietechnologie het tragische wereldbeeld van de Grieken in herinnering. Het *'Digitale Dasein'* is, als uitvinder en hoeder van de techniek, verantwoordelijk voor een gebeuren dat zich grotendeels en steeds meer aan zijn greep lijkt te onttrekken. We lijken getuige te zijn van de geboorte van een postmoderne tragedie uit de geest van de technologie. Of geldt ook hier Heideggers wonderspreuk dat waar de nood het hoogst is, ook de redding nabij is?

3 Tussen de technologie van de kunst en de kunst van de technologie

In de inleiding van dit hoofdstuk verwees ik naar de gemeenschappelijke wortel van technologie en kunst in de Griekse *technè* en naar de claim van Michael Heim dat virtual reality dit oude verbond in volle glorie herstelt. Maar wat kan deze claim betekenen wanneer we vaststellen dat de moderne, vorderende technologie, virtual reality incluis, in veel opzichten tegengesteld is aan de oude, ontbergende *technè*? En is volgens Heidegger niet ook de moderne kunst bij uitstek een gestalte van de traditionele ontologie die het zijnde voor het werkelijke houdt, en als zodanig vrijwel tegengesteld aan de oude, wereldstichtende kunst? Terwijl Heidegger in *Der Ursprung des Kunstwerkes* (1936-7) nog hoog opgeeft over het wereldstichtende vermogen van de kunst, is de toon in het later geschreven *Nachwort* vrijwel tegengesteld. Volgens Heidegger vertoont de kunst dezelfde neergang als de metafysica: 'De werkelijkheid wordt tot objectiviteit. De objec-

---

13 Wanneer informatietechnologie wordt aangewend voor maatschappelijke sturing (zoals in hoofdstuk 3 besproken), dan transformeert zij mensen letterlijk tot manipuleerbare data ofwel computertekens. En in hoofdstuk 14 zullen we zien dat in de biotechnologie de code van het menselijk DNA het ultieme object van technologisch beheer lijkt te worden.

tiviteit wordt tot beleving. In de wijze waarop voor de westerse wereld het zijnde het werkelijke is, schuilt een merkwaardig samengaan van schoonheid en waarheid. De wezensverandering van de waarheid correspondeert met de wezensgeschiedenis van de westerse kunst. De geschiedenis valt vanuit een geïsoleerd schoonheidsbegrip net zo min te begrijpen als vanuit de beleving – als het metafysische begrip van de kunst het wezen van de kunst al bereikt' (Heidegger 1996, 69).[14] Wanneer we naar het metafysische begrip van de kunst kijken, dan valt er op het eerste gezicht wel wat te zeggen voor dit oordeel. Plato, die de toon heeft gezet voor de traditie van de westerse metafysica, vat de kunst op als een nabootsing (*mimesis*) van de tweede orde. Waar het Zijn wordt opgevat als een verzameling hoogste, tijdloze zijnden met de Idee van het Goede aan de top, en de zijnden in onze alledaagse wereld (de wereld van het Worden) als imperfecte kopieën van deze Ideeën, daar worden kunstwerken afgedaan als kopieën van deze kopieën, 'beelden die ver van de waarheid verwijderd zijn' (Plato 1980, *De Staat*, 605). Wanneer we echter naar de verdere ontwikkeling van het platonisme kijken, dan dienen wel enkele belangrijke nuances te worden aangebracht. Zo wordt het kunstwerk door Plotinus niet opgevat als een kopie van de imperfecte zijnden uit onze alledaagse wereld, maar als een onmiddellijke, en daardoor superieure, representatie van de Ideeën (Plotinus 1984, V,viii,1). De activiteit van de kunstenaar komt daardoor bij Plotinus dichter bij die van de filosoof dan bij die van de ambachtsman. Vanaf de Renaissance krijgt de kunstenaar steeds verhevener kwaliteiten toegeschreven. Leonardo da Vinci, bijvoorbeeld, stelde zelfbewust dat de kunstenaar in zijn werk de schepping van God opnieuw creëert. En in de moderne, geseculariseerde samenleving, in het bijzonder in de traditie die met de Romantiek start en die zijn echo's vindt in de twintigste-eeuwse avant-gardebewegingen, neemt de kunstenaar zelfs de opengevallen plaats van God in als de schepper van nieuwe werelden (De Mul 1995). Deze ontwikkeling laat zich ook goed aflezen aan de transformatie die zich in de moderne kunst afspeelt van *mimesis* naar *poiesis*. Veel van de avant-gardebewegingen in de twintigste eeuw breken geheel met de *mimesis* en het realisme. De kunst 'reproduceert door middel van nieuwe artistieke technieken zoals de montage het reële niet zozeer, maar construeert een object of beter nog, stelt een proces in werking om in de wereld te interveniëren, niet om de werkelijkheid te reflecteren, maar om haar te veranderen' (Ulmer 1983, 86). Hoewel Heidegger het manifeste antropocentrisme en subjectivisme in de moderne es-

---

14   Zie voor een uitvoeriger analyse van Heideggers ambivalente houding ten opzichte van de moderne kunst 'Hegel, Heidegger, Adorno and the Ends of Art' (De Mul 2002b).

thetica laakt, is de opvatting die hij in de hoofdtekst van *Der Ursprung des Kunstwerkes* ontwikkelt sterk verwant aan deze romantische traditie. Hoewel Heidegger, anders dan de romantici, de rol van de kunstenaar niet op de voorgrond plaatst, maakte de geciteerde uitspraak over de tempel al duidelijk dat ook hij van mening is dat het kunstwerk niet zozeer een wereld uitbeeldt als wel sticht. Maar is dit ook niet bij uitstek wat virtual reality bewerkstelligt?

In dit perspectief bezien kunnen we instemmen met Heim: virtual reality is niet alleen de vrucht van de moderne technologie, maar óók van de traditie van wereldstichtende kunst. Zoals ik in hoofdstuk 5 opmerkte, realiseert de informatietechnologie hier de ambitie van de avant-gardes om de passieve consument van kunst te transformeren tot medeschepper van het kunstwerk. Maar waar Resnais' *Marienbad* uiteindelijk, in weerwil van de intenties van de maker, een voorhanden-zijnd kunstwerk blijft, dat de toeschouwer wel steeds anders mag interpreteren, maar niet kan veranderen, daar participeren de deelnemers aan constructieve virtual reality-werelden zoals de eerder genoemde *Active Worlds* daadwerkelijk in het stichten van wereld. In veel opzichten realiseren deze multimediale werelden Wagners droom van het *Gesamtkunstwerk* (Heim 1993, 124v.)

In het licht van het bovenstaande wordt ook de terloopse opmerking die ik in hoofdstuk 7 maakte over de opmerkelijke overeenkomst tussen de moderne kunsten en modale wetenschappen zoals *artificial life* en *artificial intelligence* meer inzichtelijk. Ik merkte daar op dat in beide domeinen een transformatie plaatsvindt van mimesis naar *poiesis*. Ik citeerde Claus Emmeche in dat verband, die stelt dat de wetenschap de kunst van het mogelijke wordt, omdat de interessante vraag niet langer is hoe de wereld is, maar hoe hij zou kunnen zijn, en hoe we op de meest effectieve wijze andere universa kunnen scheppen op basis van een gegeven hoeveelheid computationele bronnen (Emmeche 1991, 161). Op basis van de voorafgaande uiteenzetting kunnen we omgekeerd ook stellen dat kunst een wetenschappelijk project is geworden. 'Wanneer we erkennen', zo stelt de eerder geciteerde Vilém Flusser, 'dat de wetenschap een vorm van kunst is, dan halen we de wetenschap niet naar beneden, maar dan wordt zij juist het paradigma voor alle kunsten. Het wordt dan duidelijk dat de kunsten pas tot realiteit worden, dat wil zeggen: realiteit produceren, wanneer ze hun empirische huid afstropen en de theoretische exactheid van de wetenschap benaderen. [...] Dankzij de digitalisering worden alle kunsten exacte wetenschappelijke disciplines die niet langer onderscheiden kunnen worden van de wetenschap' (Flusser 1992b, 29-30).

In deze zin kan met Heim worden gesteld dat virtual reality kunst en technologie, die sinds de klassieke Griekse cultuur verschillende wegen zijn gegaan, opnieuw verenigt. De vraag of we deze ontwikkeling al of niet moeten toejuichen laat zich niet eenduidig beantwoorden. Virtual reality is geen heilige graal, zoals sommige cybergoeroes beweren, maar evenmin een ultieme aanslag op de realiteit, zoals doemdenkers ons willen doen geloven (Slouka 1995). Maar dat betekent niet dat het een neutrale technologie zou zijn (vgl. hoofdstuk 2). Zoals iedere technologie ontsluit virtual reality het Zijn op eigen wijze, waarbij deze technologie op een oorspronkelijke wijze onthult én verhult. En net als iedere voorafgaande technologie brengt virtual reality zowel nieuwe mogelijkheden als nieuwe gevaren met zich mee, zowel vormen van genot waarvan we ons geen voorstelling konden maken als frustraties en pijnen die we niet eerder hebben beleefd. Waarschijnlijk zullen veel van de grote kunstwerken uit de eenentwintigste eeuw hun grond hebben in virtual reality, maar ongetwijfeld zal dezelfde technologie ook, en zonder twijfel op overvloediger wijze, gebruikt worden voor plat vermaak en consumentisme en daarmee onze 'zijnsvergetelheid' voeden. We mogen enkel hopen dat de filosofische reflectie ons kan helpen het onderscheid tussen die mogelijkheden voor ogen te houden.

DEEL IV

Homo zappens

Verwacht niet je oude identiteit te behouden: één naam, één land, één klok. Of het nu door medische reconstructie is of door fantasie, veelvoudige versies van jezelf zullen overal opbloeien. Het voorjaar van de schizofrenie!

Nicole Stenger

I O UNDER CONSTRUCTION

Identiteit in het tijdperk van de homepage

> De revolutie die onze tijd kenmerkt is die der onze-
> kerheid – een onzekerheid die alle aspecten van het
> leven raakt, in het bijzonder ons besef van identiteit.
>
> *Jean Baudrillard*

1 Wie ben ik? Wie zijn wij?

Wie ben ik? Wie zijn wij? Deze reflexieve vragen naar onze persoonlijke en culturele identiteit zijn onlosmakelijk verbonden met het zelfbewustzijn van de mens en zijn om die reden waarschijnlijk net zo oud als de mens zelf. Maar zij zijn waarschijnlijk nooit eerder zo dringend gesteld als in onze huidige, postmoderne cultuur. De postmoderne mens is opgenomen in een weefsel van relaties dat complexer en mobieler is dan ooit (Lyotard 1987, 59). Gestimuleerd door stormachtige ontwikkelingen op het gebied van vervoer (automobiliteit, luchtvaart), communicatiemiddelen (televisie, GSM, Internet), economie (mondialisering en flexibilisering van de arbeid, economische migratie) en het sociale en persoonlijke leven (veranderende rolpatronen, vrijetijdsindustrie), is het aantal activiteiten waarin de postmoderne mens aan zijn identiteit gestalte kan geven en de veelheid van sociale rollen die hij of zij speelt, sterk toegenomen. De *persoonlijke identiteit* wordt niet langer als een gegeven beschouwd, maar veeleer als een nooit eindigende opgave. De postmoderne samenleving heeft veel weg van een supermarkt van *life styles*, waarin het individu geacht wordt zijn identiteit 'bij elkaar te shoppen'.

Ook de beantwoording van de vraag naar onze *culturele identiteit* is er door diverse maatschappelijke en culturele ontwikkelingen niet eenvoudiger op geworden. Het met elkaar, langs elkaar of tegen elkaar leven van bevolkingsgroepen met uiteenlopende etnische en culturele achtergronden confronteert onvermijdelijk zowel 'oude' als 'nieuwe' Nederlanders met de vraag naar de eigen culturele identiteit. Het regelmatig opvlammende debat over de multiculturele samenleving maakt duidelijk dat daarmee belangrijke maatschappelijke en politieke vragen zijn verbonden. Een van de kernvragen daarbij is of het behoud van de 'eigen' culturele identiteit dient te worden nagestreefd of dat het streven veeleer gericht dient te zijn op integratie. Op Europees niveau noopt het proces van sociaal-economische, juridische en culturele integratie tot een herbezinning op de vraag naar de *nationale identiteit*, evenals naar de rol van de maatschappelijke organisaties en overheid in de handhaving van het nationale erfgoed. De mondiale ontwikkeling van de informatiesamenleving, waarin economische, sociale en militaire systemen en netwerken steeds nauwer en flexibeler vervlochten raken, verscherpt nog de actualiteit van de vragen naar onze culturele identiteit en naar de mogelijke reikwijdte van de culturele verscheidenheid (Castells 1996). In het licht van genoemde vragen is het niet overdreven met Baudrillard vast te stellen dat van alle onzekerheden die het postmoderne leven kenmerkt, die omtrent onze individuele en culturele identiteit misschien wel de grootste is. De opgave waarvoor dit ons stelt is dan ook, zoals Giddens het uitdrukt, 'manufacturing uncertainty' (Giddens 1991).

In het proces van de transformatie van de identiteit spelen informatie- en communicatietechnologieën een cruciale rol. Weliswaar is ict niet de enige en evenmin de uiteindelijk determinerende factor in het ontstaan van de hierboven geschetste identiteitsproblematiek, maar zij neemt daarin wel een uiterst belangrijke plaats in omdat zij het medium vormt waarin de overige technische, sociaal-economische en culturele ontwikkelingen plaats vinden en worden gecommuniceerd (Gottschalk 1997). Bovendien heeft ict een belangrijke impact op de maatschappelijke organisatiestructuren waarbinnen persoonlijke en culturele identiteit gestalte krijgen. Deze zijn niet langer aan een geografische plaats gebonden, maar worden tot flexibele, interactieve netwerken die zich steeds minder aantrekken van nationale grenzen en wetten (zie hoofdstuk 2). Traditionele, voor de persoonlijke en culturele identiteit constitutieve tegenstellingen zoals die tussen lokaal en globaal, privé en publiek en betekenisproducent en -consument vervagen en verliezen daarmee steeds meer aan betekenis. Dat heeft als gevolg dat de identiteit van personen en gemeenschappen een meer diffuus karakter krijgt: door ict gaat de gehele wereld tot de dagelijkse leefwereld behoren. Met McLuhan wordt het resultaat vaak aangeduid als een 'global village', maar deze uitdrukking laat onvoldoende tot uitdrukking komen dat we veeleer van doen hebben met een onoverzichtelijke hoeveelheid wijken en getto's waartussen vaak nauwelijks contact bestaat.

Duidelijk is evenwel dat de genoemde ontwikkelingen belangrijke gevolgen hebben voor de inrichting van het persoonlijke en maatschappelijke leven. Of het nu gaat om persoonlijke relaties en vrije tijd, sociale betrokkenheid, onderwijs, cultuur, de organisatie van arbeid of de gezondheidszorg, in toenemende mate spelen vragen met betrekking tot de identiteit daarbij een belangrijke rol. De transformatie van persoonlijke en culturele identiteit heeft bovendien belangrijke implicaties voor het publieke domein, burgerschap en de relatie tussen de burgers en de overheid. Het gaat daarbij niet alleen om een herordening van de bestaande relaties: informatie- en communicatienetwerken vormen tevens een vruchtbare voedingsbodem voor de ontwikkeling van allerlei nieuwe vormen van identiteit, gemeenschap en overheid (Frissen 1999b). Hierbij moeten we benadrukken dat de rol die ICT in dit complex speelt, niet eenduidig is. De informatiesamenleving is geen gevestigd gegeven waar we simpelweg aansluiting bij moeten zoeken. Het gaat hier om een proces waarvan het verloop niet alleen wordt bepaald door technische mogelijkheden, maar steeds ook mede afhankelijk is van de maatschappelijke doelstellingen en politieke keuzes van individuele burgers, maatschappelijke organisaties, bedrijven en overheden (Wouters 1999). Dankzij haar ongekende flexibiliteit laat ICT zich met uiteenlopende doelstellingen verbinden (De Mul, Müller en Nusselder 2001). In het complexe en pluriforme culturele landschap van de postmoderne samenleving kunnen informatie- en communicatiemedia daarom zowel culturele continuïteit bieden als een impuls geven aan de constructie van nieuwe vormen van persoonlijke en culturele identiteit. Afhankelijk van ontwerp en gebruik kan ICT zowel het proces van individualisering en fragmentatie dat de postmoderne cultuur kenmerkt versterken, als gebruikt worden als een middel om de sociale en politieke cohesie van (specifieke groepen binnen) de samenleving te stimuleren, waarbij het een of het ander bovendien niet per definitie goed of slecht te noemen is. Individualisering kan immers zowel uitmonden in een toename van de persoonlijke vrijheid als in maatschappelijke isolatie of vervreemding. En wanneer we denken aan de rol die ICT speelt bij de organisatie van criminele en terroristische groeperingen, beseffen we dat de vergroting van sociale en politieke cohesie niet in alle gevallen wenselijk is.

Zoveel is echter duidelijk: om te kunnen komen tot afgewogen oordelen en beslissingen over de inzet van ICT is het noodzakelijk meer inzicht te verwerven in zowel de transformatie die de persoonlijke en culturele identiteit in onze cultuur ondergaat als in de rol die ICT daarbij speelt.

In dit hoofdstuk zal ik nader ingaan op de rol die het World Wide Web (www) speelt in de constructie van persoonlijke en culturele identiteiten. In de tweede paragraaf ga ik, na een beknopte analyse van het begrip 'identiteit', nader in op de transformatie van het moderne identiteitsbegrip. Achtereenvolgens komen drie aspecten van de menselijke identiteit aan de orde, die in de moderne opvatting van de identiteit sterk onderbelicht bleven, maar die in de afgelopen decennia sterk op de voorgrond zijn getreden in identiteitstheorieën, respectievelijk lichamelijkheid, historiciteit en het sociaal-constructieve karakter van identiteit. Tenslotte sta ik nog stil bij de reflexieve dimensie van de identiteit.

In de derde paragraaf ga ik in op de cruciale rol die media spelen in de reflexieve constructie van identiteit. Ik neem daarbij Ricoeurs narratieve identiteitstheorie tot uitgangspunt. Volgens deze theorie is het verhaal niet alleen een vruchtbare metafoor om persoonlijke en culturele identiteiten te beschrijven, maar construeren mensen hun identiteit daadwerkelijk met behulp van (alledaagse, historische en literaire) verhalen. Hoewel deze identiteitstheorie een vruchtbaar theoretisch kader biedt voor de reflectie op persoonlijke en culturele identiteit, schiet zij naar mijn oordeel door haar eenzijdige oriëntatie op traditionele, lineaire verhalen toch tekort om postmoderne, door hypermedia (zoals het World Wide Web) bemiddelde identiteitsconstructies te begrijpen.

In de vierde paragraaf zoom ik vervolgens in op de constructie van het 'hypermediale zelf' op het www. Daarbij knoop ik aan bij de analyse van multimedialiteit, interactiviteit, virtualiteit uit hoofdstuk 6 en sta ik ook wat langer stil bij twee andere voor de identiteitsconstructie relevante kenmerken van het www: connectiviteit en de compressie van tijd en ruimte. In de laatste paragraaf ga ik nader in op de vraag naar de wenselijkheid van de in dit hoofdstuk besproken transformatie van de persoonlijke en culturele identiteit.

2 Persoonlijke en culturele identiteit

De transformatie van de persoonlijke en culturele identiteit in de laat-moderne en postmoderne cultuur laat zich aflezen aan de transformatie die het begrip identiteit in deze periode ondergaat in de filosofie en in de sociale en menswetenschappen. Om ons inzicht in de transformatie die de persoonlijke en culturele identiteit momenteel onder invloed van de ICT ondergaat te vergroten, is het daarom nuttig een moment stil te staan bij deze begripstransformatie.

Het begrip 'identiteit' heeft, zoals veel woorden in de alledaagse taal, geen eenduidige betekenis, maar kent meerdere betekenisaspecten en connotaties. Dit hangt samen met de lange begripsgeschiedenis, waarin het verschijnsel identiteit uiteenlopende interpretaties heeft gekregen. Het woord 'identiteit' heeft zijn etymologische wortels in het Latijnse begrip *identitas*, dat op zijn beurt is afgeleid van het begrip *idem*, hetzelfde. In de logica wordt het begrip onder andere gebruikt om aan een numerieke eenheid te refereren. Toegepast op de mens duidt het begrip *persoonlijke identiteit* dan op de unieke relatie die ieder mens tot zichzelf heeft. Op grond van dit logische principe van de identiteit geldt dat de mens gelijk is aan zichzelf en aan niemand anders. Ten aanzien van de persoonlijke identiteit wordt vaak een onderscheid gemaakt tussen de lichamelijke en geestelijke identiteit. Een persoon heeft immers zowel een uniek lichaam als een unieke geest.[1] In het gangbare taalgebruik refereert het begrip 'identiteit' volgens Van Dale's *Groot Woordenboek der Nederlandse Taal* ook aan 'eenheid van wezen' en 'persoonsgelijkheid' (Geerts and Heestermans 1989, 1155). In deze (antropologische) betekenis verwijst het begrip naar de *ruimtelijke* en *temporele* continuïteit van de persoon. De ruimtelijke continuïteit is gelegen in het feit dat de elementen waaruit de lichamelijke en geestelijke identiteit is opgebouwd, geen los conglomeraat vormen, maar intern samenhangen. De gedachten, handelingen en verlangens van een persoon zijn op een betekenisvolle wijze met elkaar verbonden. Wanneer deze samenhang geheel of gedeeltelijk verloren gaat – bijvoorbeeld bij psychische stoornissen als dementie of *multiple personality disorder* –, dan resulteert dat in een desintegratie of zelfs verlies van de identiteit. De temporele continuïteit is erin gelegen dat personen in de loop van hun leven (min of meer) hetzelfde lichaam behouden en de bewustzijnsinhouden van de geest dankzij herinnering en verwachting ook een zekere permanentie in de tijd bezitten. Als deze temporele samenhang doorbroken wordt – bijvoorbeeld door het verlies van een lichaamsdeel, een transgender operatie, een verslaving, ernstige depressie of een religieuze bekering – dan kunnen fundamentele veranderingen in de lichamelijke en geestelijke identiteit optreden. In het vervolg van dit hoofdstuk zal de vraag aan de orde komen in hoeverre ook het gebruik van ICT kan leiden tot een transformatie van die ruimtelijke en temporele continuïteit en daarmee van de persoonlijke identiteit.

Ook in het geval van *culturele identiteit*, dat wil zeggen: de identiteit van een groep personen, kunnen we een ruimtelijke en temporele dimensie onderscheiden. Een cultuur is immers geen los conglomeraat van elementen, maar vertoont een zekere samenhang. De 'calvinistische cultuur' van het noordelijk deel van Nederland verwijst bijvoorbeeld naar een samenhangend geheel van taal, geschiedenis, handelingspatronen en instituties dat door de leden van deze cultuur wordt gedeeld. Omdat dit geheel van zeden en gewoonten een historische hardnekkigheid vertoont, is ook in dit geval sprake van een temporele continuïteit. Zoals al in de inleiding werd aangestipt, lijken ook de ruimtelijke en temporele dimensie van de hedendaagse cultuur onder invloed van ICT ingrijpende veranderingen te ondergaan.

Een belangrijk aspect van het identiteitsbegrip dat ik hier wil aanstippen en dat later nog uitvoeriger aan de orde zal komen betreft de *reflexieve* di-

[1] Zie voor een uitvoeriger analyse van deze connotatie van het begrip 'identiteit' 'Het verhalende zelf. Over persoonlijke en narratieve identiteit' (De Mul 2000).

mensie van de identiteit. We stuiten op deze dimensie als we de vraag stellen bij wie de voor de persoonlijke en culturele identiteit kenmerkende ruimtelijke en temporele continuïteit zich voordoet. Hoewel natuurlijk ook andere personen en de media ons een persoonlijke en culturele identiteit kunnen toeschrijven (hetgeen van grote invloed kan zijn op de manier waarop wij onze eigen identiteit beleven), zijn wij het uiteindelijk *zelf* die onze persoonlijke en culturele identiteit, dat wil zeggen, de betekenisvolle ruimtelijke en temporele samenhang, beleven. Reflexiviteit duidt op zelfbeschouwing, bespiegeling, het hebben van een zelfbeeld. We drukken onszelf uit en herkennen onszelf in zelfrepresentaties. Of iemand een vrouwelijke, islamitische of skater-identiteit bezit (of mogelijk alledrie), wordt niet alleen bepaald door (altijd enigszins arbitraire) lichamelijke kenmerken, handelingen, gewoonten of denkbeelden, maar is ook afhankelijk van de vraag of de persoon *zelf* zich als zodanig beschouwt en herkent. Een verschijnsel als transseksualiteit laat zien dat de 'objectieve' en de beleefde realiteit niet noodzakelijk overeenstemmen. Hierna zullen we zien dat het belang van ict voor identiteitsconstructies nauw samenhangt met deze reflexieve dimensie van de identiteit.

Het thema identiteit heeft vooral in de afgelopen eeuwen veel aandacht gekregen in de filosofie en sociale wetenschappen. Wat daarbij opvalt, is dat de betekenis van het begrip identiteit vanaf het begin van de moderniteit een transformatie heeft ondergaan, die niet los kan worden gezien van veranderingen die de westerse samenleving en cultuur in deze periode hebben doorgemaakt: secularisering, industrialisatie, de groei van het historisch besef en de ontwikkeling van nieuwe media zoals dagbladpers, film, radio, televisie en moderne ict.

Aan het begin van de moderniteit heeft Descartes de toon van het debat rondom de identiteit gezet. Descartes' opvatting van de persoonlijke identiteit heeft een moeilijk te overschatten invloed uitgeoefend op het moderne mensbeeld. Deze invloed duurt tot op heden voort. Zij is bijvoorbeeld, zo zullen we in het volgende hoofdstuk zien, opvallend werkzaam in veel van de theorieën die het afgelopen decennium zijn ontwikkeld over cyberspace en virtuele identiteit. Tegelijkertijd is het cartesiaanse mensbeeld van meet af aan het mikpunt geweest van heftige kritiek, die heeft geresulteerd in een waaier van alternatieve, postmoderne opvattingen van identiteit. Om die reden vormt het cartesiaanse mensbeeld een geschikt uitgangspunt voor onze bespreking van de transformatie van de notie van identiteit.

In zijn in 1641 gepubliceerde *Méditations métaphysiques* definieert Descartes het *ik* of *zelf* als een denkende substantie, dat wil zeggen *een ding met (zelf)bewustzijn* (Descartes 1963, 487-8). In het kader van het onderwerp van dit hoofdstuk zijn vier kenmerken van dit rationalistische mensbeeld van belang.

In de eerste plaats impliceert de cartesiaanse opvatting dat de menselijke identiteit exclusief met de *bewuste, rationele geest* is verbonden. Hoewel Descartes niet ontkent dat het bewustzijn tijdens ons aardse bestaan feitelijk verbonden is met het lichaam en als zodanig deel uitmaakt van de fysische wereld, kan het volgens hem daarvan onafhankelijk bestaan. Aanknopend bij de christelijke traditie identificeert hij de denkende substantie met de onsterfelijke ziel. Ook na de teloorgang van het christendom als dominante ideologie van de westerse cultuur is dit lichaam-geestdualisme zeer invloedrijk gebleven. In de bespreking van Gibsons *Neuromancer* in hoofdstuk 4 ging ik reeds in op de opvatting dat virtual reality het mogelijk maakt ons te bevrijden uit de 'kerker van het lichaam'. In het kader van het identiteitsdebat wordt de bevrijdende connotatie van deze opvatting bijvoorbeeld door sommige feministen onderstreept, aangezien ICT personen daardoor zou bevrijden van hun door het lichaam bepaalde seksuele of etnische identiteit. Maar ook als juist het lichaam centraal staat, bijvoorbeeld in de moderne geneeskunde met haar eenzijdige nadruk op de somatische aspecten van ziekte en gezondheid, ligt daaraan vaak een cartesiaans dualisme van lichaam en geest ten grondslag.

In de tweede plaats impliceert het exclusief verbinden van de menselijke identiteit met het *bewustzijn* dat de mens wordt opgevat als een *geïsoleerd, in zichzelf besloten subject*, dat tegenover de wereld en andere mensen staat. Om die reden kan men stellen dat de identiteit van het cartesiaanse subject gelegen is in het feit dat het *niet* de ander is. De basiszekerheid van dit autonome subject – 'Ik denk, dus ik besta' – is in laatste instantie slechts een solipsistische zekerheid. Het geïsoleerde karakter komt ook tot uitdrukking in de vooronderstelling dat de mens zich als autonoom subject uitsluitend door de eigen rede moet laten leiden. Als zodanig ligt het cartesiaanse subjectbegrip mede ten grondslag aan het liberale mensbeeld dat in de moderne tijd ontstaat.

In de derde plaats wordt de persoonlijke identiteit door Descartes beschouwd als een *tijdloze substantie*. Opgevat als onsterfelijke ziel bestaat de identiteit onveranderlijk in de tijd. Het menselijk subject kent in die zin geschiedenis noch toekomst, het heeft een stabiele en vastomlijnde identiteit.

In de vierde plaats valt in Descartes' definitie op dat hij de menselijke identiteit als een *ding* opvat. Hij definieert het bewustzijn immers als een substantie. Weliswaar onderscheidt Descartes deze immateriële substantie van materiële objecten, die door een uitgebreidheid in de ruimte worden gekenmerkt, maar het deelt met dit andere type substantie een ononderbroken permanentie in de tijd. In deze zin liggen het derde en vierde kenmerk onmiddellijk in elkaars verlengde.

Ieder van de vier genoemde kenmerken van de cartesiaanse opvatting van de menselijke identiteit heeft aanleiding gegeven tot fundamentele kri-

tiek. In het resterende deel van deze paragraaf zal ik kort ingaan op de verschillende aspecten daarvan.

De cartesiaanse veronachtzaming van het lichaam heeft van meet af aan
scherpe kritiek uitgelokt. Zo is vanuit een empiristisch en materialistisch
perspectief herhaaldelijk tegen Descartes ingebracht dat denken en bewustzijn zonder *lichaam* feitelijk onmogelijk zijn ('Ohne Phosphor keine Ge-
danken'). Bovendien miskent Descartes met zijn abstrahering van de lichamelijkheid dat ons lichaam cruciaal is voor onze ervaring van en
omgang met de wereld en onze medemensen. Het begrip lichaam refereert hier niet alleen aan het concrete, fysische lichaam met zijn zintuigen
en ledematen, die het mogelijk maken ons in de wereld te bewegen, maar
ook aan de lichamelijke stemmingen die maken dat dingen en mensen
ons op een of andere wijze raken, en het gegeven dat lichamen zich altijd
in een bepaalde locatie, situatie en context bevinden en op causale wijze
interageren met de dingen om ons heen. Bovendien oriënteert het menselijk denken zich in sterke mate op lichamelijke ervaringen, wat bijvoorbeeld blijkt uit de metaforen waarvan het denken zich bedient om
abstracte, immateriële zaken voor te stellen. Zo vatten wij, als we spreken
over de tijd 'die voor of achter ons ligt', de tijd op vanuit onze lichamelijke
gesitueerdheid in de ruimte. En ook als we het abstracte geheel van data dat
wereldwijd in computers ligt opgeslagen aanduiden als een *cyberspace* waar
doorheen we ons kunnen bewegen, maken we gebruik van een lichamelijke metafoor. Deze voorbeelden zijn geen uitzonderingen: in al ons denken
en beleven is onze lichamelijke bestaanswijze verondersteld. Omdat die
zo vanzelfsprekend is, merken we haar meestal niet op: 'Om die reden is
het zo eenvoudig te denken dat we het zonder lichaam kunnen stellen en
tegelijk zo moeilijk om dat ook daadwerkelijk te doen' (Dreyfus 2001; vgl.
Johnson en Lakoff 1999).

Vanwege de fundamentele rol die het lichaam in het menselijk leven
speelt, vormt het een integraal onderdeel van onze identiteit. Niet alleen als
een relatief stabiele 'ankerplaats' voor de psychische aspecten van onze
identiteit, maar vooral ook omdat veel van deze aspecten, zoals zintuiglijke
gewaarwordingen, emoties en karaktertrekken, zelf in belangrijke mate lichamelijk *zijn*. Dat impliceert vanzelfsprekend niet – zoals uiteenlopende
racistische en seksistische theorieën betogen – dat de identiteit en persoonlijkheid gereduceerd zouden kunnen worden tot specifieke, lichamelijke
kenmerken, alsof onze anatomie een noodlot zou zijn (Freud 1968, VIII, 98).
Deze gevolgtrekking houdt vast aan een van de andere problematische uitgangspunten van het cartesiaanse mensbeeld, namelijk dat de identiteit een
tijdloos en onveranderlijk gegeven is. Wel betekent het, zoals vooral door
een aantal feministische auteurs is onderstreept, dat ons lichaam onlosmakelijk met onze identiteit is verbonden (Green 1997; Kibby 1997).

Uit een studie van Irene de Groot bleek bijvoorbeeld een 'lichaamloze identeit' in cyberspace problematisch te zijn (De Groot 1997). Zij voerde een experiment uit waarbij zij zowel met een mannelijke, een vrouwelijke als een onzijdige identiteit participeerde in een multi-user domain (MUD). Bij de presentatie van het zelf bleek voor de anderen niet zozeer het kiezen van een fictieve identiteit (man/vrouw) problematisch, maar wel een presentatie als 'lichaamloos'. Dat maakt de impact van de ICT voor de identiteit overigens niet kleiner. Het feit dat de omgang met ons lichaam steeds vaker door ICT wordt gemedieerd, leidt volgens sommige feministische auteurs tot een zekere transformatie van het lichaam en een vervaging van de grenzen tussen lichaam en technologie (Haraway 1991; Stone 1995).

Een erkenning van de constituerende rol van lichamelijkheid maakt ook duidelijk dat de ruimtelijke continuïteit die hierboven aan de identiteit werd toegeschreven, niet verabsoluteerd mag worden. In tegenstelling tot het uit louter bewustzijn bestaande cartesiaanse subject, voor wie de eigen identiteit volstrekt transparant is, hebben wij – concrete mensen – geen onmiddellijke toegang tot de lichamelijke dimensie van onze identiteit. Weliswaar *zijn* we ons lichaam, maar tegelijkertijd is het lichaam iets dat we *hebben*, dat grotendeels onafhankelijk van onze beleving functioneert en vaak zijn eigen gang lijkt te gaan. Bovendien zijn we ook altijd *buiten* ons lichaam, wat de distantie tot ons lichaam nog verder vergroot.[2] Wanneer we lichamelijkheid opvatten in de eerder genoemde brede betekenis, dan strekt die ontoegankelijkheid zich ook uit tot de onbewuste, contextuele en ideologische aspecten van onze identiteit. Hoewel deze ons mede maken tot wie we zijn, zijn we ons daarvan zelf nooit geheel bewust. In het hiernavolgende zal ik argumenteren dat we ook in het 'vrije spel der identiteiten' in *cyberspace* ons lichaam niet kunnen achterlaten. Ook daar is het lichaam altijd al verondersteld als achtergrond van onze beleving, of we ons daarvan nu bewust zijn of niet.

Met de onderstreping van de lichamelijke gesitueerdheid van de (persoonlijke en culturele) identiteit is ook reeds de tweede cartesiaanse problematische vooronderstelling, het vermeende geïsoleerde karakter van de menselijke subjectiviteit, aan de orde gesteld. Tot de lichamelijke gesitueerdheid behoort immers niet in de laatste plaats het verkeer met andere personen. Met name Amerikaanse pragmatisten en symbolisch interactionisten als James, Cooley en Mead hebben aan het einde van de negentiende en het begin van de twintigste eeuw deze *sociale dimensie* tot de kern van hun benadering van de menselijke identiteit gemaakt.

Tegenover het abstracte cartesiaanse subject wordt dan de concrete mens geplaatst, de mens die opgaat in alledaagse activiteiten en sociale in-

---

2 In het volgende hoofdstuk zal ik aan de hand van Plessners antropologie dieper ingaan op dit thema.

teracties. Mead onderstreept dat het zelf geen oorspronkelijk gegeven is, maar een innerlijke representatie van deze sociale interacties. Het zelf en sociale interactie zijn niet van elkaar te onderscheiden. Het zelf is 'in wezen een sociale structuur' (Mead en Morris 1934, 140). Het is deel van een communicatief proces en bestaat niet vóór of buiten de communicatie. In feite kunnen we volgens Mead niet over het zelf spreken in het enkelvoud: 'We onderhouden voortdurend een hele serie relaties met verschillende mensen. Voor de een zijn we zus en voor de ander zijn we zo. Er zijn ook delen van het zelf die alleen bestaan in relatie tot onszelf. We zijn opgedeeld in allerlei soorten verschillende zelven met betrekking tot onze bekenden. We bespreken politiek met de een en religie met de ander. Er zijn allerlei verschillende soorten zelven die beantwoorden aan allerlei verschillende soorten sociale reacties. Het is het sociale proces zelf dat verantwoordelijk is voor de verschijning van het zelf, dat niet bestaat los van deze typen ervaring' (Mead en Morris 1934, 142). Het normale, alledaagse zelf is zo voor Mead in feite een meervoudige persoonlijkheid (Holstein en Gubrium 2000). Zoals we hierna nog zullen zien, is dit in de context van de postmoderne identiteitsconstructie en de rol die ict daarin speelt, een bijzonder actuele notie van het zelf. Ook in strategisch opzicht is dit relevant: bijvoorbeeld als het gaat om de vraag in welke rol de overheid burgers wil aanspreken, zal zij rekening moeten houden met die 'meervoudige persoonlijkheid' van de postmoderne burger.

In dat licht is ook Goffmans *The presentation of self in everyday life* interessant. Goffmans visie op de sociale constructie van het zelf stemt in hoofdlijnen overeen met die van James en Mead. Wat hij daaraan toevoegt is een bijzondere aandacht voor de rituele aspecten van de interactie en communicatie waarin het zelf wordt geconstrueerd. Dat komt tot uitdrukking in de dramaturgische terminologie waarin hij de communicatieve processen van zelfconstructie beschrijft. Goffman beschrijft de menselijke interactie in termen van *scenes, scripts, front stages, back stages* en *performances*. 'Het zelf ontspring niet louter uit zijn bezitter, maar uit de gehele scène waarin het optreedt' (Goffman 1959). Hoewel Goffman de nadruk legt op de gesitueerde contingenties van de sociale interactie, die – van de begroeting op straat tot een begrafenisritueel – een eigen leven lijken te leiden los van de individuele actoren, miskent hij evenmin als de symbolisch interactionisten de rol van het zelf. Het zelf speelt niet louter voorgeschreven rollen, maar maakt keuzes en werkt actief samen met de medespelers en toeschouwers aan de dramatische realisatie van zichzelf. Deze samenwerking wordt vooral gemotiveerd door het verlangen om zichzelf en de ander niet in verlegenheid te brengen. Ook biedt de theatrale zelfpresentatie het zelf talloze mogelijkheden de impressie die deze presentatie op de anderen maakt te sturen. Het zelf heeft de situatie echter nooit volledig in de hand. Naast de informatie die bewust wordt gegeven (*given*) lekt er ook altijd onbedoelde informatie uit (*given off*). Zoals we hierna nog zullen zien, biedt Goffmans theatermetafoor een aantal vruchtbare aanknopingspunten voor de analyse van identiteitsconstructie in websites en homepages. Homepages zijn bij uitstek een manier om het zelf theatraal te presenteren, terwijl zij tegelijk als onderdeel van het www nooit in staat zijn de impressie van het zelf volledig te sturen.

Hier zien we ook een interessante parallel met latere feministische visies op de constructie van een gender-identiteit, waarbij gender als een 'performance' wordt opgevat (Butler 1990). In de literatuur over *cyberfeminism* wordt juist het virtuele domein gezien als een plek waar deze performance op bijzondere wijze gestalte kan krijgen. Het Internet biedt mensen immers de mogelijkheid te spelen met hun identiteit. Het Internet wordt zo een podium of atelier voor de 'cyborg' (Haraway 1994; Haraway 1991), voor representaties van het zelf, die het ons mogelijk maken ons te bevrijden van de beperkingen van onze door gender of etniciteit bepaalde identiteit (Stone 1995; Turkle 1995; Danet 1998). Daarbij klinkt, zoals ik hierboven al opmerkte, ook in de feministische literatuur soms de cartesiaanse vooronderstelling door dat het lichaam vooral een beperkende factor is, waarvan we ons dankzij de ICT kunnen 'bevrijden'. Door de meeste feministische auteurs wordt echter, zoals we in het voorafgaande zagen, juist gewezen op het belang van het (geseksualiseerde) lichaam voor onze identiteit. En ook wijzen zij op het belang van de sociale context waarin de experimenten met identiteitsconstructies plaats vinden: alleen in de interacties met andere personen kunnen die nieuwe identiteiten vorm krijgen.

Het cartesiaanse mensbeeld veronachtzaamt niet alleen de sociaal-maatschappelijke gesitueerdheid van persoonlijke en culturele identiteit, maar ook de *temporele en historische dimensie* ervan. Met betrekking tot de persoonlijke identiteit werd reeds in de zeventiende en achttiende eeuw door empiristische filosofen als Locke en Hume het bestaan van een permanent en onveranderlijk substantieel zelf ontkend. Het bewustzijn is volgens hen niets meer dan een voortdurende stroom van waarnemingen en ideeën, waarachter zich geen stabiel 'ik' bevindt. Voorzover van persoonlijke identiteit kan worden gesproken is deze gelegen in de psychologische continuïteit. Die is echter niet volledig, maar wordt gekenmerkt door onderbrekingen (slaap) en lacunes (vergeten) en is bovendien eindig (het leven eindigt onvermijdelijk met de dood). Ook de lichamelijke dimensie van ons bestaan kent talloze discontinuïteiten. Strikt genomen is er bij het biologische lichaam, dat gedurende de levensloop van geboorte tot dood voortdurend verandert en zich onophoudelijk vernieuwt, geen sprake van (numerieke) identiteit in de tijd. Radicale denkers als Nietzsche en de in zijn voetsporen tredende postmoderne denkers hebben daaruit de conclusie getrokken dat het subject niets meer is dan een door de taal gecreëerde illusie. Het woord 'ik' verwijst niet naar iets in de werkelijkheid, maar is een verzamelnaam voor een spel van heterogene en contingente krachten. Volgens Foucault laten zich ook in de loop van de geschiedenis abrupte breuken onderscheiden. Zo is de (identiteit van de) moderne mens volgens hem het resultaat van specifieke lichamelijke en mentale disciplineringstechnieken die zich de afgelopen eeuwen hebben ontwikkeld (Foucault 1975, 1976).

Met de historisering van het wereldbeeld in de negentiende eeuw en het ontstaan van de moderne geschiedwetenschap en culturele antropologie groeide ook het inzicht in de historische veranderlijkheid van de culturele identiteit. Culturele identiteit is geen vast gegeven, maar ontwikkelt zich in de niet aflatende intra- en interculturele uitwisseling van personen, ideeën en goederen. Overgedragen naar een nieuwe culturele context, krijgen deze elementen een nieuwe, virtuele betekenis (Van Binsbergen 1997).[3] De snelheid waarmee de genoemde mondiale ontwikkelingen op het gebied van vervoer, economie en communicatiemiddelen zich voltrekken, maken de historische veranderlijkheid en virtualiteit van de cultuur momenteel zichtbaarder dan ooit.

Ter afsluiting willen we er nog op wijzen dat de kritiek op Descartes' a-historische subjectbegrip behalve door filosofische beweegredenen ook door politieke en wereldbeschouwelijke motieven wordt ingegeven. Het cartesiaanse mensbeeld weerspiegelt bij uitstek het zelfbeeld van de Europese cultuur. Het universeel en tijdloos opgevatte subject heeft opvallende Europese trekken. Dit etnocentrische mensbeeld fungeerde als legitimatie van ongebreideld paternalisme en van de exploratie en kolonisatie van andere delen van de wereld (Solomon 1988). Ook in het geval van computergemedieerde identiteitsconstructies in de hedendaagse multiculturele samenleving is deze politieke dimensie nadrukkelijk aanwezig. Het 'bevrijde zelf' dat vaak in de literatuur over cyberspace opduikt, waarin de 'netizen' wordt voorgesteld als de universele burger van een nieuwe virtuele werkelijkheid, heeft vaak vergelijkbare etnocentrische trekjes.

Wanneer we de transformatie van het begrip van de persoonlijke en culturele identiteit overzien, dan kan worden vastgesteld dat in de discussie twee posities tegenover elkaar staan, die elkaar wederzijds lijken uit te sluiten. Tegenover de moderne, cartesiaanse opvatting van het subject als een

3   Van Binsbergen gaat in zijn boek met name in op de ontwikkeling van postkoloniale culturele identiteit in Afrika, waarbij niet zozeer teruggegrepen wordt op een traditionele prekoloniale identiteit, maar met gebruikmaking van aan andere culturen ontleende elementen nieuwe, virtuele vormen van 'authenticité' en 'négritude' worden geconstrueerd. Maar vanzelfsprekend is de identiteit van de hedendaagse multiculturele Nederlandse cultuur niet minder virtueel.

in de tijd gelijkblijvende substantie, staat de postmoderne 'oplossing' van het bewuste subject in de onbewuste lichamelijkheid, de sociale context en de geschiedenis, die in zijn meest radicale gedaante uitmondt in de stelling dat identiteit een illusie is.

Hoewel de postmoderne kritiek op het cartesiaanse identiteitsbegrip hout snijdt, dreigt in de radicale varianten het kind met het badwater te worden weggegooid: het reflexieve bewustzijn dat mensen van hun identiteit hebben. Hoewel Descartes' critici met goede redenen diens opvatting van het bewustzijn als een lichaamloze, tegenover de wereld staande en in de tijd aan zichzelf gelijkblijvende substantie hebben weerlegd, kan niet worden ontkend dat mensen een bewustzijn van de wereld en van zichzelf bezitten. Hoe lichamelijk, sociaal en veranderlijk de menselijke identiteit ook is, zij is daarom al geen illusie omdat wij haar *zelf* beleven. Wie met Hume zegt achter de stroom van bewustzijnsinhouden geen zelf te ontdekken, vooronderstelt al een reflecterende instantie die die mening is toegedaan!

Dat we ons hier geplaatst zien voor de ongelukkige keuze tussen twee onvruchtbare alternatieven hangt samen met het vierde punt van kritiek op het cartesiaanse mensbeeld: de kritiek op de *dingmatige opvatting van het bewustzijn*. Door het bewustzijn als een ding op te vatten, draagt Descartes een aantal kenmerken van materiële dingen over op het bewustzijn. Weliswaar onderstreept hij dat het denken anders dan de materie geen ruimtelijke uitgebreidheid kent, maar door de geest als een substantie op te vatten schrijft hij er wel een permanentie in de tijd aan toe die weliswaar materiële dingen zoals stenen kenmerkt, maar nu juist niet de mens. De critici van Descartes hebben daar terecht op gewezen. Maar in plaats van daaruit te concluderen dat er in het geheel geen menselijke identiteit bestaat, is het zinvoller aan te knopen bij de eerder genoemde reflexieve ervaring van onze identiteit en te proberen daarvan de onderscheiden aard te vatten.

In hoofdstuk 9 heb ik met Heidegger opgemerkt dat de bestaanswijze van de mens zich onderscheidt van die van materiële objecten doordat de mens *existeert* in de tijd (Heidegger 1979). Daarmee wordt niet zozeer bedoeld dat de mens zich in de tijd bevindt (zoals men dat bijvoorbeeld van een steen kan zeggen), maar dat de mens een fundamenteel tijdelijk karakter bezit. De mens leeft in het heden, maar is daarbij steeds gericht op toekomstige *mogelijkheden* en blijft ook steeds aangewezen op in het verleden gerealiseerde mogelijkheden. Ricoeur duidt het onderscheid tussen de bestaanswijzen van voorhanden zijnde dingen en mensen aan met respectievelijk de begrippen *même* (of *idem*-identiteit) en *soi-même* (*ipse*-identiteit), *hetzelfde* en het *zelf* (Ricoeur 1990). Het gaat daarbij om het verschil tussen identiteit als *permanentie in de tijd* en identiteit als *zelfheid*, de persoonlijke betrokkenheid op en het reflexief bewustzijn van het eigen bestaan.

De eerder genoemde problemen die voortvloeien uit Descartes' identiteitsbegrip komen volgens Ricoeur voort uit het feit dat hij de menselijke identiteit als een ding opvat. In feite hebben we ook hier te maken met een metaforische overdracht: de ongrijpbare menselijke identiteit wordt voorgesteld als een voorhanden zijnd ding zoals een steen dat is. Deze metaforische overdracht (en de daarmee gepaard gaande conceptuele verwarring) is mogelijk doordat ook het zelf vanwege zijn lichamelijke en psychische continuïteit een zekere permanentie in de tijd bezit. Er is dus hier een zekere *overlap* van *het zelfde* en het *zelf*. Maar de permanentie is in deze twee gevallen van een fundamenteel andere orde. Anders dan in het geval van de steen is het gelijk blijven in de tijd van het zelf – Heidegger noemt dat de zelf-standigheid van het zelf (Heidegger 1979, 303) – geen simpelweg voortduren in de tijd, maar het vasthouden, het realiseren van een mogelijkheid. Ricoeur verheldert deze zelf-standigheid van het zelf met het voorbeeld van het doen van een belofte. Als iemand een belofte nakomt is dat niet omdat hij of zij simpelweg onveranderd is gebleven, maar het resultaat van een inspanning. Of zoals we in de inleiding in een andere context reeds opmerkten: identiteit is geen gegeven, maar een opgave. We zijn ook in ons alledaagse bestaan altijd al 'under construction'.

De verwarring rondom de notie van de (persoonlijke en culturele) identiteit wordt nog vergroot door de omstandigheid dat mensen de neiging hebben zich te identificeren met de in het verleden gerealiseerde mogelijkheden en zich daardoor af te sluiten van hun toekomstige mogelijkheden. Wat eerst louter mogelijkheid was, krijgt de gestalte van een geheel van karaktertrekken en ingesleten gewoonten. Ze vormen een 'tweede natuur' en dragen zo bij aan de continuïteit van onze psychologische en culturele identiteit. Deze fundamentele 'passiviteit' die maakt dat veel in ons hetzelfde blijft, maakt ons voor anderen en voor onszelf identificeerbaar. In dit geval lijkt er niet zozeer sprake te zijn van een overlap, maar eerder van een *transformatie* van het *zelf* in het *hetzelfde*. Hoewel deze 'verdinglijking' van de persoonlijke en culturele identiteit eigen is aan de mens en de menselijke cultuur, is de mate waarin zij optreedt cultureel en historisch variabel. Terwijl persoonlijke en culturele identiteit in traditionele samenlevingen over het algemeen vrij stabiel is, wordt zij in de moderne cultuur gekenmerkt door een sterke mate van instabiliteit, zoals ik in de inleiding van dit hoofdstuk al opmerkte. Dit proces weerspiegelt zich in de transformatie die het begrip identiteit in deze periode doorloopt. Dat dit gepaard gaat met een toename van de persoonlijke en culturele reflexiviteit hoeft niet te verwonderen. Wanneer de persoonlijke en culturele identiteit relatief stabiel is, is zij zo vanzelfsprekend dat zij nauwelijks vragen oproept. Als de persoonlijke en culturele identiteit snelle veranderingen ondergaat, wordt deze vanzelfsprekendheid doorbroken en neemt de reflexiviteit toe. Daarbij spelen de nieuwe media een cruciale rol.

3 Identiteit en gemedieerde communicatie

In het voorafgaande merkte ik op dat het hebben van een identiteit reflexiviteit impliceert en dat deze reflexiviteit tot uitdrukking komt in ons zelfbeeld. In de cartesiaanse traditie, waarin de identiteit gelegen is in een transparant bewustzijn, wordt dit zelfbeeld beschouwd als het resultaat van introspectie, onmiddellijke zelfbeschouwing. In Descartes' optiek hebben we met andere woorden een direct inzicht in onze eigen persoonlijke en culturele identiteit. Volgens de in het voorafgaande besproken critici van Descartes is zo'n onmiddellijk inzicht in de eigen identiteit vanwege de lichamelijke en onbewuste aspecten echter onmogelijk: zelfkennis is vrijwel steeds *gemedieerd*. We kennen onszelf (en onze culturele identiteit) slechts via de omweg van de culturele uitdrukking van onszelf in de taal, in beelden, muziek, voeding, mode, huisvesting, handelingen, instituties etc. (zie hoofdstuk 6). Vanwege het sociale karakter van de identiteit en onze neiging ons met anderen te identificeren herkennen we onszelf bovendien niet alleen in onze eigen uitdrukkingen, maar ook in de zelfexpressie van anderen.

Als we deze 'omweg via de uitdrukking' nader willen onderzoeken, biedt het narratieve identiteitsmodel van Paul Ricoeur een goed uitgangspunt. Ricoeur gaat in zijn werk in het bijzonder uitvoerig in op de mediërende rol die het *verhaal* in de ervaring en constructie van de menselijke identiteit speelt (Ricoeur 1985, 1991b). Zijn theorie vormt een goed theoretisch uitgangspunt voor het begrijpen van websites en homepages als uitdrukking van postmoderne identiteitconstructies, aangezien ook in het laatste geval de identiteit tot stand wordt gebracht via de omweg van een (vaak narratieve) symbolische representatie.

Voor Ricoeur is het verhaal niet alleen een geschikte metafoor voor de menselijke identiteit, maar is het ook bij uitstek het medium met behulp waarvan we onze identiteit vorm geven. Onze identiteit is vervat in ons levensverhaal. Dat verhaal is niet gegeven, maar wordt in ons handelen en in onze reflectie daarop vormgegeven. Daarbij is volgens Ricoeur sprake van een drievoudige *mimesis*. Om te beginnen kent ons leven zelf een *narratieve prefiguratie*. Deze is volgens Ricoeur gelegen in de praktische kennis die ons handelen begeleidt. Het verkeer met medemensen ervaren we in termen van betekenis: we onderscheiden motieven en belangen, we normeren en kennen waarden toe, we trachten bepaalde levensidealen te realiseren. In ons handelen is dus in zekere zin reeds een impliciet verhaal vervat (*mimesis₁*). We trachten voortdurend ons levensverhaal te vatten. Ons leven is een niet aflatende 'Quest of Narrative' (Ricoeur 1991a).

De uitdrukking van de ervaren pre-narratieve samenhang in *expliciete verhalen* (variërend van de alledaagse verhalen die we over onszelf vertellen tot de autobiografie en de roman) duidt Ricoeur aan als *mimesis₂*. Hier knoopt hij net als Goffman aan bij de dramaturgie en in het bijzonder bij de analyse die Aristoteles in de *Poetica* geeft van de tragedie. Centraal in Aristoteles' uiteenzetting staat de plot (*mythos*), de uitbeelding van een samenhangend en gemotiveerd handelingsverloop (vgl. de bespreking van het begrip plot in hoofdstuk 5). De plot kan volgens Ricoeur worden begrepen als een 'synthese van het heterogene' (Ricoeur 1990, 169). De plot brengt de ongelijksoortige elementen waaruit het is opgebouwd – zoals personen die handelen en lijden, onbedoelde omstandigheden en (noodlottig) toeval – tot een eenheid. Daarmee wordt het verhaal tot een *compleet geheel* (Aristoteles 1995, 41; Ricoeur 1991a, 21). Aan dit complete geheel kunnen we, net als in de beleving die eraan ten grondslag ligt, zowel een ruimtelijke als een temporele dimensie onderscheiden, in de dramaturgie ook wel aangeduid als de eenheid van tijd en plaats, geconstrueerd rondom personages en in de vorm van een verhaal dat het verleden bewaart en anticipeert op de toekomst. Een verhaal met een duidelijk begin, een midden en een einde. In die zin is het verhaal *compleet*: het kent een betekenisvolle afsluiting (*closure*). De door het verhaal bewerkstelligde betekenisvolle configuratie in ruimte en tijd van voorheen heterogene elementen duidt Ricoeur aan met het begrip *concordantie*. Concordantie is echter geen statische toestand, maar wordt voortdurend bedreigd en doorbroken door *discordanties*, zoals noodlottige omslagen die de eenheid en de betekenisvolle afsluiting van het verhaal bedreigen. Een verhaal is een handeling waar telkens iets tussen komt. Het verhaal is daardoor een dynamisch *geheel*. Ricoeur duidt deze dialectiek aan als een *discordante concordantie*.

De derde stap in de constructie van de narratieve identiteit, door Ricoeur aangeduid als *mimesis*₃, heeft betrekking op de reflexieve toepassing van de narratieve configuratie op het zelf. De eenheid van het verhaal (de plot) is nauw verbonden met die van de *karakters*, die er in optreden. Een verhaal vertellen betekent vertellen wie wat doet en waarom. In het verhaal wordt verteld hoe karakters zich ontwikkelen. Karakters kennen net als het verhaal zelf de interne dialectiek van discordantie en concordantie. In het karakter krijgen contingente gebeurtenissen een narratieve samenhang. Maar net als bij het verhaal is de stabiliteit van het karakter uiterst wankel in de zin dat deze voortdurend wordt geconfronteerd met de terugkeer van het heterogene, die de concordantie van het karakter bedreigt. De grote liefde, een persoonlijke vete, een politieke of levensbeschouwelijke bekering of crisis, ingrijpende maatschappelijke gebeurtenissen, verslaving, ziekte en dood; het zijn stuk voor stuk gebeurtenissen die het levensverhaal – als in een *soap opera* – een onverwachte wending geven en de stabiliteit van het karakter uitdagen, ondermijnen en in laatste instantie vernietigen.

Hoewel Ricoeur in zijn uiteenzetting de nadruk legt op de *persoonlijke* identiteit, geeft hij ook een aantal voorbeelden van het narratieve karakter van de *culturele* identiteit. Zo wijst hij erop dat de culturele identiteit van het volk van Israël nauw verbonden is met de verhalen uit de bijbel. Bijbelverhalen over de Exodus, de vestiging in Kanaän, het koninkrijk van David etc. kunnen we zien als een uitdrukking van de geschiedenis en het karakter van het joodse volk. Maar volgens Ricoeur kunnen we met evenveel recht stellen dat juist door het vertellen van deze verhalen het joodse volk zijn identiteit verwierf. Het narratieve model van de persoonlijke en culturele identiteit stelt ons in staat een beter begrip te krijgen van enerzijds de verhouding van het *hetzelfde* en het *zelf* en anderzijds tussen het *zelf* en de *ander*. Bovendien werpt dit model licht op het virtuele karakter van onze identiteit. In de volgende paragraaf zullen we zien dat deze virtualiteit op zeer expliciete wijze tot uitdrukking komt in ICT-gemedieerde identiteitsconstructies.

De eerder gesignaleerde spanning tussen het *hetzelfde* en het *zelf* is volgens Ricoeur geen andere dan die tussen de concordantie en discordantie in het verhaal. Het verhaal speelt zich af tussen de polen van het verhaal waarin de persoon geheel hetzelfde blijft en het verhaal waarin de stabiliteit van het karakter volledig desintegreert in de confrontatie met het heterogene. Ricoeur noemt Musils roman *Der Mann ohne Eigenschaften* als voorbeeld van een levensverhaal waarin het zelf zijn karakter geheel verliest en als gevolg daarvan niet langer kan worden geïdentificeerd. Het zelf van de hoofdpersoon Ulrich is, zo zou men het ook kunnen uitdrukken, *virtueel* geworden in de betekenis die we in voorafgaande hoofdstukken hebben besproken: een logische ruimte van louter mogelijkheden. Het verlies aan karakter van de hoofdpersoon correspondeert met een crisis van de *closure* van het verhaal, en in zekere zin met een crisis van het verhaal in onze hedendaagse cultuur. In de postmoderne samenleving hebben de grote politieke verhalen hun overtuigingskracht verloren (Lyotard 1987). Die virtualiteit van het zelf, het zelf als louter mogelijkheden, krijgt een bijzondere betekenis in het licht van de mogelijkheden in de virtuele werkelijkheid die door ICT ontstaat.

Het narratieve model van Ricoeur werpt ook meer licht op de gesignaleerde *sociale* dimensie van identiteit. Door verhalen te vertellen is het *zelf* ook altijd verstrengeld in een dialectiek met de *ander* (Ricoeur 1990, 177, 13). De ander is veelvoudig en in verschillende rollen aanwezig in de verhalen waarmee we ons identificeren. In de eerste plaats identificeren we ons met de ander zoals deze optreedt in de verhalen die in de (sub)cultuur waarin men leeft de ronde doen. In de tweede plaats is de ander constitutief voor het zelf omdat anderen steeds ook deel uitmaken van de verhalen die wijzelf over ons leven vertellen en daarbij mede onze identiteit bepalen, zoals ook de symbolisch interactionisten benadrukken. In de derde plaats figureren wij ook voortdurend in de verhalen van anderen. Al deze vormen van dialectiek tussen zelf en ander maken dat onze identiteit voortdurend verstrikt is in de verhalen van anderen (Schapp 1988), waardoor onze narratieve identiteit het karakter heeft van een 'weefsel van verhalen' (Ricoeur 1985, 356). Net als bij het symbolisch interactionisme van Mead is ook in Ricoeurs narratieve identiteitsmodel sprake van een *meervoudig zelf*. Dit beeld van het zelf als onderdeel van een weefsel van verhalen sluit op het eerste gezicht mooi aan bij de metafoor van het (wereldwijde) 'web' (waarbij het zelf tegelijk spin en draad is, afhankelijk van het perspectief). Ricoeur legt in zijn analyses een nadruk op *fictieve* verhalen. Nu zou men kunnen opmerken dat hij daarmee de verschillen tussen het leven en het verhaal over het hoofd ziet. Immers, 'verhalen worden niet beleefd maar verteld' (Mink 1970, 557). Ricoeur brengt hier tegenin dat juist omdat het leven geen verhaal *is* en ons leven en zelf ongearticuleerd, polyinterpretabel en zonder *closure* zijn, we de concordantie van verhalen nodig hebben om de bedreigende heterogeniteit te bedwingen. Dit onderstreept nog eens dat de narratieve identiteit niet louter afbeelding is van een vooraf gegeven prelinguïstische identiteit, maar een constructie. Als schepping van de verbeelding zouden we de narratieve identiteit daarom een *literaire fictie* kunnen noemen, die echter geen theoretisch abstractum is maar een concrete, betekenisvolle samenhang die door ons wordt *beleefd* en *geleefd*. We zouden onze narratieve identiteit – aanknopend bij de analyse van het begrip 'virtueel' in hoofdstuk 9 – daarom ook nog in een tweede betekenis van het woord *virtueel* kunnen noemen. Het is een fictieve gestalte, die evenwel reële effecten veroorzaakt.[4] Het beeld dat van ons bestaat, is van

4   Hierin ligt een belangrijk verschil met de opvatting van Hume en zijn hedendaagse navolgers zoals Dennett en Parfit (Dennett 1993; Parfit 1984; vgl. De Mul 2000). Waar de pointe van hun verhaal is dat het zelf, omdat het louter een fictie is, er *niets* toe doet, doet de literaire fictie in Ricoeurs verhaal er juist *alles* toe. Het is immers een constitutieve fictie, die ons gearticuleerde zelf in het leven roept. Het is verhelderend Ricoeurs notie van narratieve identiteit te vergelijken met de notie van het zelf als narratief zwaartepunt die Dennett in de voetsporen van Hume heeft voorgesteld. In 'The Self as a center of narrative gravity' noemt Dennett het zelf 'a theorist's fiction', vergelijkbaar met het begrip zwaartepunt in de fysica (Dennett 1992). Net zoals in het geval van dit fysische begrip refereert het begrip 'zelf' volgens hem niet aan een andere substantie in de werkelijkheid. Op dit punt stemmen Ricoeur en Dennett overeen. Het cruciale punt van verschil is echter dat het 'zelf' anders dan het begrip zwaartepunt niet zozeer een *theoretische* fictie is, maar de fictie die we *zijn*. Voor Dennett is 'identiteit' net als 'zwaartepunt' een theoretische fictie omdat het een abstractum is dat ons in staat stelt bepaalde verschijnselen van buitenaf te beschrijven. Wanneer we onze narratieve identiteit een literaire fictie noemen, dan is dat omdat het begrip niet verwijst naar een voor het verhaal gelegen identiteit, maar naar een product van onze verbeelding. Deze fictie is echter geen theoretisch abstractum dat we primair aan anderen toeschrijven om hun handelen te kunnen begrijpen (zoals we een zwaartepunt aan een object toeschrijven om het gedrag ervan te kunnen verklaren), maar een concrete, betekenisvolle samenhang van ons alledaagse bestaan.

invloed op het handelen en de beleving van onszelf en van de ander. Daarom hechten we zoveel belang aan onze zelfpresentatie en spelen media die ons daartoe in staat stellen zo'n belangrijke rol in onze cultuur.

Ricoeurs narratieve identiteitstheorie biedt een bruikbaar kader om de constructie van persoonlijke en culturele identiteit met behulp van en in de ICT te analyseren en te interpreteren. De toepassing van Ricoeurs theorie op hypermedia zoals het World Wide Web brengt echter ook een aantal beperkingen van zijn theorie aan het licht. In de eerste plaats valt op dat Ricoeur geneigd is de identiteit te verbinden met één enkel verhaal. Weliswaar spreekt hij over de menselijke identiteit als een *weefsel* van verhalen, maar doorgaans identificeert hij, gedreven door een modern verlangen naar orde, de identiteit met één enkel verhaal. In de tweede plaats legt hij alle nadruk op de concordante, dat wil zeggen structurele eenheid en volledigheid van de plot. Als gevolg daarvan staat ook het beeld dat hij schetst van de menselijke identiteit in het teken van concordantie, terwijl nu juist kenmerkend voor de identiteitsconstructies in het huidige informatietijdperk (zowel in het leven zelf als in de narratieve representaties ervan) is dat deze in hoge mate discordant zijn.

Ook vanuit een intercultureel perspectief is erop gewezen dat Ricoeur ten onrechte het aristotelische, en typisch westerse, concordante verhaal als enige model van menselijke identiteit beschouwt (Maan 1999, 84). Alles wat daarvan afwijkt vat Ricoeur op als een teken van desintegratie en chaos (idem, 57). Maan argumenteert dat 'coherentie', 'temporele continuïteit' en 'eenheid van persoon' geen intrinsieke kenmerken zijn van een persoonlijke, seksuele of culturele identiteit, maar sociale en politieke constructies (vergelijk mijn eerdere opmerkingen over het geconstrueerde karakter van identiteit en het etnocentrisme). Maan pleit in de voetsporen van feministische critici als Butler en Braidotti voor *alternatieve narratieve structuren* (idem, 16). Als voorbeeld voor een mogelijke alternatieve structuur bespreekt zij de roman *Fault Lines* van de schrijfster Meena Alexander. In deze roman geeft Alexander – die is geboren in India, opgegroeid in Egypte en nu woont en werkt in de Verenigde Staten – een autobiografische verbeelding van haar leven waarin aan de verschillende elementen van haar meervoudige identiteit recht wordt gedaan. Door niet de temporele continuïteit, maar de ruimtelijke discontinuïteit van haar identiteit tot uitgangspunt te nemen, ontstaat juist een heterogeen weefsel met 'vele beginpunten die steeds opnieuw opduiken in de loop van het verhaal' (idem, 45). Dit aan computerspellen (zie hoofdstuk 5) en hypermedia (zie hoofdstuk 6) herinnerende organisatieprincipe voorkomt dat bepaalde aspecten van haar identiteit worden onderdrukt of opgeofferd aan andere. Hoewel Alexander zichzelf in haar roman beschouwt als 'thuisloos, zonder schuilplaats of plaats om toe te behoren, een gekeuvel van een veelheid van ton-

gen' (Alexander 1993, 177), is haar verhaal niet louter een expressie van
haar chaotische conditie, maar een indrukwekkende poging om deze chaos
te reconfigureren tot een leefbare samenhang (Maan 1999, 37). Dit krijgt
vorm in een andere narratieve structuur, die meer recht doet aan de contingentie en heterogeniteit van het leven van een migrant. Het zou verhelderend kunnen zijn om vanuit een vergelijkbaar perspectief (ruimtelijke discontinuïteit) de presentaties van het zelf van migranten op het Internet te
analyseren, waarbij in wezen drie werelden in een nieuwe culturele identiteit gestalte moeten krijgen: het land van herkomst, de plaats waar zij zich
nu bevinden en het virtuele domein, waar men beide wellicht bij elkaar
tracht te brengen in een nieuwe hybride werkelijkheid.

Deze ervaring van contingentie en heterogeniteit van de migrant kunnen we doortrekken naar de postmoderne conditie die karakteristiek is
voor de informatiesamenleving: een conditie die wordt gekenmerkt door
multiphrenia, 'de splitsing van het zelf in een veelheid van investeringen in
het zelf' (Gergen 1991, 73-4). Het concordante eenheidsverhaal is niet in
staat uitdrukking te geven en ordening aan te brengen in het gefragmen-
teerde bestaan van de postmoderne burger (net zo min als in het bestaan
van een migrant). ICT draagt in niet geringe mate bij aan deze fragmentatie,
maar lijkt tegelijkertijd te kunnen worden ingezet om juist met deze fragmentatie te kunnen leven. Daarmee gaat 'het reflexieve project van het zelf'
een andere fase in, met andere (digitale) uitdagingen en bedreigingen.

4 Het hypermediale zelf

In het voorafgaande heb ik de ontwikkeling van het filosofische en sociaal-
culturele debat over het begrip identiteit gerelateerd aan de betekenis van
informatie- en communicatiemedia voor de constructie van identiteit. ICT
speelt vooral een belangrijke rol als het gaat om de *reflexieve* dimensie van
identiteit. Juist die reflexieve dimensie is in de postmoderne tijd, die wordt
kenmerkt door grote veranderingen en daarmee samenhangende onzekerheden, steeds scherper op de voorgrond getreden. De constructie van persoonlijke en culturele identiteit is een reflexief project waaraan de postmoderne mens voortdurend dient te werken en hypermedia, zoals het www,
spelen daarbij een cruciale rol. Teneinde Ricoeurs narratieve identiteitstheorie geschikt te kunnen maken voor de analyse van identiteitsconstructies in de hypermedia, dienen we nader in te gaan op de specifieke wijze
waarop deze media van invloed zijn op de constructie van onze identiteiten. Ik knoop hierbij aan bij de analyse van multimedialiteit, interactiviteit
en virtualiteit uit hoofdstuk 6 en zal tevens stilstaan bij het aspect van de
connectiviteit en de impact van deze media op onze ervaring van tijd en

ruimte. Maar eerst wil ik motiveren waarom ik de analyse speciaal richt op het World Wide Web.

Dat ICT, en in het bijzonder het Internet, de afgelopen decennia een stormachtige ontwikkeling hebben doorgemaakt, behoeft nauwelijks nog betoog. Ook in ons land zijn er inmiddels miljoenen gebruikers en neemt het aantal toepassingen nog dagelijks toe. Zeker in het licht van de voortschrijdende integratie met (mobiele) telecommunicatie en audiovisuele communicatie kunnen we zonder overdrijving stellen dat het Internet bezig is uit te groeien tot het belangrijkste communicatiemedium. Door deze ontwikkeling gaat het Internet ook een steeds belangrijkere rol spelen in identiteitsconstructie en *impression management* (Goffman). We moeten daarbij de verschillen tussen de technologieën en protocollen die onder de noemer van het Internet worden gebracht niet uit het oog verliezen. De manier waarop bijvoorbeeld e-mail, Inter Relay Chat (IRC), ICQ, Multi User Domains (MUDs) en het World Wide Web (WWW) worden ingezet voor identiteitsconstructie en *impression management* verschilt onderling sterk. Het World Wide Web lijkt daarbij een vooraanstaande plaats in te nemen.

In de eerste plaats blijkt juist de constructie van identiteit een belangrijke functie van websites te zijn. Het WWW is niet alleen een medium om informatie uit te wisselen, maar is, in het bijzonder in de gedaante van *home pages*, bij uitstek het medium voor de constructie en communicatie van persoonlijke en culturele identiteit. In 1996 leerde de eerste World Wide Web Personal Home Page Survey dat van de tien miljoen Amerikaanse gebruikers van dat moment ruim 600.000 (1 op de 16) een eigen homepage bezat, en dat 49% daarvan 'self expression' als motief noemde en nog eens 43% het geven van informatie over zichzelf aan vrienden en bekenden (Buten 1996). Via een website als Yahoo kan men honderdduizenden individuele en collectieve homepages bezoeken. 'Homepages', zo merkt Erickson op, 'worden gebruikt om identiteiten te construeren, bruikbare informatie is niet meer dan een neveneffect. Een personal homepage is een zorgvuldig geconstrueerd portret van een persoon [...] Het World Wide Web is een van de eerste plaatsen waar individuen zichzelf met informatie kunnen portretteren in plaats van met consumptiegoederen' (Erickson 1996). (*) Chandler voegt daar aan toe: 'Websites zijn vaak "under construction". Daarmee is echter meer gemoeid dan de constructie van die sites zelf: personal homepages reflecteren de constructie van de identiteit van de makers. Het maken van dergelijke pagina's geeft competente webauteurs een ongeëvenaarde mogelijkheid tot zelfpresentatie in elke mogelijke dimensie van de persoonlijke en sociale identiteit. Dergelijke virtuele omgevingen bieden een unieke context voor het experimenteren met de eigen identiteit' (Chandler 1998). (*)

In de tweede plaats sluit het asynchrone www door zijn structuur ten nauwste aan bij de narratieve media zoals het autobiografische verhaal, de roman en de film, die voor de opkomst van de ICT het belangrijkste kader vormden voor identiteitsconstructie. Zij doen dat meer dan synchrone media als IRC en ICQ, die door hun vluchtigheid in veel opzichten veeleer een voortzetting zijn van orale communicatie, en e-mail, dat lijkt te functioneren als een tussenvorm tussen orale en schriftelijke communicatie (zie hoofdstuk 13).

Een derde en bijkomende reden dat ik mij hier richt op het www is dat dit medium in de context van de identiteitsconstructie tot op heden veel minder aandacht heeft gekregen dan bijvoorbeeld MUDs (zie bijvoorbeeld Turkle 1995), terwijl het een veel groter aantal gebruikers kent. MUDs onderscheiden zich bovendien van het www doordat de daarmee verbonden identiteitsconstructies in sterkere mate fictief zijn.

In hoofdstuk 6 noemde ik als eerste kenmerkende eigenschap van hypermedia *multimedialiteit*. Dit kenmerk is in het bijzonder bepalend voor het World Wide Web. Het www combineert als geen ander medium op een hybride wijze allerlei voorheen van elkaar gescheiden vormen van oude en nieuwe media. Veel oude media – zoals de krant (online kranten) en het tijdschrift (e-zines), de radio (MP3), film en televisie (streaming video) – worden door het www opgenomen en in talloze verschillende configuraties met elkaar vermengd. Als expressief medium vervaagt het www het onderscheid tussen de verschillende kunstvormen en ook de grenzen tussen verschillende klassieke mediagenres, zoals reclame, nieuws, entertainment en kunst. Waar de moderne kunst gedreven werd door het pathos van de zuiverheid, is het www door dit grensvervagende karakter een bij uitstek postmodern medium te noemen (De Mul 1995). Dat komt ook tot uitdrukking in personal homepages. Vele daarvan bevatten behalve teksten ook foto's of van een webcam afkomstige beelden van de maker of zijn omgeving. Meestal vermelden ze ook het e-mailadres van de maker of bieden gelegenheid met de maker te chatten wanneer deze online is. Er wordt informatie verstrekt over de maker, er wordt (beroepsmatig of in de meer persoonlijke sfeer) reclame gemaakt voor zichzelf, en het zelf wordt daarbij gelijktijdig getransformeerd in een multimediaal kunstwerk.

Waarin het www zich van oudere multimedia als de televisie en de film onderscheidt is dat alle toegepaste media een digitale codering delen. Het digitale karakter maakt deze media niet alleen onderling vertaalbaar (met behulp van een multimediacomputer kan men desgewenst geluiden laten zien of beelden tot klinken brengen), maar heeft ook tot gevolg dat ze zich bijzonder eenvoudig laten kopiëren en invoegen in andere representaties. In dit opzicht is het www inderdaad, zoals ik in de hoofdstukken 5 en 6 veronderstelde, te beschouwen als een voortzetting van de avant-gardebewegingen in de twintigste-eeuwse kunst en in het bijzonder van collage en montage in de beeldende kunst en muziek, maar dan in meer toegankelijke zin. Deze kenmerken impliceren dat websites vaak gebruik maken van elders op het web aangetroffen elementen. Het construeren van websites is daarmee een schoolvoorbeeld van *bricolage*.[5] Voor de identiteitsconstructie is hierbij vooral van belang dat het www een even veelzijdig als heterogeen medium vormt. Voor wie zichzelf tot uitdrukking wil brengen door middel van een homepage, hoeft geen middel meer onbenut te blijven.

In de multimediale presentatie op de homepage neemt de presentatie van het lichaam een veel belangrijker rol in dan in de tekstgeoriënteerde MUDs en bij e-mailverkeer, hoewel ook daar steeds meer multimediale middelen worden ingezet. Zoals hiervoor werd opgemerkt is lichamelijkheid onlosmakelijk verbonden met de constructie van identiteit, en in dat licht is het interessant te bekijken hoe die lichamelijkheid in dit geval gestalte krijgt. Zo lijkt bij vrouwen de nadruk op lichamelijke presentatie sterker te zijn dan bij mannen, wat mogelijk voortkomt uit het feit dat vrouwen minder dan mannen bevattelijk zijn voor de cartesiaanse neiging het lichaam als integraal onderdeel van de identiteit te vergeten (Kibby 1997).

Een minstens zo belangrijk onderscheidend kenmerk is de voor het www kenmerkende *interactiviteit*. Het www kent een hypertekstuele structuur, wat wil zeggen dat het in principe een multilineair en daardoor eerder een ruimtelijk dan een temporeel karakter bezit. Een hypertekst is technisch gesproken een database, waarvan de elementen door koppelingen met elkaar verbonden zijn. Hoewel het natuurlijk mogelijk is de elementen lineair te koppelen (hetgeen, waarschijnlijk door onze geworteldheid in de lineaire cultuur van het boek, nog vaak het geval is), stelt de hypertekst de maker ook in staat zijn links zo aan te brengen dat de lezer (een groot aantal) verschillende paden door de website kan bewandelen. Ook kan het eigen verhaal nu op heel zichtbare en expliciete wijze onderdeel worden gemaakt van het door Ricoeur genoemde 'weefsel van verhalen'. Een van de gevolgen daarvan is dat de voor het klassieke concordante verhaal kenmerkende *closure* niet alleen, zoals in het geval van twintigste-eeuwse avant-gardistische romans en films, op het niveau van het verhaal wordt doorbroken. In het geval van een hypertext frustreert het medium reeds op het niveau van de plot het optreden van *closure*.

---

5 Lévi-Strauss ziet 'bricolage' (knutselen) als een van de manieren waarop mensen vorm geven aan een fundamentele behoefte tot ordening van hun ervaringen: een van die manieren, kenmerkend voor het 'wilde denken', is de 'science du concret', waarbij bekende en reeds gebruikte instrumenten en elementen op een nieuwe manier gerangschikt worden, waardoor ook daadwerkelijk nieuwe vormen ontstaan. Dit concept is van bijzondere betekenis als we kijken naar de manier waarop homepages en websites worden 'geknutseld' (Lévi-Strauss 1962).

Ook dit kenmerk heeft belangrijke implicaties voor het gebruik van hypertekst als medium voor identiteitsconstructie. Zoals we in §3 hebben betoogd, onderscheidt onze zijnswijze zich van die van voorhandenzijnde dingen doordat onze identiteit geen in de tijd gelijkblijvende entiteit is, maar in het teken van de *mogelijkheid* staat. Waar lineaire teksten door hun fixerende karakter nooit recht kunnen doen aan deze kenmerkende *openheid*, wordt hypertekst juist door een vergelijkbare openheid van mogelijkheden gekenmerkt (De Mul 2002b). Met name 'constructive hypertexts' (Joyce 1995) zoals het World Wide Web – dat wil zeggen dynamische hyperteksten waaraan in de loop van de tijd door auteurs én lezers nieuwe elementen en links (kunnen) worden toegevoegd – vertonen sterke overeenkomsten met de openheid en veranderlijkheid van de menselijke bestaanswijze. Daarom is de homepage een betere metafoor voor de menselijke identiteit dan het verhaal. Ze zijn net als mensen altijd *under construction*. En daarom is ook de homepage meer dan een metafoor: het is het medium waarin de openheid van de menselijke identiteit daadwerkelijk tot uitdrukking komt. Waar vanzelfsprekend onmiddellijk aan moet worden toegevoegd dat ook de menselijke neiging zich te identificeren met eenmaal gerealiseerde mogelijkheden tot uitdrukking komt in webpages. Homepages blijven net als hun makers vaak steken in een bepaalde fase van ontwikkeling.

De homepage is wellicht ook een betere metafoor voor de menselijke identiteit omdat hij interactiever is dan het verhaal. Een homepage is een omgeving die de bezitter in een actief sociaal netwerk plaatst. Het interactieve karakter van websites is weliswaar minder groot dan andere, synchrone ict-vormen in de zin dat de bezoeker in het algemeen vrij passief kennis neemt van de homepage, maar daar staat tegenover dat de homepage het vluchtige karakter van de chat overstijgt en het individu een relatief stabiele narratieve structuur verschaft in een steeds instabieler wordende wereld. De homepage, zo zouden we het ook kunnen uitdrukken, bevredigt zowel het verlangen naar interactiviteit (het *zelf*) als dat naar passiviteit (het *hetzelfde*).

Met de opmerking dat de homepage een medium is met behulp waarvan de maker zijn identiteit construeert, zijn we beland bij een derde kenmerk van www: *virtualiteit*. Wanneer we een hypermedium opvatten als een verzameling van *mogelijke* verhalen, dat wil zeggen van potentiële verhalen, waarvan er in iedere specifieke lectuur één wordt geactualiseerd, dan kunnen we – naar analogie van het begrip 'virtuele kracht' in de mechanica – stellen dat het www een verzameling is van virtuele verhalen. Het www is echter ook nog virtueel in de eerder genoemde tweede betekenis. Onze identiteit kan ook virtueel genoemd worden, omdat zij, als product van onze narratieve verbeelding, een fictief karakter bezit, maar tegelijkertijd reële effecten veroorzaakt (zoals een virtuele lichtbron in de optica).

Het Internet vormt de perfecte uitdrukking van virtualiteit in deze zin. Het is een medium waarin – wat gebruikers betreft – louter uitwisseling van symbolen en representaties van het zelf plaatsvindt, maar deze hebben wel bijzonder reële effecten.[6] Ook in de alledaagse realiteit vindt een voortdurende uitwisseling van symbolen plaats, maar kenmerkend voor het Internet is dat deze symbolen in principe geheel los kunnen staan van een mogelijke referent: het zijn, om met Baudrillard te spreken, *simulacra*, kopieën zonder origineel. Binnen de virtuele wereld van het Internet kan men (afhankelijk van de reikwijdte van zijn of haar verbeelding) 'zijn wie men wil zijn', wat vooral in IRC en MUDS tot uitdrukking komt in het experimenteren met elementen van de identiteit, zoals geslacht, leeftijd of ras. In die zin wordt de identiteit tot een schijngestalte, omdat er achter het tekensysteem waarin de identiteit wordt ge(re)presenteerd, niets schuil gaat (Coolen 1997, 48-51). Welke effecten dergelijke ervaringen kunnen hebben voor onze ervaring van het leven van alledag liet een van de respondenten in het onderzoek van Turkle naar identiteitsconstructies in MUDS (1995) zien, toen hij opmerkte: 'real life is just another window'. Wanneer de schijngestalten niet meer dan louter speelgoed zouden zijn, dan zouden we niet zozeer van doen hebben met Musils *Mann ohne Eigenschaften*, maar eerder met *Eigenschaften ohne Mann*, dat wil zeggen een spel zonder enige persoonlijke betrokkenheid.

Internetgebruikers identificeren zich echter doorgaans juist wel met de virtuele eigenschappen van hun avatars, en ondergaan als gevolg daarvan evenzeer de *effecten* van de 'schijnidentiteit'. Een man die zich op het Internet als vrouw voordoet, wordt door andere gebruikers als vrouw behandeld en aldus (op basis van specifieke, uit de alledaagse realiteit meegenomen vooronderstellingen aangaande de geslachten) in een vrouwelijke subjectpositie gemanoeuvreerd. Zo'n persoon ervaart hier het virtuele karakter van het zelf, als louter mogelijkheid, en tegelijkertijd de sociale gesitueerdheid van de psychologische identiteit. Nog duidelijker werd dit naar aanleiding van het boven al aangehaalde onderzoek van De Groot (1997) onder spelers in een MUD, waaruit bleek dat een representatie van het zelf als *sekseloos* (en dus lichaamloos) niet werd geaccepteerd, omdat daaraan kennelijk door anderen geen betekenis kon worden gegeven.

Webpagina's die dergelijke 'schijn'identiteiten construeren, staan in de traditie van de roman, de film en andere fictieproducerende kunsten. Het WWW wijkt echter weer van die traditie af omdat veel webpagina's juist vaak verwijzingen bevatten naar een *off line* identiteit, in de vorm van e-

6 Vgl. de eerder genoemde Tamagotchi, het virtuele knuffeldiertje dat bijzonder sterke emoties blijkt te kunnen oproepen, terwijl de aaibaarheidsfactor vrijwel nul is en de bezitter in feite niet meer doet dan een aantal abstracte symbolen manipuleren.

mailadressen, foto's, cv's, opvattingen en meningen die verwijzen naar een persoon buiten het Internet. De scheidslijn tussen echte en schijnidentiteiten is diffuus. Het *impression management* op personal homepages vereist – niet minder dan de schepping van virtuele identiteiten – verbeelding en fictie. En omgekeerd kunnen de schijnidentiteiten reflexief toegeëigend worden door de Internetgebruiker.

Een belangrijk kenmerk van het www is de in het voorafgaande steeds al vooronderstelde *connectiviteit*. Op het www zijn honderdduizenden websites op vele tienduizenden computers en met tezamen inmiddels meer dan een miljard pagina's met elkaar verknoopt door middel van een dicht hypertekstueel netwerk van koppelingen. Dit netwerk vormt een sociale hypertekst, die mensen niet alleen in staat stelt informatie uit te wisselen, maar ook om te handelen, te communiceren en persoonlijke en culturele identiteiten te construeren en te onderhouden (Erickson 1996). Als communicatiemiddel onderscheidt het www zich daarin sterk van oudere omroepmedia als radio en televisie. Waar in het laatste geval een relatief klein aantal producenten van informatie en verhalen een massa consumenten bediende, staat op het www tegenover deze massa consumenten ook een massa producenten (Ryder 1998). Iedereen die zich een computer en een Internetaansluiting kan permitteren, in Nederland een ruime meerderheid van de bevolking, kan zich in principe aan de wereld presenteren of kan zichzelf een identiteit aanmeten door zich aan te sluiten bij delen van die sociale hypertekst.

Voor de identiteitsconstructie is vooral van belang dat het www ook de scheidslijn tussen het persoonlijke en het publieke doet vervagen. Het publieke podium waarop het zelf zich kan presenteren – om in termen van Goffman te spreken – is veel omvangrijker, diverser en anoniemer geworden. Homepages bevatten niet zelden aspecten die voorheen vooral tot de persoonlijke sfeer behoorden, zoals dagboekachtige notities, reisverslagen, foto's uit het privéleven etcetera.[7] In de anonieme publieke sfeer van het www is de noodzaak om jezelf niet in verlegenheid te brengen – volgens Goffman nog een belangrijk aspect van de presentatie van het zelf op het publieke toneel – veel minder relevant geworden. Deze grensvervaging maakt dat het onderscheid tussen privébelangen en collectieve belangen eveneens vervaagt, hetgeen ook politiek-maatschappelijke implicaties heeft. Wat betekent dit bijvoorbeeld voor de afbakening van een 'publiek domein'; wat zijn in dit schemergebied de politiek-maatschappelijk relevante issues; welke implicaties heeft dit voor de definitie van 'burgerschap'

---

7   Deze vervaging van de persoonlijke en publieke sfeer nemen we ook waar in het gebruik van de mobiele telefoon in publieke ruimten zoals het openbaar vervoer en in zogenaamde *reality tv*, waarin het persoonlijke eveneens tot een publieke aangelegenheid wordt gemaakt.

en voor de relatie overheid/burger? Opvallend in dit verband is ook de vervaging tussen de sferen van het werk en het persoonlijke leven. Werknemers onderhouden bijvoorbeeld home pages die gekoppeld zijn aan de website van de werkgever. Die vervaging van grenzen zien we ook in andere domeinen van het dagelijks leven, bijvoorbeeld in het thuiswerken/ telewerken en anderzijds in het meenemen van het persoonlijke leven naar het werk (Van der Ploeg en De Mul 2001; Frissen 2000).

Grensvervaging is een kenmerkend gevolg van de mogelijkheid tot permanente connectiviteit die er in toenemende mate toe leidt dat de communicatie*netwerken* waar men zich in beweegt de menselijke habitat gaan vormen. Fysieke plekken die voorheen die habitat vormden ('werk', 'school', 'thuis') worden nu meer de knooppunten ('nodes') in die netwerken (Castells 1996). Dit brengt ons op het laatste aspect van hypermedia dat voor de constructie van identiteit (en zeker culturele identiteit) van belang is.

Communicatiemedia spelen een belangrijke rol in de reconfiguratie van *ruimte en tijd*; zij leiden tot wat Giddens aanduidt als *time-space distanciation*. Communicatiemedia geven mensen de middelen in handen om de grenzen van de tijd en de ruimte waarin zij zich bewegen op te rekken en ook opnieuw te definiëren. Waar de traditionele ordening van tijd en ruimte meer bepaald werd door de fysieke leefruimte en door natuurlijke tijdcycli als dag en nacht of de seizoenen, maken media het mogelijk die beperkingen te overstijgen, kennis te nemen van de leefwereld van verre anderen en daaraan ook daadwerkelijk deel te nemen (*despatialized commonality*). Het ligt voor de hand dat dit ook een ander besef of ervaring van tijd en ruimte met zich meebrengt, die zijn weerslag zal hebben op de ruimtelijke en temporele structuur van de persoonlijke en culturele identiteit.

Ook het World Wide Web heeft specifieke implicaties voor de ervaring van plaats en ruimte. In §6 merkte ik met Maan op dat in het klassieke verhaal de lineaire temporele dimensie overheerst. Representaties op het www hebben veeleer een ruimtelijke dan een temporele organisatie. Als we het proces van identiteitsconstructie opvatten als een symbolisch reflexief project, dan zien we op het www dat dat symbolische project steeds meer losgekoppeld is van de context waarin het verhaal over het zelf wordt geproduceerd, zowel wat betreft de tijds- als de ruimtelijke dimensie. Kenmerkend voor het www is immers dat sprake is van het opnieuw inbedden van een verhaal in een nieuwe context, waarover de producent van dat verhaal in wezen geen controle meer heeft. Op welke plaats (in welke context) en op welk tijdstip dat verhaal (en voor wie?) betekenis heeft, blijft onzeker en wordt telkens opnieuw bepaald. De min of meer toevallige plaatsing van een homepage ergens op het web en toevallige tijdstippen van consumptie bepalen de context van het verhaal. De implicatie hiervan voor de constructie van identiteit is dat het gepresenteerde verhaal van het zelf geen vast onderdeel van een door tijd en ruimte begrensde sociale werkelijkheid meer is, maar telkens opnieuw wordt vormgegeven. Op het www zien we dan ook bij uitstek hoe de eerder beschreven historische veranderlijkheid van de culturele identiteit gestalte krijgt. Ook in deze zin is er dus principieel geen sprake meer van *closure*.

5 Springtime for schizophrenia?

Waar Baudrillard het huidige stadium van de geschiedenis van het subject als een nieuwe vorm van schizofrenie typeert, daar spreekt Gergen van een postmoderne conditie van 'multiphrenia' en Giddens van radicale twijfel die het reflexieve project van het zelf in de laatmoderne samenleving kenmerkt. Zowel bij de *de*constructie als de *re*constructie van de persoonlijke en culturele identiteit in de laat- en postmoderne samenleving speelt ict een cruciale rol, omdat zij de schijnbaar gefixeerde grondslagen van identiteit problematiseert, maar ook omdat zij bij uitstek de symbolische proeftuin is waarin nieuwe vormen van subjectiviteit worden beproefd. In dit hoofdstuk stond de betekenis van ict – en in het bijzonder het World Wide Web (www) – voor de constructie van identiteit centraal. Vinden we in homepages van Internetgebruikers de meervoudige persoonlijkheid terug die volgens deze auteurs onze tijd kenmerkt?

Duidelijk is dat de identiteitsconstructie onder invloed van de hypermedia verandert. In het voorafgaande heb ik, in de eerste plaats, betoogd dat het www een zeer heterogeen platform is, waarbij sprake is van grensvervaging tussen en vermenging van voorheen sterk van elkaar onderscheiden media- en verhaalvormen, en dat het individu de mogelijkheid biedt nieuwe vormen van recontextualisering van het zelf te ontwikkelen. In de tweede plaats doorbreken hypertekstualiteit en multilineariteit de voor klassieke verhalen kenmerkende *closure* op het niveau van de plot. Hypertext fixeert niet en websites zijn net als mensen altijd *under construction*. In de derde plaats is het kenmerkend voor het Internet dat men in de virtuele wereld kan 'zijn wie men wil', en dat de scheidslijn tussen echte en virtuele identiteiten diffuus is. In de vierde plaats vervagen de scheidslijnen tussen het persoonlijke en het publieke, en ten vijfde is het gepresenteerde verhaal geen gefixeerd onderdeel van een door tijd en ruimte begrensde sociale werkelijkheid meer. Het verhaal van het zelf krijgt gestalte in telkens veranderende contexten van gebruik, hetgeen de binding met anderen kan versterken, maar er ook toe kan leiden dat de virtuele wereld een geheel eigen werkelijkheid wordt.

Te spreken van 'multiphrenia' of zelfs van een 'springtime for schizophrenia' (Stenger 1991) lijkt mij in het licht van de 'reëel existerende homepages' echter nogal overdreven. Weliswaar weerspiegelen de homepa-

ges van veel individuen en groepen de fascinerende diversiteit en meervou-
digheid van de persoonlijke en culturele identiteit aan het begin van de eenentwintigste eeuw, maar dat lijkt nog geen reden om de hierboven genoemde, nogal pathologisch klinkende termen te gebruiken.[8] Of moeten we de
huidige ontwikkelingen met Stenger opvatten als nog slechts een voorteken
van een veel radicalere desintegratie van de identiteit? Er wordt in dat verband wel eens gewezen op de opvallende groei van het aantal dissociatieve
psychische stoornissen, juist in die werelddelen waar ook het gebruik van ICT
spectaculair is gegroeid. Het meest opvallende ziektebeeld in deze context is
de zogenaamde *Multiple Personality Disorder* (MPD). De aan MPD lijdende pa-
tiënten – voor het merendeel vrouwen, die vrijwel zonder uitzondering een
traumatische ervaring hebben ondergaan, die de oorzaak van de dissociatie
vormt – bezitten twee of meer persoonlijkheden, die om beurten dominant
zijn en hun gedrag bepalen. Ieder van deze persoonlijkheden bezit specifieke
psychofysische kenmerken (leeftijd, ras, sekse en seksuele geaardheid, karaktertrekken, handschrift, stemmingen, EEG-respons, gevoeligheid voor medicijnen en specifieke pathologische symptomen) en in veel gevallen ook een
afzonderlijk sociaal netwerk. De verschillende persoonlijkheden bezitten ieder een eigen meer of minder samenhangende persoonlijke identiteit in de
eerder besproken zin: ze vertonen een zekere temporele en ruimtelijke continuïteit en samenhang, die in hun respectievelijke levensverhalen tot uitdrukking komt. Wel zijn het over het algemeen vrij eenzijdige identiteiten
('flat characters'). Hoewel de verschillende persoonlijkheden in de meeste
gevallen niet of nauwelijks weet hebben van elkaars bestaan (en het is op
grond daarvan dat er sprake is van verschillende persoonlijkheden en niet van
verschillende aspecten van dezelfde persoon) zijn er ook gevallen gerappor-
teerd waarin de verschillende persoonlijkheden gelijktijdig coëxisteren, meer
of minder bewust zijn van elkaar en onderling strijden (Coons 1984).

MPD werd in 1980 voor het eerst opgenomen in de gezaghebbende *Diagnostic and Statistical Manual of Mental Disorders* (DSM III) van de American
Psychiatric Association als een van de vier dissociatieve mentale stoornissen
en in DSM IV (1994) omgedoopt tot *Dissociative Identity Disorder*. In de meest
recente editie van de International Code of Diseases (ICD) is het verschijnsel
nog steeds als MPD opgenomen. Voor 1980 werd het verschijnsel meestal als
schizofrenie of hysterische dissociatieve stoornis gediagnosticeerd. Waar
een literatuurstudie uit 1979 niet meer dan een kleine tweehonderd gevallen van MPD aantrof in de gehele geschiedenis van de psychiatrie, daar
wordt in een aantal studies uit de jaren negentig geschat dat niet minder

---

8 Zie in dit verband de analyse van een aantal representatieve homepages die ik
   samen met Valerie Frissen heb onderzocht in het kader van het onderzoeksprogramma Infodrome (Frissen en De Mul 2000).

dan 1% van de bevolking van de VS (dat wil zeggen: zowat 3 miljoen mensen!) aan MPD lijdt (Ofshe en Watters 1994). Dat klinkt nogal onheilspellend. Voordat men uit dit soort cijfers conclusies gaat trekken, is het verstandig te bedenken dat MPD nogal omstreden is.

Hoewel de gediagnosticeerde verschijnselen doorgaans niet worden ontkend, is er veel onenigheid over de interpretatie daarvan, wat onder meer tot uitdrukking komt in de voortdurende herformuleringen van de stoornis. Critici noemen MPD een iatrogeen, dat wil zeggen door de therapie zelf gecreëerd ziektebeeld, vergelijkbaar met de hausse van hysterische aandoeningen in de jaren tachtig en negentig van de negentiende eeuw. Verdedigers van het bestaan van MPD stellen daar tegenover dat de weerstand om de ziekte te erkennen samenhangt met het feit dat de stoornis een aantal bij zowel artsen als het brede publiek nog steeds dominante cartesiaanse vooronderstellingen aangaande persoonlijke identiteit op losse schroeven zet.

De vraag in hoeverre MPD door de therapie geconstrueerd is, is echter misschien wel minder relevant dan het op het eerste gezicht schijnt. In dit hoofdstuk heb ik betoogd dat iedere identiteit een constructie is. MPD lijkt mij een constructie van het leven in de postmoderne cultuur, zoals de hysterie een constructie was van de dubbelzinnige, seksistische seksuele moraal van het Victoriaanse tijdvak. Ongetwijfeld zullen therapeuten, nu het label voorhanden is, het gebruiken om symptomen, die ze eerst anders zouden hebben gediagnosticeerd, nu als symptomen van MPD interpreteren. En het is ook allerminst uitgesloten dat van de erkenning van het ziektebeeld in de *Diagnostic and Statistical Manual of Mental Disorders* een suggestieve werking uitgaat. Maar daar dient wel aan te worden toegevoegd dat er niettemin een reële voedingsbodem moet zijn voor de MPD-diagnoses en -suggesties, net zoals die er is geweest voor de 'springtime for hysteria' in de laatste decennia van de negentiende eeuw. Zoals opgemerkt wordt ook door degenen die het bestaan van MPD ontkennen de toename van de met het ziektebeeld geassocieerde symptomen niet ontkend.

Daaruit kan natuurlijk nog steeds niet worden geconcludeerd dat de opvallende opmars van MPD een nog veel grotere desintegratie van de persoonlijke en culturele identiteit voorafschaduwt. Gesteld dat het waar zou zijn dat inderdaad 1% van de Amerikaanse bevolking aan een MPD-achtige storing zou leiden, dan kan dat ook het gevolg zijn van het feit dat uitsluitend een specifieke – zij het verontrustend grote – groep mensen het leven in de snel veranderende en fragmenterende postmoderne samenleving niet aankan en als gevolg daarvan dissociatieve stoornissen ontwikkelt.[9] Het lijkt me in

9   James Glass wijst er mijns inziens terecht op dat we dergelijke ziekten niet moeten romantiseren, zoals door Stenger wordt gedaan. Dissociatieve ziekten brengen doorgaans veel leed met zich mee (Glass 1993).

ieder geval verstandig vooralsnog een onderscheid te maken tussen meer of minder normale en pathologische vormen van dissociatie (waarbij we natuurlijk onmiddellijk moeten bedenken dat we hier, zoals altijd in het menselijk leven, niet te maken hebben met een binaire oppositie maar met twee grensgevallen met daartussenin een veelheid aan gradaties en posities). Zoals bij veel psychische stoornissen kan de meervoudige persoonlijkheid worden opgevat als een pathologische uitvergroting van de normale toestand. Dissociatieve toestanden zijn eigen aan het menselijk leven. We kunnen daarbij bijvoorbeeld denken aan (dag)dromen, de snelweghypnose, de religieuze of seksuele extase, het opgaan in een boek, een film of een computerspel, de roes van alcohol en andere drugs etc. En wanneer we het zelf met Ricoeur opvatten als een weefsel van verhalen, dan wordt daarmee al een bepaalde dissociatie erkend. Of zoals Dennett het verwoord: 'Men kan zonder veel problemen veelvoudige zelven in een persoon ontdekken [...] Alles wat nodig is, is dat het verhaal niet helemaal coherent is, maar gecentreerd is rondom twee imaginaire punten' (Dennett 1992, 88; vgl. Dennett en Humphry 1989). Het verschil tussen deze niet-pathologische verschijningsvorm van meervoudige identiteit en de pathologische is dat de verschillende persoonlijkheden in het pathologische geval in veel sterkere mate gedissocieerd zijn en de overgang tussen de verschillende persoonlijkheden vaak volledig ongecontroleerd, meestal 'getriggered' door externe omstandigheden, plaatsvindt (Glass 1993). Bij de gezonde persoon blijft er in alle heterogeniteit en fragmentatie een bepaalde samenhang bestaan die ook als zodanig wordt beleefd.

Wie zijn *online* identiteiten kan blijven integreren met zijn alledaagse identiteit, is daarom niet per definitie psychisch ongezonder dan de persoon die het bij zijn ene *off line* persoonlijkheid houdt. Misschien is hij in het licht van de postmoderne samenleving wel gezonder te noemen. De nieuwe vormen van identiteitsconstructie, zoals ik die in dit hoofdstuk heb besproken, kunnen worden opgevat als het psychosociale antwoord op de uitdaging te leven in het postmoderne labyrint (Gottschalk 1997). Sherry Turkle relativeert in *Life on the Screen: Identity in the Age of Internet* bovendien de 'zegeningen' van het pre-Internet tijdperk: 'Niet zo lang geleden werd stabiliteit sociaal gewaardeerd en cultureel bevorderd. Rigide sekse-rollen, steeds hetzelfde werk doen, je hele leven op dezelfde plaats blijven wonen, dit soort consistenties vormden de kern van de definities van gezondheid. Maar deze stabiele sociale werelden zijn verdwenen. In onze tijd wordt gezondheid eerder beschreven in termen van flexibiliteit dan van stabiliteit. Wat nu het meeste telt is het vermogen je aan te passen en te veranderen – van baan, van rolpatroon, van technologie' (Turkle 1995). In dit licht bezien is het ontwikkelen van een meervoudige persoonlijkheid een normale én gezonde reactie op het veranderende sociale en culturele leven in de informatiesamenleving. Niet noodzakelijk slechter of pathologischer, maar onmiskenbaar anders.

I I VIRTUELE ANTROPOLOGIE

Helmuth Plessner voor cyborgs

Wie naar huis wil, naar zijn geboortegrond, naar de
geborgenheid, die moet zich het geloof ten offer
brengen. Wie het bij de geest houdt, keert niet terug.

Steeds weer zijn andere ogen nodig om opnieuw
zichtbaar te maken, op een andere wijze, wat allang is
gezien, maar niet bewaard kon blijven.

Helmuth Plessner

Sinds een aantal jaren staat het werk van de Duitse filosoof en socioloog
Helmuth Plessner (1892-1985), dat van meet af aan in de schaduw heeft
gestaan van dat van zijn tijdgenoot Martin Heidegger, opnieuw in de belangstelling. Omdat er nauwelijks werken van hem zijn vertaald, is de invloed van Plessner grotendeels beperkt gebleven tot Duitsland en Nederland.[1] Een van de redenen om zijn werk (opnieuw) te gaan lezen is dat het
door Plessner in zijn hoofdwerk *Die Stufen des Organischen und der Mensch*
(1928) geïntroduceerde begrip 'positionaliteit' ons kan helpen een beter
begrip te vormen van de aard en werking van nieuwe informatie- en communicatietechnologieën zoals telepresentie en virtual reality, dan dat dit
mogelijk is gebleken in de op een dualistische, cartesiaanse ontologie gebaseerde hoofdstroom in de literatuur over dit onderwerp. Telepresentie en
virtual reality maken – samen met wetenschappen en technologieën zoals

---

1   Een en ander hangt samen met het feit dat Plessner vanwege zijn joodse ach-
    tergrond in 1933 door het nationaal-socialistische regime werd ontslagen en
    van 1934 tot en met 1951 in Groningen doceerde (en daar gedurende de oor-
    logsjaren ondergedoken was). Ook het nogal weerbarstige Duits van Plessner
    heeft niet bijgedragen aan de verspreiding van zijn werk. Dat de belangstelling
    voor zijn werk momenteel, en ook in de Engelssprekende wereld, toeneemt,
    blijkt onder meer uit een aantal recente en aangekondigde vertalingen van zijn
    werk en de groeiende stroom secundaire literatuur en congressen.

robotica, kunstmatige intelligentie en kunstmatig leven, en gentechnologieën – deel uit van een (niet noodzakelijk intentioneel) informationistisch programma trans- en posthumane levensvormen te scheppen.[2] Voortbouwend op Plessners theorie van de positionaliteit zal ik argumenteren dat de cyborg-levensvorm die zich met behulp van telepresentie en virtual reality ontwikkelt, uitmondt in een vierde type positionaliteit waarin een nieuwe vorm van grensrealisering plaatsvindt.

Dit hoofdstuk bestaat uit drie delen. In de eerste paragraaf zal ik het voor Plessners wijsgerige antropologie centrale begrip *excentrische positionaliteit* introduceren, dit ruimtelijke begrip contrasteren met Heideggers temporeel georiënteerde begrip *Dasein* en enkele kritische kanttekeningen maken bij het exclusief synchrone karakter van Plessners benadering. In de tweede paragraaf deel zal ik nader ingaan op telepresentie en virtual reality en de utopische verwachtingen bespreken die voortvloeien uit de cartesiaanse interpretatie van deze technologieën. In het derde en laatste deel zal ik telepresentie en virtual reality interpreteren vanuit het perspectief van het begrip positionaliteit en nader ingaan op het nieuwe type cyborg-positionaliteit dat in deze nieuwe technologieën ontstaat en waarvoor ik de naam *polyexcentrische positionaliteit* voorstel. Op basis van de drie antropologische grondwetten (*Grundsätze*) die Plessner in het laatste hoofdstuk van *Die Stufen* uiteenzet, zal ik in de derde paragraaf aantonen waarom dit nieuwe type positionaliteit niet in staat zal zijn de utopische verwachtingen te realiseren die veel interpretaties van deze technologieën kenmerken, maar de thuisloosheid die volgens Plessner eigen is aan het menselijk bestaan, veeleer zal radicaliseren.

1 Excentrische positionaliteit

We kunnen de portee van Plessners begrip 'excentrische positionaliteit' slechts begrijpen wanneer we het plaatsen in het licht van de menselijke eindigheid, een thema dat als geen ander de moderne filosofie bepaalt. Nu is het besef dat de mens eindig is niet een louter modern thema. Ook in het middeleeuwse denken speelde die eindigheid een voorname rol. In de moderne filosofie heeft er echter wel een belangrijke verschuiving in de betekenis van dit begrip plaatsgevonden. Waar het eindige eerst in contrast tot een transcendente God werd begrepen als het geschapene, d.w.z. datgene wat niet uit zichzelf is, daar wordt het in de moderne, geseculariseerde cultuur immanent bepaald als datgene wat begrensd is in ruim-

---

2   In hoofdstuk 15 zal dit transhumanistische programma nog uitvoeriger worden besproken.

te en tijd (zie Marquard 1981, 120). Een cruciaal verschil tussen Plessner en Heidegger is gelegen in het feit dat zij in hun reflectie op het menselijke bestaan vertrekken vanuit een verschillende dimensie van de eindigheid.

Terwijl Heidegger in *Sein und Zeit* de eindigheid in de tijd als uitgangspunt neemt, waardoor de eindigheid primair als sterfelijkheid wordt begrepen en het menselijke *Dasein* als de besefte sterfelijkheid als een *Sein zum Tode* wordt bepaald, gaat Plessner in *Die Stufen* uit van de eindigheid in de ruimte, waardoor in zijn geval eindigheid primair als positionaliteit en de menselijke existentie als de besefte positionaliteit als excentrisch wordt begrepen.

Doordat Heidegger in zijn analyse van het menselijke *Dasein* – die door hem niet als antropologie wordt gepresenteerd, maar als een voorbereidende analyse van de zijnsvraag – de ervaring van temporaliteit als uitgangspunt neemt, abstraheert hij grotendeels van de (inherent ruimtelijke) lichamelijkheid van de mens. In samenhang daarmee zet hij zich in sterke mate af tegen een dingmatige bepaling van de mens en daardoor laat hij eerder verwantschap zien met de idealistische dan met de materialistische traditie (zie Schulz 1953-1954). Door de nadruk te leggen op de ruimtelijke dimensie wordt bij Plessner (de verhouding tot) het lichaam echter juist centraal gesteld. In samenhang daarmee speelt bij Plessner de biologische dimensie een cruciale rol in het antropologische ontwerp en een belangrijk deel van de analyse is gericht op de afbakening van de mens van andere – levende en levenloze – lichamen.

Uitgangspunt van Plessners analyse is dat het levende lichaam zich onderscheidt van het levenloze doordat het, in tegenstelling tot het laatstgenoemde, niet slechts contouren bezit, maar gekenmerkt wordt door een grens en derhalve ook door grensverkeer, alsook door een specifieke relatie tot die grens. Deze specifieke verhouding tot de grens die het van de buitenwereld scheidt duidt Plessner aan als *positionaliteit*. Deze positionaliteit van levende wezens hangt samen met hun bi-aspectiviteit: zij zijn naar beide zijden van de hen constituerende grens gericht: zowel naar binnen als naar buiten (Plessner 1975, 138f.). Met het begrip bi-aspectiviteit verzet Plessner zich – vooruitlopend op de latere kritiek van Ryle – expliciet tegen het cartesiaanse dualisme van *res extensa* en *res cogitans*, waarin de beide polen ontologisch worden 'gefundamentaliseerd'. Voor Plessner behoren lichaam en geest daarentegen niet tot gescheiden ontologische domeinen, maar vormen zij twee aspecten van het ene (als psychofysische eenheid begrepen) menselijke organisme.

De wijze waarop de positionaliteit is georganiseerd, bepaalt nu het verschil tussen plant, dier en mens. Bij de open organisatievorm van de plant is het organisme nog niet in een relatie tot zijn positionaliteit geplaatst. Het binnen en buiten hebben hier nog geen centrum. De plant wordt, met andere woorden, gekenmerkt door een grens waar aan weerskanten niemand of niets is, noch subject, noch object (Plessner 1975, 282f.). Een relatie tot de eigen positionaliteit treedt eerst op in de gesloten ofwel centrische organisatievorm van het dier. Bij het dier wordt het grensverkeer bemiddeld door een centrum, dat op fysiek niveau te lokaliseren is in het zenuwstelsel. Met andere woorden: het dier is, in onderscheid met de plant, niet alleen een lichaam, maar is ook *in* zijn lichaam. De menselijke levensvorm onderscheidt zich nu op zijn beurt van de dierlijke doordat hij ook nog een relatie onderhoudt met dit centrum. Ofschoon ook de mens een centrische positie inneemt, kent hij daarenboven ook een relatie tot dit centrum. Er is hier dus sprake van een tweede bemiddeling: de mens heeft weet van het centrum van ervaring en is als zodanig excentrisch. Hij leeft en beleeft niet alleen, maar beleeft zijn beleven. Voorzover we excentrische wezens zijn geldt: we zijn niet waar we denken en we denken niet waar we zijn.[3] In termen van het lichaam gesproken geldt: de mens *is* lichaam, *in* het lichaam (als innerlijk leven) en *buiten* het lichaam, als het gezichtspunt van waaruit het beiden is (Plessner 1975, 365). Vanwege deze drieledige bepaling van de menselijke existentie leeft de mens in drie werelden: een buitenwereld *(Aussenwelt)*, een binnenwereld *(Innenwelt)* en de gedeelde wereld van de geest of cultuur *(Mitwelt)*.[4] Vanwege de voor het leven kenmerkende biaspectiviteit verschijnt ieder van deze drie werelden aan de mens zowel vanuit een buiten- als een binnenperspectief. Zo is ons lichaam (als deel van de buitenwereld) zowel *Körper*, dat wil zeggen een ding onder dingen dat een specifieke plaats inneemt in een objectief ruimte-tijdcontinuüm als *Leib*, het doorleefde lichaam dat functioneert als het centrum van ons waarnemen en handelen. De binnenwereld is op haar beurt zowel *Seele*, bron van onze psychische ervaringen, als *Erlebnis*, speelbal van de psychische processen. En ten aanzien van de wereld van de cultuur geldt dat we zowel een *Ich* zijn dat deze wereld schept, als een *Wir* in zoverre we door deze wereld worden gedragen en gevormd.

Ter afsluiting van deze korte schets van Plessners wijsgerige antropologie plaats ik een kritische kanttekening. Volgens Plessner is met de excentrische positionaliteit het hoogste positionaliteitsstadium bereikt: 'Een verdere stijging *(Steigerung)* van de positionaliteit daarbovenuit is onmogelijk, want het levende ding is nu werkelijk achter zichzelf gekomen' (Plessner 1975, 363). Gezien Plessners biologische achtergrond is deze toch moeilijk

---

3   Met deze nadruk op het gedecentreerde karakter van de menselijke subjectiviteit loopt Plessner vooruit op het structuralistische subjectbegrip, zoals we dat bijvoorbeeld aantreffen bij Lacan.
4   Zie in dit verband ook de analyse van de literaire exploratie van deze drie werelden in hoofdstuk 4.

anders dan als antropocentrisch te karakteriseren opmerking enigszins ver-
rassend. Immers, op basis van de (neo)-darwiniaanse evolutietheorie lijkt
het naïef te veronderstellen dat de evolutie van het leven met de mens zijn
voltooiing zou hebben bereikt. Nu had Plessner goede methodologische
en politieke redenen om de temporele dimensie van het leven in *Die Stufen*
tussen haakjes te plaatsen (zie Marquard 1982, 122). Plessners analyse is niet
zozeer gericht op de historische ontwikkeling van het leven als wel op een
synchrone analyse van de mogelijkheidsvoorwaarden van de in de empirie
gegeven levensvormen op aarde. Met Lolle Nauta kan echter worden vastgesteld dat door deze exclusief synchrone benadering een aantal belangrijke
vraagstukken – zoals bijvoorbeeld de ongelijktijdige historische ontwikkeling van *Innenwelt*, *Aussenwelt* en *Mitwelt* – niet aan de orde gesteld kunnen
worden. Nauta stelt daarom voor Plessners synchrone benadering aan te
vullen met een diachrone benadering (Nauta 1991). Zo pleit hij bijvoorbeeld voor de bestudering van decentreringsprocessen in de lijn van Norbert Elias om de historische ontdekking van de drie genoemde domeinen
van de excentrische positionaliteit te verhelderen. Voor Nauta blijft het
overkoepelende kader evenwel Plessners synchrone typologie van de drie
levensvormen. Dat betekent dat mogelijke evolutionaire en/of technologische ontwikkelingen van de bestaande vormen van positionaliteit onvermijdelijk buiten het gezichtsveld blijven. Naar mijn mening is dat, in het
licht van de huidige biotechnologische en informatietechnologische ontwikkelingen die de ontologische structuur van de menselijke positionaliteit
raken, zowel vanuit een theoretisch als vanuit een praktisch perspectief
weinig vruchtbaar. Ik zal dat trachten aan te tonen in een analyse van eerder genoemde informatietechnologische ontwikkelingen: telepresentie en
virtual reality. De stelling die ik daarbij zal verdedigen is dat in deze technologieën een nieuwe vorm van positionaliteit wordt geconstrueerd, die
niet langer adequaat kan worden beschreven met behulp van het begrip
excentrische positionaliteit.

2 Teletechnologie en virtuele realiteit

De techniek neemt een belangrijke plaats in in *Die Stufen*. In Plessners
optiek is techniek onlosmakelijk verbonden met de excentrische positionaliteit: 'Als excentrisch wezen [is de mens] niet in balans, plaatsloos, tijdloos in het niets staand, constitutief thuisloos moet hij "iets worden" en
zich een evenwicht scheppen' (Plessner 1975, 385). De mens is om die
reden – zoals de eerste van de drie antropologische grondwetten luidt die
Plessner in het laatste hoofdstuk van *Die Stufen* afleidt uit de notie van
excentrische positionaliteit – van *nature kunstmatig*: 'De mens wil ont-

snappen aan de ondragelijke excentriciteit van zijn wezen, hij wil de half-
heid van zijn eigen levensvorm compenseren [...] Excentriciteit en de behoefte aan een suppplement zijn twee zijden van dezelfde medaille. Behoeftigheid mag hier niet in een subjectieve betekenis of psychologisch
worden opgevat. Ze gaat vooraf aan iedere subjectieve behoefte, aan iedere drang, drift, tendens, menselijke wil. In deze behoeftigheid of naakt-
heid ligt de beweeggrond voor iedere specifiek menselijke, dat wil zeggen op het (nog) niet werkelijke [*Irrealis*] gerichte en met kunstmatige
middelen uitgevoerde activiteit, de laatste grond voor het *werktuig* en datgene wat het dient: de *cultuur*' (Plessner 1975, 385). Techniek en cultuur
zijn met andere woorden niet alleen en niet in de eerste plaats instrumenten om te overleven, maar een 'ontische noodzakelijkheid' (Plessner
1975, 396). In deze zin, zo zouden we kunnen aanvullen, is de mens van
meet af aan een cyborg geweest, dat wil zeggen een wezen dat bestaat uit
organische en technologische elementen (vgl. Davis 1998, 10). De wereld
van techniek en cultuur vormt de uitdrukking van het menselijk verlangen
de afstand die hem van de wereld, zijn medemensen en zichzelf scheidt te
overbruggen.

De techniek is er van oudsher op gericht geweest de grenzen die met
onze eindigheid in ruimte en tijd zijn gegeven, te overschrijden. Dat geldt
zowel voor 'alfa-technologieën' zoals het schrift, dat onze eindigheid in de
tijd compenseert door ons in staat te stellen gebruik te maken van de kennis
en ervaringen van onze voorouders en onze eigen ervaringen door te geven
aan onze kinderen, alsook voor 'beta-technologieën', zoals die zich vooral
sinds de geboorte van de moderne natuurwetenschap overvloedig hebben
ontwikkeld. Zo hebben de telescoop en de microscoop het ons mogelijk
gemaakt de ruimtelijke beperkingen van onze zintuigen (partieel) te overwinnen. Peter Weibel stelt om die reden in zijn artikel 'New Space in the
Electronic Age' dat de moderne techniek primair begrepen moet worden
als teletechniek: 'Technologie helpt ons om het gemis dat door de afwezigheid ontstaat op te vullen, te overbruggen, te overwinnen. Iedere
technologie is een teletechnologie en dient ter overwinning van ruimtelijke en tijdelijke verwijdering. Maar deze overwinning van afstand en
tijd is slechts het fenomenologische aspect van de (tele)media. Het eigenlijke effect ervan zit in het feit dat ze door een of andere vorm van afwezigheid, vertrek, verte, verdwijning, breuk, leegte of verlies veroorzaakte
psychische storingen (angsten, dwangneurosen, castratiecomplexen) overwinnen. Doordat ze de negatieve horizon van de afwezigheid overwinnen
of beëindigen, worden de technische media tot technieken van zorg en
aanwezigheid. Doordat ze het afwezige denkbeeldig, symbolisch vertegenwoordigen, veranderen de media ook de schadelijke gevolgen van deze afwezigheid in plezierige. In het overwinnen van afstand en tijd overwinnen

de media ook de verschrikking die het afwezige op de psyche uitoefent' (Weibel 1992, 75).[5] Het is in dit licht dat we mijns inziens ook de ontwikkeling moeten zien van recente digitale technologieën als *telepresentie* en *virtual reality*. In het geval van telepresentie wordt een persoon uitgerust met een datahelm, die is voorzien van stereografische displays en een koptelefoon, en een *dataglove* of *datasuit*, van sensoren voorziene kledingstukken die lichaamsbewegingen registreren en tactiele ervaringen kunnen oproepen. Helm, handschoen en pak zijn verbonden met een mensachtige robot die is uitgerust met camera's, microfoons en sensoren. Dankzij de displays en koptelefoon is de persoon in staat te zien, te horen en te voelen met de kunstmatige zintuigen van de robot, en dankzij de computer die in 'real time' zijn of haar bewegingen registreert en in robotinstructies vertaalt, volgt de robot deze bewegingen. Wanneer de persoon het hoofd omdraait, dan doet de robot dat ook, en wanneer hij zijn hand uitsteekt naar een voorwerp dat via de robotzintuigen wordt waargenomen, steekt ook de robot zijn grijparm uit.

Instructief in deze is het verslag dat Howard Rheingold in zijn boek *Virtual Reality* doet van zijn eerste ervaring met de telepresentietechnologie in het laboratorium van dr Tachi in Tsukuba, Japan, waarbij de robot zich op enkele meters afstand van Rheingold bevond. 'Het vreemdste moment was toen dr Tachi mij vroeg naar rechts te kijken. Daar zat een kerel in een donkerblauw pak en lichtblauwe schoenen achterovergeleund in een tandartsstoel. Hij keek naar rechts, zodat ik de kale plek op zijn achterhoofd kon zien. Hij leek op mij en ik begreep dat ik het was, maar ik weet wie ik ben, en ik ben *hier*. Hij, daarentegen, was *daar*. Er is geen grote mate van zintuiglijke perfectie voor nodig om een ervaring van presentie op afstand [*remote presence*] te creëren. Het feit dat de goniometer en de controle-computer mijn beweging vrijwel synchroon aan die van de robot koppelde was veel belangrijker dan hoge-resolutie video of 3D audio. Ik had de ervaring buiten mijn lichaam te treden' (Rheingold 1991, 264).

Telepresentie is niet volstrekt nieuw. In het vorige hoofdstuk merkte ik naar aanleiding van een opmerking van Heidegger in *Sein un Zeit* op dat de radio, telefoon en televisie beschouwd kunnen worden als voorlopers van de teletechnologie zoals die hierboven werd beschreven. Het verschil met deze eerdere vormen is dat de gebruiker van een telepresentie-systeem volledig ondergedompeld lijkt in de telepresente omgeving, zich in deze om-

---

5   Weibel maakt in dit citaat een onderscheid tussen het fenomenologische en – wat hij noemt – eigenlijke effect van de teletechnologie. Dat eigenlijke heeft te maken met 'afwezigheid, vertrek, verte, verdwijning, breuk, leegte of verlies'. Anders dan Weibel zou ik dit 'eigenlijke' niet willen begrijpen in termen van een psychische stoornis, maar – met Plesser – als behorend tot de door excentrische positionaliteit gekenmerkte levensvorm van de mens.

geving kan bewegen en met de voorwerpen en personen die hij daar aantreft kan interageren. Niet alleen kan – om twee al bestaande toepassingen
te noemen – een gespecialiseerde chirurg hiermee een operatie uitvoeren
op een patiënt in een ander land of een politieman een overvaller in een
bankgebouw arresteren zonder zelf het gevaar van lichamelijk letsel op te
lopen (vooropgesteld natuurlijk dat de bankovervaller zelf in levenden lijve
aanwezig is en niet eveneens slechts telepresent), maar omdat deze technologie niet gebonden is aan de menselijke schaal en aan menselijke leefomstandigheden, stelt zij ons bijvoorbeeld – in principe – ook in staat een defecte schakel in een dna-keten te repareren of te wandelen op Mars.

Virtual reality is nauw verbonden met telepresentie. Het belangrijkste
verschil is dat de locatie waarin we worden ondergedompeld geen fysiek
bestaande omgeving is, maar een die door de computer wordt gegenereerd.
Zoals we in hoofdstuk 9 al hebben gezien, kent ook deze virtuele vorm van
teletechnologie talloze toepassingen. Zo worden piloten door middel van
flight simulators getraind, leiden architecten hun cliënten door hun virtuele
ontwerpen, worden archeologische en historische ruimten – bijvoorbeeld
de in hoofdstuk 1 genoemde grotten van Lascaux – ten behoeve van educatieve doeleinden in virtual reality gesimuleerd en spelen kinderen in driedi-
mensionele fantasiewerelden, zoals het in speelhallen aan te treffen *Dactyl
Nightmare*™. In dergelijke spellen en in op het Internet gecreëerde desktop
virtual reality-werelden als *Active Worlds* kunnen we ons eveneens door de
telepresente werkelijkheid bewegen en interageren met virtuele en door
avatars telepresente personen (zie hoofdstuk 9).

Wanneer, zoals Weibel beweert, het ultieme doel van de technologie
het overwinnen van de voor onze eindige levensvorm kenmerkende ruimtelijke en temporele afstand is, dan kan de waarde van telepresentie en virtual reality-technologieën moeilijk worden overschat. Toch verklaart dit
nog niet de euforische toon waarop Rheingold en veel andere auteurs over
deze cyberspacetechnologieën schrijven. Deze euforie lijkt een diepere,
welhaast religieuze betekenis te bezitten (zie Noble 1997; Midgley 1992).
De ultieme droom die verbonden is met teletechnologie en virtual reality is
dat zij de mens zullen bevrijden uit zijn eindigheid en hem de attributen
zullen schenken die in de premoderne tijd enkel konden worden toegeschreven aan een oneindige god: alomtegenwoordigheid, alwetendheid,
almacht en, niet in de laatste plaats, onsterfelijkheid! Laat ik deze technologische droom kort toelichten aan de hand van een van de meest enthousiaste verdedigers van de genoemde technologieën, de roboticus Hans Moravec van de Carnegie Mellon University (vs).

In hoofdstuk 9 verwees ik reeds naar Moravecs idee teletechnologieën te
gebruiken om toegang te krijgen tot een veelheid van locaties. We zagen
dat Moravec daarbij denkt aan een hybride systeem, waarbij een virtueel

'centraal station' is omgeven door portalen die toegang bieden tot talloze echte locaties. Het idee is dat men in het station een gesimuleerd lichaam bewoont, en wanneer men een portaal passeert naadloos overgaat van de lichaamssimulatie naar een telepresentierobot die op die locatie staat te wachten (Moravec 1995, 2). Volgens Moravec zullen we 'onszelf zo distribueren over vele locaties, een deel van onze geest hier, een ander deel daar, en ons bewustzijn op weer een andere plaats' (idem). Bovendien is onze alomtegenwoordigheid niet beperkt tot reële locaties, maar strekt deze zich ook uit tot alle mogelijke virtuele locaties. Omdat wij zelf de ontwerpers zijn van deze virtuele werelden, zullen wij als almachtige goden heersen over deze werelden die we, omdat we ze zelf hebben geschapen, ook volledig – als alwetende goden – zullen doorgronden. Teneinde het stadium van de onsterfelijkheid te bereiken, zullen we volgens Moravec uiteindelijk besluiten ons lichaam geheel achter te laten en geheel naar cyberspace te emigreren: 'Uiteindelijk zullen onze denkprocessen geheel worden bevrijd van ieder spoor van ons oorspronkelijke lichaam, ja van het lichaam als zodanig. Maar de lichaamloze geest die het gevolg daarvan is, zou, hoe schitterend ook in zijn helderheid van gedachten en omvang van begrip, in geen enkele betekenis meer als menselijk kunnen worden beschouwd. Op een of andere wijze zal de immense cyberspace krioelen van de onmenselijke lichaamloze supergeesten [*superminds*], die zich zullen richten op toekomstige zaken die zo ver van menselijke belangen en interessen zullen afstaan als menselijke aangelegenheden van die van bacteriën' (idem, 4).

Telepresentie en virtual reality lijken zo de oude platoonse en cartesiaanse droom de gevangenis van het lichaam te ontvluchten, weer tot leven te brengen. In hoofdstuk 4 merkten we al met Michael Heim op dat de in virtual reality ondergedompelde 'cybernaut' uit de gevangenis van zijn lichaam lijkt te ontsnappen (Heim 1993, 89). Bij de door Moravec geviseerde supergeesten zou deze droom werkelijkheid zijn geworden. Wanneer het zo is, zoals Plessner beweert, dat de cartesiaanse traditie het onderscheid tussen lichaam en geest ontologisch heeft gefundamentaliseerd, lijken telepresentie en virtual reality dit ontologische dualisme vervolgens technologisch te materialiseren. Telepresentie- en virtual reality-technologieën behelzen, in de woorden van Heim, 'Platonism as a working product' (idem.).

3 Poly-excentrische positionaliteit

Er zijn vele gronden op basis waarvan Moravecs faustische maakbaarheidsfantasie kan worden bekritiseerd: technische, psychologische, sociaal–politieke en filosofische. Als ik me hier tot de filosofische beperk, dan roept vooral het radicale cartesiaanse dualisme van lichaam en geest een hele reeks kritische vragen op. Daarbij kan worden aangeknoopt bij de lange reeks kritieken die in de twintigste-eeuwse filosofie vanuit uiteenlopende filosofische perspectieven (zoals die van de fenomenologie, de hermeneutiek, de *philosophy of ordinary language* en de *philosophy of mind*) tegen Descartes zijn gericht.

Veel van de argumenten die daarbij zijn aangevoerd treffen we al aan in het tweede hoofdstuk van Plessners *Die Stufen*, dat een even subtiele als krachtige kritiek op Descartes' dualistische ontologie behelst (zie ook de besproken kritiek op Descartes in het vorige hoofdstuk). Ik wil deze kritiek hier echter niet herhalen, maar Moravecs positie bekritiseren via de omweg van een fenomenologische, vanuit Plessners notie van excentrische positionaliteit vertrekkende beschrijving van telepresentie. De winst die ik daarmee hoop te boeken is dat het daardoor niet alleen mogelijk wordt de onhoudbaarheid van Moravecs vooronderstellingen aan te tonen, maar tevens om daartegenover een alternatieve, niet-dualistische opvatting van de ontologische effecten van telepresentie en virtual reality te plaatsen.

Als startpunt van mijn beschrijving knoop ik aan bij de eerder geciteerde beschrijving die Rheingold geeft van zijn ervaring met de telepresentierobot. Rheingolds beschrijving van deze ervaring als een 'out of the body experience' hoeft niet per se dualistisch te worden geduid, maar kan ook worden begrepen als een consequentie van de excentrische positionaliteit die eigen is aan de menselijke levensvorm. Waar Rheingold zich immers tijdens het experiment zo indringend bewust van werd, is dat hij niet alleen een lichaam *is* en *heeft*, maar dat hij tegelijkertijd ook steeds *buiten* zijn lichaam is. Daarmee geeft Rheingold in feite niets anders dan een doorleefde beschrijving van de excentrische positionaliteit die eigen is aan de menselijke levensvorm. Transcendentaal geformuleerd zouden we ook kunnen zeggen dat deze excentrische positionaliteit de mogelijkheidsvoorwaarde vormt om technologische telepresentie te ervaren. Uitsluitend omdat we als excentrische wezens altijd reeds zowel in als buiten ons lichaam zijn, kunnen we een door de technologie opgeroepen ervaring van telepresentie hebben.

Nu is er echter een belangrijk verschil tussen de alledaagse ervaring ons buiten ons lichaam te bevinden (bijvoorbeeld wanneer we ons al dagdromend voorstellen op een andere plaats te zijn) en de door de telerobot bewerkstelligde *out of the body experience*. Wat de laatstgenoemde van de eerstgenoemde ervaring onderscheidt is dat de excentriciteit hier een *technologische objectivering* heeft gekregen. Dat geldt reeds bij primitieve vormen van telepresentie zoals de telefoon, maar in nog veel sterkere mate voor telepresentie door middel van het kunstmatige lichaam van de robot. Vanuit dit perspectief stellen Rheingold, Moravec en Heim dus met recht dat telepresentie ons in staat stelt buiten ons lichaam te treden. Ook vanuit Plessners fenomenologische perspectief kan men stellen dat we ons in het geval van telepresentie *in* het lichaam van de robot bevinden. Het *centrum* van mijn beleving ligt in dat geval immers achter de camera-ogen van de robot. En *ik* ben het die met behulp van de kunstmatige zintuigen de omgeving waarneem en met de voorwerpen en personen in deze omgeving interageer. Wanneer er een voorwerp op de robot afkomt, ervaar ik dat er een voorwerp op *mij* afkomt en duik *ik* weg. En evenzeer ben *ik* het die mijn hand uitstrekt om een voorwerp dat zich voor de robot bevindt, vast te pakken. In telepresentie en virtual reality wordt het kunstmatige lichaam met andere woorden deel van ons *body scheme* (zie over dit begrip: Tiemersma 1989). Ook ten aanzien van het kunstmatige lichaam ervaren wij de biaspectiviteit die het leven kenmerkt. Wanneer we waarnemen door middel van de kunstmatige zintuigen van de robot beleven wij dit kunstmatige lichaam van binnenuit (als een kunstmatig *Leib*), en tegelijkertijd is het ook deel van onze buitenwereld (als kunstmatig *Körper*).

Tegelijkertijd moet echter worden vastgesteld, en op dit punt scheiden mijn wegen zich van die van Rheingold en Moravec, dat mijn *out of the body experience* om meerdere redenen niet compleet is en kan zijn. In de eerste plaats blijven diverse aspecten van mijn ervaring gebonden aan de zintuigen van mijn biologische lichaam. Zo worden bij de huidige telepresentietechnologie slechts de visuele, auditieve en tactiele ervaring door middel van het kunstmatige lichaam beleefd en blijven we wat de geur, temperatuur en proprioceptie (de ervaring en verwerking van prikkels die in het zenuwstelsel zelf ontstaan) aangewezen op ons biologische lichaam. Zelfs wanneer teletechnologieën zich zover zouden ontwikkelen dat ook deze zintuiglijke indrukken in het kunstmatige lichaam zouden kunnen worden ingebouwd, blijven we bij de telepresentie aangewezen op ons biologische lichaam. Achter de displays en luidsprekers van mijn helm zijn het immers de ogen en oren van mijn biologische lichaam die zien en horen wat de robot op de andere locatie waarneemt. Ook wanneer we – aanknopend bij beroemde *brain in a vat* gedachtenexperimenten uit de *philosophy of mind* – de kunstmatige zintuigen van de robot door middel van een neuro-interface rechtstreeks zouden aansluiten op onze uit het lichaam verwijderde en kunstmatig in leven gehouden hersenen, dan zou daarmee althans dit deel van het biologische lichaam nodig blijven om ervaringen als zodanig te kunnen ondergaan.

Een *eerste conclusie* die we kunnen trekken is dat er bij telepresentie dus niet zozeer sprake is van een verplaatsing van het centrum van ervaring, maar veeleer van een *verdubbeling van het centrum van ervaring*. Of beter, omdat we in principe al onze zintuigen zouden kunnen uitbesteden aan verschillende kunstmatige lichamen, is er sprake van een vermenigvuldiging van het centrum van de ervaring. In deze zin heeft Moravec gelijk, wanneer hij stelt dat we onszelf door middel van telepresentie 'distribueren over vele locaties'. Maar er lijkt daarbij geen sprake van een overkoepelende ervaring van presentie, maar veeleer van een fragmentering of dissociatie daarvan. Er is hier, in psychoanalytische terminologie uitgedrukt, sprake van een ego-splitsing binnen het bewustzijn. Wat de door de telepresentie-technologie opgeroepen dissociatie onderscheidt van de alledaagse, is dat een deel van het bewustzijn wordt gekoppeld aan de zintuigen van het kunstmatige lichaam waaraan we in het geval van telepresentie zijn gekoppeld. We zouden hier kunnen spreken van een *polycentrische ervaring*. Dat het gerechtvaardigd is te spreken van een polycentrische ervaring en niet louter van een uitbreiding van het biologische lichaam met een kunstmatige extensie, leert het gebruik van *flight simulators*. Piloten die oefenen met dergelijke virtual reality-systemen ervaren vaak een dissociatie tussen hun biologische en kunstmatige zintuigen, omdat de visuele ervaring van beweging en versnelling die wordt beleefd in het virtuele lichaam, niet over-eenstemt met de ervaring van het evenwichtsorgaan in het biologische lichaam. Het kost het lichaam enige tijd de beide zintuigen weer aan elkaar te koppelen, en in die periode heeft de gebruiker van de vluchtsimulator vaak moeite zijn evenwicht te bewaren. Om die reden verbieden veel vliegmaat-schappijen hun piloten een vliegtuig te besturen binnen een bepaald tijdsbe-stek na het gebruik van een simulator. De notie van polycentrische ervaring spoort ook met neurologische en psychologische theorieën die stellen dat ons psychologische zelf geen eenheid is, maar 'veeleer een problematische bij el-kaar geharkte bundel van gedeeltelijk autonome systemen' (Dennett 1992). Deze notie stelt ons tevens in staat de in het vorige hoofdstuk besproken veel-voudige zelf beter te doorgronden. Een belangrijk verschil tussen de daar besproken dissociatieve ervaringen en de in dit hoofdstuk besproken tele-presentie en virtual reality is dat deze veelheid hier niet langer uitsluitend gesitueerd is in het biologische lichaam, maar een technologische objecti-vering krijgt in een additioneel kunstmatig lichaam.

Wat in de beknopte fenomenologische beschrijving van de ervaring van telepresentie ook reeds duidelijk wordt, is dat de verdubbeling van het cen-trum van ervaring niet begrepen mag worden als een verdubbeling van een louter geestelijke ervaring en als een ontsnapping aan de gevangenis van het lichaam. Eerder integendeel! Wat in het geval van telepresentie verdubbeld wordt, is immers juist het lichaam. Zonder lichaam geen ervaring en zonder een verdubbeling van het lichaam geen polycentrische ervaring. Dat geldt zelfs in het geval van virtual reality. Weliswaar is er in dat geval, anders dan bij telepresentie, geen sprake van een verdubbeling van een fysiek lichaam, maar het biologische lichaam wordt wel degelijk aangevuld met een lichaamsrepresentatie, of op zijn minst met een eindig, belichaamd perspec-tief dat een additioneel centrum van ervaring constitueert. De *tweede conlusie* die we derhalve kunnen trekken is dat telepresentie, als een technologie die onze eindigheid transcendeert, geen ontsnapping *uit* het lichaam behelst, maar veeleer een ontsnapping *in* een veelheid van lichamen. Daarmee wordt de door Plessner beschreven ervaring van excentriciteit niet overwonnen, maar veeleer geradicaliseerd. De telepresente persoon valt noch met het ene, noch met het andere lichaam samen. Hij is zowel in als buiten het ene als in en buiten het andere lichaam. De telepresente persoon is daarom zowel poly-centrisch als poly-excentrisch. We zouden deze vierde positionaliteitsvorm in relatie tot de voorafgaande drie als volgt kunnen weergeven:

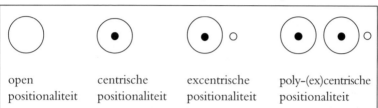

| open positionaliteit | centrische positionaliteit | excentrische positionaliteit | poly-(ex)centrische positionaliteit |

Afb. 1 De vier positionaliteitsvormen

Waar een excentrisch wezen al thuisloos is, daar vermenigvuldigt en radi-caliseert de door de teletechnologie bewerkstelligde poly-excentriciteit deze thuisloosheid. In die zin kan er dus ook van een goddelijke alomte-genwoordigheid geen sprake zijn. Het is veeleer een stadium op weg naar een alomafwezigheid!

Op basis van Plessners tweede antropologische grondwet – die van de *indirecte directheid* – is er bovendien een kanttekening te plaatsen bij de hoop dat virtual reality ons in staat zal stellen een goddelijke alwetendheid en al-macht te verwerven. Plessner wijst er terecht op dat ofschoon de mens de schepper is van zijn techniek en cultuur, deze sferen een eigen gewicht ver-krijgen: 'Want even wezenlijk voor de technische hulpmiddelen ... is hun eigen gewicht, hun objectiviteit, die aan hen verschijnt als datgene wat slechts gevonden en ontdekt, en niet gemaakt kan worden. Wat de sfeer van de cultuur binnentreedt, vertoont gebondenheid aan zijn menselijke schepper, maar is tegelijkertijd (en in dezelfde omvang) van hem onafhan-kelijk' (Plessner 1975, 397). Onze ervaringen met cyberspace tot nu toe bevestigen de waarheid van deze tweede antropologische grondwet. Niet minder dan in onze alledaagse wereld brengt het handelen in virtuele we-relden allerlei vormen van onbedoelde neveneffecten met zich mee die strikte grenzen stellen aan de mogelijkheid de gebeurtenissen in deze we-reld te voorspellen en te beheersen (zie hoofdstuk 7). Bovendien wordt de cybernaut in cyberspace, niet minder dan in de alledaagse wereld, voortdu-rend en zonder einde geconfronteerd met de weerstand die uitgaat van an-dere personen en dingen. En zolang het eindige, biologische lichaam een onlosmakelijk bestanddeel blijft van telepresentie-technologieën, zullen ook de dromen over onsterfelijkheid onvermijdelijk dromen blijven.

Dat de digitale dromen over goddelijke alomtegenwoordigheid, alwetendheid, almacht en onsterfelijkheid dromen moeten blijven, hoeft overigens op basis van Plessners derde antropologische grondwet, die van de *utopische positie*, niet te verbazen.

Het is volgens Plessner eigen aan de mens te dromen van datgene wat de mens op grond van zijn excentrische positie per definitie moet ontberen: 'Geborgenheid, verzoening met het noodlot, uitleg van de werkelijkheid, een thuis' (Plessner 1975, 420). Deze ervaring wordt in het geval een poly-excentrische positie wordt ingenomen enkel nog indringender. Juist omdat de mens principieel thuisloos is, zal hij altijd religieuze dromen blijven koesteren van een thuis, maar deze dromen zijn ook veroordeeld voor altijd illusies te blijven. Ook het gegeven dat in een seculiere samenleving als de onze de techniek voor velen de utopische rol van de religie heeft overgenomen, maakt – zoals we in het volgende hoofdstuk zullen zien – deze wet niet minder geldig.

4 Onmenselijk besluit

Dat telepresentie en virtual reality niet de utopische verwachtingen vervullen die met deze technologieën verbonden zijn, maakt ze overigens niet minder werkelijk. Ze vormen slechts een klein deel van het transhumanistisch programma, dat de geheime agenda vormt van informationistische wetenschappen zoals de gentechnologie, nanotechnologie, kunstmatig leven en de kunstmatige intelligentie. De verdienste van Moravec is dat hij de ultieme doelstelling expliciteert die in deze wetenschappen en technologieën nog onbedoeld of verborgen blijft, namelijk – om een uitdrukking die Plessner in zijn essay *Unmenschlichkeit* bezigt te gebruiken – 'een tot in de biologie reikend herontwerp (*Umkonstruktion*) van de mens' (Plessner 1982, 200). Hoewel dit poly-excentrische project zich nu nog grotendeels, en door religieuze utopieën misvormd, afspeelt in de *Innenwelt* van wetenschappers als Moravec en nog slechts schoorvoetend – bijvoorbeeld in de vorm van de besproken teletechnologieën – zijn intrede doet in de *Aussenwelt* en *Mitwelt*, lijkt het me allerminst naïef te veronderstellen dat de mens de eerste biologische soort zal zijn die zijn eigen evolutionaire opvolgers zal scheppen.

Men kan dit project onmenselijk noemen, maar men mag daarbij niet vergeten dat dit een vorm van onmenselijkheid is die onlosmakelijk met de menselijke excentriciteit is verbonden. Of zoals Plessner het zegt in het zojuist genoemde essay over de onmenselijkheid: 'Onmenselijkheid is aan geen enkel tijdvak gebonden en geen historische grootheid, maar een met de mens gegeven mogelijkheid, zichzelf en zijn gelijken te negeren' (Plessner 1982, 205). Over deze mogelijkheid handelt het laatste deel van dit boek.

I2 VIRTUEEL POLYTHEÏSME

Religie in het tijdvak van de digitale her-tovering

Iedere voldoende ontwikkelde technologie is magisch.

Arthur C. Clarke

Dit nu is goddelijkheid, dat er goden zijn, maar dat er geen God bestaat.

Friedrich Nietzsche

1 Religieuze apparaten

Een aantal jaren geleden, in de tijd dat Microsoft de eerste versie van het *Windows*-besturingssysteem op de markt bracht, wijdde de filosoof-schrijver Umberto Eco in het weekblad *l'Espresso* een uiterst vermakelijke column aan de nieuwe godsdienstoorlog die zijns inziens de hedendaagse wereld onderhuids verdeelt. De inzet van die nieuwe godsdienstoorlog was volgens Eco de computer. Volgens hem kon de wereld worden opgedeeld in de gebruikers van MS-DOS-computers en gebruikers die met het Macintosh-besturingssysteem werken. Hoewel MS-DOS in die tijd wereldwijd de meeste gebruikers kende en er als gevolg daarvan veel programma's voor dit type computer verkrijgbaar waren, was het een nogal complex en weinig gebruiksvriendelijk 'eendimensionaal' besturingssysteem (zie hoofdstuk 9). De gebruiker van MS-DOS communiceerde met zijn computer via het toetsenbord, waardoor hij een groot aantal, niet zelden van complexe parameters voorziene commando's uit het hoofd moest leren of de handleiding voortdurend binnen handbereik moest houden. De Macintosh-computer daarentegen werkte (en werkt nog steeds) met een grafische interface; de gebruiker voert de commando's eenvoudigweg in door met behulp van een muis iconen op het beeldscherm aan te klikken.

Wat emotionele aantrekkingskracht betreft hebben computers wel wat van auto's. Veel computergebruikers zijn zo emotioneel met hun computer verbonden, dat zij zich laten verleiden tot verhitte betogen over de voordelen van het door henzelf en de nadelen van het door de ander gebruikte besturingssysteem. De reden dat Eco sprak van een godsdienstoorlog vloeit voort uit zijn overtuiging dat het verschil tussen de genoemde besturingssystemen in laatste instantie religieus van aard is: 'Ik ben', zo schrijft Eco in de genoemde column, 'er heilig van overtuigd dat de Macintosh katholiek is en DOS protestant. Sterker nog, de Macintosh is een katholiek van de contra-reformatie, een product van de *ratio studiorum* van de jezuïeten. Hij is warm, hartelijk, vriendelijk, verzoenend, vertelt de trouwe volgeling hoe hij stap voor stap te werk moet gaan om zo niet het rijk der hemelen, dan toch het moment van de uiteindelijke printout te bereiken. Hij werkt geheel volgens de catechismus, het wezen van de openbaring zit samengebald in begrijpelijke formules en in schitterende iconen. Ieder die hem gebruikt heeft recht op heil. DOS is protestant, van de calvinistische strekking. Het schept ruimte voor een vrije interpretatie van de geschriften, vereist persoonlijke en hartverscheurende beslissingen, legt een subtiele hermeneutiek op, gaat ervan uit dat het heil niet in ieders bereik ligt. Om het systeem te doen werken moeten er persoonlijke vaardigheden worden ontplooid om het programma te interpreteren. Ver van de barokke menigte van feestvierders zit de DOS-gebruiker gekluisterd in de eenzaamheid van zijn eigen innerlijke wereld' (Eco 1995-1996). Ook *Windows*, een op de Macintosh geïnspireerd besturingssysteem dat in combinatie met DOS gebruikt kan worden, werd door Eco trefzeker op de religieuze landkaart geplaatst: 'Windows is een schisma te vergelijken met de anglicaanse afscheuring, grootse ceremonieën in de kathedraal, maar ook de mogelijkheid van een plotselinge terugkeer naar DOS om een reeks dingen te veranderen op grond van merkwaardige beslissingen' (idem).

Ik leg Eco's beschrijving van deze contemporaine godsdienstoorlog voor als inleiding op het onderwerp dat ik in dit hoofdstuk aan de orde wil stellen: de toekomst van de religie in cyberspace. Op het eerste gezicht mag dat een merkwaardig onderwerp lijken. De moderne techniek, waaruit de moderne informatietechnologie is ontsproten, en de religie lijken nogal ver van elkaar af te staan. Men hoeft zich echter maar aan een korte speurtocht op het World Wide Web te wagen, om er van te worden overtuigd dat het Internet zindert van de godsdienst en spiritualiteit. Het intypen van het woord *religion* in de Google-zoekmachine levert medio 2002 al ruim 788.000 treffers op. (∗) En wie een kijkje neemt op de in subcategorieën opgedeelde directory *Religion and Spirituality* van portalen als *Yahoo* of *Open Directory* of op gespecialiseerde websites als *Beliefnet*, *Religion Online* of de *Virtual Religion Index*, die zal verbaasd staan over de veelzijdigheid van het religieuze aanbod. (∗) In de eerste plaats zijn er natuurlijk de bekende religieuze grondteksten. Wie een bijbel wil lezen

of downloaden, kan terecht op honderden websites waar hij in alle denkbare talen – voor de liefhebbers is er zelfs een vertaling in het Klingon, de
taal van de oorlogszuchtige *aliens* uit de Star Trek saga – verkrijgbaar is. (*)
Daarnaast zijn er vele secundaire bronnen te vinden, van de verzamelde pauselijke encyclieken tot academische studies.

Hoewel het Vaticaan meestal niet
vooraan staat bij maatschappelijke vernieuwingen, moedigde paus Johannes
Paulus II op 24 januari 2002 in een speciale boodschap de gelovigen aan het
Internet als een nieuw medium voor het woord van God te gebruiken. Maar
ook de religieuze teksten van de andere wereldgodsdiensten, zoals de islam,
het hindoeïsme en het boeddhisme, zijn goed vertegenwoordigd, net als de
vele tientallen kleinere religies, variërend van de inheemse Aboriginal
godsdiensten en sjamanistische sekten tot en met UFO-sekten, heksenkrin-
gen en satanisten. (*)

Op de websites kan men bovendien niet alleen religieuze teksten en andere informatie over deze godsdiensten vinden, maar er vinden ook allerlei religieuze praktijken plaats. Alle traditionele religies bieden gelovigen de mogelijkheid virtuele kerken, moskeeën of tempels te bezoeken om daar te
bidden of – interpassief – een gebed te laten maken door een automatische
gebedsgenerator, of een virtuele pelgrimage te maken via Jesus2000.com. (*)
Via het Internet biechten gaat het Vaticaan (voorlopig?) nog te ver, dat is volgens de pauselijke curie slechts mogelijk in een persoonlijk contact tussen gelovige en priester.[1] De website *Virtual rituals* geeft een aardig overzicht van de
religieuze rituelen die online worden aangeboden (*). Er is een in virtual
reality uitgevoerde *CyberMosque*, er zijn virtuele taoïstische begraafplaatsen
en – in Nederland bijvoorbeeld de Lieve-Engeltjes Homepage – websites
waar gerouwd kan worden om dierbare overledenen (*). En dan zijn er
nog de vele discussielijsten en chatgroepen, waarin religieuze onderwerpen
worden besproken en men steun zoekt bij geloofs- en lotgenoten.

Door die religieuze praktijken wordt cyberspace zelf tot een plaats gemaakt waar het heilige zich kan voordoen. In die zin was het niet meer dan
consequent dat paus Johannes Paulus II in 2000 cyberspace officieel inze-
gende.[2] (*) De boeddhisten blijven niet achter, maar gedenken cyberspace
op een geheel eigen wijze. Op de website van de Daioh Temple in Kyoto
wordt jaarlijks op 24 oktober – een verwijzing naar de informatie-eenheid
van 1024 bytes (de kilobyte) – een boeddhistisch ritueel ter nagedachtenis
aan alle op het Internet verloren informatie georganiseerd. (*)

---

1 Hetgeen enigszins merkwaardig is, wanneer we bedenken dat zich juist daarbij
   van oudsher een scherm bevindt tussen de biechtende gelovige en de priester.
2 Deze inzegening van de door de computer ontsloten cyberruimte lijkt daarmee
   een terugkeer naar Pythagoras te bewerkstelligen. Heilige getallen! (zie ook
   Wertheim 1999).

Op een totaal van meer dan een miljard webpagina's vormt het aantal van naar schatting een miljoen religieuze websites natuurlijk maar een relatief klein deel. De idee dat de maatschappelijke modernisering en de mechanisering van het wereldbeeld onafwendbaar zouden leiden tot volledige secularisering, moet echter op zijn minst worden bijgesteld. De religieuze bedrijvigheid op het Internet staat niet alleen, maar is verbonden met de *off line* opbloei van religieuze praktijken en de groeiende belangstelling voor spiritualiteit. De behoefte aan rituelen en zingeving schijnt niet zo gemakkelijk te verdwijnen. Religieuze rituelen en verhalen zijn zo oud als de mensheid – reeds honderdduizend jaar geleden begroef de archaïsche *Homo sapiens* zijn doden – en we treffen ze aan in alle culturen. Het zijn gebruiken, plechtigheden en ceremonieën met een meer of minder vaste vorm die worden verricht in verband met de belangrijke momenten in het leven. Ze markeren belangrijke overgangen in het individuele en sociale leven en brengen orde aan in de chaos van het bestaan. Rituelen versterken de identiteit en solidariteit van de groep en bieden troost wanneer we worden geconfronteerd met het onbegrijpelijke of met de overmacht van het noodlot. Rituelen zijn doorgaans conservatief: hun kracht en schoonheid ligt in de herhaling. Maar ze zijn niet onveranderlijk. Rituelen passen zich gemakkelijk aan nieuwe omstandigheden en nieuwe verhalen en mythen aan en deze leiden op hun beurt vaak ook tot het ontstaan van nieuwe rituelen. Omdat het Internet een nieuwe publieke ruimte opent, waar zich net als in de rest van ons leven onbegrip, conflicten en lijden voordoen, is het dus niet zo vreemd dat oude rituelen zich daar handhaven en nieuwe rituelen er ontstaan. Sommigen leiden uit de opvallende religieuze bedrijvigheid op het Internet zelfs af dat er een tijdperk van religieuze vernieuwing voor de deur staat (Taylor 1999).

Of dat laatste nu overdreven is of niet, duidelijk is dat de 'reëel existerende religie' de mens ook in cyberspace blijft vergezellen. Net zoals in de hoofdstukken over politiek, kunst en wetenschap is ook hier niet alleen de vraag interessant wat de bestaande religies doen met en in cyberspace, maar ook wat cyberspace met de religie doet. Voordat ik me over die laatste vraag buig, zal ik in de volgende paragraaf eerst een moment stilstaan bij de relatie tussen technologie en religie. Vervolgens zal ik uiteenzetten hoe achtereenvolgende technologische ontwikkelingen in onze cultuurgeschiedenis hebben geleid tot belangrijke transformaties in de opvatting van het heilige. Ik zal dat illustreren aan de hand van de ontwikkeling die het christendom, een religie die nauw verbonden is met de cultuur van het boek, heeft doorgemaakt. In de laatste paragraaf zal ik de lezer vragen een bekering tot het virtuele polytheïsme in overweging te nemen.

2 Techniek als religie

In de vorige paragraaf stelde ik dat het op het eerste gezicht merkwaardig is dat een premodern wereldbeeld zich blijkbaar zo eenvoudig laat combineren met de informatietechnologie, een product van de door wetenschappelijke rationaliteit en secularisatie gekenmerkte moderne cultuur. Waar in de Middeleeuwen de religie een centrale plaats innam in de cultuur en God het uiteindelijke referentiepunt vormde van 'the Great Chain of Being' (Lovejoy 1936), daar is in de moderne cultuur de mens in het centrum van de wereldbeschouwing komen te staan. Waar eerst de mens naar het evenbeeld van God was geschapen, wordt God in de moderne tijd – na Feuerbach, Marx, Nietzsche en Freud – opgevat als een projectie van de mens. In het moderne wereldbeeld wordt al wat is getransformeerd tot object voor het menselijk subject. De gehele werkelijkheid wordt zo tot grondstof voor de bevrediging van menselijke behoeften. Was in de middeleeuwse beleving God de schepper en voorzienige bestuurder van het heelal, in de moderne tijd neemt de mens zijn lot steeds meer in eigen hand (zie De Mul 1994a). De moderne mens begrijpt zich als de bestuurder van de wereld, als *Homo sapiens cyberneticus* (Leary 1992). Zoals in hoofdstuk 7 is uiteengezet, stellen moderne en postmoderne wetenschappen en technologieën de (post)moderne mens in staat op een zeer fundamenteel niveau in te grijpen in de natuur en in de wereldgeschiedenis. Uiteindelijk wordt de mens zelf de ultieme grondstof voor de meest stoutmoedige technologische kunststukken. Sciencefictionschrijvers, op de hielen gevolgd door wetenschappers en technici, voorspellen dat de mens met de ontwikkeling van nieuwe, androïde levensvormen zelfs de verdere evolutie van het leven op onze planeet zal gaan bepalen. En dankzij geavanceerde informatietechnologieën, zo zullen we in het laatste deel van het boek zien, zal het misschien wel niet bij één evolutie blijven, maar zullen er talloze virtuele werelden naast elkaar worden ontwikkeld. In een dergelijke wereld lijkt er geen plaats meer te zijn voor goden. We zijn, om met Heidegger te spreken, te laat voor de goden.

Hoewel er veel te zeggen valt voor deze visie op de ontwikkeling van de moderne cultuur en de daaraan inherente teloorgang van de religie, dienen er mijns inziens toch enkele kanttekeningen bij te worden geplaatst. In de eerste plaats kan worden opgemerkt dat het moderne wereldbeeld weliswaar in veel opzichten een fundamentele breuk betekent met het voorafgaande christelijke wereldbeeld, maar dat er in een aantal andere opzichten een opvallende continuïteit met dit wereldbeeld bestaat. Evenals het voorafgaande religieuze wereldbeeld gaat ook het moderne wetenschappelijke wereldbeeld er vanuit dat de wereldgeschiedenis volgens een bepaald vooropgesteld plan verloopt. Waar eerst een almachtige God optrad als voorzienige bestuurder van de wereldgeschiedenis, daar heeft in de moderne tijd de mens deze taak met behulp van de wetenschap en de techniek overgenomen. In dat licht bezien is het niet vreemd dat wetenschap en techniek in de moderne cultuur steeds een religieus aura hebben bezeten. Zo beschreef de negentiende-eeuwse Franse positivist Auguste Comte, die als geen ander aan de wieg heeft gestaan van het sciëntistische geloof in de zegeningen der wetenschap en techniek, deze verworvenheden in welhaast religieuze bewoordingen, wat in zijn geval zelfs resulteerde in de publicatie van een *Catéchisme positiviste* en het plan om tempels voor de wetenschap op te richten (zie De Mul 1993, 137-144). Nu zullen vandaag nog slechts weinigen Comtes wetenschappelijk vooruitgangsoptimisme delen. De geschiedenis van de twintigste eeuw heeft geleerd dat de moderne wetenschap en techniek, in weerwil van hun verbazingwekkende ontwikkeling, ook een donkere schaduwzijde kennen. Zij hebben immers niet uitsluitend zegeningen gebracht, maar ook bijgedragen aan de ontwikkeling van de meest barbaarse vernietigingswapens. En bovendien is het minder eenvoudig gebleken dan gedacht de ontwikkelde technologieën in de hand te houden. De ingrepen in de natuur blijken talloze onvoorziene neveneffecten met zich mee te brengen, die duidelijk hebben gemaakt dat het innemen van de plaats van de voorzienige God minder eenvoudig was dan eerst werd vermoed. In dat licht moeten we wellicht ook de hernieuwde belangstelling voor rituelen en spiritualiteit zien. Deze dient niet alleen gezien te worden als een nostalgische reactie op de onttovering van de wereld, maar ook als een uiting van menselijke onmacht.

Dit inzicht heeft er echter niet toe geleid dat de moderne techniek zijn religieuze aura verloor. Integendeel zelfs. Hans Achterhuis heeft erop gewezen dat de moderne techniek door haar onbeheersbaarheid voor de moderne mens juist bij uitstek het heilige vertegenwoordigt (Achterhuis 1997). Teneinde de portee van Achterhuis' stelling te kunnen begrijpen, dienen we een moment stil te staan bij het begrip van het heilige. Hoewel er onder theologen en cultureel antropologen weinig overeenstemming bestaat over wat precies onder religie moet worden verstaan, neemt het begrip van het heilige in vrijwel alle definities een centrale plaats in. Religies hebben betrekking op datgene wat wegens een zekere heiligheid van ons verwijderd en afzonderlijk van ons is gesteld. Religieuze rituelen zijn gericht op communie en communicatie met deze bovennatuurlijke, al dan niet als persoonlijke god(en) voorgestelde, macht(en). Volgens de Duitse godsdienstwetenschapper Rudolf Otto in zijn in 1917 gepubliceerde studie *Das Heilige* heeft het heilige altijd twee kanten. In Achterhuis' samenvatting: 'Enerzijds is het *fascinans*: het fascineert en trekt de mens in positieve zin aan, het is heilzaam, rein en beloftevol, roept op tot aanbidding en verering. Anderzijds is het *tremendum*: het is vreeswekkend en verschrikkelijk, monsterlijk, angstaanjagend en onrein, het wordt op afstand gehouden en uitgestoten' (idem).

Aanknopend bij Otto's notie van het heilige betoogt Achterhuis dat de fascinatie door en vrees voor het heilige in de hedendaagse cultuur vooral zichtbaar worden in de emotionele en niet zelden irrationele discussies rondom de nucleaire en biotechnologie, aangezien deze de diepste mysteries raken die we kennen: het wezen van de materie en het geheim van het leven. Enerzijds worden deze technologieën door New Age-aanhangers als Fritjof Capra voorgesteld als de natuurwetenschappelijke herontdekking van het heilige, anderzijds beschouwen natuurwetenschappers en filosofen als Von Weizsäcker 'het roeren in de nucleaire stoofpot' en het manipuleren van de codes van het leven als een bedreiging van het voortbestaan van de aarde en de mens.

Ook de vaak emotionele discussies rondom de ontwikkeling van de informatie-technologie lijkt in belangrijke mate geïnspireerd te worden door de fascinatie door en vrees voor het heilige. Waar de ongrijpbare cyberspace sommigen vervult met een religieuze verering[3] en aanleiding geeft tot allerlei godsdienstige projecties, daar zien anderen haar als het mogelijke massagraf van de mensheid. Zo betogen Mark Taylor en Michael Brown, gefascineerd door de religieuze bedrijvigheid op Internet: 'Het ideaal van mondiale eenheid, ooit slechts een religieuze droom, lijkt nu binnen handbereik. Het net is eigenlijk de verstoffelijking van het universele brein en maakt het algemeen toegankelijk. Vezelnetwerken worden de zenuwstelsel van een collectief bewustzijn dat Al-Wat-Is omvat' (Taylor and Brown 1995, 104). Een auteur als Michael Heim daarentegen waarschuwt, geïnspireerd door Heideggers analyse van de techniek, voor het demonische karakter van de informatietechnologie, die de mensheid degradeert tot een data-verwerkend cognitariaat, dat niet langer in staat is de poëzie van het bovennatuurlijke te vernemen (Heim 1987b).

Ook tegen deze achtergrond is de opvallende religieuze bedrijvigheid op Internet minder verwonderlijk dan op het eerste gezicht leek. De aura van heiligheid die de virtuele ruimte van het wereldwijde netwerk van computers omhult, trekt zowel hen aan die op zoek zijn naar het heilvolle als hen die door het demonische worden geobsedeerd.

3 Religie als techniek

Op dit punt gekomen is het van belang in te zien dat de nauwe verbinding tussen religie en techniek niet alleen in de moderne tijd bestaat. Techniek en religie zijn van oudsher op verschillende manieren op elkaar betrok-

---

3 Volgens Margaret Wertheim heeft deze religieuze fascinatie voor cyberspace een lange geschiedenis en gaat zij op zijn minst terug op filosofie van Pythagoras en Plato, waar getallen werden opgevat als een mystieke toegang tot een andere, pure, eeuwige wereld (Wertheim 1999).

ken. Zo heeft de mensheid de techniek van oudsher aangewend om haar religieuze dromen gestalte te geven. De Egyptische piramiden en de Griekse tempels kunnen hierbij als voorbeeld dienen. De nauwe samenwerking tussen religie en techniek is mogelijk omdat beide een uitdrukking vormen van het verlangen van de eindige mens om zijn begrensdheid in ruimte en tijd te overschrijden. In het vorige hoofdstuk wees ik er met Weibel op dat de techniek evenals de religie is gericht op communicatie en communie met datgene wat zich buiten de mens en de menselijke ervaring bevindt. Door op deze overeenkomst te wijzen wil ik de belangrijke verschillen vanzelfsprekend niet ontkennen. Zo kent de techniek in tegenstelling tot de religie, waarin de communie en communicatie als intrinsieke waarde worden nagestreefd, een instrumentele doelmatigheid. Waar de techniek de beheersing van de werkelijkheid nastreeft is zij eerder – als een succesvolle voortzetting daarvan – verwant aan de magie dan aan de religie.[4] Een ander belangrijk verschil is gelegen in het gegeven dat de religie communicatie en communie met het bovennatuurlijke nastreeft, terwijl de techniek haar streven richt op de zichtbare natuur.

Dit laatste verschil brengt mij op een belangrijk aspect van de relatie tussen techniek en religie. Vanwege het bovennatuurlijke karakter van het voorwerp van communie en communicatie is het bijzonder moeilijk een voorstelling van het heilige te vormen. Om die reden worden – al dan niet bewust – de beschikbare technologieën vaak aangegrepen om een beeld van het heilige te vormen. De technologie fungeert dan als het ware als een metafoor van het heilige. We zien hier het omgekeerde van wat Umberto Eco doet in zijn eerder geciteerde column. Waar Eco een controverse in de wereld der computers inzichtelijk maakt door deze te plaatsen in het licht van de tegenstelling tussen het katholicisme en protestantisme, daar wordt tegenwoordig de computer vaak als metafoor gebruikt om de mysteries van het heelal inzichtelijk te maken. In *Load & Run High-tech Paganism-Digital Polytheism*, een tekst van Timothy Leary en Eric Gullichsen die ik op mijn zoektocht naar God in cyberspace op het Internet ontdekte, vond ik hier-

4 Volgens Davis werkt de magische herkomst nog steeds door in de moderne technologie: 'Het krachtige aura dat hedendaagse technologieën bezitten, ontlenen zij niet alleen aan hun nieuwheid of mysterieuze complexiteit, maar ook daaraan dat ze de letterlijke realisaties zijn van de virtuele projecten van de tovenaars en alchemisten uit vroegere tijden. Magie is het onbewuste van de technologie, haar eigen niet-rationele betovering. Onze moderne wereld is geen natuur, maar natuur met een toegevoegde waarde [*augmented nature*], bovennatuur, en hoe intensiever we de verschuivende grenzen van geest en materie onderzoeken, des te intensiever zullen onze onttoverde producties verzeild raken in een worsteling met de retoriek van het bovennatuurlijke' (Davis 1998, 38; zie ook Noble 1997).

van een hilarisch voorbeeld: 'Het universum kan het beste worden begrepen als een digitaal informatieproces met sub-programma's en tijdelijke ROM-bestanden, megas als sterrenstelsels, maxi's als sterren, mini's als planeten, micro's als organismen, en nano's als moleculen, atomen, subatomaire deeltjes enz. Al deze programma's zijn voortdurend werkzaam en verkeren in een permanente staat van evolutie. De grote uitdaging van de twintigste eeuw was dit universum "gebruikersvriendelijker" te maken en de individuele mensen te leren de subprogramma's die hun persoonlijke realiteit uitmaken te decoderen, te digitaliseren, op te slaan, te verwerken en te reflecteren' (Leary en Gullichsen z.j.).

In *Biochips*, het tweede deel van de in hoofdstuk 4 genoemde trilogie van cyberpunkauteur William Gibson – door Leary de ghostwriter van onze toekomst genoemd – treffen we een beschrijving aan van de wijze waarop het leven in cyberspace het beeld van het heilige zou kunnen beïnvloeden. Ik citeer een wat langere passage, waarin de Vin, een van de hoofdrolspelers, de religieuze ervaring in cyberspace beschrijft van een andere protagonist, die de Pruik wordt genoemd: 'Ja, er zijn daar van die dingen... Geesten, stemmen. En waarom ook niet? In onze oceanen hadden we zeemeerminnen en al dat soort tuig, en hier hebben we te maken met een zee van silicium, hè? Oké, het is niet meer dan een op maat gemaakte hallucinatie waarvan we allemaal afgesproken hebben dat we hem met elkaar delen, die matrixruimte van ons, maar iedereen die zich inplugt, weet, en weet verrekt goed, dat het een heel *universum* is! [...] Maar op een gegeven moment [...] was het duidelijk geworden dat de Pruik over de rooie was geraakt. Meer in het bijzonder, zei de Vin, omdat de Pruik ervan overtuigd was geraakt dat God in de matrixruimte leefde, of misschien dat de matrixruimte God *was*, althans een nieuwe manifestatie van Zijn wezen. De theologische escapades van de Pruik kenmerkten zich door een reeks drastisch gewijzigde paradigma's en een stel gloednieuwe geloofsartikelen [...] De Pruik legde de Vin uit dat zijn techniek van mystieke ontdekkingstochten erop neerkwam dat hij zijn bewustzijn projecteerde in lege, nog niet geordende delen van de matrixruimte en dan gewoon afwachtte. Het pleit voor de man, zei de Vin, dat hij nooit beweerd heeft God persoonlijk te zijn tegengekomen, maar wel hield hij vol dat hij Zijn aanwezigheid bij diverse gelegenheden in het roosterwerk van de matrix heeft bespeurd' (Gibson 1994, 409, 412).

Dit fragment maakt overigens ook duidelijk dat de relatie tussen techniek en religie niet *louter* metaforisch is. Wanneer de aanwezige technologieën tevens fungeren als *medium* van religieuze communicatie en communie, dan verkrijgen ze een *ontologische* dimensie en worden ze (mede) constitutief voor de religieuze ervaring. Deze technologieën vormen – om een computermetafoor te gebruiken – 'het besturingssysteem' van de religieuze ervaring. Ze scheppen de ruimte waarbinnen het heilige zich op een specifieke wijze kan manifesteren. Ik wil hiermee vanzelfsprekend niet beweren dat religieuze ervaringen eenvoudigweg kunnen worden gereduceerd tot de technologieën die er aan ten grondslag liggen, maar wel dat er – op ontologisch niveau – een structurele overeenkomst bestaat tussen de gebruikte technische media en de religieuze ervaring. Ik zal dit illustreren aan de hand van een beknopte analyse van de samenhang van de ontwikkeling in onze westerse cultuur van het symboolgebruik en van de religieuze ervaring. Ik knoop daarbij, voor wat betreft de ontwikkeling van de communicatiemedia, aan bij het werk van auteurs als Eric Havelock en Walter Ong, waarbij ik in het volgende hoofdstuk nog wat langer zal blijven stilstaan.

De mens wordt soms wel een *homo symbolicus* genoemd. En inderdaad is het gebruik van (talige, arbitraire) symbolen een van de kenmerken die de menselijke soort van andere soorten op aarde onderscheidt. Nu kent dit symboolgebruik een lange geschiedenis, die gereconstrueerd kan worden op basis van meer of minder duurzame veruitwendigingen van de gebruikte symbolen in de loop van de geschiedenis van de mensheid. Belangrijke stadia in de geschiedenis van deze externalisatie zijn de gesproken taal, het schrift, het gedrukte woord en – het meest recent – de hypermedia. In hoofdstuk 6 heb ik betoogd dat de verschillende media van symbolisering niet neutraal zijn in de zin dat ze belevingen simpelweg zouden weerspiegelen, maar deze belevingen ieder op een specifieke wijze articuleren. Met andere woorden: de gehanteerde symboliseringstechniek bepaalt in sterke mate de wijze waarop de symboolgebruiker de werkelijkheid en zichzelf ervaart. McLuhan mag overdrijven wanneer hij stelt dat het medium de boodschap is, maar het is in ieder geval wel een deel van de boodschap! Dat impliceert dat een orale cultuur, een schriftcultuur en een hypermediale cultuur ook verschillende wereldbeschouwingen met zich meebrengen.

Dat laat zich ook bij uitstek aflezen aan de ontwikkeling van de religie in de Europese cultuur. Zo was de Griekse mythologie ten nauwste verbonden met de orale cultuur waarin zij is ontstaan, en kan het christendom – net als de joodse religie en de islam – een religie van het boek worden genoemd. De vraag die daaruit voortvloeit is welke implicaties de overgang naar de hypermediale cultuur die zich momenteel voltrekt heeft voor de huidige en toekomstige religieuze ervaring. Alvorens deze vraag te beantwoorden zal ik eerst terugblikken op de transformatie die de religieuze ervaring onderging met de overgang van de orale naar de schriftcultuur.

4 Oraliteit en geletterdheid

De orale cultuur van het oude Griekenland werd gekenmerkt door een rijkgevulde godenwereld. De in de inleiding van dit boek besproken *Odyssee* van Homerus is hiervan een paradigmatisch voorbeeld. Op zijn lange reis naar Ithaca wordt Odysseus geconfronteerd met een groot aantal goden en andere mythologische wezens zoals nimfen en een cycloop. Hoewel we van de *Odyssee* enkel nog de schriftelijke neerslag kennen, is van de tekst nog duidelijk af te lezen dat hij stamt uit een orale cultuur. Niet alleen de poëtische uitdrukkingswijze – die de verteller in staat stelt de overgeleverde verhalen gemakkelijker te onthouden – is eigen aan de orale cultuur, maar ook het gebrek aan eenheid van de verhalen die samen de Griekse mythologie vormen (IJsseling 1994, 22-6). Doordat de overlevering nog niet werd bijeengehouden door het boek, maar verspreid lag over een groot aantal verhalen en vertellers, konden er niet alleen gemakkelijk allerlei variaties op de overgeleverde thema's ontstaan, maar toonde de veelheid van verhalen ook een gebrek aan consistentie en coherentie. De Griekse mythologie vormt zo een uiterst complex netwerk van verhalen.

Een ander opvallend kenmerk van de archaïsche Griekse religie was dat zij weinig of niets te maken had met innerlijke gevoelens en persoonlijke overtuigingen, maar voornamelijk bestond uit het volbrengen van overgeleverde rituelen en het vertellen van verhalen. Het feit dat de Griekse tempels geen functionele binnenkant hebben, weerspiegelt dit ontbreken van innerlijkheid (IJsseling 1994, 23). Ook dit kenmerk hangt samen met het orale karakter van de Griekse religie. De overgeleverde verhalen fungeerden niet in de laatste plaats als een medium om praktische informatie over te dragen. Zo fungeerden de *Ilias* en de *Odyssee* voor de Grieken als een orale encyclopedie.[5] Het sterk narratieve karakter van de orale cultuur vloeit voort uit de vluchtigheid van het gesproken woord dat geen langdurige contemplatie toestaat, evenmin als de ontwikkeling van abstracte relaties tussen de gebruikte begrippen.

De fundamentele transformatie die in de Griekse cultuur plaatsvindt, is die van de orale naar de schriftcultuur. Plato's gehele filosofie kan begrepen worden als een uitdrukking van deze voor de verdere ontwikkeling van de westerse cultuur zo belangrijke wending naar het schrift. Eric Havelock merkt terecht op dat wanneer de gehele westerse filosofie een voetnoot bij Plato kan worden genoemd, dat vooral zo is omdat Plato de filosofie tot

---

5 Dit delen ze met de orakels als dat van Delphi, die een belangrijke functie vervulden als 'kenniscentrum', bijvoorbeeld door waardevolle informatie te verzamelen over de overzeese kolonies en deze weer door te geven aan nieuwe toekomstige kolonisten (Meier 1990; zie ook Van den Hoven 2002).

een boekcultuur heeft gemaakt (Havelock 1963). Tegen die achtergrond is ook te begrijpen waarom de platoonse filosofie zo gemakkelijk heeft kunnen versmelten met de joods-christelijke traditie, omdat ook deze bij uitstek verbonden is met de cultuur van het boek.

De overgang naar de cultuur van het schrift heeft fundamentele implicaties voor de religieuze ervaring. In de schrift- en later boekcultuur gaat de geschreven tekst fungeren als een metafoor van de wereld en de mens. Niet alleen de wereld kan worden opgevat als een door God geschreven tekst of boek, ook de menselijke geest wordt naar analogie met het boek begrepen.[6] Tegenover de veranderlijke veelheid van verhalen uit de klassieke mythologie, vertegenwoordigt het schrift en meer nog het boek een stabiele eenheid. Dat geldt niet in de laatste plaats voor de bijbel, het boek der boeken. Weliswaar is ook de bijbel van oorsprong een verzameling afzonderlijke boeken – reeds het latijnse biblia is een meervoudsvorm die de verzameling heilige geschriften aanduidt – maar deze wordt toch opgevat als een canonieke eenheid.

Nu mogen we niet vergeten dat de boekcultuur tot de vijftiende eeuw er een was van het handschrift. Het schrijven, overschrijven en lezen van boeken was letterlijk een eenzaam monnikenwerk dat als vanzelf aanzette tot contemplatie van de erin verwoorde ideeën. Door de lichamelijke choreografie van het schrijven en de daarmee samenhangende contemplatie van de tijdloze orde van ideeën in het boek, werd deze stabiele samenhang als het ware ingeschreven in het lichaam en de geest van de schrijver. En datzelfde gold ook voor de lezer die de tekst hardop las (zie Heim 1987b, 167-191; Bakker 1999, 151). Een en ander maakt ook inzichtelijk waarom het christendom in tegenstelling tot de Griekse religie een religie van de innerlijkheid kan worden genoemd.[7] Het lezen en schrijven was niet primair informatieoverdracht, maar een religieus-metafysische oefening waarin de geest deelgenoot werd gemaakt van een bovennatuurlijke orde.

Tegen deze achtergrond dienen we ook de scherpe protesten te zien die door vertegenwoordigers van de schriftcultuur werden ingebracht tegen de drukpers. Zo schreef de Duitse benedictijn Johannes Trithemius, die tijdens zijn leven aan het eind van de vijftiende eeuw de explosieve ontwikkeling van de boekdrukkunst meemaakte, een *Lofzang op het handschrift*, waarin hij betoogde dat de boekdrukkunst de mens zal vervreemden van de religieuze contemplatie. Ook het gebruikte materiaal – vergankelijk papier in plaats van perkament – was voor hem een aanwijzing dat het gedrukte boek niet gericht is op de eeuwigheid.

6　Zie de bespreking van het narratieve model van Ricoeur in hoofdstuk 10.
7　Hierop wordt onder meer door Hegel gewezen. Vergelijk zijn in hoofdstuk 1 besproken opvatting van de geschiedenis van de mens als een proces van een toenemende vergeestelijking.

De overgang van het handschrift naar het gedrukte boek is echter nog niets vergeleken met die van de boekcultuur als geheel naar die van de digitale tekst. In zijn boeiende studie *Electric Language: A Philosophical Study in Word Processing* betoogt Michael Heim dat de digitale cultuur een fundamentele breuk betekent met de voorafgaande boekcultuur. Meer nog dan de typemachine ontbeert de tekstverwerking met behulp van de computer een persoonlijke schriftuur. De intimiteit van de persoonlijke brief wordt gaandeweg vervangen door de voorgeprogrammeerde standaardbrief en de memo. Het 'fast-food prose' dat de tekstverwerker genereert is niet gericht op innerlijke beleving maar letterlijk op 'output'. Lezen en schrijven verwordt tot een manipulatie van informatie en datatransport. Het is inderdaad opvallend dat er momenteel een hele generatie van informatiedeskundigen ontstaat die zich niet langer bezighoudt met de inhoud van teksten (in hun jargon bestanden of – liever nog in het Engels – *files* genaamd), maar uitsluitend met de organisatie en automatisering van informatieoverdracht.

Het *fast-food prose* is voorts uit de aard der zaak vluchtig van karakter en niet gericht op eeuwigheid. In het elektronische medium kent een tekst slechts een virtueel bestaan en is als zodanig beschikbaar voor voortdurende bewerking, aanvulling en 'updating'. Heim illustreert dit in zijn boek aan de hand van een aardige anekdote. Volgens de joodse wet is het verboden de naam van Jahweh, wanneer deze eenmaal is neergeschreven, te verwijderen. Toen een Israëlische universiteit wilde beginnen met het elektronisch beschikbaarstellen van de heilige schriften, waarbij het onvermijdelijk was dat bestanden voortdurend zouden worden overschreven door nieuwere, gecorrigeerde versies, werd aan een raad van rabbi's de vraag voorgelegd of dit toelaatbaar is volgens de joodse wet. De rabbi's besloten in hun wijsheid dat daartegen geen bezwaar bestond, omdat de elektronische opslag vanwege het vluchtige karakter van het medium in het geheel niet als een vorm van schrijven kon worden beschouwd, zodat er ook geen sprake kon zijn van het uitwissen van de naam van Jahwe.

Behalve tot vervluchtiging leidt het tekstverwerken ook tot een fragmentatie van de tekst. Zeker wanneer de computer wordt gekoppeld aan het wereldwijde netwerk en teksten deel uit gaan maken van een hypertekstsysteem, kan er niet langer gesproken worden van een *compleet geheel* zoals het boek dat op het materiële vlak en de narratieve plot dat op geestelijk vlak belichaamde. De tekst wordt niet meer als totaliteit gecontempleerd, maar als een deel van een zich voortdurend in alle richtingen uitdijende intertekst. De aandacht van de gebruiker wordt daardoor verstrooid over het wereldwijde netwerk van tekstbestanden. In zekere zin lijkt dit een terugkeer te betekenen naar de bestaanswijze van verhalen in de orale traditie, zoals ik die beschreef aan de hand van de Griekse mythologie. Het is in dit verband illustratief dat een auteur als Walter Ong in verband met de nieuwe communicatiemedia spreekt van een *secundaire oraliteit*. Ook het privé-karakter van het schrijven en lezen lijkt voor een deel weer te verdwijnen. Deze activiteiten worden deel van een collectieve ervaring. Een goed voorbeeld daarvan zijn de virtuele vaktijdschriften, die bestaan uit een collectieve virtuele ruimte waarin de deelnemers hun eigen en elkaars teksten kunnen amenderen en aanvullen.

5 Analoog pleidooi voor een digitaal polytheisme

Het is niet verwonderlijk dat de overgang van de boekcultuur naar de digitale cultuur tot vergelijkbare reacties heeft geleid als die van het handschrift naar het gedrukte boek. Cultuurpessimisten spreken in dramatische bewoordingen van een teloorgang van de geletterdheid en zelfs van een ondergang van het denken (Birkerts 1994; Postman 1985). Tegen de achtergrond van wat ik eerder opmerkte over het heilige karakter van de moderne technologie hoeft ook het emotionele en vaak irrationele karakter van deze kritieken niet te verbazen. Ook een meer op nuances gerichte denker als Heim ontkomt er niet aan de hypermediale cultuur in welhaast apocalyptische termen te veroordelen.

Ook de oplossing die Heim aandraagt voor de demonische dreiging van de hypermediale *fast-food* cultuur is sterk religieus gekleurd. Zo raadt hij in het laatste hoofdstuk van *Electric Language* oosterse meditatietechnieken aan ter compensatie van het gebrek aan diepgang en de 'technostress' die inherent zijn aan het tekstverwerken. Dat hij hier aanklopt bij niet-christelijke religies kan waarschijnlijk niet alleen worden toegeschreven aan het feit dat hij zijn bakermat heeft in de Californische subcultuur van de jaren zestig. Op grond van het voorafgaande durf ik de stelling te verdedigen dat het christendom vanwege de nauwe verbondenheid met de cultuur van het boek incompatibel is met de hypermediale. De wereldwijde pogingen om de christelijke cultuur op Internet te verspreiden door het online beschikbaarstellen van bijbels en andere religieuze geschriften kan daarom volgens mij worden beschouwd als een achterhoedegevecht. En Taylors hierboven genoemde hoop dat het ideaal van mondiale eenheid nu dankzij Internet binnen handbereik komt, lijkt mij vanwege de inherente fragmentatie en verstrooiing van de digitale wereld irreëel. Hij projecteert een ideaal uit de boekcultuur op het verkeerde medium. Ook als religieuze ruimte is cyberspace niet de *global village* geworden, waarvan McLuhan droomde, maar veeleer een verwarrende veelheid van incompatibele religieuze ruimten.

Ik vermoed dat de toekomst van de religie in cyberspace veeleer gezocht moet worden in een virtuele variant van het polytheisme. Immers, het fragmentarische karakter van het Internet kent veeleer een structurele homologie met de homerische religie dan met de christelijke. Bovendien sluit ook het geconstateerde gebrek aan diepgang van de Griekse mythologie voortreffelijk aan bij de oppervlakkige schittering van de digitale wereld. Het verbaast dan ook niet dat Timothy Leary en Eric Gullichsen in hun eerder geciteerde e-tekst een hartstochtelijke pleidooi houden voor een digitaal polytheïsme, in hun geval onvermijdelijk vermengd met een fikse dosis hedonisme en egocentrisme naar Californisch model: 'I. God is geen vader of feodale heer noch de ingenieur-manager van het universum. Er bestaat geen god (in het enkelvoud) behalve jij op dit moment. Er zijn net zoveel goden (in het meervoud) als er kunnen worden verbeeld. Noem ze zoals je wilt. Het zijn vrij handelende wezens zoals jij en ik. 2. Je kunt ze blijven veranderen en muteren en verbeteren. Het idee is ze voortdurend op te waarderen tot een steeds betere filosofie-theologie. 3. Het doel van je leven – in navolging van Boeddha, Krishna, Gurdjieff, Werner Erhart, Shirley – is dit: zorg goed voor jezelf, zodat je goed voor anderen kunt zorgen' (Leary en Gullichsen z.j.).

Gesteld dat het virtuele polytheïsme cyberspace inderdaad zal gaan veroveren, dan blijft natuurlijk de vraag of we die ontwikkeling als een zegening dan wel als een vloek moeten beschouwen. Een verstandig uitgangspunt bij die afweging lijkt me te pogen niet te vervallen in een kritiekloze verering dan wel demonisering die de technologie al zo vaak ten deel is gevallen. Vanzelfsprekend zal de overgang naar de heerlijke nieuwe wereld van de hypermedia in een aantal opzichten een verlies betekenen, zoals ook de overgang van het handschrift naar het gedrukte boek dat was. Zeker voor de traditionele vertegenwoordigers van de boekcultuur zal dit even slikken zijn. Voor de generatie die is opgegroeid met het computerspel en de hypermedia zal de overgang waarschijnlijk reeds minder schokkend zijn. Daar komt bij dat de nieuwe vormen van (religieus) bewustzijn ook ervaringen zullen ontsluiten die in de christelijke traditie onvermijdelijk verborgen moesten blijven. Wat we in ieder geval niet mogen vergeten is dat de religies van het boek – en dat geldt behalve voor het christendom ook voor de islam – vanwege hun totalitaire waarheidsaanspraak bijzonder imperialistische religies zijn geweest die niet zijn teruggeschrokken voor de onderdrukking van en zelfs moord op andersdenkenden en ketters die in het heilige schrift hun eigen letter meenden te herkennen. Als ik me hier tot het christendom beperk hoeven we maar te denken aan hun wrede kersteningspraktijken, de ketterverbrandingen of aan de door Umberto Eco gememoreerde godsdiensttoorlogen, die Europa eeuwenlang intern hebben verscheurd. In dat licht bezien is de wederkomst van het polytheïsme misschien nog niet zo'n gek alternatief. Het polytheïsme lijkt me beter toegerust voor de opbouw van een tolerante multiculturele samenleving dan de exclusieve waarheidsclaims van de boekenreligies. En is onze parlementaire democratie met zijn verdeling der machten niet reeds een geseculariseerde vorm van polytheïsme (Marquard 1979)? In die zin mogen we het neerstrijken van de digitale olympische goden in onze virtuele toekomst met vertrouwen tegemoet zien.

DEEL v

De sterrenpoort

De Sterrenpoort ging open. De sterrenpoort ging dicht. In een fractie van tijd, te kort om meetbaar te zijn, keerde de ruimte zich binnenste buiten. ...

Alleen de sterren bewogen, aanvankelijk zo langzaam, dat het even duurde voor het tot hem doordrong dat ze uit het kader waarin hij gevangen zat, ontsnapten. Maar na een poosje werd het duidelijk dat het sterrenveld expandeerde, alsof het met onvoorstelbare snelheid naar hem toe ijlde. De expansie was non-lineair; de sterren in het centrum leken nauwelijks te bewegen terwijl die aan de rand steeds sneller gingen om tenslotte als lichtstreepjes uit het gezicht te verdwijnen.

En steeds opnieuw werd hun plaats door andere ingenomen; vanuit een blijkbaar onuitputtelijke bron stroomden ze het centrum van het veld binnen. Bowman vroeg zich af wat er zou gebeuren als een ster recht op hem afkwam; zou ze steeds groter worden en hem opslokken? Maar geen enkele ster kwam zo dicht bij dat hij ze als een schijf kon zien; tenslotte weken ze allemaal opzij en flitsten over de rand van het rechthoekige kader. ...

Niet alleen de ruimte, besefte hij opeens, was betrokken bij wat hem overkwam. Ook de klok op het kleine instrumentenpaneel van de sloep gedroeg zich eigenaardig. Gewoonlijk flitsten de tien-secondencijfertjes zo snel langs het venstertje, dat het bijna onmogelijk was om ze te lezen. Nu verschenen ze echter met duidelijke tussenpozen en zonder moeite kon hij ze een voor een aftellen. De seconden zelf verstreken met ongelooflijke traagheid, alsof de tijd zelf op het punt stond tot stilstand te komen. Tenslotte stokte het tiende-secondentelwerk halverwege de vijf en de zes.

Toch kon hij nog denken en zelfs waarnemingen doen, terwijl de zwarte wanden voorbij gleden met een snelheid die iedere mogelijke waarde kon hebben tussen nul en een miljoen maal de lichtsnelheid.

Arthur C. Clark

13 VAN HOMO ERECTUS TOT HOMO ZAPPENS

Cyberspace voor darwinisten

Het is de taak van de humanist een meer dan normale eerbied voor het verleden te cultiveren, terwijl hij tegelijkertijd iedere actuele ontwikkeling dient te onderzoeken teneinde datgene over de mens te ontdekken, wat het verleden nog niet heeft onthuld.

Marshall McLuhan

1 Informatietechnologie in cultuurhistorisch en evolutionair perspectief

In publicaties over informatietechnologie valt het woord 'revolutie' nogal eens. In een branche waar de ontwikkeling van een nieuwe printkop door fabrikanten al snel als een revolutie wordt gepresenteerd, dient men een dergelijke kwalificatie met de nodige scepsis tegemoet te treden. Dat de computer en de daarop gebaseerde informatie- en communicatietechnologieën het aanzien van onze wereld in korte tijd drastisch hebben veranderd, is in het voorafgaande echter wel duidelijk geworden. De brede en snelle digitalisering van de cultuur, de informatisering van het wereldbeeld en de veranderingen in onze identiteit kunnen met recht als een omwenteling worden gekarakteriseerd. De impact van de informationele revolutie wordt wel vergeleken met die van de industriële revolutie (zie hoofdstuk 2). De Amerikaanse futuroloog Alvin Toffler gaat in *The Third Wave* zelfs zo ver te stellen dat de informationele revolutie de derde grote revolutie in de geschiedenis van de mensheid is na de industriële revolutie in de negentiende eeuw en de agriculturele revolutie in het Neolithicum, de nieuwe steentijd (Toffler 1980). Er zijn zelfs auteurs die menen dat de informationele revolutie een belangrijke gebeurtenis is in de evolutie van het leven op de aarde. Zo stelt Steven Levy in *Artificial Life: The Quest for a New Creation* dat de uniciteit van de mens er in gelegen is dat hij als eerste soort in de evolutie van het leven voorbestemd is zijn eigen opvolger te creëren (Levy 1992).

Staan we werkelijk op de drempel van 'de nieuwste steentijd', waarin op silicium gebaseerde levensvormen het organische leven zullen verdringen? Of zijn dit overtrokken beweringen, voortkomend uit de menselijke neiging het belang van de eigen tijd schromelijk te overschatten? In het licht van het echec van het met hoge verwachtingen omgeven onderzoek op het terrein van de *artificial intelligence* in de afgelopen decennia en de vooralsnog bescheiden successen van het *artificial life* onderzoek is het verstandig Levy's opmerking voorlopig als niet meer dan een hypothese te beschouwen. Maar het is wel een hypothese die het overdenken waard is.

In dit hoofdstuk zal ik de hypothese bespreken dat de informatietechnologie een mijlpaal betekent in de cultuurgeschiedenis en de evolutie. Ik zal dat doen vanuit het perspectief van de ontwikkeling van de *cognitieve structuur* van de mens. Onder 'cognitieve structuur' versta ik – metaforisch gesproken – het 'besturingssysteem' van de geest: de complexe samenhang van onze geestelijke functies zoals waarnemen, denken, herinneren en anticiperen, verbeelden en leren. Omdat de evolutie van de cognitieve structuur een complex samenspel is van biologische, psychologische, technologische en culturele factoren, knoopt het onderzoek en de studie daarnaar aan bij bevindingen uit uiteenlopende wetenschappelijke disciplines, van paleontologie, genetica, neurofysiologie en -psychologie en AI-onderzoek tot archeologie en techniek-, cultuur- en mediageschiedenis.

Tegen die achtergrond zal ik de rol bespreken die de informatietechnologie speelt in een evolutionaire en cultuurhistorische ontwikkeling van de cognitieve structuur. Daartoe zal ik eerst een onder anderen door Merlin Donalds *The Origin of the Modern Mind* geïnspireerde schets geven van de evolutie van de menselijke soort, toegespitst op de genoemde cognitieve evolutie. Daarna zal ik aan de hand van het synthetiserende werk van Walter Ong, een representant van de Toronto-school, nader ingaan op twee door deze school bestudeerde cultuurhistorische transformaties, die van de overgang van de orale cultuur naar de schriftcultuur en die van de schriftcultuur naar de multimediale cultuur. Hoewel Ongs analyse een aantal kenmerken van de hypermedia verheldert, laat zij onvoldoende uitkomen wat deze media nu juist onderscheidt van de voorafgaande media. Aanknopend bij Donalds evolutionistische benadering zal ik betogen dat hypermedia een nieuw stadium markeren in de veruitwendiging van het menselijke brein.

2 De cognitieve ontwikkeling van de homoïden

Volgens de gangbare opvatting in de natuurwetenschappen bedraagt de leeftijd van het universum een kleine 15 miljard jaar. De ouderdom van de aarde wordt op 4,5 miljard jaar geschat. De oudste (eencellige) vormen van leven op aarde zijn waarschijnlijk zo'n 3,5 miljard jaar geleden ontstaan in de 'chemische oersoep' waaruit de toenmalige zeeën waren samengesteld. Het duurde vervolgens nog zo'n 3 miljard jaar voordat, 500 miljoen jaar geleden, de eerste gewervelde dieren ontstonden. De oorsprong van de vroege primaten ligt omstreekt 65 miljoen jaar geleden, die een niche vonden na het plotselinge uitsterven van de dinosauriërs. De ontwikkeling van de eerste primaten tot de homoïden nam ongeveer 60 miljoen jaar in beslag.[1] De splitsing tussen mensapen en mensachtigen (homoïden) voltrok zich volgens de jongste inzichten tenminste 7 miljoen jaar geleden in Afrika.[2] In de loop van enkele miljoenen jaren evolueerden deze eerste homoïden tot de *Australopethicus afarensis* – vooral bekend geworden door de 3,2 miljoen jaar oude in Ethiopië gevonden *Lucy* –; deze had een schedelinhoud van ca. 500 cm³, liep rechtop en maakte waarschijnlijk reeds gebruik van werktuigen. Ongeveer 2 miljoen jaar geleden was deze mensachtige via de grove werktuigen makende *Homo habilis* verder geëvolueerd tot de *Homo erectus*. Deze soort had een schedelinhoud van ca. 1000 cm³, maakte verfijndere werktuigen (naar een belangrijke vindplaats Acheuléen-techniek genoemd), leefde in seizoengebonden tentenkampen en kende het gebruik van vuur. Tussen 300.00 en 100.000 jaar geleden ontwikkelde het geslacht zich tot de archaïsche *Homo sapiens*, die een schedelinhoud had van ca. 1400 cm³, gesproken taal kende, zeer verfijnde werktuigen maakte (Moustérien-techniek) en zijn doden begroef. De soort had zich inmiddels vanuit Afrika verspreid tot in Europa en Azië. Van de verschillende varianten die van deze

1 De hiernavolgende schets van de ontwikkeling van het geslacht der homoïden is ontleend aan Richard Leaky's *De oorsprong van de mensheid* (Leaky 1995) en Cavalli-Sforza's *Wie zijn wij? Het verhaal van het menselijk verschil* (Cavalli-Sforza 1994). Hoewel er bij de reconstructie van de geschiedenis van de homoïden vanwege het betrekkelijk geringe aantal bewijsstukken (de cruciale paleontologische vondsten kunnen volgens Leaky worden uitgespreid op een flinke tafel) nogal wat interpretatie wordt vereist, is het onderzoek naar de anatomische evolutie van de mens de afgelopen decennia aangevuld met onder meer stratigrafisch onderzoek (datering van de ouderdom van de aardlagen waarin paleontologische vondsten zijn gedaan), C-14 leeftijddatering van botresten, archeologische vondsten en, niet in de laatste plaats, moleculair-biologisch onderzoek naar de genetische evolutie van de mens, waarvan het boek van Cavalli-Sforza een uitgebreid overzicht geeft. Hoewel de verschillende onderzoekslijnen niet tot in alle details met elkaar sporen, is de convergentie opvallend, wat bijdraagt aan de plausibiliteit van de reconstructie en heeft geleid tot een brede consensus over het globale verloop van de evolutie van de mens.

2 In de zomer van 2002 maakte het tijdschrift *Nature* melding van de vondst in Noord-Tsjaad van de oudste mensachtige ooit gevonden. Deze *Sahelanthropus tchadensis* gedoopte soort (roepnaam Toumaï), die dicht bij de splitsing mensapen en mensachtigen staat en een schedelinhoud heeft van 380 cc, wordt gedateerd op bijna zeven miljoen jaar oud. (Brunet et al 2002). (*)

Homo sapiens ontstonden (waaronder de *Homo neanderthalensis*), bleef uiteindelijk alleen de *Homo sapiens sapiens*, die zo'n 100.000 jaar geleden op het toneel verscheen, over. Het is de soort waar wij toe behoren. Dat betekent overigens niet dat deze mens sindsdien geen belangrijke ontwikkelingen meer heeft doorgemaakt. Zo'n 35.000 jaar geleden vonden twee culturele ontwikkelingen plaats met vergaande implicaties voor de verdere evolutie van de mens. In de eerste plaats ontwikkelde de mens zich rond die tijd van in kleine groepen levende jager-verzamelaar tot landbouwer en verruilde hij daarbij zijn nomadische bestaan voor een vaste woonplaats. Als gevolg daarvan ontstonden steden en werd, onder andere door de toename in arbeidsverdeling, de sociale structuur veel complexer. In de tweede plaats kenmerkt de mens zich vanaf deze tijd door het gebruik van externe symbolen. Dat resulteerde, via merktekens op werktuigen, grotschilderingen, pictogrammen en ideogrammen, rond 900 v.c. in Griekenland in het fonetische alfabet dat nog steeds in grote delen van de wereld wordt gebruikt. Hoewel er zich sinds het ontstaan van de *Homo sapiens sapiens* geen wezenlijke anatomische veranderingen hebben voorgedaan, heeft de ontwikkeling van het schrift wel geleid tot een cruciale ontwikkeling in de evolutie van de cognitieve structuur van de mens.

De neuropsycholoog Merlin Donald geeft in zijn *Origins of the Modern Mind. Three Stages in the Evolution of Culture and Cognition* een fascinerende reconstructie van deze cognitieve evolutie van de homoïden (Donald 1991).[3] Op basis van onder meer neurofysiologisch en paleontologisch onderzoek onderscheidt Donald in deze evolutie drie stadia die respectievelijk worden gekenmerkt door een *mimetische*, een *linguïstische* en een *extern-symbolische* cognitie. De hoogste primaten waar de mens van afstamt, hebben volgens Donald een episodische cognitie, die niet-reflexief, concreet en situatie-gebonden is en zich in een voortdurend heden afspeelt. Ten minste vanaf de *Homo erectus* is er echter sprake van een mimetische cognitie, die wordt gekenmerkt door de productie van bewuste, zelfgeïnitieerde, representaties die intentioneel, maar (nog) niet linguïstisch zijn. Deze evolutie had volgens Donald belangrijke sociale implicaties. Niet alleen leidde dit mimetische vermogen tot de ontwikkeling van groepsrituelen – die, zoals

---

3 Donalds zeer breed opgezette studie van de cognitieve evolutie knoopt bij veel van de hierboven genoemde relevante disciplines aan. Een dergelijke eclectische aanpak brengt natuurlijk altijd het gevaar van dilettantisme met zich mee, wat voor de leek ook nog eens moeilijk te beoordelen is. Uit de vrijwel unaniem lovende besprekingen van het boek door tientallen specialisten afkomstig uit de door Donald bestreken terreinen in het tijdschrift *Behavioral and Brain Science* (zie Donald 1993, 737-791) kan echter worden opgemaakt dat Donalds boek een uitstekende gids is op het gebied van het onderzoek naar cognitieve evolutie.

we in het vorige hoofdstuk zagen, tot op heden het menselijk gedrag kenmerken – maar daardoor nam ook de onderlinge communicatie en de overdracht en conservering van kennis sterk toe. Met de *Homo sapiens* doet de linguïstische cognitie zijn intrede.

Het vermogen om verschillende basishandelingen te (re)combineren (dat zich onder andere had ontwikkeld door de bewerking van stenen) wordt in de loop van de evolutie overgedragen op de klankproductie, waardoor gearticuleerde taal mogelijk wordt. Anders dan bij de mimetische communicatie maakt deze taal gebruik van arbitraire symbolen.

In het kader van dit hoofdstuk is vooral de overgang van de linguïstische naar de door externe symbolen bemiddelde cognitie van belang. De ontwikkeling van het schrift heeft de culturele ontwikkeling van de mensheid in een enorme stroomversnelling gebracht. De kracht van de schriftcultuur ten opzichte van de voorafgaande orale cultuur is erin gelegen dat de voor het voortbestaan vitale kennis niet langer op moeizame wijze moet worden onthouden en doorgegeven, maar in vrijwel onbeperkte omvang kan worden vastgelegd, vermenigvuldigd en geraadpleegd. Twee kenmerken van de overgang van oraliteit naar schrift maken deze overgang tot een fundamentele cognitieve transformatie.

In de eerste plaats wordt in de overgang naar het schrift de tot dan toe belangrijkste functie van de (linguïstische) cognitie, het *geheugen*, uitbesteed aan een niet-organisch medium. De cognitieve structuur valt hier niet langer samen met het organische lichaam, maar omvat ook deze technologische extensies. De uitbesteding van het geheugen aan een extern medium verklaart ook waarom deze belangrijke cognitieve transformatie, anders dan de voorafgaande, niet gepaard is gegaan met een verdere uitbreiding van het hersenvolume.[4] Het belang van deze ontwikkeling is er ook in gelegen dat daardoor de technische variatie de rol van de natuurlijke variatie overneemt in de natuurlijke selectie. Het bevestigt de eerder naar aanleiding van Plessners eerste antropologische grondwet geopperde stelling dat de *Homo sapiens sapiens* eigenlijk van meet af aan een cyborg is geweest, een wezen dat uit zowel organisch materiaal als uit technologische toevoegingen bestaat.

De uitbesteding van het geheugen betekende in de tweede plaats dat zich, mede dankzij de grote plasticiteit van de neocortex, nieuwe selecterende en analytische functies konden ontwikkelen die noodzakelijk werden voor een adequate omgang met de opgeslagen kennis. Door het losmaken van het denkproces van de rijke, maar chaotische context van de

---

4 Volledigheidshalve teken ik hier bij aan dat het hersenvolume niet alles zegt over de mate van cognitieve ontwikkeling. Niet alleen het aantal neuronen, maar ook het aantal verbindingen ertussen is relevant. Bovendien speelt ook de verhouding tussen hersenvolume en de omvang van het lichaam een rol.

primair narratieve mondelinge overdracht werd tevens een precisering en abstrahering van dit denkproces mogelijk. Om die reden noemt Donald de schriftcultuur ook wel een theoretische cultuur. Het is vooral deze overgang van orale naar schriftcultuur die de aandacht heeft getrokken van McLuhan en zijn Toronto-school.

3 Oraliteit, schrift en digitale cultuur

In hoofdstuk 6 stond ik bij de bespreking van de rol die media spelen in onze ervaring en beleving kort stil bij het werk van McLuhan en de Toronto-school waarin zijn gedachtengoed verder is ontwikkeld. In de afgelopen decennia hebben auteurs als Marshall McLuhan (McLuhan 1962, 1964), Eric Havelock (Havelock 1991, 1963, 1976, 1986) en Walter Ong (Ong 1982, 1967) de overgang van de orale naar de schriftcultuur aan een diepgravende analyse onderworpen.[5] Omdat hun werk ons kan helpen de overgang van de schriftcultuur naar de hypermediale cultuur beter te begrijpen, wil ik daar nu wat langer bij stilstaan. Ik knoop hier aan bij Walter Ongs in 1982 gepubliceerde boek *Orality and literacy: The technologizing of the Word*, waarin de kerngedachten van deze onderzoekstraditie zijn samengevat.

Ong argumenteert dat de overgang van oraliteit naar geletterdheid een fundamentele transformatie met zich meebrengt zowel van de cognitieve structuur van de mens als van diens wereldbeeld. Dat wordt duidelijk wanneer we enkele fundamentele kenmerken van de orale cultuur contrasteren met die van de schriftcultuur. Het gesproken woord is om te beginnen bijzonder vluchtig, het bestaat alleen op het moment dat het wordt uitgesproken: 'Zonder het schrift hebben woorden als zodanig geen voorstelbare betekenis, zelfs wanneer de objecten die ze representeren visueel zijn. Het zijn klanken. Je kunt ze weer oproepen, herinneren. Maar je kunt ze nergens zien. Ze bezitten geen focus en laten geen spoor na (een visuele metafoor die ontleend is aan het schrift), hebben zelfs geen trajectorie. Het zijn voorvallen, gebeurtenissen' (Ong 1982, 31). Dat heeft tot gevolg dat geheugentechnieken centraal staan in de cognitieve structuur van de orale mens: 'In een primair orale cultuur moet je, om zorgvuldig gearticuleerde gedachten te bewaren en beschikbaar te houden, je denken organiseren

5   De zojuist genoemde auteurs, allen afkomstig uit de alfa-wetenschappen, beperken zich grotendeels tot de gevolgen van de introductie van het *alfabetische* schrift. De invoering van het *nummerieke* schrift is echter niet minder ingrijpend geweest. Zoals ik in hoofdstuk 7 heb betoogd heeft de mathematische beschrijving van de werkelijkheid in de moderne natuurwetenschappen de beschrijving in de natuurlijke taal zelfs grotendeels verdrongen. Zie Vilém Flussers 'Digitaler Schein' (Flusser 1991).

met behulp van geheugensteunen, patronen van die orale herhaling mogelijk maken. Je gedachten moeten vorm krijgen in sterk ritmische, gebalanceerde patronen, door middel van herhalingen en tegenstellingen, alliteraties en assonanties, kernachtige formules, en gestandaardiseerde settings (de bijeenkomst, de maaltijd, het duel, de held etc.), met de hulp van spreekwoorden die iedereen voortdurend herhaalt en die door hun vorm gemakkelijk tot bewustzijn kunnen komen en worden opgeroepen, enzovoorts. Het denken is vervlochten met dergelijke geheugensystemen, die zelfs de syntax bepalen' (Ong 1982, 34, vgl. blz 57-68 ; Havelock 1963, 87-96, 131-2, 294-6). De zojuist genoemde kenmerken dragen er ook toe bij dat de voor het overleven vitale kennis in de orale cultuur primair narratief georganiseerd is. Het gesproken woord heeft bovendien nog een sterk situationeel karakter in de zin dat het nauw is verbonden met de onmiddellijke leefwereld. Daarom is de orale cultuur inherent sociaal van aard en nodigt hij uit tot participatie.

De *Odyssee* van Homerus, die – zoals ik in de inleiding van dit boek al opmerkte – hoogstwaarschijnlijk wortelt in een primair orale cultuur, kan ook hier als voorbeeld dienen. De geschreven neerslag die wij van dit verhaal kennen, vertoont veel van de hierboven genoemde kenmerken. Het ritme, de klank, de zich steeds herhalende formuleringen, de stereotiepe beschrijvingen van hoofdfiguren en settings en de specifieke opbouw droegen ertoe bij dat dit werk door de rapsoden, de rondtrekkende volkszangers, beter kon worden onthouden (Parry en Parry 1971). En voorzover de *Odyssee* fungeerde als een orale encyclopedie (zie het vorige hoofdstuk), was ook deze kennis narratief georganiseerd.

Vanwege de vluchtigheid van het gesproken woord is de orale cultuur in belangrijke mate gericht op conservering van de bestaande verhalen. Maar juist omdat de verhalen niet kunnen worden vastgelegd zijn ze bij iedere herhaling onderhevig aan transformatie. Dat laat zich bijvoorbeeld aflezen aan de vele variaties binnen de mythologie van orale culturen. Een en ander vindt ook zijn neerslag in het wereldbeeld van deze culturen. De werkelijkheid wordt daarin doorgaans niet opgevat als een verzameling onverandelijke entiteiten, maar als een zich voortdurend transformerend geheel. In de Griekse mythologie komt dit op pregnante wijze tot uitdrukking in de vele mythen die metamorfosen tot onderwerp hebben.[6]

In een schriftcultuur, waar de vitale kennis kan worden vastgelegd, wordt de cognitieve structuur in belangrijke mate ontlast van haar geheugenfunctie. Omdat door het schrift de hoeveelheid kennis exponentieel

6   Zie Holthofs 'De metamorfosen van deze tijd' (Holthof 1995). Holthof verwijst in dit verband naar Ovidius' *Metamorfosen* en in het bijzonder naar de mythe van de zeeduivel Proteus die iedere denkbare gedaante kon aannemen.

toeneemt – wat zich alleen al laat aflezen aan de woordenschat, die bij orale culturen slechts enkele duizenden woorden, maar in schriftculturen al gauw meer dan een miljoen woorden omvat – wordt selectie en analyse van de beschikbare kennis tot de kern van de cognitieve structuur. Door het losmaken van het denkproces van de rijke, maar chaotische context van de orale uitdrukking wordt bovendien een voorheen ongekende precisering van de gedachten mogelijk. De schrijver kan zijn betoog in alle rust opbouwen en door *backward scanning* inconsistenties verwijderen (Ong 1982, 104). De geboorte van filosofie en wetenschap in de Griekse cultuur kan niet worden losgezien van de introductie van het fonetische schrift. De complexe structuur van het schrift wordt overgedragen op de menselijke geest. Een en ander werkt ook een toenemende abstrahering en distantiëring in de hand. Het schrift scheidt subject en object van elkaar: 'Door degene die kent te scheiden van het gekende, maakt het schrift een steeds sterker gearticuleerde introspectiviteit mogelijk. De psychische wereld die daardoor wordt ontsloten, staat niet alleen tegenover de objectieve buitenwereld, maar ook tegenover het zelf' (Ong 1982, 105).

Ook het wereldbeeld wordt door de introductie van het schrift diepgaand beïnvloed. De structuur van het (alfanumerieke) schrift organiseert niet alleen het denken, maar wordt tevens geprojecteerd op de werkelijkheid buiten de geest. Dat laat zich goed aflezen aan Plato's filosofie, die volgens Havelock de neerslag vormt van de transformatie van orale naar schriftcultuur die zich in die tijd in de Griekse cultuur voltrekt. In Plato's filosofie wordt tegenover de veranderlijke werkelijkheid van alledag een wereld van eeuwige en onveranderlijke Ideeën geponeerd. Voorzover de westerse metafysica en het daar nauw mee verbonden christendom worden gekenmerkt door een twee-wereldenleer, kan de stelling worden verdedigd dat zij mede een product is van het schrift.

Dat de transformatie van orale naar schriftcultuur fundamenteel is, betekent overigens niet dat de geschiedenis een abrupte overgang te zien geeft van de ene naar de andere cultuur. In de eerste plaats is onze cultuur, ook na de introductie van het schrift, voor een belangrijk deel oraal gebleven. We kletsen immers nog steeds heel wat af. In de tweede plaats heeft het schrift, in het bijzonder in het tijdvak van het handschrift, nog veel gemeen met het gesproken woord.[7] Geschriften zijn hun vorm nog lange tijd blijven ontlenen aan de orale communicatie. Dat laat zich bijvoorbeeld niet

---

7   Zie in dit verband Douwe Tiemersma's 'Digitale cultuur en secundaire oraliteit', waarin het door de Toronto-school sterk benadrukte onderscheid tussen oraliteit en schrift om deze reden wordt bekritiseerd (Tiemersma 2002). Hoewel Tiemersma een aantal noodzakelijke nuances aanbrengt, blijven daardoor de wezenlijke verschillen tussen de orale en de schriftcultuur mijns inziens onderbelicht.

alleen aflezen aan de dialogische vorm van Plato's filosofie en het feit dat tot na de uitvinding van de boekdrukkunst in de vijftiende eeuw geschriften hardop werden gelezen, maar ook aan de rol die de in de orale cultuur wortelende retorica tot aan de romantiek is blijven spelen in de schriftcultuur. Ook het feit dat manuscripten vaak nog niet de geslotenheid (*closure*) van het gedrukte boek kennen en geen enkel manuscript gelijk is aan een ander, herinnert aan de cultuur van het gesproken woord. Het is volgens Ong eerst met de boekdrukkunst dat de voor het schrift kenmerkende eigenschappen de nog aanwezige orale kenmerken gaan overvleugelen. Het gedrukte boek leidde tot meer gesloten en lineaire vormen van narratio en argumentatie.[8] De tekst wordt tot een afgesloten universum, een proces dat in de twintigste eeuw zijn hoogtepunt lijkt te hebben gevonden in het New Criticism en het schriftcentrisme van Derrida.

Ong gaat in *Orality en Literacy* ook kort in op de multimediale cultuur, die zich sinds de tweede wereldoorlog in de westerse cultuur, maar niet alleen daar, op dominante wijze heeft gevestigd. Ong verdedigt de these dat we hier te maken hebben met een *secundaire oraliteit*. Dankzij radio, televisie en film is het gesproken woord opnieuw een belangrijk medium van communicatie en kennisoverdracht geworden: 'Deze nieuwe oraliteit vertoont opvallende overeenkomsten met de oude door haar participatie-mystiek, het oproepen van een gemeenschapsgevoel, de nadruk op de tegenwoordige tijd, en zelfs in het gebruik van formules' (Ong 1982, 36). Tegelijkertijd onderstreept Ong dat deze nieuwe oraliteit het stempel draagt van de schriftcultuur. De teksten die worden gesproken door de nieuwslezer of de televisiepresentator of -acteur zijn in de meeste gevallen teksten die eerst op schrift zijn gesteld.

Toen Ong zijn boek in 1982 publiceerde, was de personal computer zijn opmars nog maar net begonnen. De elektronische communicatievormen die zich sindsdien hebben ontwikkeld op het Internet vertonen de door Ong genoemde kenmerken van de secundaire oraliteit in nog sterkere mate dan de klassieke massamedia. E-mail, elektronische nieuwsgroepen en chatrooms (schriftvarianten van de telefonische babbelbox) geven een curieuze mengvorm te zien van geschreven en geproken communicatie. In de voetsporen van Ong hebben auteurs als Michael Heim (Heim 1987b), Jay Bolter (Bolter 1991), George Landow (Landow 1992), Richard Lanham (Lanham 1993a) en Paul Levinson (Levinson 1999) laten zien dat dit ook geldt voor de hypermedia. Hoewel de daar te vinden teksten, beelden en

---

8   Voorzover de menselijke identiteit wordt gemedieerd door verhalen, is deze ontwikkeling in de richting van narratieve *closure* ook relevant voor de ontwikkeling van de identiteit van het moderne individu. Vgl. de uiteenzetting van het narratieve identiteitsmodel in hoofdstuk 10.

geluiden net als het gedrukte woord liggen opgeslagen in een extern medium en de omgang daarmee analytische vaardigheden vooronderstelt, deelt de hypertekst met de orale communicatie zijn niet-gefixeerde, steeds wisselende vorm en inhoud. Net als de orale wereld van verhalen kent de in hypermedia opgeslagen kennis geen begin en eind, en geen scherpe scheidslijn tussen centrum en marge, en tussen schrijver en lezer. De gebruiker van het World Wide Web bepaalt niet alleen zelf zijn weg door het complexe netwerk van teksten, maar in veel gevallen zal hij daaraan zijn eigen ervaringen kunnen toevoegen in de vorm van nieuwe documenten of koppelingen tussen bestaande documenten (zie de bespreking van hypermedia in hoofdstuk 6).[9]

Hoewel de interpretatie van de computergemedieerde multimedia vanuit Ongs these van de secundaire oraliteit een aantal kenmerken van deze media verheldert, verhindert het inherente 'hegelianisme' van Ongs benadering, dat tot uitdrukking komt in het idee dat de multimediale cultuur een synthese vormt van orale en schriftcultuur, ons zicht te krijgen op wat de hypermedia nu juist onderscheidt van zowel het gesproken woord als het schrift. Om dat te kunnen begrijpen moeten we nog een moment terugkeren naar de evolutionaire benadering.

4 Information overload in de nieuwe en de nieuwste steentijd

Wanneer we de evolutie van de cognitieve structuur van de homoïden in ogenschouw nemen, dan doet zich de vraag voor waarom het schrift op een gegeven moment tot ontwikkeling is gekomen. Evolutiebiologen zijn, niet ten onrechte, altijd wat huiverig voor dit soort vragen omdat ze al snel leiden naar een of andere vorm van teleologie. Volgens de evolutietheorie kent de evolutie echter geen *telos* of doel, maar is zij het resultaat van lange reeksen toevalligheden.[10] We kunnen ons echter wel afvragen waarom het schrift, door welke toeval het ook moge zijn ontstaan, evolutionair zo succesvol is geweest. Nu luidt een bekende vuistregel in de evolutietheorie:

9 De computergemedieerde multimedia lijken daarmee bovendien bij te dragen aan het ontstaan van een transformatief wereldbeeld dat herinneringen oproept aan dat van de orale cultuur. Een opvallende indicatie daarvan in de populaire cultuur vormt de opmerkelijke terugkeer van de metamorfose, bijvoorbeeld in de computertechniek die bekend staat als *morphing* en met behulp waarvan spectaculaire visuele metamorfosen mogelijk zijn, zoals bijvoorbeeld in de 'Black and White'-videoclip van Michael Jackson. (zie Holthof 1995, 16).

10 In de tweede paragraaf van het volgende hoofdstuk zal ik dat toelichten.

'het toeval stelt voor, de natuurlijke selectie beslist' (Cavalli-Sforza 1994).
Een mogelijke verklaring voor het succes van het schrift in het proces van
de natuurlijke selectie zou kunnen zijn, dat naarmate de samenleving van
de *Homo sapiens* complexer werd door technische en sociale ontwikkelingen (landbouw en veeteelt, stedenvorming, arbeidsverdeling, regelgeving –
taboes – om de bevolkingsaanwas in toom te houden) er een vorm van 'neolithische *information overload*' ontstond, die slechts door de veruitwendiging van het geheugen kon worden opgelost. Dat deze oplossing uit de bus
kwam en niet de op het eerste gezicht meer voor de hand liggende verdere
groei van de schedelinhoud, is te verklaren uit het feit dat er vanwege de
beperkte draagkracht van het skelet grenzen zijn gesteld aan de groei van de
(bij de mens toch al topzware) schedel.

Nu merkten we al op dat de uitvinding van het schrift de culturele
ontwikkeling van de mens in een stroomversnelling heeft gebracht. Maar
daarmee is ook de hoeveelheid culturele informatie exponentieel toegenomen. Zeker met de uitvinding van de boekdrukkunst, de geleidelijke
alfabetisering van de bevolking en de opkomst, in de twintigste eeuw,
van nieuwe media als film, radio en televisie heeft de informatiedichtheid
van het menselijk leven een duizelingwekkende waarde gekregen. In een
voorafgaand hoofdstuk merkte ik al op dat de Volkskrant op zaterdag al meer
woorden bevat dan een gemiddelde zeventiende-eeuwer in zijn gehele leven
las. En de ontwikkeling zet zich in sneltreinvaart voort. De gemiddelde ma-
nager van een bedrijf beschikt over ca. 500 keer zoveel informatie als in
1980. Het behoeft nauwelijks betoog dat de snelle ontwikkeling van het
Internet hier het nodige aan heeft bijgedragen. Wanneer we enkele dagen
afwezig zijn geweest, dan treffen we bij terugkeer vele tientallen e-mails
aan, waarvan alleen al de beantwoording verhindert dat we aan het eigenlijke werk toekomen (of ons – erger nog – doet beseffen dat dergelijk informatiebeheer ons eigenlijke werk is geworden). Vanuit dit perspectief bezien is de neolithische oplossing voor de prehistorische *information overload*
(het schrift) uiteindelijk erger dan de kwaal. Statistieken wijzen uit dat we
steeds meer gebukt gaan onder de overmaat aan informatie; *stress* en *burn-
outs* zijn in veel bedrijven aan de orde van de dag. Oproepen tot onthaas-
ting bieden hier weinig soelaas, omdat onze samenleving zo complex is geworden dat we voortdurend op de niet aflatende stroom van informatie
zijn aangewezen om – als samenleving, niet noodzakelijk als individu – te
kunnen overleven.

Het is tegen deze achtergrond dat we specifieke ontwikkelingen in de
informatietechnologie moeten zien. Zoals de toenemende sociale en technische complexiteit de neolithische samenleving leidde tot een veruitwendiging van het geheugen, zo lijkt de exponentiële groei in het tijdperk van de
ICT op zijn beurt te nopen tot een veruitwendiging van de selectie en analy-

se van de beschikbare informatie. Er doet zich daarbij opnieuwe een kwalitatieve transformatie voor in ons cognitieve informatiebeheer. Ik zal dat verhelderen aan de hand van enkele opvallende ontwikkelingen in de informatietechnologie.

5 Smart agents en expertsystemen

In een bepaald opzicht kan de computer simpelweg worden beschouwd als de voortzetting van het boekgeheugen met andere – digitale – middelen. In vergelijking met papier heeft het digitale geheugen van de computer (in de vorm van rom-geheugens, harde schijven, cd-roms etc.) een enorme opslagcapaciteit. En wanneer deze door een hypermediaal netwerk met elkaar worden verbonden, dan ontstaat er een duizelingwekkend informatie-universum. Zo bevat alleen al het World Wide Web op het moment van schrijven meer dan een miljard pagina's informatie, en daar komen er dagelijks vele duizenden bij. Dat is een bijzonder rijke bron van informatie. Maar meer nog dan het boek lijkt de computer als extern geheugen ons met een enorm probleem op te zadelen. Dat een zoekmachine als Google mij in 0.22 seconde de resultaten toont van een zoekopdracht naar webpages waarin de term *'information overload'* voorkomt is natuurlijk prachtig, en het feit dat Google in die korte tijd niet minder dan 142.000 pagina's vindt is heel indrukwekkend, maar dit aantal bezorgt mij tegelijkertijd een lichte depressie.

De computer maakt echter een 'homeopathische' oplossing voor dit probleem mogelijk: het bestrijden van de negatieve gevolgen van de technologie met nog meer technologie. Anders dan het boek is de computer immers niet alleen een extern geheugen, maar hij kan ook allerlei zaken en processen simuleren, waaronder intelligent menselijk gedrag zoals het selecteren en analyseren van informatie. Terwijl het schrift slechts de statische *producten* van menselijk denken bevat, maakt de computer het mogelijk dit denkproces *zelf* te veruitwendigen. In zekere zin gebeurt dat al bij een relatief simpele zoekmachine als Google (*). Deze bespaart mij in ieder geval al een veel grotere depressie door mij te ontlasten van de taak de meer dan een miljard pagina's door te nemen op zoek naar de 142.000 pagina's die handelen over *information overload*. Maar het zou natuurlijk nog mooier zijn wanneer het programma uit die 142.000 pagina's precies de pagina's zou selecteren die de informatie bevatten waarnaar ik op zoek ben. De huidige zoekmachines zijn wat dat betreft nog vrij primitief. Ze kunnen overweg met Booleaanse logica, en de gebruiker die handig is in het combineren van zoektermen met de operatoren 'en', 'of' en 'niet', kan het aantal 'hits' snel reduceren en ervoor zorgen dat alleen die informatie overblijft die hij zoekt. Sommige 'intelligentere' zoekprogramma's, ook wel *smart agents* of *softbots* genoemd, kunnen ook leren, bijvoorbeeld door te onthouden welke informatie hun gebruiker uiteindelijk bewaart en daar bij de volgende zoektocht rekening mee te houden. Zo zal een universitair medewerker die voornamelijk informatie zoekt die door collega's wordt aangeboden, vaak pagina's opslaan waarvan de URL op .edu eindigt, wat de zoekmachine in staat stelt dat bij een volgende zoektocht als selectiecriterium te hanteren. De bruikbaarheid van het zoekprogramma kan nog worden vergroot door het automatisch te laten zoeken naar dezelfde trefwoorden in andere talen of, met behulp van het principe van *spreading activation*, naar aangrenzende begrippen. Het zoekprogramma splitst zich in dat geval in een reeks *roaming assistents* die met behulp van de verschillende trefwoorden het www afschuimen. Afhankelijk van de feedback door de gebruiker worden deze verschillende zoekacties versterkt en gebundeld of 'sterven zij af'. Weer andere *smart agents* zijn in staat onderling informatie uit te wisselen of laten hun gebruiker door middel van een e-mailtje weten dat er relevante nieuwe informatie gevonden is. Vergelijkbare smart agents treffen we ook aan in sommige e-mailprogramma's, die bijvoorbeeld de *junk mail* uit je inbox vissen en eenvoudige correspondentie zelf kunnen afhandelen.

Expertsystemen zijn computerprogramma's die net als een handboek een database vormen met de beschikbare kennis op een specifiek terrein. Wat ze echter van het handboek onderscheidt is dat ze tevens beschikken over een *inference engine*, een programma-onderdeel dat op basis van de in de database opgeslagen informatie en de invoer van de gebruiker conclusies trekt. Zo helpt een medisch expertsysteem de arts (of de leek) een diagnose te stellen en de meest adequate medicijnen voor te schrijven. In deze gevallen wordt niet uitsluitend de geheugenfunctie en de selectie en analyse uitbesteed aan een extern werktuig, maar ook het op basis daarvan trekken van conclusies.

Het feit dat de bovengenoemde toepassingen *smart agents* of expertsystemen worden genoemd kan natuurlijk niet verhelen dat zulke programma's nog niet echt intelligent genoemd kunnen worden. Daarvoor lijkt ten minste te zijn vereist dat ze niet alleen de voorgeprogrammeerde regels navolgen, maar deze ook zelfstandig kunnen aanpassen aan veranderingen in hun zoekomgeving of in de voorkeuren van hun gebruikers. Het onderzoek naar dergelijke programma's met een autonoom leervermogen – te denken valt hierbij aan het onderzoek op het gebied van neurale netwerken en genetische algoritmen – heeft tot op heden echter nog slechts bescheiden successen opgeleverd, maar het lijkt wel de richting aan te geven waarin de kunstmatige intelligentie zich in de toekomst zal bewegen.

6 Het World Wide Web als superbrein

Het zou wat naïef zijn te menen dat de evolutie van de structuur met de bestaande *Homo sapiens sapiens* zou eindigen. We zouden ons kunnen afvragen of de ontwikkeling van *smart agents* en expertsystemen wellicht de aanvang markeert van een volgend stadium in deze evolutie. Daarbij is de vraag van het klassieke AI-onderzoek of de genoemde computerprogramma's het menselijk denken op een adequate wijze kunnen nabootsen en werkelijk intelligent kunnen worden genoemd, van secundair belang. Net als in het geval van het boek gaat het hier immers niet zozeer om de creatie van iets dat volledig onafhankelijk van de mens opereert, maar veeleer om een nieuw type externe uitbreiding van de cognitieve structuur van de *Homo sapiens*.

In dit licht moeten we ook theorieën beschouwen die stellen dat het Internet zich zal ontwikkelen tot een superbrein. Op het eerste gezicht heeft het Internet met zijn miljoenen door hyperlinks verbonden pagina's inderdaad wel iets weg van het gigantische neurale netwerk van het menselijk brein waarin voortdurend nieuwe verbindingen worden gelegd tussen neuronen en andere afsterven. Ook zijn er algoritmes ontwikkeld die – naar analogie met het menselijk brein – veel gebruikte koppelingen versterken en minder gebruikte verzwakken. En met behulp van het principe van transitiviteit kan ook het maken van nieuwe links worden geautomatiseerd. Een en ander wil natuurlijk niet zeggen dat dit 'superbrein' ook werkelijk zou kunnen denken los van de gebruikers. Francis Heylighen en Johan Bollen van de Vrije Universiteit te Brussel doen in *The World-Wide Web as Super-Brain: from metaphor to model* (*) interessante voorstellen om het 'superbrein' te ontwikkelen en te laten leren, maar zij laten niet na te vermelden dat het niet het brein zelf is dat denkt, maar de gebruikers van het web. De kracht van het 'superbrein' ligt nu echter juist in de koppeling van het Web en zijn gebruikers.

Heylighen en Bollen verwijzen naar experimenten met intelligente interfaces waarbij de zoekacties worden aangestuurd door de gedachten van de gebruiker. In dat geval leert een neuraal netwerk de met sensoren opgevangen hersengolven van de gebruiker in een *trial and error*-proces te interpreteren. Met behulp van dergelijke 'neurale interfaces' zouden gedachten van de gebruiker automatisch door middel van geavanceerde *smart agents* losgelaten worden in het netwerk om vervolgens in verrijkte vorm terug te keren in het hoofd van de gebruiker. Bij een goede interface zou er nauwelijks nog een grens tussen het interne en externe brein worden ervaren. Wanneer je hond ziek zou zijn en je, aangesloten aan het superbrein, zou denken de symptomen, dan zou het collectieve brein onmiddellijk mogelijke verklaringen voor dit gedrag voor je 'geestesoog' oproepen.

Theorieën als die van Heylighen en Bollen lijken op het eerste gezicht een hoog sciencefiction-gehalte te bezitten. De auteurs wijzen er echter terecht op dat de benodigde hard- en software nu reeds bestaat, zij het nog gedeeltelijk in rudimentaire vorm.[11] Bovendien betogen zij dat 'het denkende web' niet het grote obstakel kent dat de ontwikkeling van AI heeft gefrustreerd: de voor intelligent handelen vereiste alledaagse kennis die zich nauwelijks in expliciete formele regels laat vangen. Deze kennis wordt in het geval van het superbrein ingebracht door de gebruikers. Het gaat hier, zoals hierboven reeds werd opgemerkt, niet om een kunstmatige intelligentie die onafhankelijk van de menselijke geest opereert, maar om een nieuwe extensie van de cognitieve structuur van de mens. Zoals de uitbesteding van het geheugen ruimte schiep voor de ontwikkeling van de voor de theoretische cultuur benodigde analytische vaardigheden, zo zal de uitbesteding van deze vaardigheden aan tot een superbrein verbonden *smart agents* en expertsystemen zonder twijfel de ontwikkeling in gang zetten van nieuwe cognitieve vaardigheden in de mens, waarvan we ons echter net zo moeilijk een voorstelling kunnen maken als de archaïsche *Homo sapiens* dit kon van de analytische vaardigheden die Plato in staat stelden zijn dialogen te schrijven.

Als we toch een poging wagen om te bedenken in welke richting die nieuwe cognitieve vermogens zich zouden kunnen ontwikkelen, dan biedt de eerder in dit hoofdstuk besproken overgang van orale naar schriftcultuur een aanknopingspunt. We zagen daar dat de specifieke kenmerken van het schrift tot op grote hoogte de ontwikkeling van analytische vermogens dicteerden. Door de ontwikkeling van een extern discursief symboolsysteem werd het neurale netwerk van de menselijke geest tot logisch-serieel denken gestimuleerd (Sas 2002). In de voorafgaande hoofdstukken zagen we – op een hoger niveau van organisatie – iets vergelijkbaars plaatsvinden bij de ontwikkeling van de menselijke identiteit onder invloed van het verhaal of de opkomst van de christelijke religie onder invloed van het schrift (vgl. de hoofdstukken 10 en 12). Naar analogie mogen we verwachten dat, wanneer zich nieuwe cognitieve vaardigheden zullen ontwikkelen, deze aangestuurd zullen worden door de organisatie van de hypermedia. Zoals de scholing in de schriftcultuur tot ver in de achttiende eeuw gericht was op het aanleren van vaardigheden die vereist waren in de omgang met het schrift – grammatica, logica en retorica –, zo zal de scholing van de toekomst voor een belangrijk deel gericht zijn op het aanleren van vaardigheden in de omgang met het hypermediale 'superbrein'.

11 Het betoog van Heylighen en Bollen is inmiddels al weer enkele jaren oud. In de Verenigde Staten zijn sindsdien werkende systemen gebouwd die verlamden in staat stellen door middel van hun gedachten – om preciezer te zijn: door in hun hersenen opgeroepen en met behulp van een elektro-encefalogram afgelezen prikkels – op elementaire wijze een computer te bedienen.

In de eerste plaats zullen de denkprocessen die in symbiose met gedistribueerde hypermedia plaatsvinden, anders dan in het geval van de schriftcultuur niet langer primair gericht zijn op het formuleren van een lineaire argumentatie of verhaallijn, maar veeleer gericht zijn op het abstractere niveau van een multilineaire logische ruimte waarin zich parallel meerdere argumentatieketens of verhaallijnen afspelen. Deze tendens, zo hebben we in de voorafgaande hoofdstukken gezien, tekent zich nu al af bij het ontwerpen van interactieve media, zoals multilineaire verhalen en films. Computerprogramma's als het door het MIT ontwikkelde *Movie Makers Workspace* trainen makers van complexe 'multi-threaded movies' in het bewaken van de ruimtelijke en temporele continuïteit van de verschillende mogelijke verhaallijnen. En zoals de *roaming assistents* op het WWW zich splitsen, lijkt ook de complexiteit van het denken in logische ruimten de ontwikkeling te vereisen van het door Marinetti voorspelde 'parallel bewustzijn'. Een tendens die we ook signaleerden in de bespreking in hoofdstuk 11 van telepresentie-technologieën, die de voor de menselijke levensvorm kenmerkende excentrische positionaliteit radicaliseren.

Op het niveau van het alledaagse computergebruik zien we deze parallellisering ook tot uitdrukking komen in het principe van *multitasking*. Waar het seriële karakter van de computer (die zijn berekeningen een voor een uitvoert) aanvankelijk ook op het niveau van de interface tot uitdrukking kwam, aangezien ook de computergebruiker taken slechts een voor een kon uitvoeren, daar kan de gebruiker van een Macintosh of van een pc met een Windows-besturingssysteem verschillende programma's gelijktijdig in afzonderlijke vensters starten. Voor de kenniswerker van vandaag is het niet ongebruikelijk om tientallen 'vensters' op zijn of haar computer te hebben open staan en bijvoorbeeld gelijktijdig bezig te zijn met het opstellen van een rapport, het updaten van een bijbehorend fiancieel rekenblad, het beantwoorden van enkele van de binnenstromende e-mails, het noteren van gegevens in de agenda en de *to do* lijst, het bijhouden van de beurskoersen en misschien ook nog het opstarten van een programmaatje met oefeningen tegen RSI. Nu verrichten we natuurlijk ook zonder de computer vaak meerdere taken tegelijk, bijvoorbeeld wanneer we, rijdend in de auto, het verkeer in de gaten houden, naar het nieuwsbulletin op de autoradio luisteren, de agenda van een komende vergadering overdenken en mijmeren over de tennispartij die we die avond zullen spelen. En ongemerkt controleren onze hersenen dan ook nog tientallen lichaamsfuncties. In vergelijking met de computer zijn de hersenen trage 'computers', maar ze zijn verre superieur aan de bestaande seriële computers doordat de miljarden hersencellen hun berekeningen parallel uitvoeren.[12] Door *multitasking* – een simu-

---

12   Een van de kandidaten voor de 'vijfde generatie computer' is, naast bijvoorbeeld de optische computer en de zelflerende organische computer, de paral-

latie van een parallelle computer op een seriële machine – stelt de computer
de mens echter in staat een veel groter aantal complexe taken gelijktijdig te
verrichten.

In de tweede plaats lijkt het denken in complexe multilineaire logische
ruimten tevens aan te zetten tot een visualisering van het denkproces. Waar de
ontwikkeling van de discursieve taal vooral het (zich in de linker hersenhelft
afspelende) lineaire, logische denken stimuleerde, daar lijkt de complexiteit
van virtuele werelden vooral de (zich in de rechter hersenhelft afspelende) productie van dynamische parallelle beelden aan te spreken. Enkele jaren geleden
woonde ik bij de opening van de Waleus bibliotheek in Leiden een presentatie
bij waarin de ontwikkeling van de onderlinge relatie van een aantal wetenschappen op een fascinerende wijze zichtbaar werd gemaakt. Er werd een soort
landkaart getoond, waarin ieder wetenschapsgebied als een land werd voorgesteld. De omvang van de landen representeerde het aantal publicaties in die
vakgebieden en naarmate er meer wederzijdse verwijzingen waren tussen vakgebieden, lagen deze landen dichter bij elkaar. Door de ontwikkeling daarvan
in een computeranimatie te tonen, waarbij bijvoorbeeld sommige landen naar
elkaar toedrijven of elkaar opslokken, wordt een geheel van complexe relaties
en transformaties die vele minuten uitleg zouden vereisen, in slechts enkele
seconden overgedragen op de toeschouwer (Lisman, Goris en Soest 1996).

7 Nostalgie in cyberspace

Er zijn mensen die de uitbesteding van ons logisch-seriële denken aan computers gevaarlijk en in laatste instantie onmenselijk vinden, omdat datgene
wat als typisch menselijk wordt beschouwd – het zelf logisch oordelen op
basis van verkregen informatie – wordt uitbesteed aan machines (Slouka
1995). Gevreesd wordt dat dit leidt tot de verzwakking van de analytische
vermogens van de mens, ongeveer zoals de zakrekenmachine de vaardigheid om te hoofdrekenen heeft doen afnemen. Er wordt in dat kader ook
wel gesproken van onze epistemische afhankelijkheid van machines, het
feit dat we steeds meer afhankelijk worden van *smart agents* en expertsystemen (Van den Hoven 1995).

Hoewel de gesignaleerde gevaren niet denkbeeldig zijn en de geformu-
leerde bezwaren daarom serieuze overweging verdienen, lijkt het me ver-

lelle computer, die net als de mens op een gecoördineerde wijze meerdere
taken gelijktijdig kan verrichten. Een mogelijke manier om dat te realiseren
is volgens sommigen de quantumcomputer, waarvan de *qubits* op een tijdstip
meerdere toestanden tussen 0 en 1 kunn representeren. Zie over de geschiedenis en toekomst van de computer het inleidende hoofdstuk in *Filosofie in
cyberspace* (De Mul 2002c, 10-17).

standig er aan te herinneren dat Plato in de *Phaedrus* vrijwel dezelfde argumenten gebruikt tegen het schrift. Plato bekritiseert in deze dialoog het schrift omdat bij gebruik van dit medium het geheugen – in de orale cultuur hét menselijke vermogen bij uitstek – overgedragen wordt op een niet-menselijk medium. Bovendien spreekt Plato zijn bezorgdheid uit over de aantasting van het geheugen door het schrift. De ironie wil echter dat zonder de uitbesteding van de geheugenfunctie aan het schrift de theoretische cultuur waar Plato een van de grondleggers van is, zich in het geheel niet had kunnen ontwikkelen. Hierboven merkte ik al op dat verwacht mag worden dat ook de uitbesteding van onze analytische vaardigheden zal worden gecompenseerd door de ontwikkeling van nieuwe cognitieve vaardigheden. Daarmee is vanzelfsprekend niet gezegd dat die ontwikkeling louter positieve gevolgen zal hebben. Zoals iedere evolutionaire ontwikkeling zal ook deze uitbreiding van de cognitieve structuur zijn prijs vergen. Minder onontkoombaar zal zij daardoor waarschijnlijk niet worden.

I4 TRANSHUMANISME

De convergentie van evolutie, humanisme en informatietechnologie

> Het humanisme (...) is niets anders dan het vertrou-
> wen, dat de geestelijke krachten, die nodig zijn om
> het leven tot zijn hoogste mogelijkheden te brengen,
> gewekt worden door de omgang met mensen in he-
> den en verleden, die over die krachten beschikken.
>
> *H.J. Pos*

1 Postmodern humanisme vs postmoderne technologie

Het humanistische gedachtegoed is in de afgelopen eeuwen uitgekristalliseerd via een groot aantal confrontaties en interacties met andere stromingen. Zoals Harry Kunneman terecht heeft opgemerkt zijn de humanisten daarbij in het verleden veelal in het offensief geweest: 'Als vertegenwoordigers van een universele mensvisie trokken zij ten strijde tegen traditionalisme en religieus dogmatisme, in naam van waarden als redelijkheid, gelijkwaardigheid, medemenselijkheid en onbelemmerde zelfontplooiing. In die strijd wisten zij de geschiedenis aan hun zijde, de geschiedenis van de westerse beschaving en daarmee ook de geschiedenis van de mensheid, vanaf het stralende begin van de ware humanitas in de antieke cultuur tot en met het uitzicht op "welvaart en welvaren voor allen" dat door industrialisering, modernisering en verwetenschappelijking geboden werd. Het positieve zelfbeeld van het twintigste-eeuwse humanisme wordt ten diepste door zijn zelfbewuste moderniteit gestempeld, door het trotse besef ten opzichte van religie en traditie de positieve, toekomstgerichte kracht te vertegenwoordigen' (Kunneman 1993, 65). Volgens Kunneman lijken de rollen aan het einde van de twintigste eeuw omgedraaid. In het bijzonder in de confrontatie tussen humanisme en postmodernisme zijn het de humanisten die in de verdediging worden gedrongen. De humanisten, niet gewend vanuit een defensieve positie te argumenteren, gaan deze confrontatie vaak uit de weg door het postmodernisme gemakzuchtig af te doen als 'ongebreideld relativisme' of 'onvervalst nihilisme'. Volgens Kunneman is dat een weinig vruchtbare strategie, niet alleen omdat het postmodernisme behartigenswaardige kritiek zou hebben geuit op de nauw met het moderne humanisme verstrengelde technisch-wetenschappelijke rationaliteit en het vertrouwen in de maakbaarheid en beheersbaarheid van de wereld, maar vooral ook omdat de postmoderne kritiek wordt gedragen door waarden die in de humanistische traditie een centrale plaats innemen, zoals zelfontplooiing, levenskunst en radicale zelfkritiek. In Kunnemans visie is het postmodernisme een geradicaliseerde vorm van humanisme, die het humanisme in staat stelt humanistische noties als individualiteit, autonomie en gemeenschappelijkheid opnieuw en radicaler te denken (idem, 76).

Hoewel Kunneman in zijn artikel de postmoderne kritiek op het denken in hiërarchisch gewaardeerde opposities – hij noemt als voorbeelden hooglaag, blank-zwart, modern-traditioneel, man-vrouw, autochtoon-allochtoon, rijk-arm, waar-onwaar – onderschrijft, maakt hij in zijn poging humanisme en postmodernisme te verzoenen zelf op een opvallende wijze gebruik van deze denkfiguur. Zowel ten aanzien van het humanisme als ten aanzien van het postmodernisme onderscheidt hij namelijk een *goede* en een *slechte* variant. Zo plaatst hij tegenover het slechte, met technische rationaliteit en beheersingsdenken verbonden humanisme uit de negentiende en twintigste eeuw het goede, onder andere door Montaigne vertegenwoordigde humanisme uit de zestiende eeuw, dat in het teken staat van lichamelijkheid, contextualiteit en openheid (idem, 68). En ten aanzien van het postmodernisme onderscheidt Kunneman het goede, door humanistische waarden geïnspireerde postmodernisme van Lyotard en consorten van het slechte postmodernisme, dat samenvalt met 'de hedendaagse, in en door moderne, laatkapitalistische consumptiecultuur', die wordt gekenmerkt door 'de nieuwe dominantie van het beeld boven de tekst, van de videoclip boven de roman, van de databank boven het archiefkaartje, van het netwerk boven de briefwisseling en de globalisering en flexibilisering van industriële en postindustriële productieprocessen' en 'het ontstaan van wereldomspannende amusements- en informatienetwerken met steeds snellere omlooptijden' (idem, 67).

Hoewel niet ontkend kan worden dat er interessante overeenkomsten bestaan tussen het zestiende-eeuwse humanisme en bepaalde motieven in het postmoderne denken, en bovendien onderschreven kan worden dat deze motieven relevant zijn voor de zelfreflectie en zelfkritiek van het huidige humanisme,[1] lijkt Kunneman door de door hem gehanteerde dichoto-

---

1 Zie in dit verband 'Essais de vie: Over de actualiteit van Montaignes humanisme' (De Mul 1996b).

mieën geen recht te doen aan het complexe en ambivalente karakter van de (post)moderne cultuur (zie De Mul 1995, 14-23). Het karikaturale beeld dat hij van het 'slechte' (want hypermoderne) postmodernisme schetst, voert hem zonder noemenswaardige argumentatie tot de conclusie dat deze vorm van postmodernisme 'nog veel nihilistischer blijkt te zijn en veel bedreigender voor centrale humanistische ideeën zoals de rationaliteit en de autonomie van het subject, dan de principiële kritiek die postmoderne filosofen op die ideeën naar voren brengen' (idem, 67). Kunneman vervalt daarmee in dezelfde gemakzuchtige afwijzing van onwelgevallige kritiek die hij zijn medehumanisten verwijt, en hij ontneemt zichzelf en zijn lezers daardoor de mogelijkheid een serieuze confrontatie aan te gaan met de mijns inziens niet minder radicale kritiek die vanuit dit 'slechte' postmodernisme op het humanisme wordt geuit.

Deze confrontatie is alleen daarom al van het grootste belang voor het humanisme, omdat de door Kunneman met het 'slechte' postmodernisme verbonden kapitalistische informatiemaatschappij zich razendsnel en op mondiale schaal aan het ontwikkelen is tot het dominante maatschappijtype (Castells 1996; zie ook De Mul 2002c). Humanisten zullen hoe dan ook een positie moeten innemen tegenover deze ontwikkeling. Wat deze confrontatie nog dringender maakt, is dat ook deze hypermodernen claimen dat zij bij uitstek de dragers zijn van het humanistische gedachtegoed. In hun visie heeft de door Kunneman verfoeide '*verstrengeling* van humaniteit en technische rationaliteit' (idem, 70) juist in belangrijke mate bijgedragen aan de realisatie van humanistische idealen als 'redelijkheid, gelijkwaardigheid, medemenselijkheid en onbelemmerde zelfontplooiing' (idem, 65). De genoemde confrontatie met het 'slechte' (hypermoderne) postmodernisme is tenslotte van levensbelang voor het human(ism)e, omdat de hypermodernen juist aan het humanistische ideaal van onbelemmerde zelfontplooiing hun motivatie ontlenen om de mens en zijn beperkingen te boven te komen.

Het is niet mijn bedoeling in dit hoofdstuk de hiërarchische oppositie tussen het 'goede' (antimoderne) en 'slechte' (hypermoderne) postmodernisme opnieuw om te draaien en tegenover Kunneman een pleidooi te houden voor het laatste. Het gaat er mij veeleer om de door Kunneman veronachtzaamde zijde van de confrontatie tussen humanisme en postmodernisme en de daaruit voortvloeiende vragen te belichten. We zullen dat doen door een bespreking van het gedachtegoed van het *transhumanisme*, een beweging die het hypermoderne programma van het 'slechte' postmodernisme het meest expliciet en radicaal uitdraagt. Na een introductie van het programma van deze beweging, die zich toespitst op het werk van Hans Moravec (§1), zal vanuit een evolutionistisch-technologisch perspectief worden betoogd dat het door de transhumanisten gepropagandeerde toekomstscenario niet zonder plausibiliteit is (§2). Ten slotte zullen we enkele van de radicale normatieve vragen die het transhumanistische programma aan het humanisme voorlegt, aan de orde stellen (§3).

1 Transhumanisme

> De mens is iets dat overwonnen moet worden. Wat
> hebt gij gedaan om de mens te overwinnen?
>
> *Friedrich Nietzsche*

Het begrip 'transhumanisme' is net als 'humanisme' een verzamelnaam voor een cluster van denkbeelden en meer of minder georganiseerde bewegingen. Hoewel het begrip al vanaf het eind van de jaren veertig opduikt bij schrijvers en wetenschappers als Aldous Huxley, Abraham Maslow en Robert Ettinger, is de beweging vooral geïnspireerd door FM-2030 (pseudoniem voor F.M. Esfandiary), die de filosofie van het transhumanisme heeft uitgewerkt in zijn trilogie *Up-wingers, Telespheres* en *Optimism One* (1970) en heeft samengevat in *Are You a Transhuman?*(1989) (zie More 1997b). De colleges die Esfandiary aan het eind van de jaren zeventig verzorgde aan de UCLA (Berkeley) brachten een groep gelijkgestemde geesten bij elkaar, die sinds 1988 het *Extropy Magazine* uitgeven, en die zich in 1991 onder leiding van Max More hebben verenigd in het *World Extropy Institute*, dat o.a. nieuwsbrieven uitgeeft, conferenties organiseert en een drukbezochte website op het Internet onderhoudt (*). Ook in Europa hebben de transhumanisten zich georganiseerd, in Zweden bijvoorbeeld rondom de website van Anders Sandberg (*). In ons taalgebied zijn de transhumanisten eveneens actief. In België treffen we veel transhumanistische thema's aan in de onderzoeksgroep *Principia Cybernetica* aan de Vrije Universiteit Brussel, die onder leiding staat van Johan Heylighen (*), terwijl in Nederland in 1997 *Transcedo: de Nederlandse Transhumanisten Vereniging* werd opgericht. In 1998 kwam met de oprichting van de *World Transhumanist Association* een overkoepelend orgaan tot stand, dat o.a. de uitgave verzorgt van het elektronische *Journal of Evolution and Technology* (*). Op dit moment is de beweging nog vrij klein. Wereldwijd hebben de verenigingen naar schatting niet veel meer dan enkele duizenden leden, die vooral afkomstig zijn uit de hoek van de natuurwetenschapppen en de informatietechnologie. Bekende sympathisanten zijn onder andere de robotspecialist Hans Moravec (Carnegie Mellon University), de onderzoeker van kunstmatige intelligentie Marvin Minsky (Massachusetts Institute of Technology), en Erik Drexler, een van de grondleggers van de nanotechnologie, een techniek om stoffen op moleculair niveau te synthetiseren.

Hoewel de verschillende groepen niet op alle punten overeenstemmen (de Amerikaanse extropianen hebben over het algemeen een wat libertijnser en marktgerichter karakter dan de Europese transhumanisten), is er toch een vrij stabiele kern van gedachten aan te wijzen. Het persbericht dat de oprichters van Transcedo ter gelegenheid van de oprichting van deze vereniging de wereld instuurden, geeft een kernachtige samenvatting van de uitgangspunten en het programma van de beweging: 'Transhumanisme is (zoals de term al suggereert) een soort humanisme-plus. Transhumanisten denken zich te kunnen verbeteren op sociaal, fysiek en mentaal gebied, door gebruik te maken van rede, wetenschap en techniek. Daarnaast zijn respect voor de rechten van het individu en het geloof in de kracht van menselijke inventiviteit een belangrijk onderdeel van het transhumanisme. Ook wijzen transhumanisten het geloof in het bestaan van bovennatuurlijke krachten die ons sturen af. Dit alles samen vormt de kern van onze filosofie. De kritische en rationele benadering die transhumanisten voorstaan, staat in dienst van de wil om de mens en de mensheid te verbeteren in al zijn facetten' (*).[2]

De beweging lijkt in grote lijnen de antropologische en ontologische postulaten van het moderne humanisme te delen, zoals die in Nederland door Van Praag zijn beschreven in zijn *Grondslagen van humanisme*. Ook de transhumanisten gaan uit van de natuurlijkheid, verbondenheid, gelijkheid, vrijheid en redelijkheid van de mens, en ook door hen wordt de wereld ervaarbaar, bestaand, volledig, toevallig en dynamisch gedacht (Van Praag 1978, 88-102). De transhumanisten delen met de humanisten de opvatting dat de mens deel uitmaakt van de natuur en als alle levende wezens onderworpen is aan de krachten van de natuur. Ze onderschrijven dat mensen voor hun ontplooiing op elkaar aangewezen zijn, gelijk zijn, en vrij in de zin dat zij een voortdurend praktische keuzevrijheid bezitten.

2 Vgl. de definitie van de *World Transhumanist Association*: 'Transhumanisme is de filosofie die het gebruik van technologie verdedigt ten behoeve van de overwinning van onze biologische tekortkomingen en de transformatie van het menselijk bestaan. De snelle groei van de technologische ontwikkeling opent het uitzicht op revolutionaire ontwikkelingen zoals bovenmenselijke kunstmatige intelligentie en moleculaire nanotechnologie. Tot de vooruitzichten behoren ook: de biochemische verrijking en het herontwerp van onze lustcentra zodat we een rijkere verscheidenheid aan emoties, levenslang geluk en dagelijkse piekervaringen kunnen beleven; het stopzetten van de veroudering; de afschaffing van ziekten; en misschien de geleidelijke vervanging van het menselijk lichaam door synthetische onderdelen en computers' (*). Max More's korte definitie in de inleiding van *The Extropian Principles 2.6.* (1993-1995) ademt dezelfde geest: 'Extropianisme is een *transhumanistische* filosofie: net zoals het humanisme waardeert het transhumanisme rede en menselijkheid en ziet het geen gronden voor geloof in onkenbare, bovennatuurlijke krachten die van buitenaf ons lot bepalen, maar het gaat verder in de zin dat het erop is gericht voorbij het menselijk stadium in de evolutie te gaan'. (*)

Ook wordt benadrukt dat de mens redelijk is en als zodanig verantwoording kan en behoort af te leggen tegenover zichzelf en anderen. In de lijn van het humanisme in de Engelstalige wereld is het rationaliteitsideaal van de transhumanisten wel sterker dan het continentale humanisme georiënteerd op de natuurwetenschappen, techniek en in hun samenhang. Hun wereldbeeld is daarom vaak meer reductionistisch en over het algemeen staan zij ronduit afwijzend tegenover de religie (vgl. Cliteur, 1991). Ten aanzien van de wereld gaan de transhumanisten er met de humanisten vanuit dat de wereld is wat zij is en niet verwijst naar een transcendente werkelijkheid. Ook onderstrepen zij de toevalligheid en dynamiek van de werkelijkheid in de zin dat deze niet het gevolg is van een vooropgesteld (al of niet goddelijk) plan, maar van niet aflatende contingente wordingsprocessen.

Er is echter ook een belangrijk verschil. Het 'plus' van het transhumanisme is vooral gelegen in de radicale wijze waarop ze het humanistische principe van menselijke ontplooiing invullen: 'Transhumanisten onderscheiden zich van "gewone" humanisten doordat ze grenzen zoals de biologische leeftijdsgrens (nu ongeveer 80 jaar) niet klakkeloos accepteren als "natuurlijk" en-dus-goed. Ze zien vele mogelijkheden tot verbetering van de lengte en kwaliteit van het leven van alle mensen als we onze verstandelijke en technische mogelijkheden ten volle benutten. Transhumanisten zien technologische vooruitgang niet als iets bedreigends, maar juist als een manier om de wereld leefbaarder te maken, en om grenzen te verleggen. Ze denken bijvoorbeeld bij genetische manipulatie niet direct aan verschrikkelijk misvormde wezens, maar aan therapieën die erfelijke ziektes kunnen genezen, en die later mensen niet alleen gezonder, maar eventueel ook mooier en slimmer kunnen maken' (*).

Behalve op biotechnologieën zoals genetische manipulatie en klonen richten de transhumanisten hun hoop op de eerder genoemde nanotechnologie, met behulp waarvan microscopisch kleine machines zouden kunnen worden gemaakt, die via de bloedbanen overal in het lichaam hun heilzame werkzaamheden zouden kunnen verrichten, en op mens-machine-integratie, bijvoorbeeld door de implantatie van kunstmatige gewrichten, organen en zintuigen, of door de constructie van (neurale en elektronische) interfaces tussen hersenen en computer. En transhumanisten die bang zijn te zullen sterven voordat deze wondere wereld realiteit zal zijn, hebben hun hoop gezet op cryogene suspensie. Gesterkt door de succesvolle toepassing van deze techniek op bavianen laten transhumanisten (al naar gelang hun financiële draagkracht) de hersenen of het gehele lichaam direct na overlijden bij zeer lage temperaturen conserveren in de hoop dat de geest in de toekomst opnieuw tot leven zal worden gewekt.[3]

3 In de Verenigde Staten zijn verschillende firma's actief die deze service aanbieden. Op dit moment worden ongeveer 70 overledenen gekoeld bewaard en hebben wereldwijd ongeveer duizend personen een regeling getroffen.

Een van de meest radicale verwoordingen van dit transhumanistische programma biedt Hans Moravecs boek *Mind Children: The Future of Robot and Human Intelligence* uit 1988. De mens is volgens Moravec, in weerwil van de intellectuele grandeur die hij temidden van de andere dieren bezit, een uiterst gebrekkig wezen. Ons lichaam raakt gemakkelijk beschadigd door uiteenlopende oorzaken als ongevallen, giftige stoffen, straling of een onevenwichtig dieet. En ook wanneer het lichaam optimaal functioneert zijn de prestaties van onze ledematen, zintuigen en hersenen niet erg indrukwekkend. In vergelijking met veel andere dieren kunnen we niet erg hard lopen, is onze lichaamskracht uiterst beperkt en raken we snel uitgeput. Ter compensatie is de mens van oudsher aangewezen op werktuigen en machines. En onze geestelijke vermogens zijn al evenzeer aangewezen op externe hulpmiddelen zoals het schrift en computers om de beperkingen in geheugen en denkkracht te ondervangen. Bovendien verouderen we snel en is onze gemiddelde levensduur van rond de tachtig jaar weliswaar langer dan die van alle andere primaten, maar desondanks, en zeker in het licht van ons historisch besef, bijzonder beperkt. En ofschoon de gemiddelde levensduur in sommige delen van de wereld in de loop van de geschiedenis bijna is verviervoudigd van twintig naar tachtig jaar, lijkt de maximale levensduur onveranderd honderdtwintig jaar te zijn gebleven. Hoewel we door het implanteren van kunstmatige lichaamsdelen defecte onderdelen van ons lichaam kunnen vervangen en door genetische manipulatie onze weerstand tegen een aantal ziekten zouden kunnen vergroten, zouden daarmee volgens Moravec de aan biologisch materiaal inherente beperkingen niet werkelijk overwonnen worden.

De oplossing die Moravec in *Mind Children* voorstelt is het 'downloaden' van de menselijke geest in een kunstmatig lichaam dat de beperkingen van het organische lichaam niet bezit. Moravec stelt zich daarbij een procedure voor waarbij een hersenchirurgierobot die uitgerust is met miljarden nanoscopisch kleine elektrische en chemische sensoren laag voor laag de hersenen scant en vervolgens een computersimulatie maakt van alle fysische en chemische processen in het breinweefsel (Moravec 1988, 109-10). Dit computerprogramma wordt vervolgens gekopieerd naar het mechanische 'brein' van de robot. Moravec vooronderstelt daarbij dat de geest een (bij)product is van de materie (dat zich voordoet zodra een bepaalde complexiteit wordt bereikt), en dat de identiteit van de geest niet is gelegen in de stof waarvan het brein is gemaakt, maar in de structuur en de processen die zich daar afspelen. Een aanwijzing voor deze 'pattern-identity' ziet Moravec in het feit dat in de loop van een mensenleven alle atomen in ons lichaam worden vervangen, maar de structuur, en daarmee de geest, behouden blijft (idem, 116).

De zojuist beschreven transmigratie van de menselijke geest maakt de mens volgens Moravec potentieel onsterfelijk. Door het maken van 'back-

ups' van de geest kan namelijk voorkomen worden dat met het veronge-
lukken van ons kunstmatige lichaam ons bewustzijn wordt uitgedoofd.
Omdat het aantal aardbewoners hierdoor natuurlijk nog veel sterker zou
toenemen dan nu reeds het geval is, zal het noodzakelijk worden het leven
op andere planeten voort te zetten. Dat zal echter geen probleem zijn, omdat onze niet-organische lichamen beter aangepast zullen zijn aan de leefomstandigheden op andere planeten dan organische lichamen en we bovendien onze geest razendsnel zullen kunnen verplaatsen via (draadloze)
computernetwerken en op de plaats van bestemming 'downloaden' in een
ander lichaam. Ook zouden we meerdere kopieën van onszelf kunnen maken. Maar net als in het geval van biologische klonen zouden deze al snel
een afzonderlijke levensgeschiedenis krijgen en daarmee geleidelijk tot andere personen uitgroeien.

Hoe radicaal het 'downloaden' van de menselijke geest ook lijkt te zijn,
volgens Moravec zal het nog maar een eerste stap zijn in een fundamentele
transformatie van het menselijk leven. Het kunstmatige lichaam en de daarin gesimuleerde geest zouden immers nog steeds veel van de beperkingen
kennen van het menselijk lichaam en de menselijke geest. Daarom zal het
voor de hand liggen lichaam en geest te 'upgraden', bijvoorbeeld door de
verbetering van de zintuigen (zo zou men bijvoorbeeld het oog kunnen
uitrusten met zoomlenzen of geschikt kunnen maken voor het waarnemen
van infrarood licht) of door de snelheid en de geheugencapaciteit van de
hersenen te vergroten. En ongetwijfeld zal er ook een markt zijn voor het
implementeren van extra taalmodules of naslagwerken op uiteenlopende
vakgebieden. In de door kunstmatige intelligenties bevolkte virtuele werelden die door de computernetwerken worden ontsloten, zullen we volgens Moravec op een bepaald moment wellicht zelfs geneigd zijn ons materiële lichaam geheel achter ons te laten en er voor te kiezen met uitsluitend
een lichaamssimulatie of als louter geest (in de machine[4]) voort te leven.
Ook zou het volgens Moravec mogelijk zijn geesten geheel of gedeeltelijk
te combineren, waarbij de combinaties niet beperkt zouden hoeven te blijven tot de menselijke soort. We zouden ook de ervaringen, vaardigheden
en motivaties van andere soorten kunnen toevoegen aan onze geest.

Ergens in de loop van deze transformatie zullen we zonder twijfel op-
houden menselijk te zijn. Maar dat is juist wat de transhumanisten uiteindelijk voor ogen staat: de schepping van een posthumane levensvorm. In
die zin streeft het transhumanisme niet alleen voorbij het humanisme, maar
ook voorbij het humane:

---

4 Daarmee zou het cartesiaanse dualisme van lichaam en geest, dat minder een
 (problematisch) ontologisch postulaat dan wel een wetenschappelijk programma
 is geweest, zijn voorlopige voltooiing vinden.

'Onze speculaties eindigen in een supercivilisatie, de synthese van al het leven in ons sterrenstelsel, dat zich, gevoed door de zon, voortdurend verbetert en uitbreidt, en steeds meer niet-leven omzet in geest. Misschien expanderen elders in het heelal soortgelijke bellen. Wat gebeurt er als we die ontmoeten? Wellicht een fusie, die slechts een vertaalschema tussen beide geheugenrepresentaties zou vereisen. Een dergelijk proces, dat misschien nu wel reeds ergens aan de gang is, zou het gehele universum omvormen tot één grote denkende entiteit, een voorproefje van nog grotere dingen' (idem, 116).

De denkbeelden van de transhumanisten lijken op het eerste gezicht een hoog sciencefiction-gehalte te bezitten. Vooral het werk van Moravec maakt soms de indruk een hypermodernistische orgie van maakbaarheids- en beheersingsfantasieën te zijn. En misschien liggen de wortels nog wel dieper en hebben we hier te maken met een geseculariseerde, maar daarom niet minder onrealistische versie van de oude religieuze hoop op onsterfelijkheid, en een projectie van de voorheen aan de goden toegeschreven alomtegenwoordigheid, almacht en alwetendheid in de mens (vgl. de hoofdstukken 11 en 12). Een en ander maakt het verleidelijk het transhumanisme niet al te serieus te nemen. Maar hoewel het transhumanisme inderdaad een curieus mengsel is van *science* en *fiction* zou zo'n houding niet verstandig zijn. Veel van de technologieën waarop de transhumanisten hun hoop hebben gevestigd zijn immers al realiteit (genetische manipulatie, klonen, het implanteren van pacemakers en van kunstmatige gewrichten, hartkleppen, insulinepompen en elektronische zintuigen), ten minste op onderdelen succesvol gebleken (kunstmatig intelligente schaakprogramma's) of op zijn minst met succes in laboratoriumsetting beproefd (koppeling van en informatieoverdracht tussen zenuwcellen en elektronisch processors, het nanotechnologisch herschikken van atomen, succesvolle cryogene suspensie van bavianen). De evolutionair bioloog Gregory Paul en de kunstmatige intelligentie-expert Earl Cox voorspellen in hun boek *Beyond Humanity: CyberEvolution and Future Minds* (1996) dat, wanneer wetenschap en techniek zich in hetzelfde tempo blijven ontwikkelen, een belangrijk deel van het transhumanistische programma nog in de eerste helft van de eenentwintigste eeuw zal kunnen worden gerealiseerd.

En zelfs wanneer bepaalde transhumanistische vooronderstellingen (bijvoorbeeld met betrekking tot de 'pattern identity' van de geest) geheel of gedeeltelijk onjuist zijn en de voorspellingen sterk overtrokken (zoals de voorspellingen op het gebied van de kunstmatige intelligentie en robotica uit de jaren vijftig en zestig jaren dat waren), is het zaak het transhumanistische programma serieus te nemen. In zijn compromisloze radicaliteit expliceert dit programma een tendens die kenmerkend is voor de ontwikkeling van menselijke cultuur en die zijn grond lijkt te hebben in de daaraan ten grondslag liggende evolutie van het leven.

2 Evolutionair toeval, versnelling en technologie

> We zijn, krachtens een glorieus evolutionair toeval
> dat intelligentie heet, de hoeders geworden van de
> continuïteit van het leven op aarde. We hebben niet
> om deze rol gevraagd, maar we kunnen er geen af-
> stand van doen. Misschien zijn we er wel niet ge-
> schikt voor, maar vooruit, zo is het nu eenmaal.
>
> *Stephen Jay Gould*

Het (trans)humanistische postulaat dat de mens deel uitmaakt van een zich voortdurend ontwikkelende natuur en aan haar wetten onderworpen is, is niet in de laatste plaats geïnspireerd door Darwins evolutietheorie. Naast Copernicus heeft waarschijnlijk geen enkele wetenschapper zo'n belangrijke bijdrage geleverd aan de totstandkoming van het moderne wereldbeeld en de daarmee gepaard gaande doorbreking van het religieuze wereldbeeld dat in de daaraan voorafgaande eeuwen in Europa heerste.[5] Het transhumanistische programma trekt de interpretatie van het verleden van de evolutietheorie door naar de toekomst.

Volgens de huidige inzichten van de evolutietheorie stamt al het leven op aarde af van gemeenschappelijke 'voorouders', primitieve micro-organismen die ruim 3 miljard jaar geleden in de oceanen zijn ontstaan. Darwins centrale these is dat de ontwikkeling van het leven zich voltrekt via een proces van natuurlijke selectie. Dit proces berust op het verschijnsel dat zich bij de reproductie van organismen altijd een bepaalde variatie voordoet in het nageslacht en dat in de strijd om de schaarse levensbronnen de individuen die het best aangepast zijn aan hun steeds veranderende omgeving de meeste kans hebben zich succesvol voort te planten.[6] Vooral wanneer organismen zich in verschillende omgevingen onafhankelijk van elkaar ontwikkelen, kunnen ze zich in de loop van de tijd tot verschillende soorten evolueren. In dit proces van diversificatie zijn in de loop van deze miljarden jaren durende ontwikkeling tientallen miljoenen verschillende soorten ontstaan (waarvan er momenteel zo'n vier miljoen zijn beschre-

---

5   Dat is waarschijnlijk ook de reden dat fundamentalistische bewegingen in de Verenigde Staten zo veel energie richten op het verbod van het onderwijs van de evolutieleer of, wanneer dat niet lukt, op het complementeren daarvan met creationistische theorieën. Ook in Nederland is het opnemen van de evolutietheorie in het centraal schriftelijk vwo tot op heden omstreden.

6   In de 'strijd om het bestaan' gaat het, in weerwil van deze nogal oorlogszuchtige metafoor, niet uitsluitend om het recht van het sterkste individu. Ook vreedzame samenwerking tussen individuen en symbiotische relaties tussen soorten spelen vaak een cruciale rol bij het voortbestaan van individuen en soorten.

ven), die met andere verwante soorten deel uitmaken van biologische geslachten, families, orden, klassen, phyla en rijken. De mens is naar evolutionaire maatstaven gemeten een bijzonder recente verschijning. De *Homo sapiens*, de huidige mens, is niet meer dan enkele honderdduizenden jaren oud. Wanneer we de evolutie van het leven als een dag voorstellen, verschijnt de mens pas anderhalve minuut voor middernacht op het toneel en eindigt de prehistorie een seconde voor twaalf.

Een fundamenteel inzicht van het (neo)darwinisme, dat overeenstemt met en ongetwijfeld van invloed is geweest op de ontwikkeling van de (trans)humanistische postulaten, is dat de evolutie niet volgens een bepaald plan verloopt, maar in meer dan een opzicht in het teken staat van blind toeval.[7] De voor de ontwikkeling cruciale variatie in het nageslacht is afhankelijk van toevallige mutaties die optreden in het genetische materiaal (wat enkele tientallen malen per miljoen kopieën gebeurt en bij een deel daarvan daadwerkelijk leidt tot voor de strijd om het bestaan relevante afwijkingen), van toevallige fluctuaties van de frequenties van de genen van een generatie op de andere (genetische drift), van de toevallige recombinatie van eigenschappen in het geval van geslachtelijke voortplanting, en van toevallige veranderingen in het milieu van het organisme (veranderingen van klimaat, verschuiving van continenten, meteoorinslagen etc.). Toevalligheden zijn bovendien niet alleen werkzaam op het niveau van de genen, maar spelen hun rol overal waar natuurlijke selectie zich voordoet, dus ook in de omgang tussen individuele organismen, biologische soorten, culturen en denkbeelden ('memen') (Gould 1995).

Een ander, door Stephen Jay Gould verwoord inzicht dat de afgelopen decennia terrein heeft gewonnen in de evolutietheorie is dat de evolutie geen gradueel proces is, maar met sprongen en in vlagen verloopt (Gould 1991). Wanneer een soort een bepaald evenwicht bereikt, verandert deze vaak gedurende lange tijd niet meer. In het licht van de fundamentele rol van het toeval kan het patroon van de evolutie niet langer worden beschouwd als een eenvoudige 'kegel van toenemende diversiteit', maar dient het daarentegen te worden beschouwd als een proces van diversificatie én decimering. In de evolutie hebben zich namelijk herhaaldelijk periodes van massaal uitsterven voorgedaan, waarna er een explosie plaatsvond van vaak radicaal verschillende nieuwe levensvormen, die in betrekkelijk korte tijd alle beschikbare eco-

---

7 Het toeval speelt niet alleen in meerdere opzichten een rol omdat het op verschillende aspecten van de evolutie betrekking heeft, maar ook omdat daarbij verschillende betekenisaspecten van het begrip 'toeval' in het geding zijn, zoals contingentie, afwezigheid van doelgerichtheid, statistische waarschijnlijkheid en noodlottigheid. Zie voor een conceptuele analyse van deze verschillende betekenisaspecten *Toeval*. *Inaugurale rede* (De Mul 1994b). Zie ook Frans Soontiëns' 'Evolutie, teleologie en toeval' (Soontiëns 1990).

logische niches bezetten, maar waarvan als gevolg van de natuurlijke selectie vervolgens het merendeel verdwijnt en slechts een gering aantal zich verder ontwikkelt. Een voorbeeld daarvan is de massale extinctie aan het einde van het Precambrium (ca. 570 miljoen jaar geleden), die werd gevolgd door de 'Cambrische explosie': een geconcentreerde diversificatie van meercellige dieren, waarin tientallen nieuwe phyla (fundamenteel verschillende grondvormen van lichaamsbouw) ontstonden.[8] Ook in dit geval werd deze diversificatie gevolgd door een decimering. De overgebleven levensvormen ontwikkelden zich vervolgens in een veelheid aan klassen, orden, families, geslachten en soorten. Wanneer de door toevalligheden bepaalde decimering in het Cambrium anders was uitgevallen, en de *Pikaia* (de voorloper van het phylum der chordadieren, waartoe ook de *Homo sapiens* behoort) in de natuurlijke selectie ten onder zou zijn gegaan, dan zou het leven op aarde nu een totaal ander aanzien hebben gehad en zou de *Homo sapiens* in het geheel niet zijn ontstaan. Aangezien de loop van de evolutie steeds complexere levensvormen laat zien, zou het allerminst uitgesloten zijn dat er andere intelligente wezens zouden zijn ontstaan. Maar de kans dat ze qua lichaamsbouw of intelligentie op de mens zouden lijken is uitermate klein.

Met de toenemende complexiteit van het leven hangt ook het proces van versnelling samen dat kenmerkend is voor de evolutie. Na het ontstaan van de eerste eenvoudige eencelligen (*prokaryoten*) tussen 4 en 3,5 miljard jaar geleden, duurde het bijna 2 miljard jaar voordat deze zich hadden geëvolueerd tot complexere eencelligen met een kern met genetisch materiaal (*eukaryoten*). Daarna gingen er ruim 1,4 miljard jaar overheen voordat (580 miljoen jaar geleden) de eerste meercelligen op het toneel verschenen. Niet lang na de 'Cambrische explosie' verschijnen de eerste gewervelden in zee en vanaf 400 miljoen jaar geleden verplaatste een deel van het leven zich naar het land en ontwikkelden zich de eerste planten, insecten en amfibieën. Rond 350 miljoen jaar geleden verschijnen dan de eerste reptielen, die zich ontwikkelen tot reusachtige dinosauriërs, die tussen 200 en 65 miljoen jaar geleden de heerschappij over aarde hadden. Na hun plotselinge uitsterven (een tweede voorbeeld van massale extinctie, die volgens een populaire hypothese werd veroorzaakt door de inslag van een meteoriet op aarde), komen de zoogdieren en vogels op een naar evolutionaire maatstaven uiterst snelle wijze tot ontwikkeling. De ontwikkeling van de orde van de primaten kwam ongeveer 7 miljoen jaar geleden in een stroomversnelling, toen de voorouder van de mens zich afscheidde van onze met de mensapen gemeenschappelijke voorouder. Deze *Australopithecus* ontwikkelde zich vervolgens via de *Homo habilis* (2,4-1,8 miljoen jaar geleden), de *Homo erec-*

---

8   Een gedetailleerde beschrijving van deze Cambrische explosie biedt Goulds *Wonderlijk leven. Over toeval en evolutie* (Gould 1991).

tus (1,8 miljoen-300.000 jaar gelden) en de archaïsche *Homo sapiens* (ca. 300-100.000 jaar geleden) tot de moderne mens, de *Homo sapiens sapiens* (ca. 100.000 jaar geleden). Ofschoon de mens zich sindsdien anatomisch niet verder heeft ontwikkeld, is de biologische evolutie gevolgd door een culturele en technische (r)evolutie, die in termen van tienduizenden en vervolgens in duizenden, honderden en nu, in het tijdvak van de informatietechnologie, wellicht zelfs in tientallen jaren moet worden gemeten.

Deze versnelling is het gevolg van de toenemende complexiteit van organismen en de daarmee gepaard gaande toename in genetische variatie. Er bestaat namelijk een recht evenredige correlatie tussen de mate van genetische variatie en de snelheid van de evolutie. Wanneer de variatie toeneemt (bijvoorbeeld op het moment dat de eukaryotische cel met een kern met chromosomenparen ontstaat, waardoor geslachtelijke voortplanting mogelijk wordt en daarmee een voortdurende recombinatie van het genetisch materiaal), wordt de keuzemogelijkheid van de natuurlijke selectie vergroot en gaat de evolutie over in een hogere versnelling. De voortdurende toename van complexiteit en heterogeniteit van organismen én hun omgeving heeft ertoe geleid dat de evolutie van het leven gekenmerkt wordt door een exponentiële versnelling die tot op heden voortduurt (Paul en Cox 1996, 33-87, 68-71).

Deze versnelling neemt niet weg dat de evolutionaire ontwikkelingen onderworpen blijven aan blind toeval. Dat wil zeggen, tot het moment dat er met de homoïden een (sub)familie ontstaat die dankzij haar intelligentie het toeval ten dele naar haar hand kan zetten en daarmee het vermogen verwerft zelf in te grijpen in de verdere evolutie van het leven. Bij de homoïden zijn culturele 'mutaties', zoals de uitvinding van het vuur, het conserveren van voedsel en het gebruik van steeds geavanceerdere werktuigen, een steeds belangrijkere factor in het proces van de evolutie geworden (Cavalli-Sforza 1994, 118).[9] Culturele 'mutaties' zijn niet uitsluitend, zoals in de biologische evolutie, afhankelijk van toeval, maar worden vaak doelbewust voortgebracht.[10] Cultuur kan worden beschouwd als een poging om het blinde toeval te bedwingen (De Mul 1994a). In het bijzonder de moderne wetenschappen en techniek hebben de mens krachtige instrumenten

9 Biologische en culturele factoren zijn daarbij nauw verstrengeld. Zo kan men bijvoorbeeld stellen dat met de ontwikkeling van het gebruik van externe symbolen (van grotschilderingen tot alfabetisch schrift), de biologische hersenen van de mens uitgebreid zijn met een externe geheugenopslag. Hoewel de mens zich anatomisch niet meer heeft ontwikkeld sinds het ontstaan van de moderne *Homo sapiens sapiens*, is de ontwikkeling van het cognitieve apparaat sindsdien voortgegaan. Vanuit een cognitief-evolutionair perspectief bezien is de van een externe geheugenopslag voorziene mens, de *Homo sapiens sapiens*, reeds van meet af aan een cyborg, half organisme en half apparaat (zie hoofdstuk 13).
10 Daarbij dient overigens aangetekend te worden dat toeval in de vorm van serendipiteit daarbij een belangrijke rol blijft spelen.

in handen gegeven om het voor de natuurlijke selectie vereiste toeval naar zijn hand te zetten. Dat heeft ook zijn neerslag op de biologische evolutie, die onderwerp wordt van een niet-natuurlijke selectie. Door teelt wordt de toevalligheid van de genetische recombinatie onderworpen aan een menselijk ontwerp en met behulp van genetische manipulatie worden zelfs de voorheen toevallige genetische mutaties onderwerp van technisch beheer. Uiteindelijk heeft de mens daarmee zeggenschap gekregen over zijn eigen evolutie.[11] De mens is daarmee het eerste dier geworden dat in staat is zijn eigen evolutionaire opvolgers te creëren.[12] En dat hoeven zelfs niet per se op koolstof en water gebaseerde levensvormen te zijn zoals we die tot op heden kennen op aarde. We kunnen daarbij ook denken aan op silicium gebaseerd kunstmatig leven (AL) en kunstmatige intelligentie (AI) of aan cyborgs, halforganische, half machinale tussenvormen.

In dit kader is de ontwikkeling van de informatietechnologie en informationistische wetenschappen, die we in hoofdstuk 7 bespraken, van cruciaal belang. Op informatietechnologie gebaseerde wetenschappen als *artificial physics* en *artificial life* worden, anders dan de klassieke mechanische wetenschappen, niet zozeer gedreven door de vraag hoe de werkelijkheid *is*, maar hoe deze *zou kunnen zijn*. Deze 'modale wetenschappen' zijn niet langer primair gericht op nabootsing van de natuur, maar veeleer op de creatie van nieuwe natuur. Met behulp van een computersimulatie van de evolutie kunnen niet alleen talloze alternatieve evoluties tot virtuele realiteit worden gemaakt, maar deze alternatieven kunnen door middel van genetische manipulatie mogelijk ook in de fysische natuur worden verwerkelijkt.[13] Omgekeerd worden inzichten uit de evolutietheorie ook toegepast bij de ontwikkeling van kunstmatige levensvormen. Een van de redenen van het echec van het klassieke AI-onderzoek was dat geprobeerd werd kunstmatige intelligentie *top down* te programmeren. Omdat het aantal mogelijke wederzijdse interacties tussen de instructies in een softwareprogramma bij een lineaire toename van het aantal regels code exponentieel toeneemt, wordt de programmeur al snel geconfronteerd met een onhanteerbare complexiteit.[14] Om die reden heeft de *bottom up* benadering de afgelopen jaren aan populariteit gewonnen

---

11   Ook Moravec wijst hierop: 'Om een metafoor van Richard Dawkins te gebruiken: we zijn het handwerk van een blinde horlogemaker. Maar we kunnen nu een beetje zien, als we daarvoor kiezen, ons gezichtsvermogen gebruiken om de hand van de horlogemaker te leiden.' (Moravec 1988, 159).

12   'Onze uniciteit zal gelegen zijn in ons vermogen onze eigen opvolgers te creëren' (Levy 1992, 9).

13   Genetische manipulatie onderscheidt zich van de klassieke teelt van gewassen en dieren doordat er hier geen sprake is van een beheersing van de recombinatie van *bestaand* genetisch materiaal, maar van de schepping van *nieuw* genetisch materiaal.

14   Een studie van IBM naar de kosten van het verwijderen van de onvermijde-

in het AI- en AL-onderzoek. Bij deze benadering worden AI- en AL-program-
ma's zo geprogrammeerd (o.a. door gebruik te maken van genetische of evolutionistische algoritmen) dat zij zich in een proces van niet-natuurlijke selectie zelf verder kunnen ontwikkelen.

Deze benadering, zo stelt Moravec in
zijn publicaties na *Mind Children*, heeft bovendien op de download-procedu-
re voor dat zij niet gebukt gaat onder de last van de evolutionaire bagage van
het menselijk lichaam.[15]

In het licht van de voorafgaande evolutie van het leven op aarde is het niet
ondenkbaar dat deze dankzij de informatietechnologie opnieuw een explosie
te zien zal geven van radicaal verschillende, op verschillende grondschema's
van lichaamsbouw (phyla) gebaseerde levensvormen, die tezamen een nieuw
rijk (of wellicht zelfs een variëteit aan rijken) in de taxonomie van het leven
zullen vormen naast de bestaande rijken van de Animalia, Plantae en Fungi,
Protista (eencelligen met een complexe cel) en Monera (eenvoudige eencelligen). En als de evolutionaire geschiedenis zich herhaalt, kunnen we na een
korte periode waarin deze veelheid van verschillende nieuwe levensvormen
alle niches in de natuurlijke, culturele en (vooral ook) virtuele wereld hebben
bezet, opnieuw een decimering verwachten, waarna een gering deel daarvan
de fakkel van de evolutie verder zal dragen.

In de vorige paragraaf merkten we al op dat veel technieken die vereist
zijn voor de realisatie van de drie geschetste alternatieven (genetische manipulatie van het menselijke organisme, de constructie van cyborgs en de
ontwikkeling van kunstmatig leven en kunstmatige intelligentie) reeds realiteit of op zijn minst in ontwikkeling zijn. Wanneer we bovendien de exponentiële versnelling van de evolutie serieus nemen, dan kunnen we ons
ook niet troosten met de gedachte dat het onze tijd nog wel zal duren. Zelfs

---

lijke fouten uit een programma (*debugging*) kwam tot de conclusie dat deze in
aantal exponentieel toenemen met de omvang van het programma. Waar het
debuggen van een programma van 6000 regels $ 100 per verwijderde fout en
$ 100.000 in totaal kost, daar zou een programma van 1 miljoen regels $ 1000
per regel kosten en 1 miljard gulden in totaal. Het debuggen van een *top down*
geprogrammeerde simulatie van de menselijke hersenen, die vele honderden
miljoenen, zo niet miljarden regels zou bevatten, zou volgens deze berekening ten minste tienduizenden gulden per regel en biljoenen (10^{12}) of zelfs
triljoenen (10^{18}) dollars in totaal kosten (Paul en Cox 1996, 94).

15   'Ik denk dat het idee van de uitbreiding van de bestaande mens, zowel qua levensduur als intelligentie, misschien wel niet de meest effectieve weg is om een
betere greep op het universum te krijgen, aangezien we teveel evolutionaire
bagage met ons meedragen. Waarschijnlijk is het het beste om schoon schip te
maken en opvolgers te ontwerpen die beter geschikt zijn voor die taak ... Op dit
moment ben ik van mening dat het beter is om kinderen te bouwen dan om
een bestaande geest te conserveren, in ieder geval wanneer het gaat om een
bestaande biologische geest, die teveel beperkingen heeft en niet het juiste
ontwerp heeft voor de toekomst' (Moravec 1995). (*)

het echec van het met overspannen verwachtingen omgeven kunstmatige intelligentie-onderzoek geeft daartoe geen reden.

Kenmerkend voor exponentiële ontwikkelingen is dat we geneigd zijn hun effecten op korte termijn te overschatten, terwijl we hun effecten op de wat langere termijn meestal schromelijk onderschatten.

Ook een deel van de fundamentele kritiek die van verschillende zijden – we kunnen daarbij denken aan filosofen als Searle, Dreyfus en Lyotard (Dreyfus 1992; Searle 1992; Lyotard 1988) – is ingebracht tegen de vooronderstellingen van het transhumanistische programma geeft mijns inziens weinig reden om dit programma als niet plausibel af te wijzen. Een belangrijk deel van deze kritiek gaat namelijk ten onrechte uit van de antropocentrische vooronderstelling dat de mens de maat is van iedere vorm van kunstmatige intelligentie en kunstmatig leven. Wanneer bijvoorbeeld wordt beargumenteerd dat computers nooit echt intelligent zullen zijn, bewustzijn zullen bezitten of echte ervaringen zullen hebben, dan gaat men er daarbij (nog geheel afgezien van de vraag of deze kritiek hout snijdt of niet), al te gemakkelijk vanuit dat de (in organische lichamen gesitueerde) vorm van intelligentie die in de *Homo sapiens sapiens* tot ontwikkeling is gekomen, de maatstaf voor intelligentie überhaupt is. Dit 'protoplasmachauvinisme' is nogal kortzichtig. Vliegtuigen kunnen net als vogels vliegen, maar ze danken dat vermogen niet aan een letterlijke nabootsing van de vleugels van vogels. Ook kunstmatig leven en kunstmatige intelligentie hoeft geen letterlijke nabootsing van organisch leven en organische intelligentie te zijn om essentiële kenmerken (zoals het vermogen tot reproductie, creativiteit en het vermogen tot leren) daarmee te delen. Zo delen computervirussen, ondanks het feit dat de reproductiewijze materieel afwijkt van die van natuurlijke virussen, met deze virussen een aantal belangrijke kenmerken. Zelfs wanneer kunstmatige, op silicium gebaseerde levensvormen nooit het stadium van (menselijk) bewustzijn zouden bereiken, is het denkbaar dat ze zich op een andere, zo niet meer succesvolle wijze dan de mens zullen handhaven in de ontwikkeling van het leven.

Vanaf het einde van de oude steentijd (*paleolithicum*) tot aan de nieuwe steentijd (*neolithicum*) ontwikkelde zich de mens zoals we die nu nog kennen (*Homo sapiens sapiens*). Daarmee kwam een vorm van intelligentie tot leven, die op wezenlijke punten afweek van voorafgaande vormen van organische intelligentie en die de evolutie van het leven op aarde een nieuwe wending gaf. Misschien staan we wel aan de vooravond van de *nieuwste* steentijd, waarin het intelligente leven op aarde een voor de mens onherkenbare nieuwe vorm en richting zal krijgen. En wie weet zal de mens dan het lot delen van de ontelbare soorten voor hem die als een (al dan niet levend) fossiel zijn achtergebleven in de odyssee van het leven door ruimte en tijd.

3 Lastige vragen voor humanisten

> Geen enkel bestaand ethisch systeem, of het nu huma-
> nistisch of religieus geïnspireerd is, is tot nu toe in
> staat gebleken de uitdaging onder ogen te zien waar-
> voor we nu reeds staan. Hoe veel mensen zouden er op
> de aarde moeten wonen? Wat voor soort mensen zou-
> den dat moeten zijn? Hoe moeten we de beschikbare
> ruimte verdelen? Het is duidelijk dat we onze ideeën
> over het maken van nog meer kinderen zullen moeten
> herzien. Individuen ontstaan nu uit toeval. Ooit zullen
> ze worden 'samengesteld' in overeenstemming met
> onze wensen en ontwerpen ... Wat voor dingen moe-
> ten onze 'geesteskinderen' weten? Hoeveel moeten we
> er van maken, en welke eigenschappen zouden ze
> moeten bezitten?
>
> *Marvin Minsky*

Het behoeft nauwelijks betoog dat het transhumanistische project, dat in het werk van Moravec een expliciete en radicale verwoording vindt, maar in fei-te (al of niet geïntendeerd) een belangrijk deel van de agenda dicteert van de nieuwe informationistische wetenschappen, een fundamentele uitdaging be-tekent voor het humanisme. Op een veel letterlijkere en radicalere wijze dan het 'goede' postmodernisme ooit heeft gedaan, verkondigt het 'slechte' post-modernisme het *einde van de mens*. Het gaat hier immers niet langer uitslui-tend om een kritiek op een antropocentrische denkwijze; het voortbestaan van de mens *zelf* wordt op het spel gezet. Wat humanisten daarbij onheilspel-lend in de oren zou moeten klinken, is dat dit gebeurt uit naam van humanis-tische waarden als rationaliteit, autonomie, zelfbeschikking en zelfontplooi-ing. Het transhumanisme radicaliseert daarbij het humanistische streven 'het leven tot zijn hoogste mogelijkheden te brengen' (Pos 1947, 479) tot een oproep tot *zelfoverstijging* van de biologische soort mens.

Transhumanisten beroepen zich daarbij niet alleen op de evolutietheo-rie, waarin wordt betoogd dat dit proces van zelfoverstijging inherent is aan het leven, maar ook op de levensfilosofie van Nietzsche.[16] Ook in Nietz-sche's filosofie wordt zelfoverstijging als een wezenlijk kenmerk van het le-

---

16 Met name de geschriften van de extropiaan Max More zijn doorspekt met
Nietzsche-citaten (zie o.a. More 1993; More 1994, 1995; More 1997a). Ter-
zijde zij hier opgemerkt dat de term 'transhumanisme' ook in de context van
het zogenaamde antihumanismedebat in verband met Nietzsche is gebruikt.
Het 'trans' slaat dan echter op een bepaalde (humanistische) uitleg van de
mens, en niet zozeer op de mens zelf (zie Oosterling 1991)

ven beschouwd: 'Alle grote dingen gaan door hun eigen toedoen te gronde, door een daad van zelfopheffing: daartoe dwingt hen de wet van het leven, de wet van de *noodzakelijke* "zelfoverwinning" is de essentie van het leven' (Nietzsche 1980, band 5, 410).[17] 'En dit geheim heeft het leven zelf tot mij gesproken: "Zie, zo sprak het, ik ben dat, *wat altijd zichzelf moet te boven komen*"' (idem, band 4, 148).[18] De mens vormt hierop geen uitzondering. Deze is, in Nietzsches beroemde woorden in *Also Sprach Zarathustra*, 'een koord, geknoopt tussen dier en *Übermensch* – een koord boven een afgrond' (idem, band 5, 14). Het transhumanistische project is gericht op een technologische realisering van de *Übermensch* of, zoals de extropiaan Max More het uitdrukt, 'het hogere wezen dat als potentieel in ons wacht om te worden geactualiseerd' (More 1997a).[19]

Gesteld dat het leven inderdaad door zelfoverstijging wordt gekenmerkt, dan kan men daar vanzelfsprekend niet uit afleiden dat we deze zelfoverstijging ook zouden *moeten* nastreven. Maar zoals reeds werd opgemerkt steunt het pleidooi voor zelfoverstijging op humanistische idealen: 'De Verlichting en het humanistische perspectief hebben ons geleerd dat vooruitgang mogelijk is, dat het leven een groot avontuur is, en dat rede, wetenschap en goede wil ons kunnen bevrijden van de beperkingen van het verleden. ... Ieder mens is slachtoffer van veroudering en dood. Voor

17 Vanuit dit perspectief is de scheidslijn tussen levende en dode natuur volgens Nietzsche overigens moeilijk te trekken. In de context van zijn analyse van het interpreteren, dat volgens Nietzsche inherent is aan de wil tot zelfoverwinning van het leven, merkt hij op dat ook chemische processen in de anorganische natuur daartoe gerekend kunnen worden. (idem, band 7, 437). Zie in dit verband mijn Nietzsche-interpretatie in: *De tragedie van de eindigheid. Diltheys hermeneutiek van het leven* (De Mul 1993, 266-281).

18 Ten aanzien van dit aspect van de Amerikaanse werkingsgeschiedenis van Nietzsche speelt Stanley Kubricks film *2001: A Space Odyssey* (1968), waarop ik in het volgende hoofdstuk uitvoerig zal ingaan, een kleine, maar niet onbelangrijke rol. Deze film handelt over de rol van de techniek in de transformatie van dier tot mens en van mens tot *Übermensch*. De cruciale transformatiescènes in de film worden begeleid door Richard Strauss' op Nietzsches *Also sprach Zarathustra* gebaseerde gelijknamige symfonische gedicht. Tot de wetenschappers die door Kubrick als adviseur bij de film werden betrokken behoorden o.a. de eerder genoemde Marvin Minsky. Zie over de grote invloed die deze film heeft uitgeoefend op diens generatie het interview met Minsky in: *Hal's Legacy: 2001's Computer as Dream and Reality* (Stork, 1997, 15-31).

19 More spreekt zich in deze context expliciet uit tegen fascistoïde interpretaties van Nietzsches *Übermensch*-doctrine: 'Zelfdiscipline en het bewust sturen van ons eigen leven zal ons in staat stellen steeds hogere doelen te bereiken, omdat we met iedere triomf ons inzicht zullen verrijken. Effectief zelfbestuur zal ons bevrijden van de wil om over anderen te heersen. In tegenstelling tot de populaire interpretatie, is de *Übermensch niet* het "blonde beest", de veroveraar en plunderaar. Het zijn degenen die niet over anderen willen heersen en die niet toestaan dat anderen over hen heersen' (idem).

transhumanisten is de dood een niet langer te tolereren lot' (More 1994).
Wanneer we toestaan en zelfs toejuichen dat de moderne medische wetenschap en techniek voorheen dodelijke ziekten met succes bestrijden, welke bezwaren kunnen er dan worden ingebracht tegen het streven het leven te verbeteren door lichaam en geest aan te passen? En welke redenen zouden we kunnen aanvoeren tegen het streven de mens te transformeren tot een superieure, posthumane levensvorm? Deze vragen lijken mij letterlijk van levensbelang voor het humanisme aan het begin van de eenentwintigste eeuw. Temeer omdat dankzij het evolutionaire toeval dat ons begiftigd heeft met intelligentie en verbeelding, onze toekomst geenszins vastligt, maar mede afhankelijk is van de keuzes die we maken.

Weliswaar, en dat is de wijze les van het 'goede' postmodernisme die we niet mogen vergeten, is onze keuzevrijheid op vele manieren beperkt. Onze fundamentele eindigheid maakt dat onze inzichten en kennis altijd historisch en cultureel beperkt zijn en wij altijd slechts te kiezen hebben uit een beperkt aantal alternatieven, waarvan we de consequenties bovendien nooit volledig kunnen overzien. Naarmate onze cultuur complexer wordt en we op een meer fundamenteel niveau ingrijpen in de natuur, neemt het aantal onvoorziene en onvoorzienbare consequenties van ons handelen sterk toe. Mede daardoor verkrijgen onze culturele en technische scheppingen een eigen gewicht en dynamiek, die maakt dat we ze op den duur nooit volledig in de hand hebben. In combinatie met de laatkapitalistische markteconomie maakt de technologie zelfs de indruk een autonoom voorthollend systeem te zijn. Met de evolutionistische, *bottom up* benadering van het scheppen van kunstmatig leven en kunstmatige intelligentie lijken we bovendien doelbewust afstand te doen van wat ons aan beheersing is gegeven. Maar misschien is het ook wel antropocentrische hoogmoed te menen dat het ons gegeven zou zijn de ontwikkeling te kunnen en moeten controleren. Ligt het niet meer voor de hand dat onze *mind children* op een gegeven moment zelf de verantwoordelijkheid zullen (moeten) nemen over hun ontwikkeling? Zullen we niet moeten accepteren dat, om de titel van een boek van Kelly te citeren, de ontwikkeling vanuit het perspectief van de mens bezien zowel feitelijk als normatief steeds meer *Out of Control* geraakt? (Kelly 1994).[20]

Maar hoe beperkt de speelruimte van de menselijke interventie ook is, en hoe veel beperkter hij in de toekomst mogelijk ook nog wordt, zij is allerminst afwezig.[21] Zeker wanneer we bedenken dat de evolutie een chao-

20   Voorzover dit door transhumanisten als een onvermijdelijke consequentie van hun doelstelling wordt erkend, kan hen in ieder geval geen ongebreidelde beheersingsdrift in de schoenen worden geschoven.
21   Zie mijn kritiek op het technologisch determinisme in: ICT *de baas? Informatietechnologie en menselijke autonomie* (De Mul, Müller en Nusselder 2001, 27-38) en in: *Filosofie in cyberspace* (De Mul 2002c, 29-39).

tisch proces is dat wordt gekenmerkt door een 'gevoelige afhankelijkheid van de begintoestand' (Takens 1993/4; zie ook De Mul 1994b), waardoor uiterst kleine variaties bij aanvang enorme gevolgen kunnen hebben voor de verdere ontwikkeling van het ecologische systeem. Omdat we momenteel aan het begin staan van een ontwikkeling, brengt onze kleine speelruimte een grote verantwoordelijkheid met zich mee. Dit noopt tot een fundamentele bezinning op de vraag of, en zo ja, in hoeverre en op welke wijze wij onze zelfoverstijging actief moeten bevorderen.

Bij de beantwoording van deze vragen kunnen humanisten zich niet verlaten op een aantal traditionele strategieën, aangezien deze in het licht van de humanistische postulaten (zie §1) hun geldigheid hebben verloren. Dat geldt bijvoorbeeld voor de afwijzing van het transhumanistische programma omdat het de gegeven orde in de natuur zou doorbreken. Binnen het humanistische wereldbeeld is deze orde echter geen onveranderlijke (al of niet door God geschapen) orde, maar een dynamisch, door een veelheid van toevallige factoren gestuurd proces. Evenmin kan de kunstmatigheid van het beoogde trans- en posthumane leven een reden zijn het af te wijzen. Homoïden zijn, ten minste vanaf het moment dat de *Homo habilis* de eerste stenen werktuigen vervaardigde, in feite altijd al cyborgs geweest. Zeker de 'van nature kunstmatige' (Plessner 1975, 385) *Homo sapiens sapiens* is van meet af aan geheel en al aangewezen geweest op culturele artefacten om zijn lichamelijke en geestelijke tekortkomingen te compenseren. In die zin trekt het transhumanistische programma slechts de lijn door die de evolutie van de mens van het prille begin af heeft gekenmerkt. Zoals reeds werd opgemerkt kunnen hieraan vanzelfsprekend geen normatieve argumenten voor de bevordering van het trans- en posthumane worden ontleend, maar we kunnen er in ieder geval ook geen argumenten *tegen* aan ontlenen.

Een pragmatisch argument dat op het eerste gezicht meer hout lijkt te snijden heeft betrekking op de enorme risico's die samenhangen met genetische manipulatie en de ontwikkeling van kunstmatig leven en intelligentie. Om die reden wordt in navolging van de bio-ethicus Hans Jonas wel gepleit voor een 'heuristiek van de vrees' (Jonas 1984; vgl. Achterhuis 1992). Volgens deze strategie zouden we op basis van *mogelijke* toekomstige verschrikkingen moeten besluiten bepaalde technologische ontwikkelingen tijdelijk te onderbreken, af te remmen of zelfs volledig te stoppen. In ieder geval zouden we zo moeten handelen dat de gevolgen van ons technisch ingrijpen te allen tijde kunnen corrigeren.

Dat er aan het transhumanistische programma enorme risico's zijn verbonden, is in het licht van wat hiervoor werd gezegd over de fundamentele beperkingen die er zijn gesteld aan de menselijke beheersingsdrift, overduidelijk. De vraag is echter of Jonas' heuristiek van de vrees wel een realistische optie is. Het idee dat het mogelijk zou zijn alle gevolgen van ons technisch ingrijpen te overzien en desgewenst te corrigeren lijkt in het licht van de onvoorziene en (in het geval van chaotische complexiteit zelfs principieel onvoorzienbare) neveneffecten van informationistische ingrepen in de natuur een onrealistisch uitgangspunt, dat op negatieve wijze vasthoudt aan het modernistische ideaal van de maakbaarheid van de werkelijkheid. En ook de idee dat het in het vermogen van de in een technotoop levende mens zou liggen technologische ontwikkelingen daadwerkelijk een halt toe te roepen, lijkt niet gedragen door een overmaat aan realiteitszin. We zijn niet bij machte de odyssee van het leven te stoppen. Onze inspanningen zullen veeleer gericht moeten zijn op de mogelijkheden de richting ervan bij te sturen. Bovendien kan men zich afvragen of het moedwillig afremmen of stoppen van creativiteit en experimenteerlust de mens ook niet van zijn grandeur zou beroven. Nietzsche's definitie van de mens als 'de grote experimentator met zichzelf' (Nietzsche 1980, band 5, 367) is meer dan een beschrijving, er spreekt ook een waardering uit. Wanneer we zuchten onder de risico's die met de menselijke experimenteerzucht verbonden zijn, kan het een troost zijn te bedenken dat het experiment van de evolutie tot aan de mens uitsluitend werd geleid door het blinde toeval.

Met de bovenstaande overwegingen is de normatieve vraag of wij het trans- en posthumane dienen te bevorderen natuurlijk nog steeds niet beantwoord. Indien wij die vraag willen beantwoorden, zouden we ons om te beginnen moeten afvragen of de vooronderstelling van het transhumanistische programma, dat dit programma ons geluk zal bevorderen, juist is. Daarbij dient in gedachten te worden gehouden, dat we hier niet alleen spreken over het geluk van de mens, maar evenzeer van de trans- en posthumane levensvormen die worden nagestreefd. Een transhumanistische ethiek kan niet anders zijn dan een geradicaliseerde *Ferne-Ethik*, die – binnen de eerder aangegeven grenzen van de menselijke verantwoordelijkheid – niet alleen verantwoordelijkheid draagt voor het menselijke nageslacht, maar ook voor de door de mens geschapen levensvormen. Wat de mens betreft kan men zich afvragen of de beteugeling van het toeval en – in het meest radicale scenario – de overwinning van de sterfelijkheid van het menselijke leven in alle opzichten een nastrevenswaardig ideaal is. Elders heb ik betoogd dat het accidentele, contingente en noodlottige toeval niet alleen een bedreiging vormt van het menselijk geluk, maar op paradoxale wijze ook een van de voornaamste bronnen is van dit fragiele geluk (De Mul 1994b). Eliminatie van het toeval roept het schrikbeeld op van dystopieën zoals Aldous Huxley's *Brave New World*, waarin onder het devies 'Gemeenschappelijkheid, Gelijkvormigheid, Gelijkmatigheid' en met behulp van chemische en psychologische manipulatie de mens is getransformeerd tot een volstrekt inwisselbare 'hedonistische machine', die niet langer in staat is tot werkelijke gevoelens. Als dit de consequentie (of zelfs het ideaal[22]) is van het transhumanistische project, dan is het resultaat minder de schepping van de *Übermensch* zoals Nietzsche die voor ogen stond (die het toeval vanuit zijn *amor fati* juist tot in het extreme affirmeert), maar veeleer die van de nihilistische 'laatste mens' waartegen Nietzsche juist zijn pijlen richt.[23] En zou het eindeloze oprekken van de levensduur van de mens in de richting van de onsterfelijkheid hem niet doen vervallen in eeuwige terugkeer van het gelijke en daarmee in een afgrondelijke verveling? Of is het schrikbeeld van gemeenschappelijkheid, gelijkvormigheid en gelijkmatigheid het resultaat van de achterhaalde modernistische illusie dat het mogelijk zou zijn het wedervarende toeval volledig te beheersen? Is het niet veeleer zo dat een toename van beheersing en controle juist zal leiden tot nieuwe, wellicht nog veel radicalere vormen van accidenteel, contingent en noodlottig toeval, die ons leven tot een nog veel groter en gevarieerder avontuur zullen maken dan het nu reeds is?[24] Wanneer dit het geval zou zijn, dan zou het humanistische ideaal van zelfontplooiing niet zozeer geschaad worden door het transhumanistische programma, maar veeleer een ongehoorde nieuwe impuls krijgen.

Het zou van intellectuele overmoed getuigen te menen dat we afdoende antwoorden zouden kunnen formuleren op deze en aanpalende vragen.[25] Zeker wanneer we bedenken dat we bij de beoordeling van de wenselijkheid van trans- en posthumane levensvormen ons moeilijk aan de neiging zullen kunnen onttrekken deze vanuit een antropocentrisch perspectief te beoordelen. Maar zoals de aap zich geen adequaat beeld kan vormen van de menselijke levensvorm, zo is het ons niet gegeven ons een voorstelling te maken van de aard en aantrekkelijkheid van deze nieuwe levensvormen. En dat maakt onze verantwoordelijkheid bij de schepping van deze levensvormen tot een wel erg hachelijke.

22 Een uitvoerig beargumenteerde verdediging daarvan biedt *The Hedonistic Imperative* (Pearce z.j.) (*).
23 Nietzsches beschrijving van de 'laatste mens' is geheel van toepassing op de door *soma* verdoofde inwoners van Huxley's *Brave New World*: 'Af en toe een beetje gif: dat geeft zoete dromen. En veel gif ten slotte, om zacht te sterven. Men arbeidt nog, want arbeid is vermaak. Maar men zorgt dat het vermaak niet aangrijpt... "We hebben het geluk ontdekt" zeggen de laatste mensen en knipogen' (Nietzsche 1980, band 4, 19).
24 In zijn in noot 22 aangehaalde studie biedt Pearce een aantal goede argumenten tegen de vooronderstelling dat 'dopamine-overdrive' onvermijdelijk leidt tot emotionele vervlakking en lethargie.
25 Zo moeten we ons vanzelfsprekend ook bezinnen op de maatschappelijke gevolgen van het transhumanistische programma. Wanneer dit programma niet zozeer leidt tot gelijkvormigheid, als wel tot een radicale differentiatie van het menselijke leven, zal dit bijvoorbeeld ook ingrijpende gevolgen hebben voor machtsverhoudingen. Daarbij kan opnieuw gedacht worden aan *Brave New World* met zijn indeling in biotechnologisch geconstrueerde sociale klassen. Zie ook de vragen van Minsky die als motto aan deze paragraaf zijn meegegeven.

De meest radicale en moeilijk te beantwoorden vraag die het transhumanistische programma het humanisme voorlegt, hangt hier nauw mee samen. Het is de vraag naar de waarde die de menselijke levensvorm heeft in vergelijking met potentiële trans- en posthumane levensvormen. Vertegenwoordigt het menselijke leven een unieke intrinsieke waarde die het rechtvaardigt deze levensvorm tegenover deze nieuwe levensvormen te verdedigen? Of moeten we terugvallen op de argumentatie die ons ingeeft de panda te beschermen en het menselijk leven verdedigen uit naam van biodiversiteit? En als we voor de keuze staan, zullen we dan dezelfde criteria hanteren die ons doen besluiten dierenlevens op te offeren aan het welzijn van de mens? Zal de superioriteit (in informatiedichtheid of vermogens) van trans- of posthumaan leven ons ooit dwingen onszelf weg te cijferen? Zal onze relatie tot onze *mind children* vergelijkbaar zijn met die van de ouder die zich, gedreven door een drift die sterker is dan welke morele redenering dan ook, opoffert voor zijn of haar kind? Of zal deze opoffering in geval we van doen hebben met kunstmatige, andersoortige kinderen ons morele vermogen te boven gaan en zullen we hier slechts kunnen terugvallen op het egoïsme van de eigen soort?

Deze en verwante lastige vragen zullen ons de komende decennia telkens opnieuw doen opschrikken uit de antropocentrische sluimer waarin ons bestaan zich doorgaans afspeelt. Het zijn uiteindelijk stuk voor stuk variaties op de lastigste van alle lastige vragen die de Zwitserse schrijver Max Frisch aan ons heeft gericht: 'Weet u zeker dat het voortbestaan van het menselijk ras, wanneer u en iedereen die u kent er niet meer is, u echt interesseert?' (Frisch 1992, 5).

15 A CYBERSPACE ODYSSEY
Oneindigheid voor beginners

De lijn is uitgestrekt in één richting, het vlak in twee richtingen en vaste lichamen in drie richtingen; daarbuiten bestaat geen andere uitgestrektheid, want deze drie zijn alles.

Aristoteles

De vierde dimensie en de niet-euclidische geometrie behoren tot de belangrijkste unificerende thema's van de moderne kunst en wetenschap.

Linda Henderson

1 Een odyssee door ruimte en tijd 2.0

Stanley Kubricks film *2001: A Space Odyssey* wordt terecht beschouwd als een van de hoogtepunten uit de geschiedenis van de sciencefiction. De uit 1968 stammende film wordt niet alleen geroemd vanwege zijn grote artistieke kwaliteiten en zijn nog altijd verbazingwekkende (analoge) *special effects*, maar vooral ook vanwege de ideeënrijkdom die er uit spreekt.[1] Vooral

[1] Een niet onbelangrijk deel van de eer komt toe aan Arthur C. Clarke, op wiens verhaal 'The Sentinel' (1951) de film is gebaseerd, en die bovendien samen met Kubrick voor het scenario tekende. Clarke werkte op basis van het filmscenario het verhaal om tot een roman, die net als de film in 1968 verscheen onder de titel *2001: A Space Odyssey*, en die een vervolg kreeg in *2010: Odyssey Two* (1982, in 1984 verfilmd door Peter Hyams onder de titel *2010*), *2061: Odyssey Three* (1987) en *3001: The Final Odyssey* (1997). De latere boeken noch de film van Hyam evenaren echter het meesterwerk van Kubrick en Clarke. In mijn interpretatie van *2001: A Space Odyssey* neem ik de film als uitgangspunt, maar zal ik waar nodig ook verwijzen naar het scenario en de romanversie van Clarke. Omdat zowel Clarke als Kubrick het oorspronkelijke scenario aanvulden en op een aantal punten wijzigden, sporen de film- en de romanversie niet volledig.

Kubricks indringende visie op de evolutie van het leven en de rol van de techniek daarin heeft nog niets aan betekenis ingeboet. Zoals alle grote kunstwerken kent deze film meerdere betekenislagen.

Toen ik als middelbare scholier de film enkele jaren na de première voor het eerst zag, werd ik vooral gegrepen door het spannende verhaal over de reis van het ruimteschip *Discovery* naar Jupiter, op zoek naar buitenaards leven. Die reis wordt ondernomen nadat er op de maan een zwarte monoliet is ontdekt die radiosignalen richting Jupiter uitzendt. De bemanning bestaat naast de astronauten David Bowman en Frank Poole uit drie in hibernatie (kunstmatige winterslaap) verkerende experts en een kunstmatige intelligentie, de sprekende en zelflerende boordcomputer HAL.² HAL controleert alle functies van het ruimteschip en heeft de eindverantwoordelijkheid voor de gehele missie. Wanneer HAL Bowman en Poole de opdracht geeft het defecte onderdeel AE-35 van de centrale antenne van het ruimteschip te vervangen, ontdekken zij dat het onderdeel geen enkel mankement vertoont. Omdat zij in de veronderstelling verkeren dat HAL van slag is geraakt en misschien nog meer en mogelijk fatale fouten zal maken, besluiten ze zijn hogere functies uit te schakelen. Wanneer HAL daar achter komt, besluit hij de bemanning te elimineren. HAL slaagt erin vier van de vijf bemanningsleden te doden, maar Bowman ziet alsnog kans de boordcomputer uit te schakelen en de reis te vervolgen. Als de *Discovery* Jupiter bereikt, vindt er een mysterieuze ontmoeting plaats tussen Bowman en de zwarte monoliet.

De door Kubrick verhaalde odyssee is, net als de *Odyssee* van Homerus waarnaar de titel van de film verwijst, meer dan het verslag van een avontuurlijke reis van enkele heldhaftige individuen door een onbekende wereld. De film toont enkele cruciale stappen in de odyssee die de mensheid voert door de onmetelijke tijd en ruimte. Het is, zoals ik in de inleiding van dit boek met verwijzing naar het programmaboekje bij de video-uitgave al opmerkte, 'an epic tale of man's ascent, from ape to space traveller and beyond' (Kubrick 1997). Hoewel het verhaal fictief is, sluit het nauw aan bij de natuurwetenschappelijke en technologische kennis van deze odyssee ten tijde van de productie van de film.

De reis in de tijd voert ons enkele miljoenen jaren terug in de evolutie van het leven op de planeet aarde. In het korte eerste deel van de film, *The Dawn of Man*, dat aan het avontuur met de *Discovery* voorafgaat, zien we

---

2   De afkorting staat voor 'Heuristisch geprogrammeerde ALgoritmische computer' (Clarke 1990, 76). Verschillende commentatoren hebben in deze afkorting tevens een plaagstootje ontdekt in de richting van IBM. Wanneer men de drie letters van de afkorting vervangt door de daaropvolgende letters in het alfabet, is het resultaat de naam van deze computergigant. Clarke zelf heeft overigens altijd ontkend dat de afkorting HAL werd gekozen 'to be one step ahead of IBM' (Clarke 1997).

hoe in de onherbergzame leefomgeving van een groep aapmensen (ze vertonen de kenmerken van de *Australopithecus afarensis*, de voorouder van de mens die ongeveer zeven miljoen jaar geleden in Zuid-Oost Afrika is ontstaan) een zelfde, of misschien wel dezelfde monoliet opduikt als later in de film op de maan wordt aangetroffen. Nadat een van de aapmensen, in het scenario *Moonwatcher* genaamd, de monoliet heeft aangeraakt, krijgt hij de ingeving een gevonden bot als slagwapen te gebruiken. We zien hoe hij in de strijd om het schaarse drinkwater de leider van een concurrerende groep aapmensen de hersens inslaat. In de daaropvolgende scènes zien we hoe het werktuig de aapmensen van weerloze aaseters omvormt tot de onbetwiste heersers over de andere dieren in hun woongebied.

De ontmoeting met de monoliet, die door zijn strakke vorm en zijn gladde oppervlakte het aanzien van een artefact heeft, symboliseert de evolutie van de aapmens tot *Homo sapiens*, een ontwikkeling die in werkelijkheid meerdere miljoenen jaren heeft gevergd, van ongeveer zeven tot een half miljoen jaar geleden. Deze interpretatie wordt ondersteund door een scène in het laatste deel van de film, waarin ook Bowman, wanneer hij op Jupiter is aangekomen, een zelfde (of misschien zelfs wel dezelfde) zwarte monoliet aanraakt, en er opnieuw een transformatie plaatsvindt, ditmaal die van de mens naar een nieuwe, posthumane levensvorm. Dit thema wordt onderstreept door de filmmuziek. Beide transformaties worden begeleid door de beginmaten van Richard Strauss' symfonische gedicht *Also sprach Zarathustra*, dat zijn titel ontleent aan het gelijknamige boek van Friedrich Nietzsche. Wie dit boek kent, denkt bij het zien van de film onwillekeurig aan de beroemde uitspraak in de inleiding van dit boek: 'De mens is een koord, geknoopt tussen dier en *Übermensch* – een koord boven een afgrond' (Nietzsche 1980, band 4, 16).

De reis waarvan *2001: A Space Odyssey* verhaalt, voert de mensheid echter niet alleen door de tijd; het is ook een odyssee door de *ruimte*. De film suggereert dat de geschiedenis van de mensheid samenvalt met een exploratie van de ruimte. In hoofdstuk 13 hebben we gezien dat volgens de huidige inzichten in de paleontologie en de moleculaire genetica de homoïden zich, nadat zij zo'n 2 miljoen jaar geleden in Zuid-Oost Afrika uit de *Australopithecus afarensis* ontstonden, van daaruit in betrekkelijk korte tijd over de hele aarde hebben verspreid. En in de twintigste eeuw heeft de mensheid met de ontwikkeling van de lucht- en ruimtevaart de eerste, vooralsnog bescheiden stappen gezet in de exploratie van het voor aardse begrippen onvoorstelbaar grote heelal. Deze reis door de kosmische ruimte staat overigens niet los van de menselijke odyssee door de tijd. Wanneer, zoals door astronomen sinds Hubble's ontdekking van de uitdijing van het heelal algemeen wordt aangenomen, het waarneembare heelal is voortgekomen uit een kleinere, dichtere toestand die misschien ooit wel oneindig klein – dat wil zeggen: een singulariteit – is geweest (de bekendste variant van deze theorie staat bekend als de *Big Bang* theorie), dan is de reis naar de ruimtelijke grenzen van het waarneembare heelal tegelijkertijd een reis naar de oorsprong van het heelal in de tijd, ruim veertien miljard jaar geleden (Barrow 1994, 3). Een van de drijfveren van deze odyssee is dat zij ons wellicht ook meer zal onthullen over de oorsprong van het menselijke leven.

2 Techniek als ontologische machine

> Alle grote dingen gaan door hun eigen toedoen te gronde, door een daad van zelfopheffing: daartoe dwingt hen de wet van het leven, de wet van de *nood-zakelijke* 'zelfoverwinning' is de essentie van het leven.
>
> *Friedrich Nietzsche*

De vraag naar herkomst en bestemming vergezelt het menselijk leven al ten minste enkele duizenden jaren op zijn odyssee door tijd en ruimte. Dat komt omdat mensen, en daarin onderscheiden zij zich waarschijnlijk van alle andere dieren op aarde, niet alleen bestaan, maar ook een besef hebben van hun bestaan. Kunstwerken, religies, filosofische stelsels en wetenschappelijke theorieën hebben van oudsher gepoogd een antwoord te bieden op de vraag naar de herkomst en de bestemming van de mens.

De fascinatie die *2001: A Space Odyssey* oproept, hangt samen met het feit dat de film geen pasklare antwoorden op de genoemde vraag geeft, maar er vooral op uit lijkt te zijn de kijker van het mysterie van de odyssee van het leven in het universum te doordringen en hem tot denken aan te zetten. Dat betekent overigens niet dat de film geen enkele visie op de vraag naar de menselijke herkomst en bestemming zou bevatten. Het zal weinig kijkers van de film ontgaan dat Kubrick de techniek in de menselijke evolutie een bijzondere rol toebedeelt. Dat blijkt niet alleen uit de belangrijke rol die technische artefacten in het filmverhaal spelen, maar wordt ook nog eens op een indringende wijze samengevat in de beroemde overgangssequentie tussen het eerste en tweede deel van de film. Nadat *Moonwatcher* voor het eerst een concurrent heeft doodgeslagen smijt hij zijn wapen triomfantelijk in de lucht en zien we de *slow motion* beelden van het ronddraaiende bot overgaan in het beeld van het traag om zijn as roterend ruimteschip dat dr Heywood Floyd, de voorzitter van de Amerikaanse Nationale Raad voor Ruimtevaart, naar de vindplaats van de kort daarvoor op de maan ontdekte monoliet brengt. Omdat deze ontdekking zal uitlopen op transformatie van Bowman tot posthumane levensvorm, suggereert deze sequentie dat de techniek zowel het begin- als het eindpunt van de evolutie van de *Homo sapiens* markeert. Deze transformatieve kracht van de techniek is een van de centrale thema's van de film.

Kubrick neemt in *2001: A Space Odyssey* een ambivalente houding aan ten aanzien van deze transformatieve kracht. Enerzijds spreekt uit zijn film een grote bewondering voor de macht die de techniek de mens heeft geschonken en die hem in een naar evolutionaire maatstaven gemeten uiterst kort tijdsbestek heeft omgevormd tot de heerser over de aarde. Die bewondering blijkt onder andere uit de liefdevolle aandacht waarmee Kubrick, die zich bij het maken van de film liet adviseren door topexperts op het gebied van de ruimtevaart- en computertechnologie, de technische artefacten tot in de kleinste details getrouw uitbeeldt. De technologische wereld die Kubrick ons voorschotelt, is bovendien in één woord subliem. De ruimteschepen en computers in de film bezitten een bovenmenselijke schoonheid en perfectie. Wat Kubrick ons toont is niet zozeer de reëel bestaande ruimtevaart- en computertechnologie met haar gebreken en mislukkingen, maar een ideaalbeeld, dat wordt gesymboliseerd in de perfecte geometrische vorm van de buitenaardse, zwarte monoliet (waarvan de drie zijden zich verhouden als de kwadratische reeks 1, 4 en 9).

Maar het ideaalbeeld is in de film tegelijkertijd een nachtmerrie. Juist vanwege haar perfectie fungeert de techniek in deze film als een huiveringwekkende kracht die het leven van de mens bedreigt. Het is opvallend hoe weinig hoofdrolspelers in *2001: A Space Odyssey* het avontuur overleven. Niet alleen bezegelt *Moonwatcher* in het eerste deel van de film de uitvinding van het werktuig met een brute doodslag die ons weinig illusies laat over de overlevingskansen van de overige ongewapende concurrenten, maar ook de boordcomputer in de *Discovery* blijkt bij de uitvoering van zijn programma een effectief moordwapen te zijn. Wanneer we het filmverhaal begrijpen als een metafoor voor de geschiedenis van de mensheid, dan is het beeld dat *2001* schetst van de rol van de techniek in de menselijke evolutie weinig bemoedigend. Nu lijdt het geen twijfel dat de destructieve potentie van de techniek niet mag worden onderschat. De wereldgeschiedenis leert dat de techniek de mens niet alleen een bonte variëteit aan mogelijkheden heeft geboden om individuele medemensen te doden, maar hem zelfs in staat gesteld heeft hele volken (de joden, enkele decennia geleden), rassen (de indianen in Zuid- en Noord-Amerika, enkele eeuwen geleden) en zelfs soorten (de *Homo Neanderthalensis*, enkele tienduizenden jaren geleden), geheel of grotendeels van de aardbodem weg te vagen. Uiteindelijk, zo suggereert *2001*, zet de techniek het bestaan van de *Homo sapiens* als zodanig op het spel. Bij de ontmoeting tussen Bowman en de zwarte monoliet in het laatste deel van de film, ligt de eerstgenoemde als grijsaard op zijn sterfbed. Zijn geboorte als *Starchild* markeert tegelijkertijd zijn dood als mens. Voorzover Bowmans avonturen staan voor die van de mensheid als geheel, verwijst zijn dood dus ook naar het einde van de menselijke soort. Dat in de evolutie van het leven de geboorte van een nieuwe soort vaak het einde van andere soorten betekent, wordt in de film onderstreept door de keuze van de muziek. Behalve door de genoemde compositie van Strauss worden beide transformatiescènes begeleid door het indringende *Requiem voor sopraan, mezzo sopraan, twee gemengde koren en orkest* van György Ligetti. Dat de techniek in de evolutie van het leven de plaats van de mens zou kunnen overnemen, wordt overigens al eerder in de film gesuggereerd. In de door Kubrick geschetste 'wondere wereld van de techniek' lijkt er nauwelijks nog een plaats te zijn voor de mens. In de *Discovery* heeft HAL alle functies van de mens overgenomen en lijkt de voornaamste taak van de astronauten Bowman en Poole te bestaan in het verdrijven van de verveling.[3] Ze worden nog enige tijd geduld door HAL, maar nadat hij hen door middel van een misleidende foutmelding van onderdeel AE-35 aan een psychologische test heeft onderworpen, concludeert HAL dat deze onberekenbare wezens de missie in gevaar brengen en daarom beter geëlimineerd kunnen worden. In een wereld die door superieure kunstmatige intelligenties als HAL wordt bewoond, is de mens niet alleen overbodig, maar betekent hij door genoemde onberekenbaarheid zelfs een groot gevaar.[4] De vraag waarmee Kubrick ons confronteert is of kunstmatige intelligenties als HAL en de zwarte monoliet geen geschiktere kandidaten zijn de volgende sport op de ladder van de evolutie te beklimmen dan de mens. Dat Bow-

---

3   Dat komt onder andere tot uitdrukking in de rondjes die de astronauten lopen om hun lichamelijke conditie op peil te houden. Door de cirkelvorm van het ruimteschip roepen hun oefeningen associaties op met het hollen van een hamster in een tredmolen.

4   In de film wordt de reden van HAL's disfunctioneren en het motief voor het doden van de bemanning in het midden gelaten. In het oorspronkelijke scenario en Clarke's boekversie van *2001* wordt HAL's foute diagnose met betrekking tot de antenne uitgelegd als een neurotisch symptoom dat het gevolg is van een logisch conflict tussen de regel dat hij altijd de waarheid moet spreken en de instructie het geheime doel van de missie – het contact zoeken met de makers van de zwarte monoliet – voor Poole en Bowman te verzwijgen. De 'doodsangst' die HAL overvalt wanneer hij er achter komt dat Poole en Bowman zijn hogere functies, waaronder zijn bewustzijn, willen uitschakelen, doet hem vervolgens besluiten hen uit de weg te ruimen. Kubrick heeft deze uitleg in de film achterwege gelaten, hetgeen gezien het onbevredigende karakter ervan goed te begrijpen is. De boekversie lijkt namelijk ten onrechte menselijke emoties als angst en trots aan HAL toe te schrijven. In een eerdere scène in de film, waarin Poole, Bowman en HAL worden geïnterviewd voor een actualiteitsrubriek op aarde, merken zij op dat HAL geen emoties kent, maar geprogrammeerd is alsof hij emoties heeft om de communicatie met mensen te vereenvoudigen (Picard 1997). Ook HAL's smeekbede aan Bowman om hem niet uit te schakelen, kan begrepen worden als een strikt logische strategie van HAL om de geprogrammeerde doeleinden te bereiken. Een veel plausibelere en consistentere verklaring voor HAL's op het eerste gezicht merkwaardige 'gedrag' biedt Underman in zijn aan *2001: A Space Odyssey* gewijde website. Hij

man (de mens) de strijd met de HAL (de computer) uiteindelijk op het nippertje wint, is – nog afgezien van het onwaarschijnlijke karakter van deze afloop[5] – een schrale troost, aangezien hij in de confrontatie met de zwarte monoliet op Jupiter, een kunstmatige intelligentie die HAL verre in de schaduw stelt, alsnog *als mens* ten onder gaat.

Aanknopend bij de eerder geciteerde beeldspraak uit Nietzsches *Zarathoestra* lijkt de techniek de afgrond te zijn waarboven het koord van de menselijke evolutie is geknoopt. Kubricks ambivalente verhouding ten aanzien van de techniek heeft haar grond in de dubbelzinnige betekenis van de techniek voor de mens. Enerzijds heeft de techniek een moeilijk te overschatten bijdrage geleverd aan de menswording van de mens. Naast de taal is het immers vooral de techniek geweest die de mens heeft verheven boven zijn dierlijke herkomst. Anderzijds zet de techniek, zoals we in het voorafgaande hoofdstuk zagen, de mens ertoe aan ook zichzelf te overstijgen in de richting van het posthumane. We zouden de techniek om die reden metaforisch kunnen aanduiden als een *ontologische machine*. De techniek onderwerpt de homoïden aan een voortdurende transformatie, die niet alleen tot uitdrukking komt in de opeenvolging van levensvormen (van aapmens via mens naar posthumane levensvorm), maar evenzeer in de niet minder ingrijpende verandering van de *wereld* van deze levensvormen. De evolutionaire en cultuurhistorische transformaties van de cognitieve structuur hebben fundamentele implicaties voor de ervaringswereld van deze levensvormen. De wereld van de mens is niet die van de aapmens, evenmin als de wereld van een posthumane levensvorm gelijk zal zijn aan die van de mens.

betoogt dat de 'fout' met betrekking tot het defecte onderdeel AE-35 in werkelijkheid geen fout is, maar begrepen moet worden als onderdeel van een psychologische betrouwbaarheidstest die HAL de twee bemanningsleden afneemt. In een van de dialogen met Bowman wordt dit ook met zoveel woorden door HAL toegegeven. Die tests zijn nodig omdat Bowman en Poole de enige elementen in het ruimteschip zijn die HAL niet volledig kan controleren en zo nodig bijsturen. Wanneer de beide astronauten besluiten HAL uit te schakelen, is het – in het licht van het in HAL geprogrammeerde doel, het welslagen van de missie naar Jupiter – niet meer dan logisch de bemanning te elimineren. Niet alleen zijn zij in feite overbodig (HAL controleerde als automatische piloot de vlucht van de *Discovery* volledig), maar bovendien vormde hun (letterlijke) onberekenbaarheid een blijvend risico. HAL was vanzelfsprekend niet geprogrammeerd om de astronauten te doden, maar het feit dat hij – als heuristische computer – zelf tot deze beslissing kwam, is wel een logisch gevolg van zijn opdracht de missie koste wat kost te doen slagen (Underman 1997). Volgens sommige interpretaties heeft Kubrick met de kille eliminatie van de astronauten de uiteindelijke immoraliteit en de leegheid van de technische rationaliteit willen bekritiseren (zie Kagan 1975, 145-166).

5 Aangezien HAL het schip volledig controleert, zou het niet moeilijk voor hem moeten zijn geweest de deuren van de computerruimte gesloten te houden en Bowman daarmee te verhinderen zijn hogere functies uit te schakelen.

Het fundamentele karakter van deze transformaties komt tot uitdrukking in de wijzigingen die de ruimtelijke en tijdelijke structuur van de ervaringswereld in de loop van de tijd ondergaan. De gehele geschiedenis van de techniek zou beschreven kunnen worden als de geschiedenis van een voortdurende transformatie van (de ervaring van) ruimte en tijd. Bij de transformatie van de ruimte moeten we niet primair denken aan de indrukwekkende uitbreiding van de biotoop van de *Homo sapiens*, maar veeleer aan de kwalitatieve omvorming van biotoop tot leefwereld. De verspreiding van de mens over de aardbol en de exploratie van de kosmische ruimte betekende niet alleen een verruiming van de menselijke biotoop, maar ging gepaard met de ontsluiting van een fundamenteel andere ervaringsruimte. Waar het dier nog opgesloten is in zijn door instincten ontsloten *Umwelt*, daar opende de technologie (opgevat als het geheel van technische apparaten én de daarmee verbonden technische kennis en vaardigheden) in de loop van de geschiedenis steeds opnieuw nieuwe werelden voor de mens. Zoals het zeilschip het Odysseus mogelijk maakte de geografische ruimte te exploreren, zo symboliseert het ruimteschip *Discovery* in *2001* de technologie die de mens in staat stelt de kosmische ruimte te exploreren. Technische instrumenten als de telescoop en de microscoop hebben bovendien werelden blootgelegd die zich ver boven en onder de grenzen van de alledaagse leefwereld afspelen. Op een vergelijkbare wijze heeft een alphatechnologie als het schrift de tijdelijke structuur van de ervaringswereld getransformeerd. Het schrift heeft het door de cycli van dag en nacht en van de seizoenen gekenmerkte bestaan van het dier en van de schriftloze *Homo sapiens* tot een lineair historisch bestaan omgevormd, dat zich vanuit het heden oneindig uitstrekt naar het verleden en de toekomst. Net als in het geval van de ruimte gaat het ook in het geval van de levenstijd niet louter om een kwantitatieve uitbreiding, maar om een kwalitatieve omslag die een wezenlijk andere tijdsdimensie ontsluit. Zoals eens de geologische tijd van de anorganische natuur overging in de biologische tijd van het leven, zo heeft de biologische tijd zich met de *Homo sapiens* getransformeerd tot een historische tijd. De mens leeft daardoor in een fundamenteel andere ruimte en een fundamenteel andere tijd dan zijn evolutionaire voorouders.[6]

---

6   Dat impliceert vanzelfsprekend niet dat eerdere tijd- en ruimteconcepties daarmee verdwenen zijn. Zo ervaren mensen nog steeds de geologische tijd en de biologische tijd. Waar de ervaring van de geologische tijd, bijvoorbeeld in de sublieme ervaring van een bergketen, altijd indirect en daardoor uiteindelijk moeilijk voorstelbaar is, ervaren wij de biologische tijd, zoals die bijvoorbeeld tot uitdrukking komt in de wisseling van de seizoenen, de afwisseling van de generaties en de menstruatiecyclus, letterlijk aan den lijve. Vergelijk de opmerking over de 'gelijktijdigheid' van de historische en de posthistorische tijd in de inleiding van dit boek.

3 De Sterrenpoort

> Er is veel dat we nog niet weten, bijvoorbeeld wat er
> gebeurt met voorwerpen en informatie die in een
> zwart gat vallen. Komen die weer tevoorschijn op een
> andere plaats in ons universum, of in een ander univer-
> sum? Kunnen we ruimte en tijd zodanig krommen dat
> we terug in de tijd kunnen reizen? Deze vragen maken
> deel uit van onze niet aflatende pogingen het univer-
> sum te begrijpen. Misschien dat er iemand terugkeert
> uit de toekomst om ons de antwoorden te vertellen.
>
> *Stephen Hawking*

De voorafgaande bespiegeling maakt duidelijk dat het nogal naïef zou zijn
te veronderstellen dat de odyssee door de ruimte en tijd van het leven zijn
voltooiing zou hebben gevonden in de menselijke levensvorm. Het ligt
meer voor de hand te veronderstellen dat ook de mens niet meer is dan een
contingent en voorbijgaand stadium in de evolutie van het leven (vgl. het
voorafgaande hoofdstuk) en dat ook de transformatie van de menselijke
naar een posthumane levensvorm gepaard zal gaan met fundamentele veranderingen in de ervaring van ruimte en tijd. Dat is ook wat Kubrick suggereert in het laatste deel van *2001: A Space Odyssey*, dat als titel draagt *Jupiter and beyond the infinite*. In dit deel maakt Bowman een hallucinerende reis
door een ruimte en een tijd, die in vrijwel niets meer herinnert aan de kosmische ruimte en tijd die door de *Discovery* werd doorkruist. Op het eerste
gezicht lijkt deze reis ontleend te zijn aan een uit de hand gelopen LSD-trip,
wat gezien het tijdstip van ontstaan van de film, het magische jaar 1968,
misschien niet eens zo'n gekke associatie is. Na een duizelingwekkende
doorgang door de 'Sterrenpoort' (Clarke 1990, 163, zie het citaat waarmee
dit deel opent), bevindt David Bowman zich plotsklaps met zijn ruimte-
shuttle in een grote witte, klassiek gemeubileerde ruimte. In het volgende
shot zien we Bowman in zijn ruimtepak in die kamer staan, zijn gezicht
nog natrillend van wat blijkbaar een traumatische ervaring is geweest. Hij
werpt een blik in de badkamer en loopt vervolgens naar het ernaast gelegen
vertrek. Daar ziet hij iemand aan een gedekte tafel zitten. Wanneer deze
persoon zich omdraait naar Bowman, blijkt het Bowman zelf te zijn, zonder ruimtepak en vele jaren ouder. Deze oudere Bowman lijkt niets te zien
en vervolgt zwijgend zijn maaltijd. Wanneer ook deze oudere Bowman
een geluid hoort, volgt de camera zijn blik en zien we opnieuw Bowman,
nu als een stokoude man in zijn sterfbed liggen. De 'point of view' verandert nogmaals en we zie hoe de stervende Bowman zijn hand uitstrekt naar
de zwarte monoliet die aan het voeteneinde van zijn bed staat. Het volgen-

de beeld toont een embryo in de ruimte. De film eindigt met een door de openingsmaten van *Also sprach Zarathustra* begeleid beeld van de aarde.

Het is niet verwonderlijk dat met name dit mysterieuze laatste deel van de film aanleiding heeft gegeven tot uiteenlopende interpretaties. Doordat Kubrick in dit deel nadrukkelijk breekt met zowel de wetten van de ons bekende wereld als met de narratieve conventies van de film, wordt de kijker voor vele raadsels gesteld. Door welke mysterieuze ruimte reist Bowman? Waar bevindt zich de hotelsuite waarin hij belandt? Op Jupiter? Is het, zoals sommige interpreten hebben geopperd, een soort kosmische dierentuin, waarin Bowman wordt geobserveerd door de intelligente wezens die Jupiter bewonen? Of is Bowman op mysterieuze wijze teruggekeerd naar de aarde? Of is alles een hallucinatie van de krankzinnig geworden astronaut? Hoe moeten we de sequentie duiden, waarin Bowman gelijktijdig op verschillende momenten in de tijd in de hotelsuite aanwezig is? Zijn we hier soms getuige van een nieuwe transformatie van ruimte en tijd? Zo ja, in welke ruimte en tijd is Bowman dan terechtgekomen? En hoe moeten we zijn hergeboorte als *Starchild* in dit verband begrijpen?

Toen ik mij vijfentwintig jaar geleden na afloop van de film deze vragen stelde, lukte het mij niet bevredigende antwoorden te formuleren. De door Kubrick in het laatste deel van de film verbeelde wereld week, hoezeer haar hallucinaties ook aansloten bij de beeldtaal van de *underground*-cultuur van de late jaren zestig die ik in zijn provinciale gestalten gretig in mij opzoog, te zeer af van mijn ervarings- en verbeeldingswereld. En ook de newtoniaanse natuurkunde die ik op de middelbare school leerde, kon mij niet veel verder helpen. Toen ik echter in 1997 de film voor de tweede keer zag, bleek die bizarre wereld veel van zijn vreemdheid te hebben verloren. Als regelmatig lezer van populair-wetenschappelijke literatuur op het gebied van de natuurwetenschappen herkende ik nu in Bowmans hallucinerende gang door de Sterrenpoort een filmische verbeelding van de fascinerende speculaties over hyperruimten (*hyperspace*) die veel hedendaagse theorieën over de inflatie (uitdijing) van het heelal en de rol van supersnaren daarin, omgeven (Barrow 1994; Hawking 1988; Hooft 1992; Kaku 1999; Sørensen 1989). Toen ik kort daarna Arthur C. Clarke's boekversie van *2001: A Space Odyssey* las, bleek dat dit geen toevallige associatie was; de auteur verwijst daarin expliciet naar theorieën over hyperruimten en transdimensionale tunnels (Clarke 1990, 163).

Het begrip 'hyperruimte' is afkomstig uit de wiskunde en is een verzamelnaam voor ruimten die meer dan drie ruimtelijke dimensies bezitten.[7]

---

7 Sinds Einstein wordt in de fysica de tijd vaak als vierde dimensie aan de drie ruimtelijke dimensies toegevoegd (zie de inleiding van dit boek). Deze vierdimensionale *ruimte-tijd* heeft echter slechts drie ruimtelijke dimensies. Onder hyperruimten worden in het vervolg ruimten met meer dan drie ruimtelijke

Van dergelijke hyperruimten kunnen we ons nauwelijks een voorstelling maken, omdat die hogere dimensies zich door hun specifieke kenmerken aan de menselijke waarneming onttrekken (Sørensen 1989, 60-62).[8] Met behulp van de door Riemann geïntroduceerde notatie kunnen hyperruimten echter wel op een consistente wijze worden beschreven en kunnen er allerlei berekeningen op worden toegepast.[9] Dergelijke abstracte wiskundige ruimten kunnen worden gebruikt om complexe verschijnselen af te

dimensies verstaan. De grondlegger van de tak van wiskunde die zich bezig houdt met meer- en oneindig-dimensionale ruimten is de Duitse wiskundige Bernhard Riemann, die zijn theorie in het midden van de negentiende eeuw ontwikkelde (Kaku 1999, 30-54).

8   Volgens de negentiende-eeuwse fysicus Helmholtz is 'een dergelijke "representatie" even onmogelijk als de "representatie" van kleuren voor iemand die blind is geboren' (geciteerd in: Kaku 1999, 10). Ruim een eeuw later geldt dat nog steeds: 'Zelfs ervaren wiskundigen en theoretische fysici die vele jaren werken met hoger-dimensionale ruimten erkennen dat ze deze ruimten niet kunnen visualiseren. Om die reden trekken zij zich terug in de wereld van wiskundige vergelijkingen' (idem, 10). Kaku oppert de veronderstelling dat dit onvermogen te wijten is aan de evolutie van de homoïden. Terwijl een goed begrip van (beweging in) driedimensionale ruimte een groot voordeel is in de 'struggle for life', zou het vermogen om meerdimensionale ruimten te zien geen evolutionaire voordelen met zich meegebracht hebben (idem, 11). In het vervolg zullen we zien dat dit (contingente) onvermogen wel eens een groot nadeel zal kunnen blijken te zijn in onze 'struggle for life' in cyberspace.

9   Riemann nam de stelling van Pythagoras ($a^2 + b^2 = c^2$) als uitgangspunt en toonde aan dat deze stelling ook geldt voor driedimensionale ($a^2 + b^2 + c^2 = d^2$) en meerdimensionale ($a^2 + b^2 + c^2 + d^2 + ... = z^2$) ruimten. Vervolgens toonde hij aan dat al deze ruimten zowel plat als gekromd kunnen zijn. In het eerste geval gelden de axiomata van Euclides (zoals: de kortste afstand tussen twee punten is de rechte lijn, twee parallelle lijnen raken elkaar nooit, de som van de drie binnenhoeken van een driehoek zijn altijd 180°), maar wanneer we met gekromde ruimten te maken hebben (als voorbeeld kan men denken aan een op een ballon geschilderde driehoek), gelden deze axiomata niet en kunnen, bijvoorbeeld, de drie hoeken van een driehoek meer dan 180° zijn en parallelle lijnen elkaar kruisen. Met behulp van Faradays veldtheorie (die door hem was ontwikkeld om de magnetische of elektrische krachten die op een punt inwerken te kunnen beschrijven) ontwikkelde Riemann een notatie – de zogenaamde *metric tensor* – waarin met behulp van een reeks getallen van ieder punt in de ruimte niet alleen de positie, maar ook de mate van kromming wordt beschreven. Zo kan een punt in de tweede dimensie met drie getallen worden beschreven en zijn er voor een punt in een vierdimensionale ruimte tien getallen nodig. Het fascinerende van Riemanns ontdekking was dat kracht niet langer wordt opgevat als een werking-op-afstand, maar als een effect dat wordt veroorzaakt door de kromming van de ruimte. Bovendien liep Riemann met zijn introductie van een vierde ruimtelijke dimensie vooruit op een van de dominante thema's in de twintigste-eeuwse fysica: het unificeren van de natuurwetten door ze in een hogere dimensie te beschrijven.

beelden, waarbij iedere eigenschap op een afzonderlijke as wordt afgebeeld.
Op deze wijze zou men bijvoorbeeld alle mogelijke stellingen van het
schaakspel als een hyperruimte kunnen beschrijven, waarbij iedere feitelijk
gespeelde en mogelijke partij schaak een afzonderlijk traject vormt door deze
hyperruimte.

Riemanns idee van meerdimensionale ruimten sprak in de decennia nadat het was geïntroduceerd sterk tot de verbeelding van schrijvers,
beeldende kunstenaars en mystici van uiteenlopend pluimage.[10] De wetenschappelijke vruchtbaarheid van het idee van meerdimensionale ruimten
bleek vooral in de theoretische fysica, waar het werd gebruikt om een klasse
van fysische processen te beschrijven die zich niet zonder ongerijmdheden
laten beschrijven met behulp van een driedimensionaal model. De Hon-
gaars-Amerikaanse fysicus John von Neumann, die vooral bekend is geworden als de bedenker van de nog steeds toegepaste architectuur van de elektronische computer, ontdekte bijvoorbeeld dat het gedrag van subatomaire
deeltjes op een adequate wijze beschreven kan worden wanneer ze in een
meerdimensionale ruimte worden afgebeeld (Woolley 1992, 62).

Terwijl sommige fysici van mening zijn dat dergelijke berekeningen
niet meer zijn dan een abstracte beschrijving van een driedimensionale
werkelijkheid, veronderstellen andere dat de fysische ruimte zelf een hy-
perdimensionaal karakter bezit. Die laatste opvatting heeft onder andere
geleid tot de ontwikkeling van de supersnaartheorie, volgens welke het
heelal oorspronkelijk, toen het nog onvoorstelbaar jong – minder dan 10^{-43}
seconden – en klein – minder dan 10^{-33} centimeter – was, negen (volgens
sommige varianten van de theorie zelfs vijfentwintig) ruimtelijke dimensies
bezat. Toen het heelal verder expandeerde bleef de meerderheid 'gevangen' binnen de afmetingen die het heelal op dat moment had en groeiden
er drie uit tot ons huidige, ten minste 10^{27} centimeter grote, heelal (Barrow
1994, 118). Volgens het in de jaren tachtig door de Russische natuurkundige Andrei Line voorgestelde chaotische inflatiemodel is het bovendien
mogelijk dat er uit de chaotisch willekeurige begintoestand naast ons
(waarneembare) heelal nog talloze andere heelallen zijn ontstaan, die qua
dichtheid, temperatuur, aantal ruimtelijke dimensies en zelfs natuurcon-
stanten fundamenteel kunnen verschillen van het onze.[11]

10 Zie bijvoorbeeld Edwin Abbotts *Flatland; a romance of many dimensions* uit
    1884, waaraan ik de gedachtenexperimenten met de platlanders in deze en de
    volgende paragrafen heb ontleend (Abbott 1963) en *The Time Machine* van
    sciencefictionschrijver H.G. Wells (Wells 1964). In de beeldende kunst is o.a.
    het werk van de kubist Picasso en de dadaïst Duchamp geïnspireerd door de
    literatuur over de vierde dimensie. Ook mystici van uiteenlopend pluimage
    hebben zich in diezelfde tijd door het idee van de vierde dimensie laten in-
    spireren en o.a. als verklaring aangevoerd voor het bestaan van geestesver-
    schijningen en andere paranormale verschijnselen.

Wat kosmologische speculaties over hyperruimte zo onweerstaanbaar maakt voor auteurs van sciencefiction is dat ze het in theorie mogelijk maken sneller dan het licht door de (driedimensionale) ruimte te reizen. Hoe dat in zijn werk gaat kan worden verduidelijkt met behulp van de analogie met driedimensionale reizen door een tweedimensionale wereld. Wanneer we ons een niet-gekromde tweedimensionale wereld voorstellen, bijvoorbeeld in de vorm van een vlak blad papier, dan is de kortste verbinding tussen twee punten A en B conform Euclides' axioma een rechte lijn. Wanneer deze tweedimensionale ruimte echter gekromd is, dat wil zeggen wanneer we het blad papier in de driedimensionale ruimte zodanig buigen dat de punten A en B elkaar bijna raken, dan liggen deze voor de bewoner van deze tweedimensionale wereld ineens vlak bij elkaar. Wanneer een 'platlander' nu door de hogere (derde) dimensie heen van A naar B zou kunnen gaan, dan zou hij zich dat vanuit zijn tweedimensionale perspectief slechts kunnen voorstellen als een *hyperjump*, een discontinue sprong door de tweedimensionale ruimte.

Naar analogie kan men zich voorstellen dat een bewoner van een gekromde driedimensionale wereld zich in een oogwenk door de vierde dimensie heen naar een andere, mogelijk lichtjaren ver verwijderde plaats in zijn driedimensionale wereld zou kunnen verplaatsen. Theoretische fysici als Hawking en Coleman speculeren over 'zwarte gaten' en 'wormgaten' die ver uit elkaar gelegen gedeeltes van het heelal, of zelfs tussen ons heelal en andere heelallen, met elkaar verbinden (zie afbeelding 2 op pagina 310).[12]

11 Volgens de astronoom Barrow heeft dat bijzonder ingrijpende consequenties voor de natuurwetenschap: 'Als het heelal uniek is – omdat het de enig mogelijke consistente wereld vormt – zijn de begincondities ook uniek, en vormen ze dus zelf een natuurwet. Als we daarentegen aannemen dat er vele andere heelallen mogelijk zijn – of, sterker nog, dat er echt vele andere heelallen bestáán – dan hoeven de begincondities geen bijzondere status te bezitten. Elke mogelijkheid zou ergens gerealiseerd kunnen worden' (Barrow 1994, 99). Wat Barrow zich hier voorstelt, is met andere woorden de transformatie van de astronomie in een modale wetenschap zoals we die in hoofdstuk 7 hebben gedefinieerd.

12 Hierbij dient onmiddellijk te worden aangetekend dat deze speculaties lang niet door alle fysici worden gedeeld. Zo schrijft Gerard 't Hooft in zijn *De bouwstenen van de schepping*: 'Welnu, voor de quantumzwaartekracht zijn deze wormgaten desastreus. Gelukkig kun je de wormgattheorie ook zodanig interpreteren dat de wormgaten absoluut onwaarneembaar zijn. Zo zou ik het ook liever willen houden' ('t Hooft 1992, 223). Wie uit 't Hoofts afkeer van 'metafysische zaken' (229) zou concluderen dat hij wars is van iedere speculatie vergist zich echter. In het laatste hoofdstuk van zijn boek spreekt hij zijn affiniteit uit met de in hoofdstuk 7 genoemde niet minder speculatieve 'digital metaphysics' van Edward Fredkins, volgens welke de gehele natuur beschouwd kan worden als een grote informatieverwerkende machine (226-8).

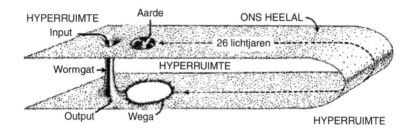

Afb.2 Schematische weergave van een wormgat dat fungeert als 'shortcut' tussen de aarde en de 26 lichtjaren verder gelegen ster Vega (tekening ontleend aan Thorne 1994, 485).

Wanneer we tegen de achtergrond van deze kosmologische bespiegelingen terugkeren naar het laatste deel van *2001: A Space Odyssey*, dan worden de vreemde gebeurtenissen daarin een stuk begrijpelijker. Wanneer Bowman in zijn ruimtesloep afdaalt naar Jupiter, komt hij terecht in een wormgat, of – zoals Clarke het in de boekversie omschrijft – 'een Centraal Station van de Galaxis ... een soort kosmisch rangeerterrein, dat het verkeer van de sterren door onvoorstelbare dimensies van ruimte en tijd leidde' (Clarke 1990, 167). Dit wormgat brengt hem naar een andere plaats in het heelal, 'lichteeuwen verwijderd van de Aarde'.

Wanneer we dit avontuur van Bowman in het licht van de odyssee van het leven door ruimte en tijd plaatsen, dan wordt duidelijk dat we in het geval van hyperruimte niet primair te maken hebben met een louter kwantitatieve uitbreiding van de menselijke ervaringsruimte, maar tevens met een transformatie die de mensheid een kwalitatief andere ervaring van ruimte en tijd binnenvoert. Wormgaten maken het – vooralsnog uitsluitend *in theorie* – immers niet alleen mogelijk naar verafgelegen plaatsen in ons heelal of een parallel heelal te reizen, maar stellen ons ook – opnieuw in theorie – in staat in de tijd te reizen (Thorne 1994, 449-521). Clarke beschrijft deze overgang naar een hogere dimensie aan de hand van de transformatie die de waarneming van de zwarte monoliet ondergaat op het moment dat Bowman als *Starchild* herboren wordt: 'De glanzende rechthoekige gedaante die alleen maar een blok kristal had geleken, zweefde nog voor hem, even onverschillig als hijzelf voor de vlammen van het inferno beneden, die hem niet konden deren. Er gingen nog onpeilbare geheimen van tijd en ruimte in schuil, maar althans enkele ervan begreep hij nu, zodat hij ermee kon werken. Hoe voor de hand liggend – hoe *noodzakelijk* – was die wiskundige verhouding van de zijden, de kwadratenreeks 1:4:9. En hoe naïef om te denken dat de reeks daarmee eindigde en zich tot drie dimensies beperkte!' (Clarke 1990, 185).

4 A Cyberspace Odyssey

Ginds tussen de sterren wees de evolutie nieuwe wegen. De eerste ontdekkers van de Aarde hadden al
lang de uiterste mogelijkheden van hun vlees en
bloed bereikt; toen hun machines beter waren geworden dan hun lichaam, was de tijd aangebroken
om te verhuizen. Zij gingen over in glanzende nieuwe woningen van metaal en plastic, eerst nog met
hun hersenen, vervolgens alleen met hun gedachten.
Hiermee zwierven zij tussen de sterren. Zij bouwden niet langer ruimteschepen, zij *waren* ruimteschepen.
Het tijdperk van de machine-wezens ging echter
snel voorbij. Door hun onophoudelijke experimenten hadden zij geleerd hun kennis op te slaan in de
structuur van de ruimte zelf en in onbeweeglijke configuraties van licht hun gedachten voor eeuwig vast te
leggen. Zij werden stralingswezens, eindelijk bevrijd
van de tirannie van de materie.

Zij transformeerden zich tot zuivere energie; op
duizend verschillende werelden dansten de lege schalen die zij hadden afgeworpen, een krampachtige zinloze dodendans om vervolgens uiteen te vallen en te
verroesten.

Zij waren nu meester van de tijd. Naar verkiezing
konden zij tussen de sterren reizen en als een ijle nevel door de spleten in de ruimte omlaagzakken. Maar
al beschikten zij over een bijkans goddelijke macht,
hun oorsprong in het warme slijm van een verdwenen zee waren zij niet helemaal vergeten.

En nog altijd waakten zij over de experimenten die
hun voorouders zo lang geleden in gang hadden gezet.

Arthur C. Clarke

Dat het laatste deel van *2001: A Space Odyssey* mij nu minder bevreemdt
dan in de tijd dat de film werd uitgebracht, heeft nog een andere reden. Bij
mijn hernieuwde kennismaking realiseerde ik mij namelijk plotseling dat
het laatste deel van de film niet alleen handelt over de exploratie van de
kosmische ruimte en tijd, maar ook, en misschien wel vooral, over *de exploratie van cyberspace*. Dat informatietechnologie een niet onbelangrijke rol
speelt in de film was mij vanzelfsprekend al niet ontgaan toen ik de film
voor de eerste keer zag. In het verhaal is immers een cruciale rol weggelegd

voor de twee kunstmatige intelligenties die erin optreden: HAL en de door een buitenaardse intelligentie vervaardigde zwarte monoliet.[13] De schok van herkenning die de film mij vijfentwintig jaar later bezorgde, werd echter niet veroorzaakt door deze kunstmatige intelligenties (die nu eerder uitnodigden tot een kritische vergelijking van Kubricks voorspelling en de realiteit van de kunstmatige intelligentie in 2001[14]), maar door Kubricks verbeelding van de reis door de vierde dimensie die Bowman naar de raadselachtige hotelsuite brengt. In 1997 riep deze scène bij mij onmiddellijk associaties op met de wijze waarop in sciencefictionromans en -films in de jaren tachtig en negentig cyberspace wordt verbeeld. En wat meer is: de reis door hyperspace in het slotdeel van *2001: A Space Odyssey* stelt ons in staat het virtuele karakter van cyberspace beter te doorgronden.

Het begrip 'cyberspace' werd, zoals reeds in hoofdstuk 4 werd vermeld, in 1985 geïntroduceerd door de Canadese schrijver William Gibson in zijn roman *Neuromancer* en werd in korte tijd een populair begrip, niet alleen in het genre van de sciencefiction, maar ook in de computerindustrie en in theoretische beschouwingen over informatietechnologie. Gibson beschrijft cyberspace als een driedimensionaal cartesiaans rasterwerk: 'Een grafische weergave van gegevens die zijn ontleend aan de databanken van alle computers in het wereldwijde netwerk. Onvoorstelbare complexiteit. Oplichtende lijnpatronen in de nonruimte van de geest, clusters en knooppunten van data. Als de lichten van een nachtelijke metropool, van veraf gezien, steeds verder ... Binnen de kubus begonnen complexe geometrische vormen op hun plaats te klikken tussen de bijna onzichtbare lijntjes van een driedimensionaal rasterwerk' (Gibson 1994, 56-7, 367). De overeenkomst met Clarke's beschrijving van de hyperruimte die Bowman doorkruist is opvallend: 'Als een nevel die door een bos sluipt, drong er iets binnen in zijn geest. ... Het was alsof hij in de vrije ruimte zweefde, terwijl om hem heen een eindeloos geometrisch raster van

13   Ik ga er hierbij vanuit dat de zwarte monoliet een werktuig is van het buitenaardse leven en niet het buitenaardse leven zelf. Voor de hiernavolgende interpretatie maakt dat overigens niet uit.

14   In de romanversie wordt verteld dat HAL op 12 januari 1997 operationeel is geworden. Ter gelegenheid daarvan werd in 1997 onder de titel *HAL's Legacy. 2001's Computer as Dream and Reality* een boek gepubliceerd waarin een aantal vooraanstaande computerdeskundigen – waarvan sommigen, zoals Marvin Minsky, als adviseur bij de film betrokken waren – stil staan bij de vraag in hoeverre HAL in 1997 realiteit is geworden (Stork 1997). In het scenario en de film wordt, om onduidelijke redenen, de productie van HAL overigens zes jaar eerder gedateerd. Op dit punt is de roman echter overtuigender dan de film. Het is immers in het licht van de snelheid waarmee computers worden ontwikkeld, niet erg aannemelijk dat een geavanceerd ruimteschip als de *Discovery* uitgerust zou worden met een tien jaar oude computer).

donkere lijnen of draden zich naar alle kanten uitstrekte. Langs die draden
gleden lichtvlekjes, sommige langzaam, andere duizelingwekkend snel'
(Clarke 1990, 182). Ook Robert Longo verbeeldt in *Johnny Mnemonic*, de uit
1995 daterende verfilming van de gelijknamige, aan *Neuromancer* voorafgaande novelle van Gibson, cyberspace als een oneindig driedimensionaal raster
met daarin voortdurend veranderende geometrische vormen. Hoewel de
computeranimatie Longo in 1997 mogelijkheden bood waarvan Kubrick
nog nauwelijks kon dromen, is de overeenkomst met diens verbeelding van
cyberspace opvallend.

Deze opvallende overeenkomst is niet zo verwonderlijk, omdat we cyberspace – metaforisch en misschien zelfs wel letterlijk – kunnen opvatten als
een hyperruimte. Een dergelijke opvatting maakt het, anders dan geografische metaforen als die van de elektronische snelweg, ons mogelijk een adequater begrip te vormen van het postgeografische en posthistorische karakter
van cyberspace. Wanneer we cyberspace voorstellen als een hyperruimte,
dan kan de computer begrepen worden als een 'wormgat', dat de gebruiker
niet alleen in staat stelt zich in een oogwenk te verplaatsen van de ene naar de
andere plek in het informationele heelal, of zelfs naar een parallel heelal,
maar het biedt bovendien de mogelijkheid om in de tijd te reizen.[15]

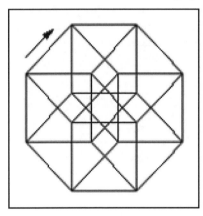

Alvorens deze stelling nader toe
te lichten, wijs ik er nogmaals op
dat we ons nauwelijks een ruimtelijke voorstelling kunnen maken
van hyperruimten. De *drie*dimen-
sionale voorstellingen die Clarke
en Gibson maken van de hyperdi-
mensionale cyberspace kunnen
ons slechts op indirecte wijze op
weg helpen. Dergelijke voorstellingen kunnen namelijk op hun
best opgevat worden als een projectie van de vierde op de derde
dimensie. Om ons dat enigszins te

Afb. 3 Een tweedimensionale weergave van
een vierdimensionale ruimte.

kunnen voorstellen kunnen we
deze projectie vergelijken met die
van een driedimensionaal object op een tweedimensionaal vlak, zoals bijvoorbeeld de schaduw van een ronddraaiende kubus op een muur. Op een

---

15   Deze analogie is ook opgemerkt door Michael Heim in zijn analyse van hypertekst in zijn boek *The Ontology of Virtual Reality*: 'De intuïtieve sprong in
hypertekst lijkt op die van ruimteschepen in futuristische fictie. Wanneer de
snelheid groter wordt dan de lichtsnelheid, wordt er een sprong door een hyperruimte gemaakt' (Heim 1993, 30-1).

zelfde wijze kan een vierdimensionaal object zoals een hyperkubus afgebeeld worden op een driedimensionale ruimte.[16] Een dergelijke 'platoonse schaduw' van een hyperkubus – die, wanneer hij vervolgens ook nog eens wordt geprojecteerd op een plat vlak, zelfs niet meer is dan een schaduw van een schaduw (zie afbeelding 3) – maakt het echter niet eenvoudig de onderscheidende kenmerken van de vierde dimensie te vatten. De zojuist genoemde analogie met de projectie van driedimensionale voorwerpen op een plat vlak kan ons echter verder helpen. Wanneer een bewoner van een tweedimensionale ruimte een poging onderneemt zich de derde dimensie voor te stellen, dan kan hij dit niet anders doen dan door zich die derde dimensie voor te stellen als een oneindige verzameling van parallelle tweedimensionale werelden, een soort prentenboek met een oneindig aantal bladzijden. Voor de platlanders zijn het parallelle werelden, die, wanneer ze over voldoende verbeeldingskracht beschikken, voor hen denkbaar, berekenbaar en dankzij *hyperjumps* mogelijk zelfs toegankelijk zijn, maar die voor hen niet als driedimensionale ruimte ervaarbaar zijn. Naar analogie kunnen wij ons, als driedimensionale wezens, de vierde dimensie voorstellen als een oneindige verzameling parallelle driedimensionale werelden.[17]

In het voorafgaande merkte ik op dat een wormgat het mogelijk maakt via de vierde dimensie een 'verkorte route' naar een andere locatie binnen het heelal, of zelfs naar een locatie in een ander heelal, te nemen. Dat is nu precies wat de computer als wormgat doet! De op een netwerk aangesloten computer

16 Zoals een driedimensionale kubus bestaat uit zes ineengevouwen tweedimensionale vierkanten, zo moeten we ons de hyperkubus voorstellen als een object dat bestaat uit acht ineengevouwen driedimensionale kubussen. Zoals de projectie van een roterende driedimensionale kubus op het platte vlak onder een bepaalde hoek op bepaalde tijdstippen een afbeelding van een vierkant laat zien, zo toont ons de projectie van de roterende hyperkubus op de derde dimensie onder een bepaalde hoek op bepaalde tijdstippen een afbeelding van een driedimensionale kubus. (*)

17 Ook om deze reden dient Chesters in noot 8 van hoofdstuk 9 geciteerde opmerking, dat 'de digitale ruimte in het geheel niet ruimtelijk is' te worden genuanceerd. Het is inderdaad misleidend om, zoals dit bijvoorbeeld gebeurt in de metafoor van de elektronische snelweg, cyberspace te beschouwen als een *driedimensionale* ruimte. In die zin is ook het driedimensionale raster waarmee Gibson cyberspace voorstelt incorrect. Gibson noemt deze driedimensionale 'nonruimte van de geest' echter terecht een *grafische weergave* van cyberspace. Gibsons cyberspace kan begrepen worden als een projectie van de vierdimensionale cyberspace in de derde dimensie. Ook Chester merkt overigens zelf op dat het in zijn opvatting niet-ruimtelijke digitale domein door middel van analoog-digitaal conversie een (analoge) ruimtelijke en temporele locatie wordt gegeven teneinde het digitale domein 'toegankelijk' te maken voor de menselijke computergebruiker.

maakt het niet alleen mogelijk door het aanklikken van *links* in een oogwenk veraf gelegen plaatsen in cyberspace te bezoeken, maar stelt ons tevens in staat parallelle werelden te bezoeken. Laat ik dit uitleggen aan de hand van de sterren screensaver waaraan ik in de inleiding van dit boek refereerde. Zoals ieder heelal heeft de sterrenwereld op mijn beeldscherm specifieke kenmerken. In dit uiterst simpele heelal zijn de enige variabelen de hoeveelheid sterren en de snelheid waarmee ze zich door dit heelal bewegen. Het programma biedt me echter de mogelijkheid de dichtheid van het heelal en snelheid van de sterren aan mijn wensen aan te passen. Hoewel de keuzemogelijkheden relatief beperkt zijn (het aantal sterren dat gelijktijdig op het beeldscherm vertoond wordt, kan variëren van 10 tot 200 en de snelheidschaal kent 20 verschillende waarden), stelt dit mij in staat niet minder dan 3800 (190 x 20) verschillende heelallen op te roepen. Bij complexere sterrenscreensavers is de keuze nog beduidend groter. Zo kan men met een screensaver als Galaxies 4.1 50 totaal verschillende typen universa inrichten, waarbij telkens tientallen parameters kunnen worden ingesteld, zoals de straal, de rotatiesnelheid, de kleuren van de sterren en de vorm van het heelal als geheel (sferisch, conisch, hyperbolisch etc.). Het aantal verschillende heelallen dat op die manier kan worden gemaakt is – letterlijk – astronomisch groot.

Wanneer we cyberspace als een hyperruimte opvatten, dan wordt het mogelijk het *virtuele* karakter van cyberspace nader te omlijnen. Dat is in de *eerste plaats* gelegen in het feit dat cyberspace – vanuit een driedimensionaal perspectief beschouwd – een verzameling is van *parallelle werelden*. Zo is de eerder besproken eenvoudige sterrenscreensaver op te vatten als de abstracte verzameling – een 'kosmische database' – van 3800 parallelle sterrenwerelden.[18] Meer algemeen uitgedrukt omvat cyberspace (de steeds uitdijende wereld van) alle mogelijke configuraties en toestanden van het geheel van computerprogramma's die door middel van wereldwijde computernetwerken met elkaar verbonden zijn. Voor een driedimensionaal wezen als de mens is slechts een van die werelden *actueel*, de andere zijn uitsluitend als *mogelijkheid* gegeven. Mijn screensaver kan bijvoorbeeld 10, 34 of 198 sterren laten zien, maar nooit tegelijkertijd. Anders dan voor een vierdimensionaal wezen, voor wie alle 3800 mogelijke werelden gelijktijdig actueel, en daarom niet virtueel (d.w.z. mogelijkheid) maar realiteit zouden zijn, is deze computationele hyperruimte (net als de kosmologische hyperruimte) weliswaar mathematisch berekenbaar, maar niet ervaarbaar en zelfs nauwelijks voorstelbaar voor de mens.

Net zoals de op het platte vlak geprojecteerde schaduwen van een driedimensionaal object zijn de afzonderlijke sterrenwerelden slechts de scha-

---

18 Vergelijk de 'poëtische database' van tienduizendmiljoen gedichten van Queneau die ik in hoofdstuk 6 heb besproken.

duwen van een hogere dimensie of werkelijkheid. Daarmee stuiten we op een tweede fundamenteel kenmerk van virtuele werelden: het *schijnbare* karakter ervan.[19] Van dit kenmerk van cyberspace vormt de scène in de raadselachtige hotelsuite waarin Bowman na zijn reis door de vierde dimensie belandt in het laatste deel van *2001: A Space Odyssey* een goede illustratie. Vijfentwintig jaar nadat ik deze scène voor het eerst zag, bleek ook deze beduidend minder vreemd. De wereld waarin Bowman terecht was gekomen, zo realiseerde ik mij, was een door een computer – de zwarte monoliet? – gecreëerde *virtuele realiteit*. Virtual reality, zo heb ik in hoofdstuk 9 uiteengezet, is de verzamelnaam voor een reeks computertechnologieën waarmee een driedimensionale representatie wordt gegenereerd waarin de gebruiker wordt opgenomen, waarin hij zich kan bewegen en waarmee hij kan interageren. De sterrenscreensaver, die de computergebruiker de illusie geeft zich met grote snelheid door het heelal te bewegen, is daarvan een primitief voorbeeld. Bij deze zogenaamde *desktop virtual reality* is de door de computer gegenereerde driedimensionale wereld afgebeeld op het tweedimensionale vlak van het computerbeeldscherm en is de mate van immersie, navigatie en interactie nog vrij beperkt. In meer geavanceerde systemen, die gebruik maken van een datahelm met twee ingebouwde stereoscopische beeldschermpjes, een stereokoptelefoon, en een voorziening die de bewegingen van hoofd en hand registreert en doorgeeft aan de computer, is de visuele en auditieve illusie driedimensionaal en zijn de mogelijkheden tot navigatie in en interactie met de virtuele wereld al een stuk groter. Inmiddels zijn er systemen in ontwikkeling waarbij het beeld door middel van laserstralen onmiddellijk op het netvlies wordt geprojecteerd, en in de toekomst zal het wellicht mogelijk zijn de beelden door middel van een neurale interface tussen computer en hersenen zonder tussenkomst van de zintuigen op te roepen.

Wellicht wordt deze laatste techniek toegepast door de buitenaardse intelligentie die Bowman op Jupiter ontvangt. In ieder geval is de hotelkamer waarin Bowman met zijn ruimtesloep belandt een vrijwel perfecte virtuele werkelijkheid. In de romanversie maakt Clarke, nadat hij de kamer, de meubelen, waaronder een schrijftafel met halfvolle boekenplank, de vaas met bloemen en de aan de wand bevestigde reproducties van Van Gogh en Wyeth heeft beschreven, ons deelgenoot van de verbijstering van Bowman, die een moment denkt dat hij krankzinnig is geworden: 'Hij had gedacht dat hij op ieder wonder was voorbereid. Het enige dat hij niet had

19   Zie de uiteenzetting over virtual reality in hoofdstuk 9, waarin de twee hier genoemde betekenissen van het begrip 'virtueel' reeds aan de orde kwamen. Zoals daar werd uiteengezet wortelen de twee betekenissen in de mechanistische fysica van de achttiende eeuw. In dit hoofdstuk blijken ze in informationistische gedaante terug te keren in de natuurwetenschap.

verwacht, was het louter triviale. ... Als hij inderdaad gek was, waren zijn waanvoorstellingen schitterend geënsceneerd. Alles was volkomen echt, er was niets dat verdween als hij het de rug toekeerde. Het enige voorwerp in het tafereel wat uit de toon viel – en dat niet zo'n klein beetje – was de ruimtesloep zelf. ... Het was reëel – of anders een zo voortreffelijk uitgedachte zinsbegoocheling, dat ze onmogelijk van de realiteit te onderscheiden was' (Clarke 1990, 176). Dat dit laatste het geval is, blijkt wanneer Bowman erachter komt dat de hotelkamer een simulatie is van een hotelkamer uit een op de aarde uitgezonden en door Bowmans gastheer opgevangen televisieprogramma.

In hoofdstuk 9 heb ik betoogd dat virtual reality niet kan worden afgedaan als louter schijn. Hoewel een virtuele wereld niet echt is in de klassieke betekenis van het woord, zijn de effecten wel degelijk reëel te noemen. Dat geldt reeds voor het virtuele beeld in een spiegel, waarvan de lichtval ondanks zijn illusoire status overeenstemt met die van een reëel object. En zo ook kan de door een vluchtsimulator opgeroepen ervaring de gebruiker echt luchtziek maken. In de zojuist besproken scène uit de film wordt de vraag naar de ontologische status – een virtuele realiteit nog verscherpt, wanneer blijkt dat niet alleen de visuele representatie van de hotelkamer niet van echt te onderscheiden is, maar dat ook het voedsel en de drank die Bowman in de koelkast aantreft reële effecten hebben, aangezien ze in staat blijken zijn honger en dorst te stillen. De vraag is hier dus niet zozeer of een virtuele realiteit reëel is, maar eerder op welke wijze zij dat is (Coolen 1997, 44). Wanneer we bedenken dat de (traditionele) realiteit in het tijdperk van de ICT in toenemende mate door computers wordt gemedieerd, kunnen we ons met Castells afvragen of het niet beter is te spreken van een 'real virtuality' (Castells 1996, 372v.).

Wanneer we een adequaat begrip willen vormen van cyberspace, dan mag echter de eerstgenoemde betekenis van het begrip 'virtueel' niet uit het oog verloren worden. We dienen beide betekenissen samen te denken. Voor driedimensionale wezens als de mens is cyberspace een veld van potentiële (d.w.z. parallel bestaande en derhalve mogelijke, maar niet gelijktijdig ervaarbare) werelden die zo toegankelijk zijn, dat we er ons in kunnen bewegen en dat we ermee kunnen interageren.[20] De verstrekkende ontologische implicaties van deze gedachte worden pas volledig inzichtelijk wanneer we bedenken dat in het tijdperk van de 'real virtuality' de traditionele realiteit en virtuele realiteit steeds meer vervlochten raken.

20 In dit opzicht verschil ik van mening met Coolen, die virtualiteit uitsluitend denkt vanuit de optische connotatie van het begrip en nadrukkelijk stelt dat virtueel niet mag worden gelijkgesteld met potentieel (Coolen 1997, 44). Voor een driedimensionaal wezen is een virtuele wereld beide: het is een reeks mogelijke werelden die in potentie reële effecten teweeg kunnen brengen.

Dat deze reële virtualiteit niet beperkt blijft tot de sociale realiteit, leert de moleculaire genetica en de daarmee verbonden biotechnologie. Een databank met de genetische informatie van een reeks organismen omvat niet alleen het genetische bouwplan van bestaande organismen, maar ook dat van een groot aantal potentiële organismen, die door middel van (trans)genetische manipulatie (traditionele) realiteit kunnen verkrijgen (Fox 1999).

De voorafgaande overwegingen rechtvaardigen de stelling dat cyberspace een nieuw postgeografisch en posthistorisch stadium in de odyssee door ruimte en tijd ontsluit. Dit stadium is niet alleen postgeografisch te noemen omdat de computer ons in staat stelt *hyperjumps* door de fysische en sociale dimensies van de geografische ruimte te maken, maar ook omdat hij – zoals het voorbeeld van de biotechnologie verduidelijkte – toegang biedt tot parallelle werelden. Het stadium is bovendien posthistorisch, omdat we dankzij de computer *hyperjumps* door onze geschiedenis kunnen maken. De op het eerste gezicht raadselachtige verouderingssequentie aan het eind van *2001: A Space Odyssey* vormt hiervan een aardige illustratie. Wanneer Bowman in de virtuele realiteit van zijn hotelkamer een oudere versie van zichzelf gadeslaat, dan hebben we te maken met een gelijktijdige actualisering van verschillende momenten in de tijd. Dat deze ervaring niet is beperkt tot de wereld van de sciencefiction, maar inmiddels al deel is gaan uitmaken van onze alledaagse realiteit, maakte het duet van Bob Marley en Erykah Badu, dat ik in de inleiding van dit boek als voorbeeld noemde, duidelijk. Andere reeds bestaande voorbeelden van deze posthistorische ervaring zijn computersimulaties van het verleden en de toekomst. We kunnen daarbij denken aan de eerder genoemde virtual reality-reconstructies van (pre)historische locaties zols de grotten van Lascaux (zie hoofdstuk 1). Een stap verder gaan de dinosauriërs in Spielbergs *Jurassic Park*, prehistorische organismen die op basis van overgeleverd DNA worden gereconstrueerd. Net als in het geval van de postgeografische ruimte biedt ook de posthistorische tijd de mogelijkheid parallelle werelden, in de vorm van alternatieve geschiedenissen, te betreden. Interactieve romans en computerspellen, waarbij de lezer of speler uit een veelheid van virtuele geschiedenissen er een actualiseert, vormen hiervan alledaagse voorbeelden. Maar ook kan gedacht worden aan gesimuleerde alternatieve evoluties van het leven op aarde, waarbij met behulp van (toekomstige) biotechnologieën ook organismen die in de evolutionaire *struggle for life* nooit zijn ontstaan, zijn verdwenen of nog niet zijn ontstaan worden ge(re)construeerd. Daarmee zou de in hoofdstuk 1 genoemde mogelijkheid van tijdreizen worden gerealiseerd. Niet, zoals in de speculaties over wormgaten gebeurt, door daadwerkelijk terug te reizen in de tijd (Thorne 1994, 483-521), maar door het actualiseren van het verleden en de toekomst in het heden. Daarmee lijkt de 'metafysica van de aanwezigheid', die de westerse cultuur ten minste vanaf Plato kenmerkt, een nieuw – virtueel – hoogtepunt te bereiken.

5 Epilogue: Man and beyond the infinite

Het epos over de reis die het leven maakt door ruimte en tijd is ook, en niet in de laatste plaats, een tragedie. In het voorafgaande hebben we reeds opgemerkt dat de reizigers een hoge prijs moeten betalen om deelgenoot te kunnen zijn van dit kosmologische en ontologische avontuur. Iedere nieuwe transformatie van ruimte en tijd betekende tevens de ondergang van de soort die deze transformatie hielp te voltrekken. De *Australopethicus afarensis* heeft het betreden van de humane levensruimte en de humane geschiedenis moeten bekopen met zijn eigen ondergang. En *2001: A Space Odyssey* suggereert dat de prijs die de mensheid moet betalen voor de ontsluiting van de posthumane dimensies van ruimte en tijd niet geringer is. Bowman laat in zijn transformatie tot *Starchild* niet alleen zijn menselijke lichaam achter, maar ook zijn menselijke geest.

Waarom dit lot waarschijnlijk ook voor de mens onvermijdelijk is, werd in de voorafgaande twee paragrafen inzichtelijk. Met cyberspace heeft de mens een nieuwe vierdimensionale ruimte en tijd ontsloten waartoe hij slechts op indirecte wijze toegang heeft en waarvan hij zich zelfs nauwelijks een voorstelling kan maken. Onze voorstellingen van de vierde dimensie zijn niet minder onbeholpen dan de voorstellingen die Abbotts platlander zich tracht te maken van de derde dimensie.[21] We zijn als de gevangenen in de grot van Plato, die de tweedimensionale afbeeldingen op de muur van de grot voor de werkelijkheid houden (Plato 1980, deel III, 333). In een bepaald opzicht is ons lot nog beklagenswaardiger, omdat er onder ons geen wijzen kunnen opstaan die de grot kunnen uitwandelen om de werkelijkheid in haar ware gedaante te aanschouwen. Onze computerschermen tonen ons slechts de schaduwen van een wereld die we nooit zullen kunnen betreden. Maar waarschijnlijk zullen we ons door het bestaan van die wereld ook niet meer − of vanwege onze excentrische positionaliteit misschien beter: minder dan ooit (zie hoofdstuk 11, vgl. De Mul 1999b) − thuis voelen in onze oude wereld. We zijn, om Heidegger te variëren, te laat voor de metafysica en te vroeg voor cyberspace.

21   Kaku geeft een aardige beschrijving van een imaginaire reis van een platlander door de derde dimensie (in de vorm van een reeks hyperjumps tussen een reeks opeenvolgende tweedimensionale werelden) en zijn ontmoeting met een mens. Voor de platlander die de mens van onderen benadert zal deze plotsklaps uit het niets in zijn platte wereld binnentreden als twee gesloten vormen (de voeten) en zal met iedere *hyperjump* naar het volgende platte vlak het aantal, de vorm en de plaats van deze vormen veranderen. Dat wat voor een driedimensionaal wezen simultaan aanwezig is, kan door de platlander slechts sequentieel ervaren worden. Op een vergelijkbare wijze is de vierde dimensie voor de mens slechts ervaarbaar als een opeenvolging van driedimensionale werelden waarvan hij de simultane samenhang nauwelijks kan bevroeden.

320 Deel v: De sterrenpoort

Het wachten is dus niet op Moravecs in het vorige hoofdstuk besproken procedure die het 'downloaden van de menselijke geest in de machine' mogelijk zal maken, maar op de levensvorm die deze nieuwe ervaringsruimte zal betrekken. De in het voorafgaande herhaaldelijk uitgesproken mogelijkheid dat de mens wel eens de eerste levensvorm zou kunnen zijn die voorbestemd is zijn eigen evolutionaire opvolgers te scheppen die beter dan hijzelf in staat zullen zijn in de digitale *struggle for life* te overleven, draagt zowel bij aan de grandeur als aan de tragiek van de mens. Hoezeer ook de ontwikkeling en samenwerking van nieuwe disciplines als nanotechnologie, biotechnologie, kunstmatige intelligentie en kunstmatig leven nog omgeven zijn door een humaan discours (met alle daarmee verbonden onoplosbare ontologische en ethische vragen), lijkt – zoals ik in het vorige hoofdstuk heb betoogd – de agenda ervan uiteindelijk, al dan niet bedoeld, gericht te zijn op de creatie van een posthumane levensvorm. Is het niet naïef om, zoals Clarke in het laatste hoofdstuk van *2001: A Space Odyssey*, te veronderstellen dat de wezens die de odyssee van het leven door ruimte en tijd zullen voortzetten nog zoveel op ons zullen lijken dat we kunnen zeggen dat het de mens is die naar cyberspace emigreert? Is de rituele herhaling van het woordje *zij* in de hierboven geciteerde passage meer dan een retorische poging de menselijke identiteit te bestendigen? Een rituele bezwering van het onafwendbare lot, in de odyssee van het leven ten onder te gaan? Welk mens – behalve Bowman – zal gehoor kunnen geven aan Nietzsches letterlijk onmenselijke oproep: 'Wij vrije, zeer vrije geesten – wij hebben haar nog, de volle nood des geestes en de volle spanning van zijn boog! En wellicht ook de pijl, de taak, en – wie weet? – het *doel* ...' – 'Wat doet de *rest* er nog toe? – De rest, dat is de mensheid maar' (Nietzsche 1980, 5, 13, 6, 167-8)?

DIGITAAL NAWOORD (*)

Kijk David, ik begrijp dat dit je overstuur heeft gemaakt. Ik denk eerlijk dat je even rustig moet gaan
zitten, een stresspil moet nemen, en de zaak nog eens
moet overdenken.

HAL

01010011 01110000 01110010 01100101 01100101 01101011 00101100
00100000 01011010 01100001 01101110 01100111 01110011 01110100
01100101 01110010 00100001 00100000 01110110 01100001 01101110
00100000 01100100 01100101 01101110 00100000 01101000 01100101
01101100 01100100 00101100 00100000 01101001 01101110 00100000
01101011 01110010 01101001 01101010 01100111 00100000 01100101
01101110 00100000 01101100 01101001 01110011 01110100 00100000
01110110 01101111 01101100 01101100 01100101 01100101 01110010
01100100 00101100 00001010 01000100 01101001 01100101 00101100
00100000 01110100 01101111 01100101 01101110 00100000 01101000
01101001 01101010 00100000 01010100 01110010 01101111 01101010
01100101 01110011 00100000 01110111 01100001 01101100 00100000
01110100 01101111 01110100 00100000 01110000 01110101 01101001
01101110 00100000 01101000 01100001 01100100 00100000 01101111
01101101 01100111 01100101 01101011 01100101 01100101 01110010
01100100 00101100 00001010 01001101 01101111 01100101 01110011
01110100 00100000 01111010 01110111 01100101 01110010 01110110
01100101 01101110 00111011 00100000 01100100 01101001 01100101
00100000 01101111 01110000 00100000 01111010 01100101 01100101
00100000 01110010 01100001 01101101 01110000 01111010 01100001
01101100 01101001 01100111 00100000 01101000 01100101 01100101
01100110 01110100 00100000 01100111 01100101 01101100 01100101
01100100 01100101 01101110 00101100 00001010 01000101 01100101
01101110 00100000 01100001 01100001 01101110 01110100 01100001

```
01101100 00100000 01110110 01101111 01101100 01101011 01110010
01100101 01101110 00100000 01111010 01100001 01100111 00100000
01100101 01101110 00100000 01101111 01101110 01100010 01100101
01101011 01100101 01101110 01100100 01100101 00100000 01111010
01100101 01100100 01100101 01101110 00101100 00001010 01010111
01100001 01101110 01101110 01100101 01100101 01110010 00100000
01101000 01101001 01101010 00100000 01110110 01101111 01101111
01110010 00100000 01111010 01101001 01100011 01101000 00100000
01111010 01100101 01101100 01110110 00100111 00100000 01100101
01101110 00100000 00100111 01110100 00100000 01101100 01100101
01100111 01100101 01110010 00100000 01110010 01100101 01100100
01100100 01101001 01101110 01100111 00100000 01111010 01101111
01100011 01101000 01110100 00111011 00001010 01001101 01100001
01100001 01110010 00101100 00100000 01101000 01101111 01100101
00100000 01110100 01110010 01101111 01110101 01110111 01101000
01100001 01110010 01110100 01101001 01100111 00100000 01101111
01101111 01101011 00101100 00100000 01100111 01100101 01100101
01101110 00100000 01100010 01100101 01101110 01100100 01100101
01101110 00100000 01101000 01100101 01101100 01110000 01100101
01101110 00100000 01101101 01101111 01100111 01110100 00101110
00001010 01000100 01101001 01100101 00100000 01110111 01101111
01100101 01110011 01110100 00100000 01100101 01101110 00100000
01101111 01101110 01100010 01100101 01100100 01100001 01100011
01101000 01110100 00100000 01111010 01101001 01100011 01101000
00100000 01111010 01100101 01101100 01101100 01110110 01100101 00100000
01101001 01101110 00100000 00100111 01110100 00100000 01101111
01101110 01101000 01100101 01101001 01101100 00100000 01100010
01110010 01100001 01100111 01110100 01100101 01101110 00101100
00001010 01000101 01101110 00100000 00100111 01110100 00100000
01110010 01110101 01101110 01100100 01100101 01110010 01110110
01100101 01100101 00100000 01100100 01100101 01110010 00100000
01011010 01101111 01101110 00100000 01110100 01100101 01101110
00100000 01100111 01110010 01110101 01110111 01100010 01110010
01100101 01101110 00100000 01101101 01100001 01100001 01101100
01110100 01101001 01101010 01101010 01100100 00100000 01110011 01101100
01100001 01100111 01110100 01110100 01100101 01101110 00101100
00100000 00101101 00001010 01000100 01100101 01110010 00100000
01011010 01101111 01101110 01101110 00101100 00100000 01110111 01101001
01100101 01110010 00100000 01100111 01110010 01100001 01101101
01110011 01100011 01101000 01101000 01100001 01110000 00100000 01101000
01100001 01100001 01110010 00100000 01100111 01100101 01100101
01101110 00100111 00100000 00100000 01100100 01100001 01100111 00100000
```

01110110 01100001 01101110 00100000 01101011 01100101 01100101
01110010 01100101 01101110 00100000 01100111 01100001 01100110
00101110 00001010 01010011 01110000 01110010 01100101 01100101
01101011 00101100 00100000 01011010 01100001 01101110 01100111
01110011 01110100 01100101 01110010 00100001 00100000 01110110
01100001 01101110 00100000 01101000 01110101 01101110 01101110
00100111 00100000 01110100 01101111 01100111 01110100 00101100
00100000 01101000 01110101 01101110 00100000 01101100 01101001
01101010 01100100 01100101 01101110 00100000 01100101 01101110
00100000 01101000 01110101 01101110 00100000 01110011 01110100
01110010 01100001 01100110 00101110 00001010

VERANTWOORDING

De meeste hoofdstukken in dit boek zijn bewerkingen van lezingen en artikelen die zijn gehouden en/of gepubliceerd in de periode tussen 1994 en 2002. Ze zijn voor deze publicatie meer of minder drastisch herschreven, in sommige gevallen naar het Nederlands vertaald en waar nodig geactualiseerd. *Welkom in cyberspace* is niet eerder gepubliceerd. Enkele passages zijn ontleend aan de lezing die ik heb gehouden in het kader van de paneldiscussie *Aesthetic Discourses* die plaatsvond tijdens het XIV *International Congress of Aesthetics* in Tokyo in augustus 2001 en die werd gepubliceerd onder de titel 'The emergence of (post)geographical and (post)historical art' in: A. W. Balkema en H. Slager (red.), *Concepts on the move*, Amsterdam/New York (Rodopi), 2002, blz. 135-138 en aan 'Virtual romantics', dat als slothoofdstuk werd toegevoegd aan de Amerikaanse uitgave van *Het romantische verlangen in (post)moderne kunst en filosofie* (³1995) – *Romantic Desire in (Post)Modern Art and Philosophy*, Albany (State University of New York Press) 1999, blz. 231-244.

De draadloze verbeelding is een bewerking van het hoofdstuk 'De draadloze verbeelding: een virtuele blik in de toekomst van de beeldende kunsten', dat werd gepubliceerd in het door Anton Zijderveld geredigeerde boek *Kleine geschiedenis van de toekomst: 100 thesen over de Westerse samenleving op weg naar de eenentwintigste eeuw*, Kampen (Kok Agora), ¹1994, blz. 44-51. Een Engelse vertaling van het artikel verscheen onder de titel 'Imagination without strings: A virtual look in the future of the visual arts' in: L. Moreva en I. Yevlampiev (red.), *Paradigms of Philosophizing*, Petersburg (Russische Academie voor Wetenschappen), 1995, blz. 246-252.

Politieke technologie is gedeeltelijk gebaseerd op het samen met Paul Frissen geschreven artikel 'Techniek is niet neutraal', dat op 2 mei 1998 werd gepubliceerd in: *Trouw*, Letter & Geest, blz. 19.

Big Brother is niet meer is een uitgebreide versie van een artikel dat ik schreef naar aanleiding van een debat dat ik op 9 juni 1999 met Arre Zuurmond voerde in het kader van de door Pink Roccade georganiseerde rechtszitting *Der Prozeß: ICT in de beklaagdenbank*. Het werd gepubliceerd onder de titel 'Big Brother bestaat niet' in de *Automatisering Gids* op vrijdag 1 oktober 1999, blz. 21. Het artikel vormde een reactie op Zuurmonds neerslag van het debat dat een week eerder in hetzelfde tijdschrift verscheen.

Van Odyssee tot cyberpunk is een bewerking van het artikel 'Emigratie naar Cyberspace' dat op 14 januari 1995 werd gepubliceerd in *Trouw*, Letter & Geest, blz. 23-24.

Sillywood of de miskraam van de interactieve cinema is een bewerking van de gelijknamige lezing die ik op 15 april 1996 in Theater Lantaren/Het Venster in Rotterdam gaf in het kader van de landelijke lezingencyclus *Honderd jaar film*. De tekst werd niet eerder gepubliceerd.

De oerversie van *De digitalisering van de cultuur* werd op 21 november 1996 gepresenteerd tijdens een symposium ter gelegenheid van het vijftienjarige bestaan van de Faculteit der Letteren van de Katholieke Universiteit Brabant in Tilburg. Het verscheen onder dezelfde titel in H. C. Bunt en G. Extra (red.), *De informatiemaatschappij en de multiculturele samenleving*, Tilburg (KUB), 1997, blz. 26-49. Een bewerking werd op 1 maart 1999 in De Balie in Amsterdam voorgedragen en onder de titel 'Het kunstwerk in het tijdperk van de digitale reproduceerbaarheid' gepubliceerd in: René Boomkens, John Jansen van Galen, Patricia de Martelaere, Jos de Mul en Paul Scheffer, *Hier gaat het over in de cultuur, de komende jaren*, Amsterdam: De Balie, 97-116. De geactualiseerde Engelse bewerking waarop het hoofdstuk is gebaseerd, werd op 22 augustus 2000 op uitnodiging van de Korean Society of Aesthetics voorgedragen op Seoul National University en gepubliceerd als 'The Work of Art in the Age of Digital Reproduction. Some Remarks on the Transformation of the Avant-garde' in: B.-N. Oh. *Art, Life and Culture*, Seoul (Seoul National University), 2000, blz. 59-80.

Een verkorte versie van *De informatisering van het wereldbeeld* werd op 7 november 1997 als Dies-lezing voorgedragen aan de Erasmus Universiteit Rotterdam en door deze instelling onder dezelfde titel uitgegeven in de reeks *Dies Natalis Erasmus Universiteit Rotterdam* (1997). De uitgebreide Engelstalige bewerking, waarop dit hoofdstuk is gebaseerd, verscheen onder de titel 'The informatization of the worldview' in: *Information, Communication & Society* 2 (1), London (Routledge), 1999, blz. 69-94.

Een 'analoge' versie van *De wereld in het tijdperk van zijn digitale reproduceerbaarheid* werd op 28 augustus 1992 onder de titel 'Photography as metaphysics' gepresenteerd tijdens het XIIth *International Congress in Aesthetics* in Madrid. Een op digitale beeldbewerking toegesneden bewerking werd onder de titel 'Naar een modale fotografie' gepubliceerd in *Fotonet*, het tijdschrift van het *Nederlands Foto Instituut*, Nummer 3 (1995), blz.16-19. De uitgebreide Engelstalige bewerking waarop dit hoofdstuk is gebaseerd, verscheen onder de titel 'The virtualization of the world view: The end of photography and the return of the aura' in A. W. Balkema en H. Slager (eds.), *The Photographic Paradigm*, Amsterdam/Atlanta (Rodopi), 1997, blz. 44-56.

De tekst die ten grondslag ligt aan *Digitaal Dasein* werd op 25 augustus 1998 onder de titel 'Virtual reality: the interplay between technology, ontology and art' in Ljubljana gepresenteerd tijdens het *XIVth International Congress in Aesthetics* en vervolgens onder dezelfde titel gepubliceerd in: V. Likar en R. Riha (red.), *Aesthetics as Philosophy. Proceedings of the XIVth International Congress in Aesthetics. Ljubljana 1998. Volume 1: Introductory and invited papers*, Ljubljana (University of Ljubljana), 1999, 165-184. In het hoofdstuk zijn enkele aanvullingen verwerkt die ik in het voorjaar van 2002 heb geschreven ten behoeve van de in dat jaar gepubliceerde Koreaanse vertaling van het hierboven genoemde artikel.

Under Construction is gebaseerd op de gelijknamige studie die ik samen met Valerie Frissen (STB, TNO-Delft) in 2000 schreef in het kader van het onderzoeksprogramma *Infodrome* van het Ministerie van OC&W. Het hoofdstuk bevat delen van het filosofische deel dat ik voor mijn rekening nam, aangevuld met enkele passages uit 'Networked identities', de lezing die op 20 augustus 1997 het *Seventh International Symposium on Electronic Art* te Rotterdam opende en die onder dezelfde titel werd gepubliceerd in Michael B. Roetto (red.), *Proceedings of the Seventh International Symposium on Electronic Art*. Rotterdam (ISEA) 1997, blz. 11-16, en uit 'Het verhalende zelf. Over persoonlijke en narratieve identiteit', dat werd gepubliceerd in M. Verkerk (red.), *Filosofie, ethiek en praktijk. Liber amicorum voor Koo van der Wal*, Rotterdam: Rotterdamse Filosofische Studies, 2000, blz. 201-215.

De oerversie van *Virtuele antropologie. Plessner voor cyborgs* werd op 21 juni 1995 gepresenteerd op een samen met Anton Zijderveld en René Foqué aan de Erasmus Universiteit Rotterdam georganiseerd symposium *Conditio Humana. Over de actualiteit van Plessners wijsgerige antropologie*. De drastisch herschreven versie 2.0, waarop het hoofdstuk is gebaseerd, werd op 20 november 2000 in Freiburg i.Br. gepresenteerd tijdens het ~~congres~~ *Exzentrische Positionalität*.

Virtueel polytheïsme vormt de bewerking van een artikel dat onder de gelijknamige titel werd gepubliceerd in *Trouw* op 18 februari 1995, blz. 17-18, aangevuld met enkele passages van een tekst die ik in 2001 heb geschreven ten behoeve van een IKON televisieprogramma over rituelen op het Internet.

Van Homo erectus tot Homo zappens is een bewerking van 'Digitale media en cognitieve structuur. Een cultuurhistorische en evolutionaire beschouwing' dat werd gepubliceerd in *Rekenschap. Tijdschrift voor wetenschap en cultuur*, juni 1996, 95-105. Bij de bewerking werden enkele passages gebruikt uit 'Homo sapiens cyberneticus', dat werd gepubliceerd in J.J.W. Lisman, G. Goris en J.G. van Soest (red.), *Van kennis naar informatie. Van informatie naar kennis, Symposium ter gelegenheid van de officiële opening van de Waleus Bibliotheek*, Leiden (Boerhaave Commissie) 1996, blz. 163-171. *Transhumanisme. De convergentie van evolutie, humanisme en informatietechnologie* werd onder dezelfde titel voor het eerst gepubliceerd in: G. v. Dijk en A. Hielkema (red.), *De menselijke maat: Humaniteit en beschaving na 2000*, Amsterdam (De Arbeiderspers) 1999, blz. 154-189. De Engelse vertaling, 'Transhumanism – The Convergence of Evolution, Humanism and Information Technology', werd gepubliceerd in: E. Rewers en J. Sójki (red.), *Man within Culture at the Treshold of the 21st Century*, Poznan (Wydawnictwo Fundacji Humaniora) 2001, 101-122. In het hoofdstuk is een aantal kleine aanvullingen opgenomen die in de zomer van 2002 werden toegevoegd ten behoeve van de Spaanse vertaling van het artikel in *Tendencias Científicas*.

A Cyberspace Odyssey werd onder dezelfde titel eerder gepubliceerd in *Krisis. Tijdschrift voor empirische filosofie*, jrg. 2 (2002), nr. 2, blz. 6-29.

LITERATUUR

De met (*) gemerkte bronnen zijn (ook) op het Internet te vinden. Omdat Internet-adressen nogal eens veranderen en het intypen van lange URL's geen pretje is, zijn de actuele koppelingen opgenomen in de bij dit boek behorende website: http://www.eur.nl/fw/hyper/odyssee.html

Aarseth, E. J., Nonlinearity and Literay Theory. In: George P. Landow (red.), *Hyper/Text/Theory*, Baltimore & London 1994, 51-86.

Abbott, E. A., *Flatland; a romance of many dimensions by a square*, New York, ⁵1963.

Achterhuis, H. (red.), *De maat van de techniek. Zes filosofen over techniek Gunter Anders, Jacques Ellul, Arnold Gehlen, Martin Heidegger, Hans Jonas en Lewis Mumford*, Baarn 1992.

Achterhuis, H., Het hedendaagse heilige. In: *De Volkskrant*, 24 december 1997, Wetenschapsbijlage, 15.

Aldiss, B. W. en D. Wingrove, *Trillion year spree: the history of science fiction*, New York 1986.

Alexander, M., *Fault lines: a memoir*, New York 1993.

Alpers, H.J., *Lexikon der Science Fiction Literatur*, 1988.

Ankersmit, F. R., *Denken over Geschiedenis. Een overzicht van moderne geschiedfilosofische opvattingen*, Groningen 1984.

Ansberry, C., Alterations of Photo Raise Host of Legal, Ethical Issues. In: *The Wall Street Journal*, January 26 1989, B1.

Aristoteles, *Poëtica*, Amsterdam 1995.

Armstrong, W. W., Cyberspace and the relationship between Place and Being – Is there really a place for us there? In: *Southwestern Philosophy Review*, Jrg. 10, 2 (1994), 33-47.

Aukstakalnis, S. en D. Blatner, *Silicon Mirage: The Art and Science of Virtual Reality*, Berkeley 1992.

Bakker, J. H., *Tijd van Lezen. Transformaties van de literaire ruimte*, Best 1999.

Bakker, J. H., Aan gene zijde van de Gutenberg Galaxy. In: J. de Mul (red.), *Filosofie in cyberspace. Reflecties op de informatie- en communicatietechnologie*, Kampen 2002, 155-183.

Barbrook, R. en A. Cameron. 'The Californian Ideology.' www-document 1995. (*)

Barrow, J. D., *De oorsprong van het heelal*, Amsterdam 1994.
Barthes, R., De fotografische boodschap. In: *Skrien*, Jrg. 92/93 (1979/80), 43-49.
Barthes, R., Van werk naar tekst. In: *Raster*, Jrg. 17 (1981), 45-54.
Barthes, R., The Photographic Message. In: Stephen Heath (red.), *Image Music Text*, London 1982a, 15-31.
Barthes, R., Retorica van het beeld. In: *Skrien*, Jrg. 117 (1982b),
Barthes, R., *De lichtende kamer: aantekening over de fotografie*, Synopsis, Amsterdam 1988.
Baudrillard, J., The Precession of Simulacra. In: B. Wallis (red.), *Art After Modernism: Rethinking Representation*, New York 1984, 253-281.
Baudrillard, J., *La guerre du Golfe n'a pas eu lieu*, Paris 1991.
Bazin, A., The Ontology of the Photographic Image. In: A. Trachtenberg (red.), *Classic Essays on Photography*, New Haven 1980, 237-244.
Bekkers, V. J. J. M., Het Internet en de organisatie van het openbaar bestuur. In: P. Frissen en J. de Mul (red.), *Internet en openbaar bestuur*, Den Haag 1999.
Bekkers, V. J. J. M. en M. Thaens, Sturingsconcepties en informatisering. In: P. Frissen en J. de Mul (red.), *Internet en openbaar bestuur*, Den Haag 1999.
Benjamin, W., Het kunstwerk in het tijdperk van zijn technische reproduceerbaarheid. In: J.F. Volgelaar (red.), *Kunst als kritiek: Tien teksten als voorbeelden van een materialistiese kunstopvatting*, Amsterdam 1973, 259-298.
Berger, J., Over het gebruik van de fotografie. In: *Skrien 92/93*, (1979/1980),
Binsbergen, W. van, *Virtuality as a key concept in the study of globalisation*, Den Haag 1997.
Binsbergen, W. van, ICT vanuit intercultureel perspectief, een Afrikaanse verkenning. In: J. de Mul (red.), *Filosofie in cyberspace. Reflecties op de informatie- en communicatietechnologie*, Kampen 2002, 88-115.
Birkerts, S. *The Gutenberg Elegies: The fate of Reading in an Electronic Age*, New York, 1994.
Blokker, J., Tweeërlei knapheid. 'Marienbad' van Resnais: geëxalteerde spanning. In: Algemeen Handelsblad, 20 oktober 1961a.
Blokker, J., De taal van Marienbad. In: Algemeen Handelsblad, 18 november 1961b.
Boer, T. de, *Grondslagen van een kritische psychologie*, Baarn 1980.
Boers, C., *Wetenschap, techniek en samenleving*, Amsterdam 1981.
Bolter, J. D., *Writing space: The computer, Hypertext and the History of Writing*, Hillsdale 1991.
Bolter, J. D., Degrees of Freedom, www-document, 1996. (*)
Bolter, J. D. en R. Grusin (red.), *Remediation. Understanding New Media*, Cambridge 1999.
Bolter, J. D., M. Joyce, J. B. Smith en M. Bernstein, *Getting started with Storyspace for Windows*, Watertown 1996.
Boomen, M. van den, *Leven op het Net. De sociale betekenis van virtuele gemeenschappen*, Amsterdam 2001.
Bordwell, D. en K. Thompson, *Film Art: An Introduction*, Reading 1980.
Brooks, P., *Reading for the plot: design and intention in narrative*, New York 1984.
Brunet, M. et al., A new hominid from the Upper Miocene of Chad, Central Africa. In: *Nature*, Jrg. 418, 11 juli (2002),

Bruno, G., De immenso et innumerabilibus. *Opera Latina Conscripta*, Deel 1.1., Napels 1879.

Bürger, P., *Theorie der Avantgarde*, Frankfurt a/M 1974.

Bush, V., As we may think. In: *Atlantic Monthly*, 176 (1945), 101-108.

Buten, J., Personal Home Page Institute: First World Wide Web Personal Home Page Survey, www-document, 1996. (*)

Butler, J., *Gender Trouble: Feminism and the Subversion of Identity*, New York 1990.

Cameron, A., Dissimulations: Illusions of Interactivity. In: *Millennium Film Journal*, 28 (1995a) (*)

Cameron, A., The Future of an Illusion: Interactive Cinema. In: *Millennium Film Journal*, 28 (1995b) (*)

Carroll, N., Breaking the Mirror: Photography, Construction and Discourse. In: C. Carter (red.), *Photography on the Edge*, Milwaukee 1988.

Castells, M., *The Information Age: Economy, Society and Culture. Volume I: The Rise of the Network Society*, Oxford 1996.

Castells, M., *The Information Age: Economy, Society and Culture. Volume II: The Power of Identity*, Oxford 1997a.

Castells, M., *The Information Age: Economy, Society and Culture. Volume III: End of Millennium*, Oxford 1997b.

Cavalli-Sforza, L. a. F., *Wie zijn wij? Het verhaal van het menselijk verschil*, Antwerpen/Amsterdam 1994.

Chalmers, D. J., *The Conscious Mind: In Search of a Fundamental Theory*, Oxford 1996.

Chandler, D. *Personal Home Pages and the Construction of Identities on the Web* 1998. (*)

Chester, C., The ontology of digital domains. In: David Holmes (red.), *Virtual Politics. Identity & Community in Cyberspace*, London 1997, 79-92.

Chester, C. Colonizing Virtual reality: Construction of the Discourse of Virtual Reality, 1984-1992. www-document, 1984-1992. (*)

Clarke, A. C. *2010: Odyssey II.*, New York, 1982.

Clarke, A. C., *2061: Odyssey III*, London 1988.

Clarke, A. C., *2001: Een ruimte-odyssee*, Utrecht 1990.

Clarke, A. C., Foreword. In: D. G. Stork (red.), *Hal's Legacy: 2001's Computer as Dream and Reality*, Cambridge 1997, xi-xvi.

Clarke, A. C., *3001: The final odyssey*, New York, 1999.

Clarke, A. C. en S. Kubrick, *2001: A space odyssey:*, London, 1968.

Coolen, M., *De machine voorbij. Over het zelfbegrip van de mens in het tijdperk van de informatietechniek*, Amsterdam 1992.

Coolen, M., Totaal verknoopt: Internet als verwerkelijking van het moderne mensbeeld. In: Y. de Boer en M. Coolen (red.), *Virtueel verbonden. Filosoferen over cyberspace*, Amsterdam 1997, 28-59.

Coons, P. M., The differential diagnosis of multiple personality: A comprehensive review. In: *Psychiatric Clinics of North America*, Jrg. 7 (1984), 51-67.

Coyle, R., The genesis of virtual reality. In: Ph. Hayward en T. Wollen (red.), *Future Visions: New Technologies of the Screen*, London 1993, 148-165.

Crimp, D., On the Museum's Ruins. In: H. Foster (red.), *The Anti-Aesthetic. Essays on Postmodern Culture*, Port Townsend, Washington 1983, 43-55.

Danet, B., Text as mask: Gender, play and performance on the Internet. In: S.G. Jones (red.), *Cybersociety 2.0. Revisiting Computer-Mediated Communication and Community*, London 1998, 129-158.

Dargahi, N. en M. Bremer, *Spelen met SimCity 2000*, Schoonhoven 1994.

Davies, P., Is nature mathematical? In: *New Scientist*, 21 March (1992), 25-27.

Davis, D. The Work of Art in the Age of Digital Reproduction: An Evolving Thesis, www-document, 1995. (*)

Davis, E., *Technosis. Myth, magic + mysticism in the age of information*, New York 1998.

Deelen, A. G. van, *Sinds Godard: enige sociologische beschouwingen over het nieuwe Franse filmen*, Amsterdam 1969.

Dennett, D. C., The Self as a Center of Narrative Gravity. In: F. Kessel, P. Cole en D. Johnson (red.), *Self and Consciousness*, Hillsdale 1992, 275-288. (*)

Dennett, D. C., *Het bewustzijn verklaard*, Amsterdam/Antwerpen 1993.

Dennett, D. C. en N. Humphry, Speaking for ourselves. In: *Raritan: A Quarterly Review*, Jrg. IX, summer (1989), 68-98.

Derrida, J., *Marges de la philosophie*, Paris 1972.

Descartes, R., *Œuvres philosophiques*, Paris, 1963.

Devlin, K., *Logic and Information*, Cambridge 1991.

Dietrich, D., (Re)-Fashioning the Techno-Erotic Woman: Gender and Textuality in the Cybercultural Matrix. In: S.G. Jones (red.), *Virtual Culture: Identity and Communication in Cybersociety*, London 1997, 169-184.

Dijk, J. van, De toegankelijkheid van ICT en de kwaliteit van infrastructuur en diensten. In: N. de Vries en N. Beekman (red.), *Mensen in netwerken. Een discussiebijdrage van V&W aan het 'digitale kloof debat'*, Den Haag 2001, 8-19.

Dijksterhuis, E. J., *De mechanisering van het wereldbeeld*, Amsterdam ²1975.

Dijkum, C. van, Menswetenschappen en chaostheorie. In: *Wijsgerig Perspectief*, Jrg. 34, 3 (1993/4), 94-99.

Donald, M., *Origins of the Modern Mind: Three Stages in the Evolution of Culture and Cognition*, Cambridge 1991.

Donald, M., Précis of Origins of the Modern Mind: Three Stages in the Evolution of Culture and Cognition. In: *Behavioral and Brain Sciences*, Jrg. 16 (1993), 737-791.

Douglas, J. Y., How Do I Stop This Thing?: Closure and Indeterminacy in Interactive Narratives. In: G.P. Landow (red.), *Hyper/Text/Theory*, London/Baltimore 1994, 159-188.

Douglas, J. Y., *The end of books – or books without end?: reading interactive narratives*, Ann Arbor 2000.

Dretske, F. I., *Knowledge and the Flow of Information*, Oxford 1981.

Dreyfus, H. L., *Being-in-the-world: a commentary on Heidegger's Being and time, division I*, Cambridge, Mass. 1991.

Dreyfus, H. L., *What computers still can't do: a critique of artificial reason*, Cambridge, Mass. 1992.

Dreyfus, H. L., *On the Internet*, London 2001.

Drijkoningen, F. en J. Fontijn (red.), *Historische Avantgarde. Programmatische teksten van het Italiaans Futurisme, het Russisch Futurisme, Dada, het constructivisme, het Surrealisme en het Tsjechische Poëtisme*, Amsterdam 1986.

Druckrey, T. From wasteland to toxicity. De natuur herordend als informatie. In: F. Gierstberg en B. Vroege (red.), *Wasteland. Landscape from now on*, Rotterdam 1992, 25-32.

Duintjer, O. D., Moderne wetenschap en waardevrijheid. In: Th. de Boer en A. Köbben (red.), *Waarden en wetenschap*, Bilthoven 1974,

Duintjer, O. D., *Rondom metafysica. Over 'transcendentie' en de dubbelzinnigheid van metafysica*, Meppel/Amsterdam 1988.

Eco, U., Protestantse en katholieke computers. In: *Wave. Technotrends gigazine*, 1995-1996, 130.

Eigen, M., What will endure of 20th century biology? In: M.P. Murphy en L.A.J. O'Neill (red.), *What is Life? The Next Fifty Years. Speculations on the future of biology*, Cambridge 1995, 5-24.

Emmeche, C., *The Garden in the Machine:The Emerging science of Artificial Life*, Princeton 1991.

Erickson, T. The World Wide Web as a Social Hypertext, www-document, 1996. (*)

Flusser, V., Digitaler Schein. In: F. Rötzer (red.), *Digitaler Schein: Ästhetik der elektronischen Medien*, Frankfurt am Main 1991, 147-159.

Flusser, V., Das Ende der Tyrannei. In: *Arch+ Zeitschrift für Architektur und Stadtebau*, maart 1992a, 20-25.

Flusser, V., Digitaler Schein. In: *Arch+ Zeitschrift für Architektur und Stadtebau*, maart 1992b, 26-30.

Flusser, V., Virtuelle Räume – Simultane Welten. In: *Arch+ Zeitschrift für Architektur und Stadtebau*, maart 1992c, 18-85.

Foucault, M., *Surveiller et punir. Naissance de la prison*, Paris 1975.

Foucault, M., *Histoire de la sexualité I. La volonté de savoir*, Paris 1976.

Foucault, M., The Subject and Power. In: H.L. Dreyfus en P. Rabinow (red.), *Michel Foucault. Beyond Hermeneutics and Structuralism*, Chicago 1982, 208-216.

Fox, M. W., *Beyond evolution: the genetically altered future of plants, animals, and the earth–and humans*, New York, N.Y. 1999.

Freud, S., *Gesammelte Werke*, Frankfurt am Main 1968.

Friedman, T., Making sense of software: computer games and interactive textuality. In: S.G. Jones (red.), *Cybersociety: Computermediated Communication*, London 1995,

Frisch, M., *Lastige vragen*. Amsterdam, 1992.

Frissen, P., *De virtuele staat. Politiek, bestuur, technologie: een postmodern verhaal*, Schoonhoven 1996.

Frissen, P., *De lege staat*, Amsterdam 1999a.

Frissen, P. en J. de Mul (red.), *Internet & openbaar bestuur I*, Amsterdam/Tilburg/Rotterdam/Den Haag/Utrecht 1999.

Frissen, P. H. A., A. W. Koers en I.Th.M.Snellen (red.), *Orwell of Athene: Democratie en informatiesamenleving*, Den Haag 1992.

Frissen, P. H. A. en J. de Mul, Techniek is niet neutraal. In: *Trouw*, 2 mei 1998, Bijlage Letter & Geest, 19.

Frissen, V., De paradoxen van de digitale gemeenschap. In: Paul Frissen en J. de Mul (red.), *Internet en openbaar bestuur*, Deel 3. Den Haag 1999b, 60 blz.

Frissen, V., *De mythe van de digitale kloof*, Cultuur als confrontatie, Den Haag 2000.

Frissen, V. en J. de Mul. *Under construction*. *Persoonlijke en culturele identiteit in het multimediatijdperk* Amsterdam 2000. (∗)

Fuchs, M., Disembodied Online. In: Robert Pfaller (red.), *Interpassivität*. *Studien über delegiertes Genießen*, Wien/New York 2000, 33-38.

Gandy, R., Church's thesis and principles for mechanisms. In: H.J. Keisler en K. Kunen (red.), *The Kleene Symposium*, Amsterdam 1980, 123-148.

Geerts, G. en H. Heestermans, *Van Dale*. *Groot woordenboek der Nederlandse taal*, Utrecht/Antwerpen ¹¹1989.

Gergen, K., *The Saturated Self: Dilemmas of Identity in Contemporary Society*, New York 1991.

Gibson, W., *De Cyberpunkromans*, Amsterdam 1994.

Giddens, A., *Modernity and Self-Identity: Self and Society in the Late Modern Age*, Cambridge 1991.

Gils, W. van, *Realiteit en illusie als schijnvertoning: over het werk van Jean Baudrillard*, Nijmegen 1986.

Glass, J. M., *Shattered Selves: Multiple Personality in a Postmodern World*, Itchaca/London 1993.

Goffman, E., *The presentation of self in everyday life*, Garden City, N.Y., 1959.

Gottschalk, S., The pains of everyday life: between the DSM and the postmodern. In: *Studies in Symbolic Interaction*, Jrg. 21 (1997), 115-146.

Gould, S. J., *Wonderlijk leven*. *Over toeval en evolutie*, Amsterdam 1991.

Gould, S. J., 'What is life?' as a problem in history. In: M.P. Murphy en L.A.J. O'Neill (red.), *What is Life? The Next Fifty Years*. *Speculations on the future of biology*, Cambridge 1995, 25-40.

Gravenweert., J. van, *Homerus: De Odyssea*, 3 delen. Amsterdam 1823-24.

Green, N., Beyond being digital: representation and virtual corporeality. In: D. Holmes (red.), *Virtual Politics: Identity & Community in Cyberspace*, London 1997, 59-78.

Groot, I. de, Het verhulde geslacht. Over de (on)mogelijkheid om geslachtsloos te communiceren op het Internet. In: Y. de Boer en M. Coolen (red.), *Virtueel verbonden*. *Filosoferen over cyberspace*, Amsterdam 1997.

Haraway, D., *Semians, cyborgs, and women: The Reinvention of Nature*, New York 1991.

Haraway, D. J., *Een cyborg manifest*, Amsterdam 1994.

Harpold, T., Conclusions. In: George P. Landow (red.), *Hyper/text/theory*, Baltimore 1994, 189-222.

Hartshorne, C., P. Weiss en A. W. Burks (red.), *Ch.S. Peirce: Collected Papers*, 8 Volumes. Cambridge 1931-1958.

Havelock, E. A., *Preface to Plato*, Cambridge 1963.

Havelock, E. A., *Origins of Western Literacy*, Toronto 1976.

Havelock, E. A., *The Muse Learns to Write*, New Haven/London 1986.

Havelock, E. A., *De muze leert schrijven*, Amsterdam 1991.

Hawking, S., *Het heelal*. *Verleden en toekomst van ruimte en tijd*, Amsterdam 1988.

Hayles, N. K., Embodied Virtuality. In: M. A. Moser en D. MacLeod (red.), *Immersed in Technology: Art and Virtual Environments*, Cambridge 1996, 1-28.

Hayward, P., Situating Cyberspace: The Popularisation of Virtual Reality. In: Ph. Hayward en T. Wollen (red.), *Future Visions: New Technologies of the Screen*, London 1993, 180-204.

Hayward, P. en T. Wollen (red.), *Future Visions: New Technologies of the Screen*, London 1993.

Hegel, G. W. F., *Ästhetik*, Hrsg. F. Bassenge (red.). Berlin/Weimar ⁴1984.

Heidegger, M., Die Zeit des Weltbildes. *Holzwege*, Frankfurt am Main 1957, 75-113.

Heidegger, M., *Die Technik und die Kehre*, Pfullingen 1962.

Heidegger, M., *Sein und Zeit*, Tübingen ¹⁵1979.

Heidegger, M., *De tijd van het wereldbeeld*, Tiel/Utrecht 1983.

Heidegger, M., *De oorsprong van het kunstwerk*, Amsterdam 1996.

Heidegger, M., *Zijn en tijd*, Nijmegen 1998.

Heim, M., Critique of the Word in Process, www-document, 1987a. (*)

Heim, M., *Electric Language: A Philosophical Study of Word Processing*, New Haven/ London 1987b.

Heim, M., *The Metaphysics of Virtual Reality*, New York 1993.

Heim, M., *Virtual realism*, New York 1998.

Hersh, R., *What is Mathematics, Really?*, London 1997.

Hoenen, P., *Philosophie der organische natuur*, Antwerpen/Nijmegen 1947.

Holstein, J. A. en J. F. Gubrium, *The Self We Live By: Narrative Identity in a Postmodern World*, Oxford 2000.

Holthof, M., De metamorfosen van deze tijd. In: *De Witte Raaf*, 58 (1995), 16.

Hooft, G. 't., *De bouwstenen van de schepping. Een zoektocht naar het allerkleinste*, Amsterdam 1992.

Hoven, M. J. van den, *Information technology and moral philosophy: philosophical explorations in computer ethics*, Rotterdam 1995.

Hoven, M. J. van den, Denken over ethiek en informatiemaatschappij: Wadlopen bij opkomend tij. In: J. de Mul (red.), *Filosofie in cyberspace. Reflecties op de informatie- en communicatietechnologie*, Kampen 2002, 47-65.

Hulten, P. (red.), *Futurismo & Futurismi*, Venetië 1986.

IJsseling, S., *Apollo, Dionysos, Aphrodite en de anderen. Griekse Goden in de hedendaagse filosofie*, Amsterdam 1994.

Johnson, M. en G. Lakoff, *Philosophy in the Flesh: The Embodied Mind and Its Challenge to Western Thought*, New York 1999.

Jonas, H., *Das Prinzip Verantwortung: Versuch einer Ethik für die technologische Zivilisation*, Frankfurt 1984.

Jongeneel, C., Het netvlies als beeldbuis. In: *de Volkskrant*, 8 november 1997, 5.

Joyce, M., *Of Two Minds: Hypertext Pedagogy and Poetics*, 1995.

Juul, J., *A clash between game and narrative*. www-document, 1998. (*)

Kael, P., R. Ebert, J. Monaco, E. Katz en Microsoft Home (Firm). *Microsoft Cinemania 96* (cdrom), Redmond, WA 1995.

Kagan, N., *The Cinema of Stanley Kubrick*, New York ²1975.

Kaku, M., *Hyperspace: a scientific odyssey through parallel universes, time warps, and the tenth dimension*, New York 1999.

Kant, I., *Kritik der reinen Vernunft (KrV), Theorie-Werkausgabe Immanuel Kant. Werke in zwölf Bänden*, Vol. Band III/IV. Frankfurt 1968a.

Kant, I., Was heisst: Sich im Denken orientieren? In: *Theorie-Werkausgabe*, 1968b, Band v, 265-283.

Kant, I., Beantwortung der Frage: Was ist Aufklärung? *Theorie-Werkausgabe*, Vol. XI. Frankfurt am Main 1981a, 53-61.

Kant, I., De mundi sensibilis atque intelligibilis forma et principiis/Von der Form der Sinnen- und Verstandeswelt und ihren Gründen. *Theorie-Werkausgabe*, Vol. V. Frankfurt am Main 1981b, 7-107.

Kelly, K., *Out of control*, Reading 1994.

Kerckhove, D. de, *Brainframes: Technology, Mind and Business*, Utrecht 1991.

Kerckhove, D. de, *The Skin of Culture: Investigating the New Electronic Reality*, Toronto 1995.

Kibby, M., Babes on the Web; Sex, Identity and the Home Page, www-document, 1997. (*)

Kramarae, C., A backstage critique of virtual reality. In: S.G. Jones (red.), *Cybersociety: Computermediated Communication and Community*, London 1995, 36-56.

Kramer-Friedrich, S., Information Measurement and Information Technology: A Myth of the Twentieth Century. In: Carl Mitcham en Alois Huning (red.), *Philosophy and Technology II: Information Technology and Computers in Theory and Practice*, Dordrecht/Boston 1986, 17-28.

Kubrick, S., *2001: A Space Odyssey. Special Collectors' Edition*. MGM/UA Home-Video, 1997.

Kundera, M., *De kunst van de roman*, Amsterdam 1987.

Kunneman, H., Humanisme en postmodernisme. In: Paul Cliteur en Douwe van Houten (red.), *Humanisme. Theorie en praktijk*, Utrecht 1993, 65-77.

Lakoff, G. en M. Johnson, *Metaphers We Live By*, Chicago/London 1980.

Landow, G., *Hypertext 2.0*, Baltimore 1998.

Landow, G. P., *Hypertext: The Convergence of Contemporary Critical Theory and Technology*, Baltimore/London 1992.

Lanham, R. A., *The Electronic Word: Democracy, Technology, and the Arts*, Chicago and London 1993a.

Lanham, R. A., *The Implications of Electronic Information for the Sociology of Knowledge*, www-document, 1993b. (*)

Laurel, B., *Computers as Theatre*, Reading 1993.

Leaky, R., *De oorsprong van de mensheid*, Amsterdam 1995.

Leary, T., The Cyberpunk: The Individual as Reality Pilot. In: L. McCafferey (red.), *Storming the Reality Studio*, Durham 1992, 245-258.

Leary, T. en E. Gullichsen, *Load & Run High-tech Paganism-Digital Polytheism*, www-document, z.j. (*)

leGrice, M., *Kismet, protagony, and the zap splat syndrome*, www-document, 1995. (*)

Leibniz, G. W., Mr. Leibnitz's Fifth Paper, being an Answer to Dr Clarke's Fourth Reply (1716). In: H.G. Alexander (red.), *The Leibniz-Clarke Correspondence*, Manchester 1956.

Lemaire, T., *Filosofie van het landschap*, Baarn 1970.

Levinson, P., *Digital McLuhan. A Guide to the Information Millennium*, New York and London 1999.

Lévi-Strauss, C., *La pensée sauvage*, Paris 1962.

Levy, S., *Artificial Life: The Quest for a New Creation*, London 1992.

Lisman, J. J. W., G. Goris en J. G. van Soest (red.), *Van kennis naar informatie: Van informatie naar kennis*, Leiden 1996.

Little, W., H. W. Fowler en J. Coulson (red.), *The Shorter Oxford English Dictionary: On Historical Principles, revised and edited by C.T. Onions, etymologies revised by G.W.S. Friedrichsen*, 2 delen. Oxford ³1978.

Loeffler, C. E. en T. Anderson, *The Virtual Reality Casebook*, New York 1994.

Lokhorst, G.-J., De mens als computer. De antropologische (on)zin van de turingmachine. In: J. de Mul (red.), *Filosofie in cyberspace. Reflecties op de informatie- en communicatietechnologie*, Kampen 2002, 209-220.

Loose, D., Atheense agora of Romains circus. De politieke idee van de 'global society'. In: J. de Mul (red.), *Filosofie in cyberspace. Reflecties op de informatie- en communicatietechnologie*, Kampen 2002, 119-154.

Lovejoy, A. O., *The great chain of being; a study of the history of an idea*, Cambridge, Mass., 1936.

Lutz, I., Een gesprek met Jean Baudrillard. In: *Skrien*, Jrg. 132/133 (1983/1984), 8-14.

Lyon, D., From Big Brother to Electronic Panopticum. In: David Lyon (red.), *The Electronic Eye: The Rise of Surveillance Society*, Minneapolis 1994, 57-80.

Lyotard, J.-F., *Het postmoderne weten*, Kampen 1987.

Lyotard, J.-F., *L'inhumain; Causeries sur le temps*, Paris 1988.

Maan, A. K., *Internarrative Identity*, Lanham, Md. 1999.

MacKinnon, R. C., Punishing the Persona: Correctional Strategies for the Virtual Offender. In: S.G. Jones (red.), *Virtual Culture: Identity and Communication in Cybersociety*, London 1997, 206-235.

Manovich, L., *The poetics of augmented space: learning from prada* www-document, 2002. (*)

Marquard, O., Lob des Polytheismus. Über Monomythie und Polymythie. In: Hans Poser (red.), *Philosophie und Mythos. Ein Kolloquium*, Berlin/New York 1979, 40-58.

Marquard, O., *Abschied vom Prinzipiellen. Philosophische Studien*, Stuttgart 1981.

Marquard, O., *Schwierigkeiten mit der Geschichtsphilosophie. Aufsätze*, Frankfurt a/M 1982.

McLuhan, M., *The Gutenberg Galaxy: The Making of Typographic Man*, Toronto 1962.

McLuhan, M., *Understanding Media: The Extensions of Man*, New York 1964.

McLuhan, M., *The Medium is the Massage*, New York 1967.

Mead, G. H. en C. W. Morris, *Mind, self & society from the standpoint of a social behaviorist*, Chicago, Ill., 1934.

Meier, C., *The Greek discovery of politics*, Cambridge, Mass. 1990.

Metz, C., *Film language; a semiotics of the cinema*, New York, 1974.

Midgley, M., *Science as salvation: a modern myth and its meaning*, London/New York 1992.

Mink, L. O., History and Fiction as Modes of Comprehension. In: *New Literary History*, Jrg. 1, 1 (1970), 541-58.

Mitcham, C. (red.), *Introduction: Information technology and computers as themes in the philosophy of Technology*, Philosophy and Technology II: Information Technology and Computers in Theory and Practice. Dordrecht/Boston 1986.

Mitchell, W. J., *The Reconfigured Eye: Visual Truth in the Post-Photographic Era*, Cambridge 1994.

Monaco, J., *Alain Resnais: The Role of Imagination*, London 1978.

Moravec, H., *Mind Children: The Future of Robot and Human Intelligence*, Cambridge 1988.

Moravec, H., Interview with Hans Moravec. www-document, 1995. (*)

More, M., The Extropian Principles. www-document, 1993. (*)

More, M., 'On Becoming Posthuman.' www-document, 1994. (*)

More, M., 'The Diachronic Self: Identity, Continuity, Transformation.' www-document, 1995. (*)

More, M., *Technological Self-Transformation Expanding Personal Extropy*. www-document, 1997a. (*)

More, N. V., *Create/Recreate*. *Transhuman Beginnings and Extropian Creativity*, zonder plaatsnaam 1997b.

Morris, C. W., *Foundation of the Theory of Signs*, Chicago 1938.

Moser, M. A. en D. MacLeod (red.), *Immersed in Technology: Art and Virtual Environments*, Cambridge 1996.

Mul, J. de, Fotografie als metafysica. In: O. van Alphen en H. Visser (red.), *Een woord voor het beeld*. *Opstellen over fotografie*, Amsterdam 1989, 68-104.

Mul, J. de, De filosofische zin van de film. Reflecties rondom Godards *Je vous salue, Marie*. In: S. de Bleeckere (red.), *Zin in beeld*. *Identiteit en zingeving in hedendaagse films*, Baarn 1992, 29-48.

Mul, J. de, *De tragedie van de eindigheid*. *Diltheys hermeneutiek van het leven*, Kampen 1993.

Mul, J. de, De domesticatie van het noodlot. In: P. van Tongeren (red.), *Het lot in eigen hand*. *Reflecties op de betekenis van het (nood)lot in onze cultuur*, Baarn 1994a, 34-75.

Mul, J. de, *Toeval*. Inaugurele rede, Rotterdam 1994b.

Mul, J. de, *Het romantische verlangen in (post)moderne kunst en filosofie*, Kampen ³1995.

Mul, J. de, Camp of de emancipatie van de kitch. In: *Tmesis. Cahier voor Cultuur*, Jrg. 4, 8 (1996a), 122-131.

Mul, J. de, Essais de vie: Over de actualiteit van Montaignes humanisme. In: F. Geraedts en L. de Jong (red.), *Ergo Cogito IV. Het ideeënmuseum*, Groningen 1996b, 161-180.

Mul, J. de, Virtual romantics. In: *Romantic desire in (post)modern art and philosophy*, Albany, N.Y. 1999b, 229-244.

Mul, J. de, Het verhalende zelf. Over persoonlijke en narratieve identiteit. In: M. Verkerk (red.), *Filosofie, ethiek en praktijk*. *Liber amicorum voor Koo van der Wal*, Rotterdam 2000, 201-215.

Mul, J. de, The emergence of (post)geographical and (post)historical art. In: A. W. Balkema en H. Slager (red.), *Concepts on the move*, Amsterdam/New York 2002a, 135-138.

Mul, J. de, Hegel, Heidegger, Adorno and the Ends of Art. In: *Dialogue and Universalism* (2002b).

Mul, J. de (red.), *Filosofie in cyberspace. Reflecties op de informatie- en communicatietechnologie*, Kampen 2002c.

Mul, J. de, E. Müller en A. Nusselder, *ict de baas? Informatietechnologie en menselijke autonomie*, Internet en Openbaar Bestuur II, S.Zouridis, P. Frissen, N. Kroon, J. de Mul en J. van Wamelen (red.). Den Haag 2001.

Mul, J. de en I. van der Ploeg, Digitale of discursieve tweedeling? Kanttekeningen bij de discussie over 'de digitale kloof'. In: N. de Vries en N. Beekman (red.), *Mensen in netwerken. Een discussiebijdrage van V&W aan het 'digitale kloof debat'*, Den Haag 2001, 32-42.

Murray, J. H., *Hamlet on the holodeck: the future of narrative in cyberspace*, Cambridge 1997.

Nauta, L., Synchronie und Diachronie in der philosophischen Anthropologie Plessners. In: J. van Nispen en D. Tiemersma (red.), *The Quest for Man. The topicality of philosophical anthropology*, Assen 1991, 37-46.

Negroponte, N., *Digitaal leven*, Amsterdam 1995.

Nelson, T. T., *Literary Machines*, Sausalito 1993.

Nietzsche, F., *Sämtliche Werke. Kritische Studienausgabe*, Berlin 1980.

Noble, D., *The Religion of Technology*, 1997.

Nunes, M., What space is cyberspace? The Internet and virtuality. In: D. Holmes (red.), *Virtual Politics: Identity & Community in Cyberspace*, London 1997, 163-178.

Ofshe, R. en E. Watters, *Making Monsters: False Memories, Psychotherapy and Sexual Hysteria*, New York 1994.

Okrent, M., Why the Mind Isn't a Program (But Some Digital Computers Might Have a Mind). www-document, 1996. (*)

Ong, W., *The Presence of the Word*, New Haven/London 1967.

Ong, W., *Orality and Literacy: The Technologizing of the Word*, London/New York 1982.

Oosterling, H., Nietzsches transhumanisme. Van autonoom subject naar soevereine individuen. In: Henk Oosterling en Awee Prins (red.), *Humanisme of antihumanisme. Een debat*, Rotterdam 1991, 185.

Orwell, G., *1984: a novel*, New York, N.Y. 1983.

Ostwald, M. J., Virtual Urban Futures. In: D. Holmes (red.), *Virtual Politics. Identity & Community in Cyberspace*, London 1997, 125-144.

Parfit, D., *Reasons and persons*, Oxford [Oxfordshire] 1984.

Parry, M. en A. Parry, *The making of Homeric verse: the collected papers of Milman Parry*, Oxford, 1971.

Paul, G. S. en E. D. Cox, *Beyond Humanity: CyberEvolution and Future Minds*, Rockland, Massachusetts 1996.

Pearce, D., The hedonistic Imperative. www-document, z.j. (*)

Pecorino, P. A., Philosophy and Science Fiction. In: R. E. Myers (red.), *The Intersection of Science Fiction and Philosophy. Critical Studies*, Westport/London 1983, 3-14.

Penny, S., Virtual reality as the completion of the Enlightenment. In: Carl Eugene Loeffler en Tim Anderson (red.), *The Virtual Reality Casebook*, New York/London etc. 1994, 199-213.

Penny, S., The Darwin Machine: Artificial Life and Interactive Art. www-document, 1995. (*)

Penrose, R., *The emperor's new mind: Concerning Computers, Minds, and The Laws of Physics*, London 1990.

Peters, P., Reistijd in de dagen van Thomas Cook. De co-evolutie van snelheid en temporele precisie in verplaatsingspraktijken. In: *Kennis en Methode. Tijdschrift voor empirische filosofie*, Jrg. XXI, 3 (1997), 178-191.

Pfaller, R. (red.), *Interpassivität. Studien über delegiertes Genießen*, Wien/New York 2000.

Picard, R. W., Does HAL cry digital tears? Emotion and Computers. In: David G. Stork (red.), *Hal's Legacy: 2001's Computer as Dream and Reality*, Cambridge 1997, 279-303.

Pimentel, K. en K. Teixeira, *Virtual Reality: through the new looking glass*, New York 1993.

Plato, *Verzameld Werk*, Baarn 1980.

Plessner, H., *Die Stufen des Organischen und der Mensch. Einleitung in die philosophische Anthropologie*, Vol. IV. Gesammelte Schriften, Frankfurt 1975.

Plessner, H., *Unmenschlichkeit. Mit anderen Augen: Aspekte einer philosophischen Anthropologie*, Stuttgart 1982, 198-208.

Ploeg, I. van der en J. de Mul, Internet & Privacy. In: S. Zouridis, P. Frissen, N. Kroon, J. de Mul en J. van Wamelen (red.), *Internet en openbaar bestuur II*, Den Haag 2001.

Plotinus, *Enneaden*, Baskerville serie, Baarn/Amsterdam, 1984.

Popper, K. R., *Objective knowledge; an evolutionary approach*, Oxford, 1972.

Pos, H. J., Personalisme en humanisme. In: *Het Keerpunt*, september (1947), 472-483.

Poster, M., Postmodern Virtualities. In: M. Featherstone en R. Burrows (red.), *Cyberspace, Cyberbodies, Cyberpunk: Cultures of Technological Embodiment*, London 1995,

Postman, N., *Amusing ourselves to death: public discourse in the age of show business*, New York 1985.

Pour-El, M. en I. Richards, Noncomputability in models of physical phenomena. In: *International journal of theoretical physics*, Jrg. 21 (1982), 553-5.

Praag, J. P. van, *Grondslagen van humanisme*, Amsterdam/Meppel 1978.

Queneau, R., *Cent mille milliards de poemes*, n.p. 1961. (*)

Raessens, J., Cinema and Beyond. Film en het proces van digitalisering. In: J. de Mul (red.), *Filosofie in cyberspace. Reflecties op de informatie- en communicatietechnologie*, Kampen 2002, 119-154.

Rheingold, H., *Virtual reality*, New York 1992.

Rheingold, H., *The Virtual Community. Homesteading on the Electronic Frontier*, New York etc. 1993.

Ricoeur, P., *La métaphore vive*, L'ordre philosophique, Paris 1975.

Ricoeur, P., *Temps et récit III: Le temps raconté*, Vol. III. Paris 1985.

Ricoeur, P., *Soi-même comme un autre*, L'Ordre philosophique, Paris 1990.

Ricoeur, P., Life in the Quest of Narrative. In: D. Wood (red.), *On Paul Ricoeur. Narrative and Interpretation*, London 1991a, 20-33.

Ricoeur, P., Narrative identity. In: D. Wood (red.), *On Paul Ricoeur. Narrative and Interpretation*, London 1991b, 188-199.

Robins, K. en F. Webster, Cybernetic Capitalism: Information, Technology, Everyday Life. In: Vincent Mosko en Janet Wasko (red.), *The Political Economy of Information*, Madison 1988, 45-75.

Rohrer, T., Conceptual Blending on the Information Highway: How Metaphorical Inferences Work, www-document, 1997. (*)

Ropohl, G., The relevance gap in information technology. In: Carl Mitcham en Alois Huning (red.), *Philosophy and Technology II: Information Technology and Computers in Theory and Practice*, Dordrecht/Boston 1986, 63-74.

Roszak, T., *The Cult of Information*, New York 1986.

Rötzer, F., Mediales und digitales. Zerstreute Bemerkungen und Hinweise eines irritierten informationsverarbeitenden Systems. In: F. Rötzer (red.), *Digitaler Schein: Ästhetik der elektronischen Medien*, Frankfurt am Main 1991, 9-78.

Rucker, R., *Mind Tools: The Mathematics of Information*, London 1988.

Rushkoff, D., *Cyberia*, London 1994.

Ryder, M., The World Wide Web and the Dialectics of Consciousness. www-document, 1998. (*)

Sas, P., Computers en de natuurlijke taal van het denken. Een vygotskyaans perspectief op neurale netwerken. In: J. de Mul (red.), *Filosofie in cyberspace. Reflecties op de informatie- en communicatietechnologie*, Kampen 2002, 221-247.

Schapp, W., *In Geschichten verstrickt. Zum Sein von Mensch und Ding*, Frankfurt am Main 1988.

Schmidt, H., Der Mensch in der technischen Welt. In: *Physikalische Blätter*, Jrg. 9, 7 (1954a), 35-46.

Schmidt, H., Die Entwicklung der Technik als Phase der Wandlung des Menschen. In: *Zeitschrift des Vereins Deutscher Ingenieure*, 96 (1954b), 118-122.

Schneider, E. D. en J. J. Kay, Order from disorder, the thermodynamics of complexity in biology. In: M.P. Murphy en Luke A.J. O'Neill (red.), *What is Life? The Next Fifty Years. Speculations on the future of biology*, Cambridge 1995, 161-173.

Schnelle, H., Information. In: J. Ritter (red.), *Historisches Wörterbuch der Philosophie*, Deel 4. Basel/Stuttgart 1976, 356-7.

Schulz, W., Über den philosophiegeschichtlichten Ort Martin Heideggers. In: *Philosophische Rundschau*, (1953-1954), 65-93, 211-232.

Scruton, R., The Eye of the Camera. *The Aesthetic Understanding*, London 1983.

Searle, J. R., *The rediscovery of the mind*, Representation and mind, Cambridge, Mass. 1992.

Shannon, C. E. en W. Weaver, *The Mathematical Theory of Communication*, Urbana/Chicago/London ⁴1969.

Shapiro, A. L., *The control revolution: how new Internet is putting individuals in charge and changing the world we know*, New York ¹ˢᵗ1999.

Slouka, M., *War of the Worlds: The Assault on Reality*, London 1995.

Smith, M. R. en L. Marx (red.), *Does Technology Drive History? The Dilemma of Technological Determinism*, Cambridge 1994.

Solomon, R. C., *Continental philosophy since 1750: the rise and fall of the self*, A History of Western philosophy ; 7, Oxford Oxfordshire ; New York 1988.

Solomon-Godeau, A., Photography After Art Photography. In: Brian Wallis en

Marcia Thucker (red.), *Art After Modernism: Rethinking Representation*, New York 1984, 75-85.

Sontag, S., *On photography*, Harmondsworth, Middlesex 1979.

Soontiëns, F., Evolutie, teleologie en toeval. In: *ANTW*, (1990), 1-14.

Sørensen, B., *Supersnaren. Een theorie over alles en niets*, Amsterdam 1989.

Steinhart, E., Digital Metaphysics. In: Terrell Ward Bynum en James H. Moor (red.), *The digital phoenix: how computers are changing philosophy*, Oxford ; Malden, MA 1998, 412.

Stenger, N., Mind is a Leaking Rainbow. In: M. Benedikt (red.), *Cyberspace: First Steps*, Cambridge/London 1991, 49-58.

Stern, G., *Through the myst – another world. A Review of Enter the Myst*, www-document, 1997. (*)

Stiller, L. (red.), *Paul van Ostaijen Elektries*, Amsterdam 1996.

Stillings, A., N., E. Weisler, S., H. Chase, C., H. Feinstein, M., L. Garfield, J. en L. Rissland, E., *Cognitive science*, New York 1995.

Stone, A. R., *The War of Desire and Technology at the Close of the Mechanical Age*, Cambridge 1995.

Stork, D. G. (red.), *Hal's Legacy: 2001's Computer as Dream and Reality*, Cambridge 1997.

Sullivan, C. en K. Bornstein, *Nearly roadkill: an Infobahn erotic adventure*, New York, NY 1996.

Takens, F., Chaos en voorspelbaarheid. In: *Wijsgerig Perspectief*, Jrg. 34, 3 (1993/4), 77-83.

Taylor, M. C., *About religion: economies of faith in virtual culture*, Religion and postmodernism, Chicago 1999.

Taylor, M. C. en M. F. Brown, Het morphen der Goden. In: *Wave. Technotrends gigazine*, december-januari 1995, 103-104.

Thorne, K. S., *Black Holes and Time Warps. Einstein's Outrageous Legacy*, New York 1994.

Tiemersma, D., *Body schema and body image: an interdisciplinary and philosophical study*, Amsterdam 1989.

Tiemersma, D., Digitale cultuur en secundaire oraliteit. In: J. de Mul (red.), *Filosofie in cyberspace. Reflecties op de informatie- en communicatietechnologie*, Kampen 2002, 189-206.

Toffler, A., *The third wave*, New York ¹ˢᵗ1980.

Torretti, R., Spacc. In: Edward Craig (red.), *Routledge encyclopedia of philosophy on CD-ROM*, London ; New York 1998.

Turkle, S., *The Second Self: Computers and the Human Spirit*, London/Toronto/Sydney/New York 1984.

Turkle, S., *Life on the Screen: Identity in the Age of the Internet*, New York 1995.

Ulmer, G., Grammatology Hypermedia. In: *Postmodern Culture*, Jrg. 1, 2 (1991). (*)

Ulmer, G. L., The Object of Post-Criticism. In: H. Foster (red.), *The Anti-Aesthetic. Essays on Postmodern Culture*, Washington 1983, 83-110.

Ulmer, G. L., *Teletheory: Grammatology in the Age of Video*, 1989.

Underman, *2001: A Space Odyssey – 30 Years On / Hal!*, www-document, 1997. (*)

Vasseleu, C., Virtual Bodies/Virtual Worlds. In: D. Holmes (red.), *Virtual Politics: Identity & Community in Cyberspace*, London 1997, 46-58.

Velden, B. van der, Mogelijkheden afluistersysteem Echelon overschat. In: *NRC Handelsblad*, 8 maart 2001,

Wallis, B. (red.), *Art after Modernism. Rethinking Representation*, New York 1984.

Watson, N., Why we argue about virtual community: A case study of the Phish.Net community. In: S. G. Jones (red.), *In Virtual Culture: Identity and Communication in Cybersociety*, London 1997, 127-28.

Weibel, P., De nieuwe ruimte in het elektronische tijdperk. In: E. Bolle e.a. (red.), *Boek voor de instabiele media*, Den Bosch 1992, 65-75.

Weizsäcker, C. F. van, *Die Einheit der Natur*, München 1974.

Wells, H. G., *The time machine*, New York 1964.

Wertheim, M., *The pearly gates of cyberspace: a history of space from Dante to the Internet*, New York 1999.

Wiener, N., *Cybernetics, or Control and Communication in the Animal and the Machine*, New York/London [3]1961.

Wierda, G., *Over de toekomst van de wetenschappelijke informatievoorziening.* Adviesraad voor het wetenschaps- en Technologiebeleid, 1995.

Winner, L. (red.), *Democracy in a Technological Society*, Deventer 1992.

Wise, P., Always already virtual: feminist politics in cyberspace. In: D. Holmes (red.), *Virtual Politics: Identity & Community in Cyberspace*, London 1997, 179-196.

Woolley, B., *Virtual Worlds: A Journey in Hype and Hyperreality*, London 1992.

Wouters, P., Hyperventilerende media. In: *Hypothese*, oktober 1999, 2-5.

Ziguras, C., The technologization of the sacred: virtual reality and the New Age. In: D. Holmes (red.), *Virtual Politics: Identity & Community in Cyberspace*, London 1997, 197-211.

Žižek, S., Die Substitution zwischen Interaktivität und Interpassivität. In: R. Pfaller (red.), *Interpassivität. Studien über delegiertes Genießen*, Wien/New York 2000, 13-32.

Zouridis, S., P. Frissen, N. Kroon, J. de Mul en J. van Wamelen (red.), *Internet & openbaar bestuur II*. Den Haag 2001.

Zuurmond, A., *De infocratie. Een theoretische en empirische heroriëntatie op Weber's ideaaltype in het informatietijdperk*, Den Haag 1994.

Zuurmond, A., Netwerkorganisaties bedreigen democratie. In: *Automatisering Gids*, Vrijdag 17 september 1999, 2.

REGISTERS

Zakenregister

De cursief gedrukte getallen verwijzen naar de pagina's waar de genoemde begrippen worden gedefinieerd of uitvoerig worden behandeld.